1 MONTH OF
FREE
READING

at

www.ForgottenBooks.com

By purchasing this book you are eligible for one month membership to ForgottenBooks.com, giving you unlimited access to our entire collection of over 1,000,000 titles via our web site and mobile apps.

To claim your free month visit: www.forgottenbooks.com/free1287615

ISBN 978-0-364-97466-7
PIBN 11287615

Ausgewählte Biographieen

des

Plutarchos.

Uebersetzt

von

J. G. Klaiber,

Professor am oberen Gymnasium zu Stuttgart,

auch

J. F. C. Campe,

Gymnasialdirector in Greiffenberg.

———————

Stuttgart.

Verlag der J. B. Metzler'schen Buchhandlung.

1859.

Einleitung.

Plutarch's Leben und Schriften.

Plutarch ist um die Mitte des ersten Jahrhunderts nach Christus geboren. Seine Vaterstadt Chäronea in Böotien hatte wenig Bedeutung: aber in der Familie aus welcher Plutarch entsprossen war herrschte von alten Zeiten edle Sitte und Streben nach höherer Geistesbildung. Namentlich zeichnete sich sein Vater[1]) durch einen vortrefflichen Charakter, so wie durch Liebe zu den Wissenschaften und zur schönen Literatur aus[2]). Ebenso wacker und noch reicher an Geistesgaben und Kenntnissen scheint sein Großvater Lamprias gewesen zu sein[3]). Beide lebten lange genug um auf die Bildung des jungen Plutarch bedeutenden Einfluß zu üben. Als seinen Lehrer nennt er den Ammonius, welcher zu Athen einer Schule der Philosophie vorstand und großer Achtung genoß[4]). Plutarch war noch

---

1) Sein Name ist uns nicht bekannt.

2) S. Plutarch's Tischgespräche I, 2. II, 8. III, 7. Politische Lehren XX, 6.

3) S. die Tischgespräche I, 5. V, 5 und 6 u. a.

4) S. die Tischgespräche III. 2. VIII, 3 u. a. Von der Bedeutung des εἶ an dem delphischen Tempel Cap. 27. Leben des Themistokles Cap. 32.

ganz junger Mann und wohl erst seit Kurzem von Athen nach
Hause gekehrt, als ihm das Vertrauen seiner Mitbürger eine
Sendung an den kaiserlichen Statthalter Griechenlands übertrug [1]). Später übte er in Rom selbst eine, wie es scheint,
ziemlich bedeutende politische Thätigkeit [2]), vielleicht als Ge-
schäftsträger mehrerer Gemeinden Griechenlands. Zugleich
hielt er aber auch in jener Stadt, wo Kunst und Wissenschaft der
Griechen viele Verehrer hatte, Vorträge über Philosophie [3]),
vielleicht auch über Alterthümer und griechische Literatur. Eine
Erzählung welche Plutarch in der Schrift „über die Neugierde"
mittheilt, um ein Beispiel der Beherrschung dieses Triebes zu
geben, kann uns auch als Beweis des großen Beifalls dienen
dessen sich Plutarch als Lehrer erfreute. „Als ich einst in Rom
— sagt er im fünfzehnten Capitel jener Schrift — eine Vor-
lesung hielt, befand sich unter den Zuhörern jener Rusticus
den später Domitian aus Eifersucht auf seinen Ruhm umbringen ließ. Mitten unter meinem Vortrage kam ein Soldat mit
einem Schreiben des Kaisers. Es entstand lautlose Stille, und
ich hielt inne, damit Rusticus den Brief lesen könnte: allein er
machte keinen Gebrauch davon und öffnete das Siegel nicht eher
als nachdem ich geendigt hatte und die Zuhörer auseinander
gegangen waren: eine Selbstbeherrschung welche Alle mit Bewunderung des Mannes erfüllte." Es ist dieß derselbe Rusticus
dessen Tacitus im ersten Buche der Annalen dem zweiten Capitel,
in dem dritten Buche der Historien dem achtzigsten Capitel und
im zweiten Capitel des Agricola auf sehr ehrenvolle Weise

---

1) S. die politischen Lehren Cap. 20, 6.
2) S. das Leben des Demosthenes Cap. 2.
3) S. dasselbe Capitel des Demosthenes.

Erwähnung thut: er hat das Volkstribunat unter Nero, die Prätur unter Vitellius verwaltet. Andere angesehene Römer, deren Achtung und Zuneigung sich Plutarch gewann, waren Sossius Senecio, zum zweiten Mal Consul im Jahre 99 n. Chr., und Claudius Pulcher; jenem hat er mehrere seiner Biographieen und Abhandlungen [1]), diesem die Schrift „über den Nutzen der Feinde" zugeeignet. Diesen und ähnlichen Verbindungen insbesondere verdankte wohl Plutarch die genaue Kenntniß der Sitten und Verfassung Roms welche er in seinen Schriften zeigt. Ohne Zweifel verweilte er auch lange Zeit daselbst: daß er einmal nach längerer Abwesenheit wieder dahin zurückgekehrt ist erzählt er uns selbst [2]). Andere Städte Italiens hat er gleichfalls besucht, vielleicht ist er auch in diesen als öffentlicher Lehrer aufgetreten. Die lateinische Sprache hat er jedoch im Lande der Römer nicht erlernt: es fehlte ihm dazu, wie er sagt [3]), die nöthige Muße. Da zu jener Zeit jeder Römer von einiger Bildung das Griechische verstand, so mochte Plutarch in seinen geselligen Verhältnissen und bei seiner Lehrthätigkeit der Kenntniß des Lateinischen ohne Nachtheil entbehren; wenn seine politischen Geschäfte vielleicht bisweilen in der Sprache des herrschenden Volkes geführt werden sollten, so mögen ihm Freunde Beistand geleistet haben. Aber als er später für seine historischen Arbeiten römische Quellen benützen wollte, da mußte das Versäumte nachgeholt werden: daß dieß jedoch in mangelhafter Weise geschah geht aus seinem eignen

---

1) S. Theseus Cap. 1. Demosthenes Cap. 1. Die Abhandlung: wie man seine Fortschritte in der Tugend bemerken könne, und die Tischgespräche.

2) S. die Tischgespräche VIII, 7.

3) S. das Leben des Demosthenes Cap. 2.

Bekenntnisse hervor. „Erst spät und in vorgerücktem Alter — sagt er [1]) — habe ich begonnen römische Schriftsteller zu lesen, und es ist mir dabei etwas begegnet was wunderbar scheint, aber doch ganz wahr ist: nicht sowohl die Worte verhalfen mir zum Verständnisse des Inhalts als der mir schon einigermaßen bekannte Inhalt zum Verständnisse der Worte."

Aegypten, wenigstens die Hauptstadt desselben, Alexandrien, hat Plutarch gleichfalls besucht [2]); ohne Zweifel verdanken wir seinem Aufenthalte daselbst einen bedeutenden Theil der werthvollen Berichte über die Religion der Aegypter welche in seiner Schrift „über Isis und Osiris" enthalten sind. Sardes, der Sitz des kaiserlichen Statthalters der Provinz Asien, hat unsern Plutarch ebenfalls eine Zeitlang beherbergt und wahrscheinlich öffentliche Vorträge von ihm gehört [3]). Ob er auch in den Städten Griechenlands Vorlesungen hielt, wissen wir nicht: aber daß er viele derselben aus eigener Anschauung kannte geht aus gelegentlichen Aeußerungen in seinen Schriften hervor.

So viele Befriedigung aber diese Reisen der Lern- und Lehrbegierde Plutarch's gewährten, so große Auszeichnung ihm auswärts zu Theil wurde, er ist doch seiner kleinen Heimat treu geblieben und nach Chäronea zurückgekehrt, um seinen bleibenden Aufenthalt daselbst zu nehmen [4]). Er verschmähte es auch nicht der Vaterstadt als Gemeindebeamter und Priester Dienste zu leisten [5]). Seine Gattin wählte er gleichfalls aus

---

1) In der eben angeführten Stelle.

2) S. die Tischgespräche V, 5.

3) S. die Abhandlung Plutarch's: „ob die Uebel der Seele oder die des Körpers die schlimmeren seien."

4) S. das zweite Capitel der Lebensbeschreibung des Demosthenes.

5) S. die politischen Lehren Cap. 15. Die Tischgespräche VI, 8 und

dem Hause eines Mitbürgers; ihr Name war Timoxena ¹); sie besaß nach seiner Schilderung alle Eigenschaften welche ächtes Glück der Ehe begründen. Die Kinder welche sie ihm gebar wurden von beiden Eltern mit gleicher Sorgfalt erzogen: drei derselben sind vor dem Vater gestorben, zwei Söhne haben ihn überlebt. Schon auf seinen Reisen war er auch als Schrift= steller thätig gewesen ²): besonders eifrig aber widmete er sich diesem Beruf als ihm seine stille Vaterstadt genügende Muße gewährte. Es war ihm vergönnt noch im Greisenalter diese Thätigkeit zu üben; er scheint demnach erst im Laufe des drit= ten Jahrzehents des zweiten Jahrhunderts n. Chr. gestorben zu sein.

Die sehr zahlreichen Werke die von Plutarch auf uns ge= kommen sind werden gewöhnlich in zwei Sammlungen getheilt, die Lebensbeschreibungen und die moralischen Schriften. Die letztere Bezeichnung paßt übrigens nur für die Mehrzahl der unter ihr begriffenen Abhandlungen; neben ihnen finden sich auch theologische, naturphilosophische, antiquarische und literar= historische. Manche dieser Schriften sind wohl aus Vorlesun= gen entstanden die er auf seinen Reisen gehalten hatte: von einer wissen wir es aus seinem eigenen Zeugnisse ³). Alle zeigen umfassende Gelehrsamkeit, große Menschenkenntniß, edle Ge= sinnung, gewissenhaftes, wenn auch öfters nicht tief bringendes, Urteil. Der Stil vermeidet mit Glück die Trockenheit und Ein=

VII, 2. Die Abhandlung: „ob man im Greisenalter noch an der Staats= verwaltung Theil nehmen solle" Cap. 17.

1) S. die Trostschrift Plutarch's an seine Gattin.
2) S. die Abhandlung „über den Nutzen der Feinde" Cap. 1.
3) S. die eben angeführte Stelle.

förmigkeit in welche Lehrvorträge leicht verfallen, doch wird er bisweilen etwas weitschweifig.

Die Lebensbeschreibungen hat Plutarch im reifsten Mannesalter, einige als Greis ausgearbeitet. Sehr wahrscheinlich ist indessen daß er den Plan dazu früher entworfen und viele der Bücher und Auszüge welche er zu Grunde legte auf seinen Reisen gesammelt hatte. Ueber 240 Schriftsteller die er benützte werden von ihm genannt; es finden sich darunter manche die schon zu seiner Zeit wenig bekannt waren. Dieser große Reichthum an Quellen von sehr verschiedenem Werth ist der Auffindung der Wahrheit bisweilen mehr hinderlich als förderlich gewesen: doch verdient Plutarch das Zeugniß daß er seine Quellen sorgfältig und meist mit richtigem Urteil benützt hat. Die meisten Biographieen sind in der Art angelegt daß je zwei in näherer Verbindung miteinander stehen, indem die erste das Lebensbild eines Griechen, die zweite das eines Römers darstellt und zuletzt eine Vergleichung derselben gegeben wird. Einmal finden wir zwei Griechen (die Spartaner Agis und Kleomenes) zweien Römern (den beiden Gracchen) gegenübergestellt. Einige der Vergleichungen sind nicht mehr vorhanden. Auch den Verlust von mehreren Biographieen haben wir zu beklagen[1]). Doch sind nicht weniger als fünfzig auf uns gekommen. Vier derselben enthalten aber keine Andeutung daß ihre Helden Gegenbilder gehabt: einer von diesen war der Perserkönig Artaxerxes Mnemon, einer ein Grieche, Aratus, zwei — Galba und Otho — waren römische Kaiser.

---

1) Wir vermissen unter andern die Lebensbeschreibung des Epaminondas, auf welche Plutarch im 28sten Capitel des Agesilaus verweist; ferner die des jüngern Scipio Africanus, vgl. Tib. Gracchus Cap. 21. C. Gracchus Cap. 10.

Die Darstellungsweise Plutarch's ist ungemein lebendig und anziehend: witzige Vergleichungen, treffende Dichterstellen stehen ihm überall zu Gebot. Er weiß den Zusammenhang der Begebenheiten klar zu entwickeln, die Oertlichkeiten ganz anschaulich vor unser Auge zu stellen. Vorzugsweise aber hat er den Blick auf die Charaktere seiner Helden gerichtet; mit großer Sorgfalt und Geschicklichkeit sind diese von ihm erforscht, mit der Kunst des Meisters in allen Theilen ausgemalt. Am liebsten verweilt er bei den Eigenschaften durch welche sie sich seinem sittlichen Ideale annähern, über ihre Schattenseiten geht er rascher hinweg. Ein Mann von inniger Liebe und Bewunderung für das Gute, wollte er durch seine Lebensbilder vor Allem edle Nacheiferung erwecken, zu allen Tugenden des Menschen und Bürgers ermuntern und Anleitung geben.

Und dieses Streben hat der herrlichste Erfolg gekrönt. Wie viele Gemüter sind schon durch Plutarch für die großen Männer des Alterthums begeistert worden, haben aus ihrer Betrachtung Lust und Mut zu edler Thätigkeit, Trost und Aufrichtung unter ungünstigen Verhältnissen geschöpft!

Plutarch's ausgewählte Biographieen.

I. Solon.

[Geb. zwischen 640 und 630, gest. um 559 v. Chr. Geb.]

1.   Der Grammatiker Didymus [1]) führt in seiner gegen Askle-
piades gerichteten Streitschrift über Solon's Gesetztafeln eine Stelle
aus einem gewissen Philokles an worin Solon's Vater Euphorion
genannt wird, im Widerspruche mit der Meinung der Andern insgesammt welche Solon's Erwähnung thun.   Diese geben ihm nämlich
einstimmig den Exekestides zum Vater, der zwar, wie sie erzählen,
seinem Vermögen und Ansehen nach nur einer der mittleren Bürger
war, aber, was seine Abkunft betrifft, dem vornehmsten Geschlechte,
den Nachkommen des [Königs] Kodrus, angehörte.   Solon's Mutter
aber war nach dem Berichte des pontischen Heraklides [2]) mit der des
Pisistratus Geschwisterkind.   Auch standen beide Männer Anfangs in
sehr vertrautem Verhältnisse, nicht bloß als Verwandte sondern auch,
wie Mehrere behaupten, durch die zärtlichen Empfindungen welche
des Pisistratus schöne Gestalt und Jugendblüte in Solon erweckte.
Daher nahm denn auch in der Folge, wie es scheint, als sie sich im

---

1) Die Grammatiker beschäftigten sich vorzüglich mit der Erklärung der
vorzüglichsten Schriftsteller des Alterthums.   Didymus lebte zur Zeit des
Augustus; neben vielen Commentaren alter Schriftsteller, namentlich Ho-
mers, hatte er auch antiquarische Werke verfaßt.

2) Heraklides, aus Heraklea am Pontus (jetzt Erekli), hat um die Zeit
Alexanders des Großen viele historische und philosophische Werke verfaßt.

öffentlichen Leben entzweiten, ihre Feindschaft niemals einen heftigen und wilden Ausbruch, sondern es erhielten sich in den Herzen die alten Rechte, und bewahrten „des göttlichen Feuers noch brennende Flammen" [1]), die süße Erinnerung und Neigung. Daß aber Solon gegen schöne Jünglinge nicht unempfindlich war, und nicht „kühn dem Eros Widerstand zu bieten wagte, Faust wider Faust im Kampfe [2])," dieß kann man sowohl aus seinen Gedichten abnehmen als auch aus dem Gesetze in welchem er den Sklaven Leibesübungen und Knabenliebe verbot, wodurch er die Sache offenbar für eine edle und löbliche Sitte erklärte und gewissermaßen die Würdigen dazu einlud, indem er die Unwürdigen ausschloß. Es soll aber auch Pisistratus in einem solchen Liebesverhältniß zu Charmos gestanden und die Bildsäule des Eros in der Akademie geweiht haben, da wo man für den heiligen Fackellauf [3]) das Feuer anzündet.

2. Solon's Vater hatte, wie Hermippus [4]) sagt, durch große Milde und Freigebigkeit sein Vermögen heruntergebracht. Dem Sohne fehlte es nun zwar keineswegs an Freunden die zu seiner Unterstützung bereit waren, allein als Sprößling eines Hauses das Andere zu unterstützen gewohnt war schämte er sich von Andern zu nehmen, und ergriff daher noch jung die Handelschaft. Doch behaupten Einige, der Zweck seiner Reisen sei nicht sowohl Gelderwerb gewesen als Gewinn an Erfahrung und Kenntnissen. War er doch unzweifelhaft ein eifriger Verehrer der Weisheit, wie er denn auch in vorgerückten Jahren sagt:

Lernend ohn' Unterlaß schreit' ich im Alter voran.

Reichthum aber war sein Götze nicht, er sagt sogar: gleich an Reichthum sei

---

1) Anspielung auf den achten Vers der Bacchen des Euripides.

2) Vgl. die Trachinierinnen des Sophokles V. 441 f.

3) Wettkämpfe im Fackellauf wurden zu Ehren der Athene, des Hephaistos und des Prometheus veranstaltet.

4) Hermippus, der um 240 v. Chr. blühte, war Verfasser mehrerer biographischen und litterarhistorischen Werke.

— — — Wer vollauf Silber und Gold hat,
Waizentragendes Land Hufe an Hufe besitzt,
Rosse dazu und Mäuler; und wem nur das zu Gebot steht,
Gütlich dem Magen und auch Beinen und Lenden zu thun,
Und sich der Blüte zu freun des geliebten Knaben und Weibes,
Wenn auch dieß das Geschick gönnt in den Jahren der Kraft.

An einer anderen Stelle sagt er jedoch:

Geld besäße ich gern, doch sei des Frevels Gewinn mir
Ferne, es folget gewiß immer die Strafe ihm nach.

Es hindert aber den rechtschaffenen Mann und Patrioten Nichts sich um den Besitz des Ueberflüssigen nicht zu bemühen und doch das Bedürfniß des Nothwendigen und Zureichenden nicht hintanzusetzen. Auch brachte zu jener Zeit, wie Hesiodus sagt [1]), Arbeit keine Schande, und ein Handwerk führte keine Zurücksetzung herbei, Handelschaft verschaffte selbst Ehre und Ansehen, da sie Ausländisches heimisch machte, Freundschaften mit Königen knüpfte und an Erfahrung und Kenntnissen bereicherte. Einige Handelsleute sind sogar Gründer von großen Städten geworden, wie von Massilia [Marseille] Protis, der sich die Zuneigung der Gallier am Rhodanus erworben hatte. Auch von Thales und dem Mathematiker Hippokrates erzählt man daß sie Handel getrieben, und von Platon daß er durch ein gewisses Oel, welches er in Aegypten absetzte, sich das Reisegeld erworben habe.

3. Freilich glaubt man dem Solon habe der Hang zu Aufwand und Ueppigkeit und die eher einen Alltagsmenschen als einen Philosophen verrathende Sprache über das sinnliche Vergnügen vom Kaufmannsleben her angehangen; denn für die vielen und großen Gefahren die dasselbe habe verlange es auch seine Freuden und Genüsse. Daß sich aber Solon mehr zu den Armen als zu den Reichen zählte sieht man aus folgenden Versen:

Mancher Böse ist reich und mancher Treffliche darbet,
Aber wir geben doch nicht unsere Tugend im Tausch

---

1) In den Werken und Tagen V. 309.

Für die Schätze von Jenen; denn Tugend bleibet beständig,
Aber voll Unbestand wechselt der Reichthum den Herrn.

Das dichterische Talent scheint er übrigens Anfangs blos zu scherzhaf=
ter Unterhaltung in den Mußestunden benützt zu haben, ohne daran zu
denken es auf ernsthafte Gegenstände zu richten. In der Folge aber faßte
er Sprüche der Weisheit in Verse und flocht manche politische Grund=
sätze seinen Gedichten ein, nicht um sie auf die Nachwelt zu bringen,
sondern um sich bei seinen Mitbürgern zu rechtfertigen, öfters auch um
diese zu ermahnen, zu warnen und durch ernste Verweise zu strafen.
Einige behaupten sogar er habe versucht seine Gesetze in poetischer
Einkleidung unter die Leute zu bringen, und sie theilen den Anfang
davon mit, welcher also lautet:

Laßt vor Allem uns flehen zu König Zeus dem Kroniden,
Daß er Ruhm verleihe und Segen diesen Gesetzen.

Was die Philosophie betrifft, so zog ihn die Sittenlehre hauptsächlich
in dem Theile an der sich auf die Angelegenheiten des Staates bezieht,
wie bei den meisten der damaligen Weisen der Fall war; in der Natur=
kunde aber bleibt er gar zu sehr bei den ganz naheliegenden und alt=
hergebrachten Vorstellungen stehen, wie man aus Folgendem sieht:

Aus der Wolke entspringen der Schnee und die Schloßen des Hagels,
Aber aus leuchtendem Blitz stammet des Donners Gewalt.
Winde erregen das Toben der See: wenn keiner sie reizet
Ist in der ganzen Welt Nichts so gelassen und still.

Ueberhaupt war Thales, wie es scheint, der einzige Weise jener Zeit
der in seinen Forschungen über das unmittelbare Bedürfniß hinaus=
gieng; die übrigen wurden wegen ihrer staatsmännischen Tüchtigkeit
Weise genannt.

4. Man erzählt es seien alle diese Weisen einmal in Delphi
zusammengekommen, ein ander Mal in Korinth, wo Periander[1] eine
Versammlung derselben veranstaltet und ihnen ein Festmahl gegeben
habe. Noch höher in Ruhm und Ansehen stellte sie das Herumgehen

---

1) Fürst von Korinth und zu den sieben Weisen gerechnet.

des Dreifußes, der bei allen die Runde machte, indem Jeder mit hoch=
herzigem Wohlwollen einem Andern den Vorzug gab. Koische[1])
Fischer — so erzählt man — hatten das Netz ausgeworfen und Fremde
aus Milet den Fang, noch ehe er sichtbar war, gekauft, als beim Zuge ein
goldener Dreifuß zum Vorschein kam, welchen Helena auf ihrer Rück=
kehr von Troja an dieser Stelle versenkte, gemäß einem alten Orakel=
spruche dessen sie sich erinnerte. Darüber geriethen zuerst die Fremden
mit den Fischern in Streit, darauf nahmen sich die Städte der Sache
an, und es kam gar zu einem Kriege, bis die Pythia beide Theile da=
hin beschied, sie sollten den Dreifuß dem Weisesten geben. Nun wurde
er zuerst an Thales nach Milet geschickt, indem die Koer willig dem
Einen Manne boten was sie den sämmtlichen Milesiern die Waffen
in der Hand verweigert hatten. Weil aber Thales erklärte daß Bias[2])
weiser sei als er, so wurde der Dreifuß dem Bias zugesandt, dieser
aber sandte ihn wieder an einen Andern, als den Weiseren. So kam
er denn von Hand zu Hand im Kreise herumgehend abermals an
Thales; und zuletzt wurde er von Milet nach Theben gebracht und dem
ismenischen[3]) Apollon geweiht. Theophrast aber sagt, zuerst sei der
Dreifuß nach Priene an Bias geschickt worden, dann erst von Bias
nach Milet an Thales, und so sei er durch Aller Hände wieder zu
Bias gekommen, zuletzt aber nach Delphi gesendet worden.

Diese Geschichte wird von Vielen erzählt, nur lassen Einige das
Geschenk nicht in einem Dreifuße, sondern in einer von Krösus über=
schickten Trinkschale, Andere in einem von Bathykles[4]) hinterlassenen
Becher bestehen.

---

1) Von Kos, jetzt Ko oder Stanchio, einer Insel im myrtoischen
Meere an der Küste von Karien.

2) Bias war von Priene, einer ionischen Stadt in Karien.

3) Apollon hatte diesen Beinamen von einem Flusse Ismenos bei
Theben, an welchem ein berühmtes Heiligthum desselben mit Namen Isme=
nion lag.

4) Bathykles war als Verfertiger des mit reichen Bilderschmuck aus=
gestatteten Thrones des amykläischen Apollon berühmt.

5. Auch eine besondere Zusammenkunft des Anacharsis [1]) mit Solon, eine andere des Thales und die von ihnen gepflogenen Unterredungen finden sich berichtet. Anacharsis sei nach Athen vor Solon's Haus gekommen, habe angeklopft und gerufen, es sei ein Fremder da, welcher Freundschaft und gastliches Verhältniß mit ihm schließen möchte. Solon entgegnete ihm: „es ist besser daheim Freundschaft zu schließen." „Gut," versetzte Anacharsis, „du bist daheim, so nimm mich denn zum Freund und Gast an." Die Gewandtheit des Geistes die hier Anacharsis zeigte habe ihm Solon's Achtung gewonnen: er sei freundlich aufgenommen worden und längere Zeit sein Gast gewesen, als Solon schon im öffentlichen Leben thätig und mit der Gesetzgebung beschäftigt war. Als nun Anacharsis dieß erfuhr habe er über Solon's Bemühung gelacht, wenn dieser sich einbilde den Gewaltthätigkeiten und Betrügereien der Bürger mit geschriebenen Formeln Einhalt thun zu können: gleichen diese doch auf's Haar den Spinngeweben, und werden, wie diese, nur den Schwachen und Kleinen der sich fangen lasse festhalten, von den Mächtigen und Reichen aber zerrissen werden. Solon aber habe entgegnet, auch Verträge werden ja gehalten, wenn die Verletzung keinem von beiden Theilen nützlich sei: in gleicher Weise richte er seine Gesetze so zum Vortheile der Bürger ein daß es Jedem einleuchten werde, sie zu befolgen sei besser als sie zu übertreten. Der Erfolg entsprach freilich mehr den Vermutungen des Anacharsis als den Hoffnungen des Solon. — Auch darüber müsse er sich wundern, sagte Anacharsis, als er einer Versammlung angewohnt hatte, daß bei den Griechen die Verständigen sprechen, aber die Unverständigen entscheiden.

6. Gegen Thales aber äußerte Solon bei einem Besuche den er demselben zu Milet machte: es wundere ihn daß Thales an Heurath und Vaterfreuden gar nie gedacht habe. Thales hielt sich damals ganz stille, nach einigen Tagen aber bestellte er einen Fremden,

---

1) Ein Skythe aus königlichem Geschlechte, der, begierig sich höhere Bildung zu erwerben, nach Griechenland kam.

der fagen mußte, er komme gerade von Athen, das er vor zehn Tagen
verlaffen habe. Auf Solon's Frage, ob er etwas Neues von Athen
mitbringe, gab der Mann, wie er angewiesen war, zur Antwort:
„weiter Nichts als daß man einen Jüngling beftattete dem die ganze
Stadt das Geleite gab. Denn, wie fie fagten, war es der Sohn eines
fehr angesehenen und durch die edelsten Eigenschaften hervorragen=
den Bürgers: er war aber nicht anwesend, sondern, wie es hieß, schon
geraume Zeit auf Reifen.“ „Der Unglückliche!“ rief Solon, „aber
fage mir, wie nannte man ihn denn?“ — „Ich habe den Namen ge=
hört,“ verfetzte der Fremde, „aber er fällt mir nicht bei: nur fo viel
weiß ich noch daß von feiner Weisheit und Gerechtigkeit Aller Mund
voll war.“ So wurde er mit jeder Antwort einen Schritt näher zu
der Schreckensbotschaft geführt, bis er in der höchsten Angst dem
Fremden felbst auf den Namen half, und fragte: ob man des Verstor=
benen Vater Solon genannt habe? Wie der Mann dieß bejahte, fo
fchlug fich Solon vor den Kopf, gebärdete fich überhaupt und fprach
wie ein Verzweifelnder. Thales aber ergriff ihn und fagte lachend:
„fiehe dieses schreckt mich ab von Ehe und Vaterfreuden, dieses was
felbft dich, den feftesten Mann, erschüttert. Aber diese Nachricht laß
dich nicht beunruhigen: es ift nichts Wahres daran.“ Diese Erzäh=
lung hat, wie Hermippus fagt, Patäkus berichtet, welcher von fich ver=
ficherte es wohne des Aesopus Seele in ihm [1]).

7. Indeffen würde es wenig Verstand und Mut verrathen wenn
Jemand aus Furcht vor dem Verluft auf Etwas verzichtete was zu
unfern Bedürfniffen gehört: da könnte man ja auch keine Freude am
Befitze des Reichthums, der Ehre und der Geiftesbildung haben über
der Beforgniß derfelben beraubt zu werden. Selbft die Tugend, der
größte und köftlichfte Schatz, wird ja bisweilen durch Krankheit oder
Gift zerftört. Thales felbst gewann durch feine Ehelofigkeit nicht an
furchtlofer Ruhe, wenn er nicht auch den Befitz von Freunden, Ver=

---

1) Er wollte wohl damit fagen daß der Geist der Fabeldichtung ihm
verliehen fei.

wandten und Vaterland mied; allein er hatte sogar einen angenom=
menen Sohn, denn sein Schwestersohn Kybisthus war von ihm, wie
man sagt, mit den Kindesrechten beschenkt worden.   Weil nämlich die
Seele von Natur zärtliche Neigungen hegt und wie zum Empfinden,
zum Denken und zur Erinnerung, so auch zum Lieben geschaffen ist, so
wird der welcher nichts Eigenes hat von außenher angezogen und ge=
fesselt; und wie bei einem Hause und Gute ohne rechtmäßige Erben
geschieht, so nisten sich fremde Kinder und Bastarde, auch Diener, in
seinem liebebedürftigen Herzen ein, nehmen es in Besitz und erwecken
mit der Liebe auch Sorgen und Befürchtungen um ihretwillen.   So
kann man Männer sehen welche mit der größten Kälte über Ehe und
Kinderzeugung sprechen und dann doch um die Kinder vertrauter
Sklaven oder die Sprößlinge ihrer Kebsweiber, wenn sie erkranken
und sterben, sich fast zu Tode grämen und unwürdige Klagen ausstoßen.
Ja Manche sind schon durch die Trauer über den Tod von Hunden und
Pferden zu ganz schmählichem Benehmen und völligem Lebensüberdruß
gebracht worden.   Dagegen sind Andere bei dem Verluste von treff=
lichen Kindern standhaft geblieben und haben nichts Unwürdiges ge=
than, sondern auch ihr ganzes noch übriges Leben den Grundsätzen der
Vernunft gemäß hingebracht.   Denn Schwachheit, nicht Zuneigung,
ist die Quelle maßloser Betrübniß und Furcht bei Menschen welche
sich nicht in den Waffen der Vernunft gegen das Schicksal geübt haben,
weßwegen sie auch der ersehnten Güter, wenn sie nun die Gegenwart
bietet, nicht froh werden; weil sie die Zukunft beständig durch Angst,
Zittern und Zagen wegen des möglichen Verlustes quält.   Man waffne
sich nicht durch Armut gegen Beraubung des Reichthums, nicht durch
ein freundloses Leben gegen Freundesverlust, noch durch Kinderlosig=
keit gegen den Tod von Kindern, sondern durch Vernunft gegen
Alles.   Doch dieß ist für den gegenwärtigen Anlaß schon mehr als
genug über diesen Gegenstand.

    8.   Die Athener waren eines langen und schwierigen Krieges
den sie mit den Megarern um die Insel Salamis führten so ganz und
gar müde geworden daß sie in einem Gesetze den mit dem Tode

Plutarch.   2

bedrohten der wiederum auf die Eroberung derselben einen Antrag
stellen oder in einer Volksrede dafür sprechen würde. Solon, der dieß
als eine unerträgliche Schmach empfand, und wohl bemerkte daß
manche junge Männer die Eröffnung des Krieges sehnlich wünschten,
aber des Gesetzes wegen den ersten Schritt nicht selbst zu thun wagten,
nahm nun den Schein des Irrseins an und ließ durch seine Leute in
der Stadt ausbreiten, es kommen bei ihm Anwandlungen des Wahn=
sinns zum Vorschein. Indessen verfertigte er insgeheim ein elegisches
Gedicht, prägte es dem Gedächtnisse ein, um es frei vorzutragen, und
sprang dann einsmals auf den Markt mit einem keinen Filzhut[1]) auf
dem Kopfe. Als nun viel Volk zusammenlief stieg er auf den Stein
des Herolds und trug singend seine Elegie vor, die also anfängt:

> Selbst als Herold komm' ich vom lieblichen Salamiseiland,
>   Doch statt der Rede an euch bring' ich ein liebliches Lied.

Dieses Lied ist Salamis betitelt und besteht aus hundert recht artigen
Versen. Als es nun abgesungen war äußerten Solon's Freunde laut
ihren Beifall, und Pisistratus besonders ermahnte die Bürger mit ein=
dringenden Worten diesem Rathe zu folgen. So wurde denn das
Gesetz aufgehoben, Solon zum Feldherrn erwählt und der Krieg
wieder begonnen. Die gewöhnlichste Erzählung von dem weitern
Verlaufe lautet nun ungefähr folgender Maßen. Solon schiffte mit
Pisistratus nach dem Vorgebirge Kolias, wo gerade die sämmtlichen
Frauen nach urväterlicher Sitte der Demeter Opfer brachten. Von
hier schickte er einen zuverläßigen Mann nach Salamis, der sich für
einen Ueberläufer ausgab und die Megarer aufforderte, wenn sie die
vornehmsten Frauen der Athener in ihre Gewalt bekommen wollten,
unverzüglich mit ihm nach dem Vorgebirge überzufahren. Als nun
die Megarer dem Rathe gemäß Männer auf dem Fahrzeuge abschickten
und Solon dasselbe von der Insel herankommen sah hieß er die Frauen
aus dem Wege gehen, die noch unbärtigen Jünglinge aber mußten die

---

1) Solche Hütchen pflegten überhaupt Kranke zu tragen. S. Platon's
Republik, B. III, p. 406 D.

Röcke, Kopfbinden und Schuhe derselben anlegen und mit Dolchen
unter dem Gewande am Ufer spielen und tanzen, bis die Feinde an's
Land gestiegen und das Schiff eine sichere Beute wäre. Alles wurde
gethan wie Solon befohlen. Die Megarer ließen sich durch den An=
blick täuschen, nahten dem Orte und sprangen, als gälte es eine Wette,
heraus, um sich auf die vermeinten Frauen zu werfen; so geschah es
daß auch nicht Einer entrann, sondern Alle umkamen und die Athener,
wie sie anfuhren, im Augenblick die Insel in ihre Gewalt bekamen.

9. Andere aber sagen, nicht auf diese Art sei die Einnahme er=
folgt, sondern der Gott zu Delphi habe dem Solon zuerst den Rath
gegeben:

> Bringe du Opfer der Sühne den mächtigen Fürsten des Landes,
> Jenen Heroen die rings Asopias[1] deckt in dem Schooße,
> Und die blicken im Grab nach der untergehenden Sonne.

Solon fuhr also Nachts auf die Insel hinüber und ließ den Heroen
Periphemus und Kychreus zu Ehren Opferthiere schlachten. Dann
erhielt er von den Athenern fünfhundert Freiwillige, welchen durch einen
Volksbeschluß für den Fall daß sie die Insel erobern würden die Re=
gierung derselben zugesagt war. Jetzt fuhr er mit vielen Fischernachen
in Begleitung eines Schiffes von dreißig Rudern ab und landete auf
Salamis an einem Vorsprung der Küste gegenüber von Nisäa[2]. Die
Megarer auf Salamis, welche durch ein Gerücht eine schwankende
Kunde davon erhielten, traten bestürzt unter die Waffen und schickten
ein Schiff auf Kundschaft der Feinde aus. Wie das nahe hinzukam
nahm es Solon weg und setzte die Megarer fest. Darauf ließ er die
tapfersten Athener einsteigen, mit dem Befehle so unbemerkt als mög=
lich nach der Stadt zu fahren. Zugleich brach er selbst mit den übrigen

---

1) Dieser Name wird der Insel Salamis beigelegt, weil nach der
Sage die Nymphe Salamis, von der sie ihren gewöhnlichen Namen hatte,
eine Tochter des Flusses Asopus in Böotien war.

2) Dieser Name des Hafens der Megarer am saronischen Meerbusen
stand wahrscheinlich ursprünglich an dieser Stelle, wo jetzt die Handschriften
ganz unpassend Euböa haben.

auf und griff die Megarer zu Lande an: während man sich hier noch schlug hatten sich die vom Schiffe schon der Stadt bemächtigt.

Diese Erzählung scheint auch durch einen alten Brauch Bestätigung zu erhalten. Ein attisches Schiff pflegte nämlich nach der Insel zu fahren, Anfangs in großer Stille, hernach, wenn es nahe kam, mit wildem Kriegsgeschrei, wobei ein Mann in voller Rüstung heraussprang und laut schreiend nach dem skiradischen Vorgebirge rannte [1]). — In der Nähe liegt das von Solon geweihte Heiligthum des Enyalios [Kriegsgottes]. Denn Solon schlug die Megarer, und Alle welche nicht in der Schlacht fielen erhielten nur auf ihre Bitte und Anerkennung ihrer Niederlage den Abzug.

10. Dennoch wurde der Krieg von den Megarern fortgesetzt, und beide Theile fügten sich noch viel Uebles zu, bis sie endlich die Lakedämonier zu Mittlern und Schiedsrichtern erwählten. Bei diesem Rechtsstreite nahm nun Solon, wie von den Meisten behauptet wird, Homer's Ansehen zu Hülfe: er schob nämlich in das Verzeichniß der Schiffe einen Vers [2]) ein und las den Richtern folgende Worte vor:

Ajas gebot zwölf Schiffen, er kam von Salamis' Eiland,
Und er stellte sie da wo standen die Reih'n der Athener.

Hört man jedoch die Athener, so ist dieß leeres Geschwätz. Solon sagen sie, wies den Richtern nach daß des Ajas Söhne Philäus und Eurysakes, unter die Bürger Athens aufgenommen, den Athenern die Insel abtraten und sich in Attika ansiedelten, der eine zu Brauron, der andere zu Melite, daß sich auch eine nach Philäus benannte Gemeinde der Philaïden in Attica finde: Pisistratus gehörte derselben an. Und um die Megarer noch mehr zu widerlegen habe er versichert, die Todten liegen daselbst nicht wie die Megarer, sondern wie die Athener begraben:

---

1) Es folgte hier, wie es scheint, eine Beschreibung des Widerstandes derjenigen welche die Rolle der alten Besitzer der Insel spielten: aber nur die Worte ἐκ τῆς γῆς προσφερομένοις sind davon auf uns gekommen.

2) Den zweiten der folgenden Verse, die sich im zweiten Buche des Ilias (557 und 558) finden.

es begraben nämlich die von Megara ihre Todten mit der Richtung gegen Morgen, die Athener gegen Abend[1]). Dieß bestreitet aber Hereas von Megara und sagt, auch die Megarer geben den Todten die Richtung gegen Abend und, was noch wichtiger ist, von den Athenern habe jeder seine besondere Grabstätte, die Megarer liegen selbst zu drei und vier in Einer. Dem Solon sollen übrigens auch einige delphische Sprüche Beistand geleistet haben, worin der Gott Salamis die ionische[2]) nannte. Die Richter waren fünf Spartiaten: Kritolaïdas, Amompharetos, Hypsechidas, Anaxilas, Kleomenes.

11. Nunmehr hatte Solon bereits durch das eben Erzählte einen glänzenden Namen und großen Einfluß erlangt: aber noch berühmter und gefeierter wurde er in ganz Griechenland als er seine Stimme für den Tempel in Delphi erhöb und verlangte man solle denselben in Schutz nehmen und den Versündigungen der Kirrhäer[3]) gegen den Orakelsitz nicht unthätig zusehen, sondern um des Gottes willen den Delphiern Beistand leisten. Denn auf Solon's Mahnung schritten die Amphiktyonen[4]) zum Kriege; dieß melden mehrere Schriftsteller, namentlich Aristoteles in seinem Verzeichnisse der pythischen Sieger, wo er ausdrücklich dem Solon jene Aufforderung zuschreibt. Doch wurde Solon

---

1) Man sieht aus dem neunten Capitel daß hiemit gemeint ist, die Augen der Athener seien gegen Abend, die der Megarer gegen Morgen gerichtet worden.

2) Die Athener gehörten zum ionischen, die Megarer zum dorischen Stamme.

3) Kirrha war Seehafen an der Mündung des Flusses Pleistos, ungefähr eine Meile von Delphi entfernt. Es gehörte der ganz nahe bei Delphi gelegenen Stadt Krissa. Diese verging sich hauptsächlich dadurch gegen das Heiligthum daß sie von den delphischen Wallfahrern in Kirrha Zoll erpreßte. Es sollte also vielmehr gesagt sein: die Versündigungen welche die Krissäer in ihrem Hafenplatze Kirrha gegen den Orakelsitz verübten.

4) Amphiktyonen nannte man sowohl Völkerschaften die sich zum Schutze gewisser Heiligthümer und zu gemeinsamer Festfeier in denselben verbunden hatten, als auch Abgeordnete solcher Verbündeten zu gemeinsamen Berathungen. Der angesehenste Bund dieser Art war derjenige welcher dem Apollontempel zu Delphi und dem Demetertempel zu Anthela bei den Thermopylen geweiht war.

nicht zum Feldherrn für diesen Krieg ernannt, wiewohl Euanthes von
Samos — so versichert Hermippus — es berichtet hat: denn der
Redner Aeschines [1]) sagt nichts davon, und in den delphischen Urkunden
findet sich nicht Solon, sondern Alkmäon als Feldherr der Athener
genannt.

12.   Die Versündigung an Kylons [2]) Partei verwirrte schon
lange her die Stadt, seit Megakles als Archon die Mitverschworenen
dieses Mannes, welche sich unter den Schutz der Athene geflüchtet
hatten, [von der Burg] herabzukommen und vor Gericht zu erscheinen
beredet hatte.   Als sie nämlich mit einem Zwirnfaden, den sie an der
Bildsäule der Göttin festbanden, um sich daran zu halten, bis zum
Heiligthume der Eumeniden herabgestiegen waren, und hier der Faden
durch Zufall zerriß, fiel Megakles und seine Amtsgenossen über sie her,
da ja die Göttin ihr Flehen verwerfe: und die Einen steinigten sie
außerhalb des Heiligthums, die Andern wurden an den Altären zu
welchen sie geflohen waren niedergemacht: nur die blieben am Leben
welche sich, Gnade flehend, an die Frauen jener Männer wandten.
In Folge dessen wurden sie Verfluchte genannt und verabscheut: auch
gewannen die geretteten Kyloneer wieder Macht und verfolgten nun
ohne Aufhören mit Feindseligkeiten die Partei des Megakles.   Da
nun gerade damals die Hitze des Streites den höchsten Grad erreicht
hatte und das Volk dadurch völlig gespalten war, so trat Solon, bereits ein Mann von Ansehen, mit den vornehmsten Athenern auf und
bewog die sogenannten Verfluchten durch Bitten und Vorstellungen,
sich der Entscheidung eines Gerichtes zu unterwerfen das aus 300
der besten Bürger bestehen sollte.   Myron aus der Gemeine Phlya
erschien als Ankläger: die Männer wurden verurteilt, wer von ihnen
noch am Leben war mußte das Land räumen, der Todten Gebeine
grub man aus und warf sie über die Grenze.

---

1) Vgl. Aeschines gegen Ktesiphon Cap. 33.
2) Kylon hätte, um Alleinherr Athens zu werden, die Burg besetzt,
war aber bald, weil die meisten Bürger sich gegen ihn erklärten, seine Anhänger im Stiche lassend entflohen.

Während dieser Unruhen verloren die Athener durch einen Angriff der Megarer Nisäa [1]) und wurden wieder aus Salamis vertrieben. Zugleich erfüllte Angst vor dem Götterzorne die Stadt, man sah öfters furchtbare Erscheinungen, und die Wahrsager fanden in den Eingeweiden der Opferthiere große Verschuldungen und sühnungsbedürftige Verbrechen angedeutet. So wurde Epimenides von Phästus [2]) auf Kreta herbeigerufen, der als der Siebente unter den Weisen von Einigen derer gezählt wird die dem Periander diese Ehre verweigern. Man hielt von ihm er sei ein Götterliebling und über Angelegenheiten der Religion durch höhere Eingebung und heilige Zeichen belehrt. Deßwegen nannten ihn die Zeitgenossen Sohn der Nymphe Balte und einen neuen Kureten [3]).

Als Epimenides nach Athen gekommen war trat er mit Solon in freundschaftliche Verhältnisse, und arbeitete in der Stille den Gesetzen desselben auf mannigfaltige Weise vor. Namentlich führte er Einfachheit beim Gottesdienste ein; auch gewöhnte er zu größerem Maßhalten bei der Trauer, indem er gleich mit der Bestattung gewisse Opfer verband und die rohen, ungriechischen Gebräuche aufhob welche bis dahin von den meisten Frauen beobachtet wurden. Doch das Wichtigste war daß er durch gewisse Sühnungen und Weihen, so wie durch Stiftung von Tempeln und Götterbildern die Stadt entsündigte und reinigte und so Gehorsam gegen die Forderungen des Rechts und größere Folgsamkeit gegen den Ruf zur Eintracht begründete.

Als er Munychia sah soll er den Ort lange betrachtet und dann zu den Anwesenden gesagt haben: „wie blind ist doch der Mensch für die Zukunft! Wenn die Athener wüßten wie viel Unheil ihnen dieser Ort noch bringt, sie würden ihn mit ihren Zähnen herauswühlen [4])!"

---

1) Vgl. Cap. 9, Anm. 2.
2) Stadt an der Südseite der Insel, 1/2 Meile vom Meere entfernt.
3) So hießen die Zeuspriester des hohen Alterthums in Kreta.
4) Munychia war ein Hafen Athens, zwischen den Häfen Piräus und

Eine ähnliche Ahnung erzählt man von Thales. Es soll nämlich einen schlechten und unbeachteten Platz im Milesischen zu seiner Be= gräbnißstätte bestimmt haben, indem er voraussagte, es werde dieß einst Marktplatz der Milesier werden. — Epimenides hatte sich also, als er wieder abreiste, große Bewunderung bei den Athenern erworben: von dem vielen Gelde jedoch das ihm geboten wurde nahm er nichts an, ebenso lehnte er die glänzenden Ehrenbezeigungen ab die man ihm erweisen wollte: nur einen Zweig des heiligen Oelbaums [1]) bat er sich aus und nahm ihn mit sich.

13. Athen aber, nachdem es nun der kyloneischen Unruhen und der Verfluchten, wie berichtet wurde, entledigt war, fiel in den alten Streit wegen der Verfassung zurück und trennte sich in eben so viele Parteien als das Land verschiedene Theile hatte. Das Gebirgsvolk war ganz demokratisch, die von der Ebene ganz oligarchisch, die Drit= ten, Bewohner der Küste, verlangten eine mittlere und gemischte Form der Regierung und ließen keine der andern Parteien das Uebergewicht erlangen. Weil auch gerade die Ungleichheit der Armen und Reichen aufs Höchste gestiegen war, so stand es sehr mißlich um die Stadt, und nur unumschränkte Fürstengewalt schien Ruhe und Ordnung herstellen zu können. Das gesammte Volk war nämlich den Reichen verschuldet. Ein Theil desselben baute zu ihrem Vortheile das Land und mußte ihnen den sechsten Theil des Ertrages entrichten; man nannte solche Leute Sechstbauern und Lohnarbeiter [2]); Andere, die ihre eigene Per= son für Anleihen verpfändet hatten, konnten von den Gläubigern zu Sklaven gemacht werden, wo sie dann entweder im Lande dienen

---

Phaleron gelegen. Das Unheil welches Epimenides voraussah ist wohl die Zuchtlosigkeit welche der Seehandel in seinem Gefolge haben würde. Spätere dachten vielleicht an die gänzliche Abhängigkeit in welche Athen durch die makedonische Besatzung kam, die Antipater in die Burg von Mu= nychia aufzunehmen sie nöthigte. S. Plutarch's Phokion, das 27ste und die folgenden Capitel.

1) Dieser Oelbaum, der auf der Burg stand, war der Sage nach ein Geschenk der Göttin Athene.

2) Im Griechischen Theten. Vgl. Cap. 18, Anm. 4.

mußten oder in die Fremde verkauft wurden. Viele sahen sich auch
gezwungen leibliche Kinder zu verkaufen — denn kein Gesetz verbot
es — oder durch Flucht aus dem Vaterlande sich der Unbarmherzigkeit
ihrer Gläubiger zu entziehen. Die Meisten und Stärksten aber traten
zusammen und forderten einander auf, dieß nicht länger zu dulden, sondern Einen Mann dem man vertrauen könne an die Spitze zu stellen,
die wegen Schuldresten den Gläubigern Verfallenen in Freiheit zu
setzen, das Land neu zu vertheilen und die ganze Staatseinrichtung
umzugestalten.

14. Da wandten sich denn die Verständigsten unter den Athenern
an Solon, von welchem sie sahen daß er allein ganz frei dastehe von
den Vorwürfen welche die Andern trafen und daß er weder an dem
ungerechten Verfahren der Reichen Theil nahm, noch von der Noth
der Armen bedrängt war, und sie baten ihn dringend, er möchte sich
des Staates annehmen und den Unruhen ein Ende machen.

Freilich behauptet Phanias [1]) von Lesbos, Solon habe sich aus
eigenem Antriebe dazu entschlossen und zum Heile der Stadt gegen
beide Theile eines Betruges bedient, indem er insgeheim den Armen
Theilung des Landes, den Reichen Sicherung ihrer Vergverträge versprochen. Allein Solon selbst versichert, er habe erst nach vielem Bedenken das Ruder des Staates ergriffen, weil er die Habsucht der einen
und den Uebermut der andern Partei gefürchtet. Genug, er wurde
nach dem Abgang des Philombrotus [2]) nicht blos zum Archen, sondern
zugleich zum Friedensstifter und Gesetzgeber erwählt, zur großen Zufriedenheit beider Parteien, der Reichen, weil er Vermögen hatte, der
Armen, weil er wohlgesinnt war. Man sagt daß auch eine schon früher
bekannt gewordene Aeußerung von ihm: „das Billige errege keinen
Streit" — den Begüterten sowohl als den Unbegüterten gefallen habe,
indem jene hofften, sie werden das Billige gemäß ihrer Würde und

---

1) Vgl. Themistokles Cap. 13.
2) Philombrotus bekleidete die Würde des ersten Archon im 595sten,
Solon im 594sten Jahre v. Chr.

Auszeichnung erhalten, diese aber, es sei darunter das nach Maß und Zahl Gleiche zu verstehen.

Bei diesen großen Hoffnungen beider Parteien lagen ihm die Häupter mit dringender Bitte an, er möchte sich der Gewalt eines Tyrannen bemächtigen und dann mit größerer Kühnheit seine Plane ausführen. Selbst viele der parteilosen Bürger, die wohl sahen wie mühsam und schwierig es sein würde durch bloße Vorstellungen und Gesetze die Lage der Dinge zu ändern, waren nicht abgeneigt dem Staate Ein Oberhaupt in der Person des gerechtesten und verständigsten Mannes zu geben. Nach Einigen wäre dem Solon auch folgender Spruch zu Delphi geworden:

Setze dich mitten ins Schiff und leite es kräftig am Steuer,
Viele der Bürger Athens sind schon dir willig zur Hülfe.

Am meisten aber wurde er von seinen Freunden getadelt daß er des bloßen Namens wegen die Alleinherrschaft fliehe, als wenn sie nicht durch edle Eigenschaft dessen der sie übernähme sofort zu einem Königthume werden würde, wie früher in Euböa, wo man dem Tynnondas, jetzt in Mitylene, wo man dem Pittakus Tyrannengewalt übertragen habe. Allein alles dieses machte seinen Vorsatz nicht wanken. Seinen Freunden entgegnete er, wie man sagt, die Alleinherrschaft sei ein schönes Landgut, aber ohne Ausgang. An Phokus aber schreibt er in seinen Gedichten: „wenn ich des Vaterlandes schonte, wenn ich es verschmähte durch Tyrannenmacht und erbarmungslose Gewalt meinen Ruhm zu beflecken, so schäme ich mich dessen nicht; nein, nur um so mehr hoffe ich mich über alle Menschen emporzuschwingen.“

Woraus klar ersichtlich ist daß er schon vor seiner Gesetzgebung einen glänzenden Namen hatte. Die spöttischen Bemerkungen aber welche Manche über seine Abneigung gegen die unumschränkte Gewalt machten drückt er so aus:

Solon nenn' ich nicht verständig, nicht mit klugem Sinn begabt.
Gutes reichte ihm die Gottheit, doch er nahm nicht was sie bot.
Einen Fang hatt' er umschlossen, doch voll Staunens zog er nicht
Zu sich her das Netz, das weite, in des Herzens Unverstand.

Ich fürwahr hätt' um die Herrschaft und des Reichthums Vollgenuß[1]),
Wär' ich auch auf Einen Tag nur Fürst geworden in Athen,
Mich lebendig lassen schinden und zermalmen mein Geschlecht.

15. So läßt er die Masse der niedrig Gesinnten von sich reden.
Allein während er die unumschränkte Gewalt zurückwies verfuhr er
doch keineswegs auf die allermildeste Weise, zeigte sich bei der Gesetz=
gebung nicht furchtsam und ließ sich nicht durch Scheue vor den Mäch=
tigen oder die selbstsüchtigen Wünsche derer die ihn gewählt hatten
bestimmen. Freilich wendete er Heilmittel und Neuerungen nicht in
der Weise an welche die beste gewesen wäre, aus Furcht, „er möchte,
wenn er die ganze Stadt aus den Fugen gerückt hätte, zu schwach sein
Ordnung und Eintracht herzustellen"[2]); aber das wozu er seine
Mitbürger durch Vorstellungen zu überreden hoffte, und das wovon
er glaubte sie würden es sich aufnöthigen lassen, setzte er ins Werk,
indem er, wie er selbst sagt, „Gewalt und Recht verband". Weß=
wegen er in der Folge auf die Frage, ob er den Athenern die besten
Gesetze gegeben habe, zur Antwort gab: „die besten von denen die sie
angenommen hätten."

Wenn aber die Neueren bemerken, die Athener wissen das Wi=
drige mancher Dinge durch anständige und beschönigende Namen artig
zu verhüllen, wie sie z. B. Dirnen-Gesellschafterinnen, Tribute Ver=
abredungen, die Besatzungen der Städte Schutzmannschaften, das
Gefängniß Häuschen nennen, so scheint hievon Solons Klugheit das
erste Beispiel gegeben zu haben, denn er nannte die Aufhebung der
Schulden Entlastung.

Dieß war nämlich sein erster Schritt, daß er alle vorhandenen
Schulden aufhob und für die Zukunft verbot den Leib des Schuld=
ners zum Pfande zu machen. Doch erzählen Mehrere, namentlich

---

1) Ich lese ἤθελον. Wird ἤθελεν gelesen, so ist zu übersetzen:
Traun! sonst hätt' er um die Herrschaft und des Reichthums Vollgenuß,
Wär' er auch auf Einen Tag nur Fürst geworden in Athen,
Sich lebendig lassen schinden und zermalmen sein Geschlecht.

2) Aus solonischen Versen entlehnte Worte.

Androtion [1]), nicht durch Aufhebung der Schulden, sondern durch Herabsetzung des Zinsfußes seien die Armen erleichtert worden: sie seien damit zufrieden gewesen und haben diese menschenfreundliche Anordnung mit der gleichzeitigen Vergrößerung der Maße, und mit der ebenfalls zu jener Zeit angeordneten Werthbestimmung des Geldes Entlastung genannt. Solon gab nämlich der Mine 100 Drachmen, während sie vorher 73 hatte [2]), so daß der Schuldner zu seinem großen Vortheile und ohne Verlust des Empfängers dem Namen nach die volle Summe, dem Werthe nach weniger bezahlte. Allein die Meisten behaupten, die Entlastung sei in Aufhebung aller Schulden bestanden, und damit stimmen auch die Gedichte besser überein, worin Solon sich rühmt daß er von dem zuvor verpfändeten Lande

> Die zahlreich aufgestellten Tafeln [3]) weggetilgt
> Und es, zuvor in Knechtschaft, frei jetzt sei —,

daß er auch von den an ihre Gläubiger verfallenen Bürgern die Eine aus der Fremde heimgeführt,

> — die schon kein attisch Wort
> Mehr sprachen, irrend in der weiten Welt umher,
> Die Andern, die im Lande selbst der Knechtschaft Schmach
> Erdulden mußten — —

frei gemacht habe.

Es soll ihm übrigens bei dieser Sache ein höchst unangenehmer Vorfall begegnet sein. Als er die Aufhebung der Schulden beschlossen

---

1) Verfasser einer Geschichte Attika's, dessen Zeitalter sich nicht genau bestimmen läßt.

2) Plutarch drückt sich hier nicht richtig aus. Androtion hatte ohne Zweifel berichtet, Solon habe den Gehalt der Drachmen in der Art verändert daß 100 derselben nur so viel werth gewesen seien als 73 der älteren. Wer also eine alte Schuld von 100 Drachmen mit 100 solonischen Drachmen bezahlte, der gewann 27 Procent. Der Gläubiger empfing freilich dem Werth nach weniger als er vorher anzusprechen hatte, aber dieser Verlust kam nicht in Betracht gegen die Vortheile welche auch ihm die Verbesserung der Lage so vieler seiner Mitbürger brachte.

3) D. h. die Tafeln auf welchen die Güter für verpfändet erklärt waren.

hatte und auf einen geeigneten Vortrag und eine passende Einleitung
sann, eröffnete er den Freunden die sein größtes Vertrauen besaßen
und den häufigsten Umgang mit ihm hatten — sie hießen Konon,
Klinias und Hipponikus — daß er den Grundbesitz nicht ändern wolle,
aber die Schulden aufzuheben gesonnen sei. Kaum hatten diese es
gehört, als sie der Bekanntmachung voraneilend sehr bedeutende Sum=
men von den Reichen aufnahmen und sich große Landgüter zusammen=
kauften. Als nun die Verordnung erschien, behielten sie die Güter im
Besitz und gaben den Gläubigern das Geld nicht zurück, was dem
Solon die schlimme Anschuldigung und Nachrede zuzog, er werde
durch das Unrecht nicht mit betroffen, sondern nehme Theil an den
Vortheilen desselben. Allein dieser Vorwurf wurde sofort beseitigt,
denn es fand sich daß er fünf Talente ausstehen hatte, die er dann vor
allen Andern, dem Gesetze gemäß, erließ. Einige, namentlich Poly=
zelus [1]) von Rhodus, lassen die Summe gar 15 Talente betragen.
Jene Freunde übrigens wurden von nun an nie anders als Schuld=
diebe genannt.

16. Beifall aber fand er bei keinem Theile: die Reichen schmerzte
die Aufhebung der Schulden, die Armen sahen es mit noch größerem
Verdrusse daß Solon ihre Hoffnung auf neue Theilung der Ländereien
und völlige Gleichstellung des Vermögens nach dem Vorbilde der
lykurgischen Verfassung nicht in Erfüllung gebracht hatte. Allein
Lykurg stammte im eilften Gliede von Herakles und hatte viele Jahre
lang mit königlicher Gewalt in Lakedämon regiert; großes Ansehen,
Freunde und Macht unterstützten ihn daher bei der Ausführung seiner
schönen Plane, und mehr durch gewaltsame Mittel, worüber ihm sogar
ein Auge ausgeschlagen wurde [2]), als durch Ueberredung gelangte er
dahin diesen Grundstein der öffentlichen Wohlfahrt und Eintracht zu
legen, daß es unter den Bürgern keinen Reichen und keinen Armen

---

1) Ein Historiker aus unbekannter Zeit.
2) S. Lykurgs Leben Cap. 11.

mehr gab. So viel erreichte freilich Solon mit seinen Anordnungen
nicht; war er doch ein Bürger, und zwar von den mittleren; was aber
irgend in seiner Macht stand, das brachte er auch zu Stande, ganz allein
auf den guten Willen und das Vertrauen seiner Mitbürger gestützt.

Daß er bei den Meisten anstieß, weil sie ganz Anderes hofften,
bezeugt er selbst mit Folgendem:

Thöricht war vordem ihr Hoffen, jetzt von Zornesglut erfüllt
Blicken alle scheelen Auges her auf mich als ihren Feind.

Und doch, versichert er, ein Anderer im Besitze derselben Macht

Hätt' nicht das Herz bezwungen, nicht geruht, bis er
Verwirrt uns Alles hätt', den Rahm hinweggeraubt.

Bald jedoch kamen die Athener zur Erkenntniß der wohlthätigen Fol=
gen und brachten, die besondern Beschwerden vergessend, ein gemein=
sames Opfer, dem sie den Namen Entlastungsopfer gaben, und den
Solon ernannten sie zum Verbesserer ihrer Verfassung und Gesetz=
gebung in der Art daß sie ihm nicht blos über dieses und jenes, son=
dern über Alles ohne Ausnahme Vollmacht ertheilten: er sollte Obrig=
keiten, Volksversammlungen, Gerichtshöfe, Rathsbehörden nach Gut=
dünken anordnen, das zur Theilnahme daran erforderliche Vermögen,
die Mitgliederzahl und die Zeit der Zusammenkünfte bestimmen, und
von dem Bestehenden und Geltenden aufheben und beibehalten was er
für gut fände.

17.   Zuvörderst hob er nun die sämmtlichen Gesetze des Drakon,
mit Ausnahme derer welche Tödtungen betrafen, wegen der Größe und
Härte der Strafen auf. Es war nämlich fast auf alle Vergehungen
nur Eine, die Todesstrafe, gesetzt, so daß schon der überwiesene Müßig=
gänger sterben mußte und wer Gemüse oder Obst gestohlen hatte
gerade wie der Tempelräuber und Mörder büßte. Daher gefiel die
Bemerkung welche Demades[1]) in späterer Zeit machte, Drakon habe
seine Gesetze mit Blut, nicht mit Tinte geschrieben. Drakon selbst

---

1) Ein attischer Redner aus der Zeit des Demosthenes.

aber soll auf die Frage, warum er die meisten Vergehungen mit
dem Tode bestrafe, zur Antwort gegeben haben: die kleinen ver-
dienen seiner Meinung nach diese Strafe, für die großen aber stehe
ihm keine größere zu Gebot.

18. Sodann wurde von ihm, da er alle obrigkeitlichen Aemter
zwar — der bisherigen Ordnung gemäß — den Vermöglichen vorbehalten, an der sonstigen Verwaltung des Staates aber dem früher
ausgeschlossenen Volke Theil geben wollte, eine Vermögensschatzung
veranstaltet. Wer nun 500 Medimnen an trockenen und flüssigen
Früchten erndtete, dem wies er seinen Platz in der ersten Classe an und
gab ihm den Namen Petakosiomedimnus[1]); in die zweite Classe kam
wer ein Pferd zu halten vermochte oder 300 Medimnen erndtete: sie
hießen: in der Ritterschaft Steuernde[2]); Zeugiten[3]) aber wurden die
Mitglieder der dritten Classe genannt; sie bezogen von beiderlei Früchten zusammen 200 Medimnen. Die übrigen Alle hießen Theten[4]);
diesen erlaubte er nicht irgend ein obrigkeitliches Amt zu bekleiden: nur
als Mitglieder der Volksversammlungen und der Gerichtshöfe hatten
sie an der Regierung Theil.

Anfangs zwar schien dieses Recht nur unbedeutend, allein in der
Folge zeigte es sich von außerordentlicher Wichtigkeit; denn die meisten
Streitigkeiten kamen vor die Geschworenen, da Solon auch bei solchen

---

1) Mann von 500 Medimnen. Der Medimnus, gewöhnlich ein Maß
für Getreide, hier auch für Wein und Oel, enthielt ungefähr zwei römische
Amphoren, 2602 Pariser Kubikzoll. Aus Cap. 23 sehen wir daß damals
ein Medimnus den Werth eines Schaafes oder einer Drachme (6 Gr.
Courant oder 27 kr.) hatte.

2) Auch Ritter (Hippeis) wurden sie genannt.

3) Sie hatten diesen Namen weil sie ein Zeugos, d. h. ein Gespann
Ochsen oder Maulthiere, hielten.

4) Lohnarbeiter. Ohne Zweifel wurde übrigens wohl die ganze vierte
Classe die der Theten genannt, nicht aber jedes einzelne Mitglied, sondern
nur diejenigen welche wirklich durch Lohnarbeit ihren Unterhalt gewannen.
Es gab aber auch nicht Wenige in dieser Classe welche in besseren Verhältnissen standen, und diese nannte man nicht Theten, sondern gab ihnen den gemeinsamen Namen Bürger.

Sachen über welche die Obrigkeiten zu erkennen hatten Berufung an das Volksgericht erlaubte. Auch soll der dunkle und vieldeutige Ausdruck seiner Gesetze die Macht der Gerichtshöfe vergrößert haben: da nämlich die Gesetze zur Entscheidung über die streitigen Punkte nicht genügten, so war die nothwendige Folge daß man immerdar der Geschworenen bedurfte, alle Streitsachen vor diese kamen und sie gewissermaßen über den Gesetzen standen. Solon gibt sich selbst wegen dieser Gleichstellung Beifall, indem er sagt:

> Ja ich ertheilte dem Volke die Macht die zu haben genüget,
>   Nicht zu geringes Gewicht gab ich, zu großes ihm nicht.
> Aber die Einfluß hatten und die hoch ragten an Reichthum,
>   Sie auch sollten mir nichts leiden was wider Gebür.
> Und ich stand, sie beide mit mächtigem Schilde bedeckend,
>   Beiden verstattet' ich nicht Rechte verletzenden Sieg.

Weil er jedoch der Schwachheit des armen Volkes noch größeren Schutz gewähren zu müssen glaubte, so verstattete er Jedem für den Unrecht Leidenden Genugthuung zu fordern. Wurde nämlich Einer geschlagen, litt Einer Beschädigung oder Gewalt, so durfte jeder der berechtigt[1]) und geneigt war den Beleidiger anklagen und gerichtlich verfolgen: eine schöne Anleitung für die Bürger, wie Glieder Eines Körpers mit einander zu fühlen und zu leiden.

Auch eine Aeußerung Solons, in welcher sich derselbe Sinn wie in diesem Gesetze ausspricht, wird erzählt. Als ihm nämlich, wie es scheint, die Frage vorgelegt wurde, welche Stadt für die beste und glücklichste zu halten sei, gab er zur Antwort: „diejenige in welcher der Unrecht Thuende nicht minder von dem nicht Gekränkten als von dem Gekränkten verklagt und zur Strafe gezogen wird."

19. Aus den abgegangenen Archonten jedes Jahres bildete er den Rath des Areshügels (den Areopag), dessen Mitglied er selbst als gewesener Archon wurde. Da er aber sodann bemerkte daß die Menge

---

1) Die Berechtigung gieng durch Atimie, d. h. Verlust oder Verminderung der bürgerlichen Rechte, verloren.

noch immer in Gährung war und die Aufhebung der Schulden sie übermütig gemacht hatte, so fügte er einen zweiten Rath hinzu, in welchen er aus jedem Stamme, deren es vier gab [1]), 100 Männer wählte, mit der Bestimmung die Vorberather des Volkes zu sein und nichts ohne ihre vorgängige Prüfung an die Gemeinde gelangen zu lassen. Jenen Rath von dem Areshügel aber ernannte er zum allge= meinen Aufseher und zum Beschützer der Gesetze, in der Meinung der Staat werde, wenn zwei Rathsbehörden, wie eben so viele Anker, ihn halten, nicht so leicht ein Spiel des Windes und der Wellen sein und größerer Ruhe und Zufriedenheit des Volkes sich erfreuen.

Die meisten Berichte nennen also den Solon als Stifter des Areopagus, wie ich ihn eben bezeichnet habe, und es scheint dieß vor= züglich darin eine Bestätigung zu finden daß Drakon nirgends von den Areopagiten redet oder auch nur ihren Namen anführt, sondern sich in seinen Gesetzen über Blutsachen immer an die Epheten [2]) wendet. Allein auf der dreizehnten Tafel [3]) lautet das achte Gesetz wörtlich also: „Alle die welche vor Solon's Archontenamt mit dem Verluste der bür= gerlichen Rechte bestraft wurden, sollen dieselben wieder erhalten, mit Ausnahme derer welche von dem Areopage oder von den Epheten oder von den Prytanen [4]) unter dem Vorsitze der Könige [5]) als Mörder oder Todtschläger oder weil sie Gewaltherrschaft üben wollten verur= teilt waren und das Land mieden als dieses Gesetz erschien." Dieß läßt nun doch wiederum den Areopag vor Solon's Archontenamt und

---

1) Solon ließ die uralte Volkseintheilung in vier Stämme bestehen, vgl. Cap. 23, Anm. 1, nahm ihr aber durch seine Gesetze einen großen Theil ihrer frühern politischen Bedeutung.

2) Der Gerichtshof der Epheten bestand aus 51 Richtern.

3) S. das 25. Capitel.

4) Diese Prytanen sind wohl die Vorsteher der Steuerkreise, von wel= chen Herodot V, 71 spricht.

5) Diese Könige sind wahrscheinlich die Stammkönige (Phylobasileis), die Vorsteher der einzelnen Stämme. Uebrigens führte auch der zweite der neun Archonten den Namen König.

Gesetzgebung erscheinen. Denn wer sollte vor Solon vom Areopag verurteilt worden seyn, wenn Solon der Erste wäre von dem der Areopag die richterliche Gewalt erhalten hätte? Man müßte denn annehmen, der Ausdruck sei dunkel oder unvollständig, und es werde angedeutet: wer solcher Verbrechen wegen verurteilt worden die zur Zeit der Erscheinung dieses Gesetzes vor die Areopagiten, die Epheten oder Prytanen kommen, der solle der bürgerlichen Rechte verlustig bleiben. Der Leser möge hierüber selbst weiter nachforschen.

20. Unter den übrigen Gesetzen Solon's ist dasjenige am meisten eigenthümlich und befremdend welches denjenigen der bei innern Streitigkeiten zu keiner Partei hält der bürgerlichen Rechte beraubt. Allein Solon will ohne Zweifel, man solle nicht lau und gleichgültig für das gemeine Wohl nur sich und das Seinige sicher stellen und eine Ehre darin suchen daß man die Noth und Bedrängnisse des Vaterlandes nicht theile, sondern ohne Zögern sich an die bessere und gerechtere Partei anschließen, mitwagen und helfen, statt in Ruhe und Sicherheit die Befehle des Siegers abzuwarten.

Ungereimt und lächerlich scheint auch die Anordnung welche einer Erbtochter [1] die Befugniß ertheilt, wofern der Mann welcher sie nach dem Gesetze besitze ihr beizuwohnen nicht fähig sei, mit den nächsten Verwandten ihres Mannes ehelichen Umgang zu haben. Doch finden auch dieses Manche recht gegen die Männer, welche trotz ihrer Unfähigkeit des Geldes wegen Erbtöchter heiraten und das Gesetz zum Zwange gegen die Natur mißbrauchen. Müssen sie nun ansehen daß die Erbtochter mit dem der ihr gefällt Umgang habe, so werden sie auf die Ehe verzichten, wo nicht, durch Schimpf und Schande für ihre Habsucht und Frechheit büßen. Billigen muß man es auch daß die Erbtochter nicht aus allen Männern, sondern nur aus den Verwandten

---

1) Wo Söhne in einer Familie waren, da erhielten die Töchter keinen Theil am Erbe. Fehlten Söhne, so traten die Töchter in deren Erbschaftsrechte ein, waren dann aber gesetzlich verbunden ihre nächsten Verwandten zu heiraten. Uebrigens konnte auch ein armes Mädchen ohne Brüder von dem nächsten Verwandten verlangen daß er sie heirate oder ausstatte.

ihres Gatten sich den Liebhaber auswählen darf, damit doch die
Kinder mit ihm verwandt sind und dem gleichen Geschlechte an=
gehören.

Hieher gehört auch daß die Braut, ehe sie mit dem Bräutigam
eingeschlossen werde, einen Quittenapfel essen soll [1]), und daß wer
eine Erbtochter geheiratet hat zum wenigsten dreimal des Monats ihr
zu nahen verpflichtet ist. Sollten nämlich auch keine Kinder aus die=
sem Umgange entspringen, so ist dieß doch ein Zeichen der Achtung
und Liebe des Mannes gegen seine züchtige Frau, erstickt manchen
gerade entstandenen Keim der Unzufriedenheit und hindert daß durch
die Uneinigkeit völlige Trennung herbeigeführt wird.

Bei den übrigen Ehen hob Solon die Mitgift gänzlich auf: drei
Kleider und einiges Geräthe von geringem Werthe, nichts Anderes
sollte die Braut in das Haus ihres Gatten bringen. Denn er wollte
nicht daß die Ehe zum Erwerbe diene und Handelssache sei, sondern um
Kinder zu erzeugen und Liebeshuld und Freundschaft einander zu be=
weisen, dazu sollten Mann und Frau zusammenwohnen. Sagte doch
einst Dionysius zu seiner Mutter, die von ihm einen gewissen Bürger
zum Gatten verlangte, er habe zwar als Machthaber die Gesetze der
Stadt aufgehoben, aber den Gesetzen der Natur Gewalt anzuthun und
dem Alter widersprechende Ehebündnisse zu schließen sei er nicht im
Staude. Vollends in den Freistaaten ist kein solcher Unfug zu dul=
den, und eine unzeitige liebeleere Verbindung, wobei die Ehe ganz
ohne Zweck und Bedeutung ist, durchaus nicht zu gestatten. Viel=
mehr würde wohl ein verständiger Bürgermeister oder Gesetzgeber zu

---

1) Vgl. Plutarch's Ehevorschriften Cap. 1: „Solon verordnete, daß
die Braut, ehe sie mit dem Bräutigam zu Bette gehe, einen Quittenapfel
verzehre, womit er wohl andeutete, es solle vor Allem der Liebreiz des
Mundes und der Stimme harmonisch und süß sein." Ebenderselbe sagt in
den Fragen über römische Gebräuche Cap. 65: „wie Solon in einem Ge=
setze bestimmt hat, die Braut solle, bevor sie in das Schlafgemach trete,
einen Quittenapfel essen, damit die erste Liebkosung nicht widrig und zurück=
stoßend sei."

einem Greifen der eine junge Frau heiraten wollte jene Worte sagen, die Philoktetes hören muß [1]):

    Gar schön zur Ehe schickest d u dich, armer Mann!

Und wenn er im Schlafgemache einer reichen Alten einen jungen Mann findet, wo er, gleich den Rebhühnern, durch Entbehrung des ehlichen Umgangs nur fett wird, so führt er ihn hinüber zu einer Jungfrau, die mit einem Manne verbunden zu werden sich sehnt. — Doch genug über diesen Gegenstand.

21. Lobenswerth findet man ferner auch das Verbot Solon's Verstorbenen Uebles nachzureden: ein frommer Sinn achtet ja die Abgeschiedenen heilig, die Gerechtigkeit fordert Schonung der Entfernten, und das Wohl des Staats verträgt sich nicht mit ewig dauernder Feindschaft. Lebende aber verbot er in Tempeln, vor Gericht, vor der Obrigkeit und bei der Feier öffentlicher Spiele zu schmähen: der dawider Handelnde sollte drei Drachmen dem Beleidigten und zwei weitere an die Stadt bezahlen. Denn wie es roh und ungezogen ist nirgends seinen Zorn zu bemeistern, so ist es schwer, ja für Manchen unmöglich, es überall zu thun, und ein Gesetzgeber muß doch immer das Mögliche im Auge haben, wenn er Wenige mit Erfolg und nicht Viele erfolglos strafen will.

Auch das Gesetz über die Vermächtnisse erhielt vielen Beifall. Früher waren diese gar nicht gestattet, sondern Vermögen und Haus mußten durchaus bei dem Geschlechte des Verstorbenen bleiben. Solon aber, der dem kinderlosen Manne das Seinige wem er wollte zu vermachen erlaubte, gab der Freundschaft den Vorzug vor der Verwandtschaft, der Zuneigung vor den Banden der Natur, und machte das Vermögen zum wahren Eigenthum des Besitzers. Doch gestattete er hinwiederum die Vermächtnisse nicht schlechthin und ohne alle Beschränkung, sondern sie sollten nur dann Giltigkeit haben wenn sie keiner Krankheit, keinem Zaubermittel, auch keinen Fesseln, keinem Zwang,

---

1) In einem verlorenen Schauspiele, vielleicht einem Satyrdrama.

keiner weiblichen Ueberredung zuzuschreiben seien. Mit vollem Rechte machte er dabei zwischen Bethörung und Zwang keinen Unterschied, sondern stellte Betrug mit Nöthigung, Wolluſt mit Unluſt gleich, weil das Eine ſo gut als das Andere den Menſchen aller vernünftigen Ueberlegung berauben könne.

Ein anderes Geſetz Solon's bezog ſich auf das Ausgehen der Frauen, auf die Trauer und die Feſte und beugte Unordnungen und Mißbräuchen vor. Eine Frau ſollte, wenn ſie einen Ausgang mache, nicht weiter als drei Kleider mit ſich nehmen, an Speiſe oder Trank nicht für mehr als einen Obolus [1]) und keinen Korb über Ellengröße; Nachts ſollten ſie nur fahren, und zwar unter Vortragung einer Fackel [2]). Das Zerkratzen des Geſichtes als Aeußerung der Betrübniß, das Abſingen von Klageliedern, auch das Heulen bei fremden Leichen ſtellte er ab. Er verbot auch einen Ochſen als Todtenopfer zu ſchlach-ten, weiter als drei Kleider in das Grab mitzugeben und ſich fremden Grabmälern zu nahen mit Ausnahme der Beſtattung.

Das Meiſte hievon verbieten auch unſere Geſetze [3]); dabei haben ſie noch die Beſtimmung, wer dagegen handle ſolle von den Frauen-vögten [4]) zur Strafe gezogen werden, weil ein ſo leidenſchaftliches und verwerfliches Benehmen bei der Trauer ganz unmännlich und weibiſch erſcheint.

22. Da Solon bemerkte daß die Bevölkerung der Stadt bedeu-tend zunehme, indem die Menſchen unbedenklich von allen Seiten nach Attika zuſammenſtrömten, daß aber der Boden des Landes größtentheils ſchlecht und unfruchtbar ſei, und daß die Seefahrer an einen Ort der ihnen nichts zum Tauſche bietet auch nichts einführen, ſo ermunterte

---

1) Ein Obolus war der ſechste Theil einer Drachme.

2) Die Frauen ſcheinen damals öfters ganze Tage vom Hauſe weg-geblieben und ſich zu dieſem Behufe beim Ausgehen mit einem Vorrathe von Kleidern und Eßwaaren verſehen zu haben.

3) Die Geſetze der Vaterſtadt Plutarch's Chäronea.

4) Im Griechiſchen Gynaikonomoi, öffentliche Beamte welche über die Sitten der Frauen Aufſicht führten.

er die Bürger sich den Gewerben zu widmen, und verordnete, ein Sohn welchen der Vater zu keinem Gewerbe angehalten habe solle auch nicht verpflichtet sein ihm Unterhalt zu geben.

Lykurg zwar, in einer von fremdem Volke reinen Stadt und einem Laude das, wie Euripides [1]) sagt, für eine große Menge groß, für eine doppelt so große übergroß war, wobei noch, was die meiste Beachtung verdient, eine Menge Heloten Lakedämon umgaben, welche man am besten nicht feiern ließ, sondern durch beständige Arbeit und Anstrengung in Demut hielt, — Lykurg, sage ich, that allerdings recht wohl daran daß er den Bürgern alle mühsamen und niedrigen Beschäftigungen abnahm, sie zu den Waffen anhielt und diese Kunst allein lernen und üben ließ. Solon aber, der seine Gesetze mehr den Umständen als die Umstände den Gesetzen anpaßte und wohl sah wie das Land seine Bebauer nur spärlich nährte, einen unthätigen und müßigen Haufen aber unmöglich erhalten konnte, setzte die Gewerbe in Achtung und beauftragte den Areopag, die Art wie sich Jeder nähre sorgfältig zu beobachten und die Müßiggänger zu bestrafen.

Noch strenger aber ist das Gesetz welches Heraklides aus Pontus berichtet: es sollten auch die mit einer Buhlerin erzeugten Kinder dem Vater keinen Unterhalt schuldig sein. Wer in der Liebe das Sittliche aus den Augen läßt verräth freilich klar genug daß er nicht um Kinder zu bekommen, sondern der Lust wegen ein Weib nimmt, er hat also seinen Lohn dahin und kann nicht freimütig sprechen mit Kindern denen er schon ihren Ursprung zur Schande gemacht hat.

23. Im Ganzen aber scheinen Solon's Gesetze in Beziehung auf die Frauen viel Ungereimtes zu haben. Einen Ehebrecher den man über der That ergriff erlaubte er zu tödten, auf die Entführung und Schändung einer freien Frau aber setzte er eine Strafe von 100 Drachmen; auf Gelegenheitmachen 20 Drachmen, mit Ausnahme derer welche öffentlich zu einem kommen; er meint die Dirnen: denn diese kommen vor Aller Augen zu dem der sie bezahlt. Ferner verbot er

---

1) In einem verlorenen Schauspiele.

Töchter oder Schwestern zu verkaufen, den Fall ausgenommen da es sich finde daß eine Umgang mit einem Manne gehabt und nicht mehr Jungfrau sei. Ist es nun nicht widersinnig eben dasselbe Vergehen hier mit unbarmherziger Strenge, dort gelinde und gleichsam scherzweise zu bestrafen? Man müßte denn annehmen, bei dem damaligen Geldmangel in der Stadt seien die Geldstrafen durch die Schwierigkeit sie aufzutreiben groß geworden. Denn bei den Opferpreisen rechnet Solon Schaf und Drachme dem Medimnus [Getreide] gleich. Für einen Sieger bei den isthmischen Spielen bestimmte er 100, für einen Sieger in Olympia 500 Drachmen zum Geschenke; wer einen Wolf lieferte bekam fünf Drachmen, für das Junge einer Wölfin wurde eine Drachme gegeben, jenes war nach der Angabe des Demetrius von Phaleron der Preis eines Ochsen, dieses der Werth eines Schafes. Freilich sind die Preisbestimmungen für auserlesene Opferthiere welche die sechszehnte Tafel enthält, wie sich erwarten läßt, vielmal höher, allein im Verhältniß zu den jetzigen erscheinen doch auch diese unbedeutend.

Uebrigens ist der Krieg gegen die Wölfe bei den Athenern etwas Uraltes, da ihr Land sich besser für die Viehzucht als für den Ackerbau eignet. Einige behaupten auch die Stämme seien nicht nach Jons[1] Söhnen benannt worden, sondern nach den Lebensarten in welche sie sich Anfangs theilten: die Krieger Hopliten, die Gewerbtreibenden Ergadeer und von den zwei übrigen die Ackerbauern Gedeonten, die welche sich mit dem Waiden der Heerden beschäftigten Aegikoreer.

Weil das Land weder mit unversieglichen Flüssen, noch mit Seen, noch mit ergiebigen Quellen dem Wasserbedürfnisse genügt, sondern die Meisten sich an gegrabene Brunnen halten mußten, so verordnete

---

1) Jon ist der mythische Stammvater der Jonier, zu welchen die Athener gehörten. Die vier Stämme, in welche diese von alter Zeit her getheilt waren, bis Klisthenes im Jahr 509 dafür zehn bildete, leiteten ihre Namen von vier Söhnen Jon's ab: von Hoples, Ergadeus (nach Andern Argadeus, daher Argadeer), Gedeon (nach Andern Geleon, daher Geleonten) und Aigikoreus.

Solon, wo innerhalb eines Pferdelaufs, d. h. eines Raumes von vier
Stadien[1]), ein öffentlicher Brunnen sei, sich dessen zu bedienen, bei
größerer Entfernung aber eigenes Wasser zu suchen; finde man jedoch
in dem eigenen Grundstücke auf eine Tiefe von zehn Klaftern keines,
so dürfe man bei dem Nachbar täglich zweimal einen sechsmäßigen
Krug füllen; denn er glaubte der Noth aushelfen, aber nicht die Träg=
heit versorgen zu müssen.

Ebenso bestimmte er für Pflanzungen die Entfernung mit vieler
Sachkenntniß. Im Allgemeinen sollte man sich damit fünf Schuh
vom Nachbar entfernt halten, mit Feigen= und Oelbäumen aber neun
Schuh; diese dehnen nämlich ihre Wurzeln weiter aus und sind nicht
für jedes Gewächs unschädliche Nachbarn, sondern nehmen die Nah=
rung weg und haben für mehrere eine schädliche Ausdünstung. Wer
Gruben oder Gräben anlegen wollte, dem gebot er vom fremden Bo=
den eben so fern zu bleiben als er tief gehe; Bienenstöcke sollten 500
Fuß von dem älteren Staude eines Andern stehen.

24 Von den Früchten des Landes erlaubte er blos das Oel an
Fremde zu verkaufen, die Ausfuhr der übrigen untersagte er: die Ueber=
tretung dieses Gesetzes sollte der Archon[2]) feierlich mit einem Fluche
belegen oder selbst eine Strafe von 100 Drachmen bezahlen. Und
dieses Gesetz findet sich gleich auf der ersten Tafel. Daher möchte
man denn nicht ganz unglaublich die Behauptung finden: es sei auch
die Ausfuhr der Feigen in der alten Zeit verboten gewesen und das
Angeben oder Anklagen der dawider Handelnden Feigenanzeige[3]) ge=
nannt worden.

Auch ein Gesetz über den von Thieren zugefügten Schaden gab
Solon und verordnete darin unter Anderem, den Hund der Jemanden
gebissen an einem drei Ellen langen Halsbande auszuliefern: eine
recht artige Sicherheitsmaßregel.

---

1) Ein Stadium beträgt 569 Pariser Fuß.
2) Mit dem Namen Archon wird gewöhnlich der erste der neun Ar=
chonten bezeichnet.
3) Im Griechischen Sykophantie, der Angeber Sykophant.

Bedenklichkeit aber erregt auch das Gesetz über die Ertheilung des Bürgerrechtes, denn es verstattet Keinem Bürger zu werden der nicht auf ewig aus seiner Vaterstadt verwiesen ist, oder in der Absicht, ein Gewerbe zu treiben, mit seinem ganzen Hause nach Athen über= siedelt. Doch sagt man, er habe damit nicht sowohl die andern Frem= den abweisen als die Bezeichneten durch die sichere Hoffnung das Bürgerrecht zu erhalten nach Athen einladen wollen: auch habe er diese für ganz zuverläßig gehalten, die Vertriebenen wegen ihrer Noth, die freiwillig Ausgewanderten wegen ihres Entschlusses.

Eigen ist auch ein Gesetz Solon's welches die Speisung auf öffentliche Kosten betrifft, von ihm parasitein benannt. Er gestattet nicht daß ein und derselbe sich häufig speisen lasse; wenn aber einer dem es zukomme nicht wolle, so solle ihn Strafe treffen: in jenem sah er Habsucht, in diesem Geringschätzung des Gemeinwesens.

25. Alle seine Gesetze sollten auf die Dauer von 100 Jahren Gültigkeit haben. Sie wurden auf hölzerne Tafeln geschrieben die sich um eine Achse drehen ließen[1]. Geringe Ueberreste derselben wurden noch zu meiner Zeit im Stadthause aufbewahrt. Nach Ari= stoteles hießen sie Kyrben, und der komische Dichter Kratinos sagt irgendwo:

Bei Solon's und bei Drakon's Kyrben schwöre ich,
Mit denen du sie schon die Gerste rösten siehst.

Einige behaupten übrigens, nur die Tafeln welche Heiligthümer und Opfer betrafen seien Kyrben, die andern Axonen genannt worden.

Einen gemeinsamen Eid schwur denn nun der Rath, Solon's Ge= setze aufrecht zu halten; mit einem besondern Eide verpflichtete sich ebendazu jeder Thesmothete[2] auf dem Markte am Heroldssteine, und

---

1) Ohne Zweifel wollte Plutarch diesen Sinn ausdrücken. Wie aber jetzt seine Worte lauten, müßten wir übersetzen: die sich in viereckigen Ver= schlägen drehen ließen.

2) Dieser Titel bezeichnet hier — wie aus Platon's Phädrus p. 235 erhellt — die sämmtlichen Archonten, nicht blos die sechs letzten derselben, welche vorzugsweise so genannt wurden.

gelobte eine goldene[1]) Bildsäule von der Größe seines Körpers in Delphi aufzustellen, wenn er irgend eines der Gesetze überschreite.

Solon bemerkte auch die Ungleichheit der Monate und daß der Lauf des Mondes weder mit dem Aufgange noch mit dem Untergange der Sonne ganz zusammenstimmt, sondern der Mond oft an einem und demselben Tage die Sonne erreicht und an ihr vorübergeht. Er verordnete daher einen solchen Tag den alten und neuen zu nennen, indem er annahm, der Theil welcher dem Zusammentreffen vorangehe gehöre zu dem scheidenden, der andere zu dem beginnenden Monate — ohne Zweifel die erste richtige Auslegung der homerischen Worte:

Wenn der Monate einer entweichet, der andere anhebt[2]).

Den folgenden Tag nannte er Neumond[3]). Die Tage vom zwanzig= sten an zählte er nicht in aufsteigender Ordnung, sondern, wie er es bei dem Mondlicht sah, indem er abnahm und rückwärts schritt[4]).

Nach Einführung der Gesetze kamen zu Solon Tag für Tag Leute mit Lob oder Tadel, oder auch mit dem Rathe was ihnen gerade ein= fiel in die Tafeln aufzunehmen oder daraus zu tilgen; noch Mehrere wandten sich an ihn mit Anfragen, Erkundigungen und Bitten, er möchte ihnen dieß und jenes erläutern und den Sinn genau angeben. Da er nun sah daß damit sich abzugeben Zeitverderb, es abzulehnen gehässig wäre, und überhaupt wünschte den Verlegenheiten auszu= weichen, und der Unzufriedenheit und Tadelsucht seiner Mitbürger aus dem Wege zu gehen, —

Ist doch im schwierigen Werk Allen gefallen so schwer,

wie er selbst gesagt hat — so ließ er sich von den Athenern unter dem Vorwande der Rhederie auf zehn Jahre Urlaub ertheilen und trat eine

---

1) Golden bedeutet hier ohne Zweifel vergoldet.

2) S. Odyssee XIV, 162 und XIX, 307.

3) Dieser galt als der erste des Monats; der alte und neue als der letzte.

4) D. h. er nannte den 21. den zehnten des scheidenden Monats, den 22. den neunten u. s. w.

Reise an. In dieser Zeit, hoffte er, werde man sich auch an seine Gesetze gewöhnen.

26. Zuerst kam er nun nach Aegypten und verweilte, wie er selbst sagt,

Wo sich mündet der Nil, der kanobischen Küste benachbart.

Eine Zeit lang stand er auch in wissenschaftlichem Verkehr mit Psenophis von Heliopolis und Sonchis von Sais [1]), den gelehrtesten der damaligen Priester; sie waren es auch nach Platon's [2]) Zeugniß, welche ihm die Sage von Atlantis mittheilten, die er nachher den Griechen in einem Gedichte bekannt zu machen versuchte.

Sodann schiffte er nach Kypern, wo er die Achtung und Freundschaft eines der dortigen Könige, Philokyprus, in besonders hohem Grade erlangte. Philokyprus bewohnte eine nicht große Stadt, die von Demophon, einem Sohne des Theseus, in der Nähe des Flusses Klarius erbaut, eine feste Lage, aber rauhen und schlechten Boden hatte. Da nun ihr zu Füßen eine schöne Ebene lag, so bewog ihn Solon sie dahin zu versetzen und dadurch angenehmer und größer zu machen. Er leitete auch selbst den Bau und half zur Annehmlichkeit und Sicherheit die besten Anstalten treffen, so daß dem Philokyprus Ansiedler in Menge zuströmten und die übrigen Könige eifersüchtig wurden. Daher gab denn auch Philokyprus der Stadt, welche vorher Aipeia (die Hohe) hieß, dem Solon zu Ehren den Namen Soli. Solon selbst gedenkt dieser Stadtgründung in seinen

---

1) Heliopolis, die Sonnenstadt, im A. T. Beth=Schemesch, bei den Aegyptern On, lag in Unterägypten, etwas östlich vom Nil, an dem großen Kanal der den Fluß mit dem arabischen Meerbusen verband. — Sais, in der alten Zeit die Hauptstadt Unterägyptens, lag zwischen dem kanobischen und sebennytischen Flußarme.

2) Im Timäus p. 2 ff. und im Kritias p. 109 ff. Atlantis soll eine sehr große und ungemein bevölkerte Insel westwärts von den Säulen des Herkules gewesen sein, die aber lange vor Solon durch ein mit Ueberschwemmung verbundenes Erdbeben untergegangen war. „Hätte Solon," heißt es in Timäus, „jenes Gedicht vollendet, so würde weder Hesiod, noch Homer, noch irgend ein Dichter ihm an Ruhm gleich stehen."

Elegieen: nachdem er nämlich den Philokyprus angeredet hat sagt
er zu ihm:

Und nun mögest du lange, der Solier fürstlicher Herrscher,
Glücklich bewohnen die Stadt, glücklich die Söhne nach dir!
Mir geb' sicheres Geleit von dem hochgepriesenen Eiland
Auf schnell segelndem Schiffe Kypris mit Veilchen bekränzt,
Scheule mir Huld ob dem Baue der Stadt und herrlichen Namen,
Schenke mir Wiederkehr heim in der Väter Gefild.

27. Den Besuch bei Krösus aber meinen Einige durch die Zeit=
rechnung als Märchen erweisen zu können. Ich jedoch bin nicht
geneigt eine so berühmte und von so vielen Zeugen bestätigte Erzäh=
lung, die, was noch größere Bedeutung hat, mit Solon's Charakter
ganz übereinstimmt und seiner Seelengröße und Weisheit vollkommen
entspricht, — eine solche Erzählung bin ich nicht geneigt aufzugeben
wegen einiger sogenannten Nichtscheiden der Zeitrechnung, deren Fest=
stellung den Tausenden die sich damit beschäftigt haben bis auf diesen
Tag nicht so weit gelungen ist daß sie die Widersprüche derselben
hätten entfernen können.

Solon kam also, wie man erzählt, auf Einladung des Krösus
nach Sardes, und hier ergieng es ihm wie jenem Manne aus dem
Binnenlande der zum ersten Mal an die See reiste. So oft dieser
einen Fluß sah, glaubte er, es sei das Meer. Ebenso meinte Solon,
als er durch den Hof gieng, in jedem der vielen Diener des Königes, die
er in prächtigem Schmucke unter einer Schaar von Begleitern und
Trabanten einherstolzieren sah, den Krösus zu erblicken, bis er endlich
wirklich vor ihn geführt wurde, der denn was er an Edelsteinen, bun=
ten Gewanden und kunstvollem Goldgeschmeide Prächtiges, Seltenes,
Beneidenswerthes zu besitzen glaubte Alles an sich trug, um ein recht
erhabenes und mannigfaltiges Schauspiel zu gewähren. Als aber
Solon, wie er nun dem Könige gegenüberstand, weder durch Mienen
noch durch Worte etwas von dem Eindrucke verrieth welchen Krösus
erwartete, im Gegentheil Verständige wohl bemerken konnten daß er

diese alberne Eitelkeit und kleinliche Prahlerei verachte, so ließ er ihn
überall umherführen, ihm die Schatzkammern seines Reichthums öffnen
und alle andere Pracht und Herrlichkeit zeigen, was Solon gar nicht
begehrte, da es genug war den König selbst zu sehen, um ein Urteil
über seine Denkart zu fällen.

Wie nun Solon Alles gesehen hatte und wieder vor den König
geführt wurde, fragte ihn dieser, ob ihm ein glücklicherer Mensch bekannt sei? Als denn Solon entgegnete: es sei ihm allerdings ein
glücklicherer bekannt, sein Mitbürger Tellos, und sodann erzählte:
Tellos sei ein rechtschaffener Mann gewesen und mit Hinterlassung ge-
achteter Söhne, auch eines für alle Bedürfnisse zureichenden Vermögens den ruhmvollen Tod für das Vaterland gestorben, — da war er
in den Augen des Krösus bereits ein sonderbarer und ungebildeter
Mensch, wenn er das Glück nicht nach der Menge des Silbers und
Goldes abwäge, sondern Leben und Tod eines unbedeutenden Bürgers
so großer Macht und Herrschaft vorziehe. Gleichwohl fragte er ihn
noch einmal, ob ihm nach Tellos ein glücklicherer Mensch bekannt sei?
Solon bejahte es wiederum und nannte Kleobis und Biton, Muster
brüderlicher und kindlicher Liebe, welche einst, als die Ochsen nicht
zur gehörigen Zeit bei der Hand waren, sich selbst unter das Joch des
Wagens stellten und ihre Mutter in den Heratempel zogen, worüber
sie von den Bürgern glücklich gepriesen und von Freude erfüllt wurde.
Als sie hierauf geopfert und getrunken hatten standen sie am folgenden
Tage nicht mehr auf, sondern man fand sie entseelt, und es war ihnen
nach dem Genusse so großen Ruhmes ein sanfter schmerzloser Tod zu
Theil geworden.

„Und uns," rief jetzt Krösus voll Zorn, „rechnest du gar nicht zu
der Zahl der Glücklichen?" Solon aber, der eben so wenig ihm
schmeicheln als seinen Unwillen noch mehr reizen wollte, entgegnete:
„o König der Lydier, uns Griechen hat die Gottheit Alles in be-
scheidenem Maße gegeben, und so haben wir denn in unserer Mittel-
mäßigkeit auch eine Art von Weisheit, die, wie es sich für uns ziemt,

bescheiden [1]) und bürgerlich, nicht glänzend und königlich ist und die, im Hinblick auf die mannigfaltigen Wechsel welche das Leben immerdar hat, uns nicht verstattet stolz zu werden auf die Güter der Gegenwart und keines Mannes Glück uns bewundern läßt, so lange es noch Ver- änderungen erleiden kann. Denn die Zukunft birgt für Jeden mannig- fache Schicksale in ihrem Schooße; wem aber die Gottheit bis zum Ende des Lebens es wohl ergehen ließ, den halten wir für einen Glück- lichen. Einen Mann glücklich zu preisen der noch lebt und den Ge- fahren des Lebens noch unterworfen ist, hat eben so wenig Sinn und Bedeutung als wenn Einer noch während des Wettkampfes als Sieger ausgerufen und bekränzt würde." Nach diesen Worten entfernte sich Solon: er hatte den König gekränkt, aber nicht klüger gemacht.

28. Der Fabeldichter Aesop aber — denn von Krösus einge- laden befand er sich gerade in Sardes und wurde sehr ausgezeichnet — hatte Mitleiden mit Solon daß ihm gar nichts Freundliches zu Theil wurde. Um ihm denn einen guten Wink zu geben sagte er: „lieber Solon, mit Königen muß man so selten oder so gefällig als möglich sprechen." — „Nicht doch," erwiderte Solon, „sondern so selten oder so gut als möglich."

Damals also achtete Krösus den Solon so gering. Als er aber im Kampfe mit Kyrus unglücklich war, seine Stadt verlor, gefan- gen bei lebendigem Leibe verbrannt werden sollte, und schon im Angesichte aller Perser und vor den Augen des Kyrus gefesselt auf dem Scheiterhaufen stand, da erhob er, so stark er vermochte, seine Stimme und rief dreimal: „o Solon!"

Voll Verwunderung ließ Kyrus ihn fragen, welcher Mensch oder Gott denn dieser Solon sei, den er in der äußersten Noth allein an- rufe. Krösus antwortete ohne irgend etwas zu verhehlen: „Dieser Mann war einer der Weisen Griechenlands; ich berief ihn zu mir, nicht um etwas zu hören und zu lernen was mir zu wissen Noth that,

---

1) Ich lese mit J. Bekker ἀθαρσοῦς; nicht εὐθαρσοῦς (voll guten Mutes).

sondern damit er meine Herrlichkeit sähe und als Zeuge derselben von
hinnen gienge, die doch wahrlich durch ihren Verlust mich mehr elend
als durch ihren Besitz glücklich gemacht hat; denn in Wort und Wahn
bestand sie so lang sie da war: ihr Umsturz aber bringt mir in Wirk=
lichkeit fürchterliche Leiden und unsäglichen Jammer. Und darum
ermahnte mich jener Mann, indem er von dem was er damals sah
auf das schloß was ich jetzt erleide, das Lebensende im Auge zu be=
halten und nicht in trügerischer Einbildung mein Herz dem Stolz und
Uebermute zu ergeben."

Diese Antwort wurde dem Kyrus gemeldet, und da er weiser war
als Krösus, auch die Wahrheit der Lehre Solon's in dem Beispiele
vor Augen sah, so setzte er den Krösus nicht blos in Freiheit, sondern
erwies ihm auch, so lange er lebte, viele Ehre und so wurde dem
Solon der Ruhm, durch Einen Spruch den einen der Könige gerettet,
den andern weiser gemacht zu haben.

29. Die Athener aber lagen während Solon's Abwesenheit
wieder in Streit miteinander, und das Haupt des Volkes vom platten
Lande war Lykurg, die Küstenbewohner hatten Megakles, den Sohn
des Alkmaion, zum Führer, den Pisistratus das Gebirgsvolk, unter
welchem sich die zahlreichen und gegen die Reichen sehr erbitterten
Lohnarbeiter[1]) befanden. Die Gesetze Solon's waren zwar noch in
Gültigkeit, aber man erwartete ihren Umsturz, und Alle wünschten
eine andere Verfassung, nicht als hätten sie dadurch Gleichheit zu er=
langen gehofft, nein jeder Theil versprach sich große Vortheile und ent=
schiedenes Uebergewicht über seine Gegner.

So standen die Sachen als Solon nach Athen zurückkehrte. Es
wurde ihm zwar von Allen Achtung und Ehre bewiesen, allein in der
Volksversammlung zu reden und für die öffentlichen Angelegenheiten
thätig zu sein, wie früher, dazu hatte er bei seinem hohen Alter weder
Kraft noch Lust; dafür suchte er durch besondere Unterredungen mit
den Häuptern der Parteien die Einigkeit und Ruhe herzustellen, und

---

1) S. Cap. 18, Anm. 4.

vor Allen schien Pisistratus ihm willig das Ohr zu leihen. Es hatte
nämlich dieser Mann im Gespräch etwas Einschmeichelndes und Herz-
gewinnendes, war Wohlthäter der Armen und gegen Feinde gemäßigt
und billigdenkend. Und was ihm von Natur nicht eigen war, davon
wußte er sich so geschickt den Schein zu geben daß man ihm mehr noch
als den Männern die wirklich solche Eigenschaften hatten zutraute
er sei gewissenhaft und bescheiden, liebe die Gleichheit über Alles und
sei Jedem gram der an dem Bestehenden rüttle und Umsturzplane hege.
Dadurch täuschte er nämlich die Meisten. Solon aber durchschaute
bald sein Inneres und entdeckte zuerst was er im Sinne hatte; doch
warf er darum keinen Haß auf ihn, sondern suchte seine Leidenschaft
durch Vorstellungen zu mäßigen und sagte öfters zu ihm selbst und zu
Andern, wenn man nur das Verlangen der Erste zu sein aus seinem
Herzen verbannen und die Begier nach der unumschränkten Gewalt
heilen könnte; so würde es keinen Mann geben der mehr zur Tugend
geschaffen und ein besserer Bürger wäre.

Um diese Zeit fieng Thespis [1]) bereits an, der Tragödie eine ver-
änderte Gestalt zu geben, und die Neuheit der Sache zog alles Volk
herbei; doch fand dabei noch kein Wettstreit um einen Siegespreis statt.
Solon, der von Natur ein Freund des Hörens und Lernens war und im
Greisenalter noch mehr als früher mit Studien, mit Scherz, ja auch
mit Wein und Tonkunst sich ergötzte, sah ebenfalls dem Thespis zu,
welcher der alten Sitte gemäß selbst spielte. Nach der Vorstellung aber
wandte er sich an Thespis und fragte ihn, ob er sich nicht schäme in
Gegenwart so Vieler so gewaltig zu lügen. Thespis erwiderte, es sei
ja nichts Schlimmes im Scherze solche Dinge zu sagen und vorzu-
stellen; aber Solon schlug mit seinem Stocke heftig auf die Erde und
sagte: „ja, bald werden wir diesen Scherz, wenn wir ihn so loben und
ehren, auch in unserem Handel und Wandel finden."

---

1) Bis dahin waren an den Dionysosfesten zu Athen nur Chorgesänge
vorgetragen worden. Thespis fügte denselben den Vortrag eines Schau-
spielers bei, der mit lebendigem Gebärdenspiel Mythen erzählte, wohl auch
Unterredungen mit dem Chore hielt.

30. Als Pisistratus sich mit eigener Hand verwundete und dann zu Wagen auf den Markt kam und das Volk aufreizte, als hätten ihn seine Gegner seiner patriotischen Gesinnung wegen hinterlistig überfallen, da fand er Viele die sich darüber ereiferten und gewaltig schrieen. Solon aber trat nah zu ihm hin und sagte: „nicht gut, o Sohn des Hippokrates, spielst du die Rolle des homerischen Odysseus[1]): dieser verwundete sich, die Feinde zu täuschen, du thatest es um deine Mitbürger zu betrügen."

Pisistratus hatte es jedoch erreicht daß die Mehrzahl der Bürger bereit war für ihn zu kämpfen und Ariston in der Volksversammlung den Vorschlag machte, es sollten ihm fünfzig mit Keulen bewaffnete Männer zu seinem Schutze gegeben werden. Solon trat zwar auf und brachte Vieles dagegen vor, was in seinen Gedichten also lautet:

Auf die Zunge nur seht ihr und auf die Worte des Schmeichlers,
 (Aber auf all' sein Thun richtet die Augen ihr nicht[2]).
Jeder von euch geht einzeln einher auf den Pfaden des Fuchses[3]),
 Aber ihr Alle vereint seid doch ein thörichtes Volk.

Da er aber sah daß die Armen den Wunsch des Pisistratus zu gewähren entschlossen waren und heftig tobten, die Reichen aber feige davon liefen, so entfernte er sich, indem er sagte, daß er verständiger sei als jene und mutiger als diese; verständiger als die welche nicht merken worauf es abgesehen sei, mutiger als die welche es merken, aber der Tyrannei entgegenzutreten nicht wagen.

Nachdem aber das Volk den Vorschlag angenommen hatte sah es auch nicht so genau auf die Zahl der Keulenträger, sondern ließ den Pisistratus so viele als er wollte ganz offen zusammenbringen und halten, bis er am Ende die Burg einnahm. Als dieß geschehen und die Stadt in Bestürzung war, ergriff Megakles mit den übrigen Alkmäoniden schleunig die Flucht, Solon aber, ob er gleich schon in hohem

---

1) S. das vierte Buch der Odyssee, V. 244 ff.
2) Dieser Pentameter fehlt bei Plutarch, ist aber von Andern erhalten.
3) Sinn: ihr seid als Einzelne ganz verständig.

Alter stand und keine Parteigenossen hatte, erschien doch auf dem Markte und hielt eine Rede an die Bürger, worin er sie theils wegen ihrer Unklugheit und Feigheit schalt, theils aufforderte und beschwor von der Freiheit nicht zu lassen. Dabei sagte er auch jene berühmt gewordenen Worte: früher würde es ihnen leichter gewesen sein die Tyrannei zu unterdrücken, da sie erst Wurzeln geschlagen habe; jetzt sei es größer und ruhmvoller sie zu zerstören und auszutilgen, nachdem sie bereits emporgewachsen und erstarkt sei. Da ihm aber aus Furcht Niemand Gehör schenkte, so gieng er nach Hause, nahm seine Waffen, legte sie vor die Thüre seines Hauses auf die Straße und sagte: „ich meines Theils habe, so viel in meinen Kräften stand, dem Vaterland und den Gesetzen Beistand geleistet.“ Und in der Folgezeit verhielt er sich ruhig: seine Freunde riethen ihm zwar zur Flucht, allein er folgte ihnen nicht, sondern schrieb Gedichte, in welchen er die Athener schalt:

> Habt ihr Hartes erduldet ob euerer eigenen Thorheit,
> 　O so klaget darum ja doch die Götter nicht an!
> Von euch selbst empfiengen sie Macht, ihr gabet die Wache:
> 　Und nun habt ihr dafür schmähliche Knechtschaft zum Lohn!

31. Als ihn deßwegen Viele warnten, als würde ihn der Tyrann noch tödten lassen, und fragten, worauf er sich denn verlasse daß er so tollkühn sei, so antwortete er: auf das Alter.

Allein Pisistratus, als er im vollen Besitze der Macht war, bewies ihm große Achtung und Zuneigung, ließ ihn häufig zu sich bitten und wußte ihn so sehr zu gewinnen daß er sogar sein Rathgeber ward und manchen seiner Schritte billigte. Auch hielt ja Pisistratus die meisten der solonischen Gesetze aufrecht, indem er in Befolgung derselben vorangieng und seine Freunde dazu anhielt; wie er denn einmal, als er vor dem Areopagus des Mordes angeklagt war, schon im Besitze der unumschränkten Gewalt doch ganz bescheiden vor diesem Gerichte erschien, um seine Vertheidigung zu führen: der Ankläger jedoch blieb aus.

Er gab auch selbst einige neue Gesetze, namentlich dasjenige welches die im Kriege Verstümmelten auf öffentliche Kosten zu erhalten verordnet. Uebrigens sagt Heraklides, Pisistratus sei hierin dem Beispiele Solon's gefolgt, welcher zu Gunsten des verstümmelten Thersippus einen solchen Beschluß ausgewirkt habe. Nach Theophrast ist auch Pisistratus, nicht Solon, Urheber des Gesetzes gegen den Müßiggang, wodurch er das Land ergiebiger, die Stadt ruhiger machte.

Solon hatte ein großes Werk begonnen, die Darstellung der Geschichte oder des Mythus von der Insel Atlantis [1]), welcher ihm von den Gelehrten zu Sais mitgetheilt war und in besonderer Beziehung zu den Athenern [2]) stand; allein er gab es wieder auf, nicht als hätten ihn, wie Platon [3]) meint, Geschäfte davon abgezogen, sondern vielmehr weil er bei seinem hohen Alter die Größe der Aufgabe scheute. Denn daß er Ueberfluß an Muße hatte zeigen Aeußerungen wie folgende:

Lernend ohn' Unterlaß schreit' ich im Alter voran.

Deßgleichen:

Jetzo lieb' ich die Gaben der Kypris, des Dionysos
Und der Musen: wie froh stimmen sie Männern das Herz!

32. Wie den verlassenen Grund eines schönen Gutes, das vermöge der Verwandtschaft [4]) gewissermaßen ihm angehörte, bemühte sich Platon [5]) jenes Feld das Atlantis bot anzubauen und auszuschmücken, und legte einen großartigen Eingang, gewaltige Ringmauern und Höfe an, wie noch keine Geschichte, kein Mythus, keine Dichtung jemals erhalten hat. Allein da er spät begonnen hatte, so beschloß er sein Leben vor der Vollendung des Werkes, und je mehr er uns durch

---

1) Vgl. oben Cap. 26.

2) Die Bewohner von Atlantis sollen bereits Afrika und einen großen Theil Europa's erobert gehabt und Aegypten und Griechenland bedroht haben, als sie von den Athenern besiegt und auf ihre Insel zurückgetrieben wurden.

3) Im Timäus p. 21.

4) Platon war von mütterlicher Seite mit Solon verwandt.

5) In den bei Cap. 26 angegebenen Werken.

das was davon niedergeschrieben ist entzückt, desto tiefer betrübt er uns durch das was noch fehlt. Denn wie die Stadt der Athener nur den Tempel des olympischen Zeus [1]), so hat Platon's Weisheit unter vielen herrlichen Werken nur das über Atlantis unvollendet gelassen.

Solon lebte, wenn wir dem Heraklides aus Pontus glauben, noch lange Zeit unter der Alleinherrschaft des Pisistratus; nach Phanias von Eresus aber nicht völlig zwei Jahre. Pisistratus warf sich nämlich unter dem Archon Komias zum Alleinherrscher auf, Solon aber starb dem Phanias zu Folge unter dem nächsten Nachfolger des Komias, Hegestratus [2]). Die Erzählung aber daß man nach Verbrennung des Leichnams seine Asche auf der Insel Salamis umhergestreut habe erscheint um ihrer Ungereimtheit willen als ganz unglaublich und märchenhaft, ist jedoch von angesehenen Schriftstellern, namentlich auch dem Philosophen Aristoteles, überliefert worden.

---

1) Von diesem großartigen Tempel, den erst Kaiser Hadrian vollendet hat, stehen noch 16 korinthische Säulen.

2) Im Jahr 559 v. Chr.

II. Themistokles.

[Geboren um 529, gestorben um 464 v. Chr.]

1. Dem Themistokles verhieß seine Herkunft keinen glänzenden Namen. Sein Vater Neokles, aus der Gemeinde Phrearroi des Stammes Leontis, gehörte nicht zu den Männern von bedeutendem Ansehen, und seiner Mutter wegen war er kein vollbürtiger Athener, wie der Vers andeutet:

Eine Thrakerin bin ich Abrotonon, aber den großen
    Mann, den Themistokles, dankt mir das hellenische Volk.

Phanias [1]) indessen läßt die Mutter nicht aus Thrakien, sondern aus Karien stammen, nennt sie auch nicht Abrotonon, sondern Euterpe. Neanthes [2]) aber fügt noch ihre Vaterstadt Halikarnaß in Karien hinzu.

Weil nun Allen die nicht vollbürtig waren Kynosarges als Uebungsplatz angewiesen war (es liegt derselbe außerhalb der Thore und ist dem Herakles geweiht, der ja auch im Kreise der Götter nicht ebenbürtig war, sondern seiner sterblichen Mutter wegen für ungleich galt), so redete Themistokles einigen Jünglingen von edler Abkunft zu in Kynosarges unten mit ihm die Schule zu machen. Sie thaten es, und seiner Klugheit scheint es wirklich gelungen zu sein die Scheidewand zwischen Unebenbürtigen und Ebenbürtigen aufzuheben.

---

1) S. Cap. 13 Ende (S. 70, A. 1).
2) Ein Geschichtschreiber und Redelehrer, welcher Zeitgenosse Attalus I. (reg. von 241—197 v. Chr.) war.

Daß er jedoch zu dem Geschlechte der Lykomiden [1]) gehörte ist unzweifelhaft; denn er ließ die Weihkapelle zu Phlyä, als sie von den Persern niedergebrannt war, wieder aufbauen und mit Gemälden schmücken, wie Simonides [2]) berichtet hat.

2. Schon als Knabe — darüber ist nur Eine Stimme — war er sehr feurig, zeigte vortreffliche Begabung und fühlte sich zu großartiger Thätigkeit und zur Lenkung des Staates berufen. Denn in den Stunden der Erholung und Freiheit vom Lernen pflegte er nicht, gleich den andern Knaben, zu spielen und sich gehen zu lassen, sondern man fand daß er in stillem Nachdenken Entwürfe zu Reden ausfann. Und der Gegenstand war Anklage oder Vertheidigung eines der Gespielen. Weßwegen auch sein Lehrer häufig zu ihm sagte: „Knabe, aus dir wird nichts Kleines, sondern unfehlbar etwas Großes im Guten oder im Schlimmen." Widmete er sich doch auch den Unterrichtszweigen welche Bildung der Sitten oder anständige Unterhaltung und Ergötzung bezwecken mit wenig Neigung und Eifer: dagegen was für den Verstand oder das thätige Leben vorgetragen wurde, darauf sah man ihn mit einer für sein Alter ungewöhnlich großen Aufmerksamkeit — im Bewußtsein seiner Fähigkeiten — achten. So kam es denn daß er später in den sogenannten artigen feinen Zirkeln sich genöthigt sah Spöttereien der Leute von Weltbildung mit dem stolzen Bescheide zurückzuweisen: die Laute zu stimmen und die Harfe zu spielen verstehe er allerdings nicht, wohl aber getraue er sich eine kleine und unbekannte Stadt angesehen und groß zu machen.

Freilich behauptet Stesimbrotus [3]), Themistokles sei ein eifriger

---

1) Ein altattisches Priestergeschlecht, das namentlich bei den Mysterien welche in der Weihkapelle zu Phlyä, einer Gemeinde des kekropischen Stammes, gefeiert wurden dem Gottesdienst vorstand.

2) Der berühmte Dichter Simonides (geb. 559, gest. 469 v. Chr.) hat dieß wahrscheinlich in einem Epigramme gesagt.

3) Stesimbrotus aus Thasos, Zeitgenosse des Perikles, war Verfasser einer Schrift „über Themistokles, Thukydides und Perikles."

Zuhörer des Anaxagoras gewesen und habe den Unterricht des Natur=
philosophen Melissus wohl benützt. Allein dieß ist ein Verstoß gegen
die Zeitrechnung; denn Melissus[1]) stand dem Perikles, wie dieser Samos
belagerte, als Feldherr gegenüber, Perikles aber war viel jünger als
Themistokles, und mit demselben Perikles hatte Anaxagoras vertrauten
Umgang.

Mehr Glauben verdient daher die Angabe, Themistokles habe
sich zum Vorbilde den Mnesiphilus von Phrearroi gewählt, einen
Mann der kein Redner, auch kein sogenannter Naturphilosoph war,
sondern sich was damals Weisheit genannt wurde, eigentlich aber
Tüchtigkeit zu Staatsgeschäften und praktische Klugheit war, zur Auf=
gabe gemacht hatte und gleich einem philosophischen Systeme nach
solonischen Ueberlieferungen fortpflanzte. Spätere, die es mit Advo=
katenkünsten vermischten und die Geschäftsschule in eine Wortschule
umwandelten, haben den Namen Sophisten erhalten. Uebrigens war
Themistokles, als er sich dem Mnesiphilus anschloß, bereits selbst
Staatsmann.

Bis aber die Jugend in ihm vertobt hatte war er ungleich und
wetterwendisch, denn er ließ der Natur ohne Regel und Zucht ihren
Lauf, was denn sehr auffallende Widersprüche in seinem Thun und
Lassen herbeiführte und ihn oft auf schlimme Abwege führte. Er ge=
stand dieß später selbst und sagte dabei, gerade aus den wildesten Foh=
len werden die besten Pferde, wenn ihnen die gehörige Zucht und Ab=
richtung zu Theil werde. Die Erzählungen aber welche Einige daran
knüpfen, als hätte ihn sein Vater enterbt und als hätte sich seine
Mutter in der Betrübniß über die Schmach des Sohnes selbst den
Tod gegeben, scheinen boshaft erdichtet zu sein. Im Gegentheil be=
richten Andere, sein Vater habe, um ihn vom Staatsdienste abzu=
schrecken, auf die alten Galeeren am Strande hingewiesen, die nun da
liegen und von Niemand mehr angesehen werden: gerade so mache es
das Volk seinen Führern, wenn sie abgenützt scheinen.

---

1) Vgl. das Leben des Perikles Cap. 26.

3. Allein rasch und stürmisch riß ihn das öffentliche Leben an sich und die Ruhmbegier bemächtigte sich seines ganzen Gemütes, so daß er gleich von Anfang an der Erste sein wollte, und kein Bedenken trug sich mit den bedeutendsten und einflußreichsten Bürger zu verfeinden, namentlich mit Aristides, dem Sohne des Lysimachus: denn immer war die Richtung seines Weges der des Aristides entgegengesetzt [1]).

Indessen scheint die Feindschaft mit diesem Manne Anfangs aus einem Jugendverhältniß hervorgegangen zu sein. Sie liebten Beide den schönen Stesilaus, einen gebornen Keer [2]), wie der Philosoph Ariston berichtet hat. In Folge davon blieben sie auch im öffentlichen Leben beständig Gegner. Unstreitig aber wurde der Riß noch größer durch die Unähnlichkeit ihres Lebens und ihres Charakters. Als ein Mann von sanfter Gemütsart und reinen Sitten, ein Mann der seine Schritte, um Volksgunst und Ehre unbekümmert, ganz nach seinem Gewissen abmaß und mit großer Vorsicht und Schonung jedes Rechtes zu Werke gieng, als ein solcher Mann sah sich Aristides häufig genöthigt dem Themistokles, der das Volk zu gar Vielem aufregte und große Umwälzungen auf die Bahn brachte, Widerstand zu leisten und dem Anwuchs seiner Macht Einhalt zu thun. Soll ja doch Themistokles so sehr von Ruhmbegierde ge= glüht und in seinem Ehrgeiz einen so großen Thatendurst empfunden haben daß man ihn schon in jungen Jahren nach der Schlacht bei Marathon, als die Waffenthat des Miltiades auf allen Lippen war, immer in Gedanken vertieft sah; bei Nacht ließ es ihn nicht schlafen, von den gewohnten Trinkgelagen wollte er nichts mehr wissen, und fragte man ihn und äußerte Verwunderung über die Aenderung seiner Lebensweise, so sagte er: des Miltiades Siegesdenkmal lasse ihn nicht schlafen. Denn er sah in jener Niederlage der Barbaren bei Marathon nicht, wie die Andern, des Krieges Ende, sondern ein Vorspiel

---

1) Ich lese mit Sintenis πορευόμενος statt πορευόμενον.

2) Keos war eine der Kykladen, zwischen der Südspitze Euböa's und der Kykladeninsel Kythnos gelegen.

größerer Kämpfe, wozu er sich für das ganze Griechenland wie ein
Ringer übte und die Stadt vorbereitete, fernher schon erwartend was
kommen sollte.

4. Das Erste war daß er, da die Athener den Ertrag der
Silbergruben von Laurium unter sich zu theilen pflegten, es wagte
ganz allein vor dem Volke mit dem Antrage aufzutreten, man sollte
die Vertheilung aufgeben und mit diesem Gelde Galeeren zum Kriege
gegen Aegina bauen. Dieß war nämlich gerade der heftigste Kampf
in Griechenland, und es beherrschten die Aegineten mit ihrer zahlreichen
Flotte die See. So fand auch Themistokles eher Eingang, da er nicht
den Darius und die Perser als Schreckbilder vorhielt — diese waren
so fern und ihr Angriff wurde nicht ernstlich gefürchtet — sondern die
Erbitterung und Eifersucht seiner Mitbürger gegen die Aegineten zur
rechten Zeit für die Ausrüstung benützte. So wurden denn von jenen
Geldern hundert Kriegsschiffe erbaut, welche auch den Kampf gegen
Xerxes bestanden haben.

Sofort lockte und führte er die Stadt allmählich zu dem Meere
hinab, da sie ja zu Lande nicht einmal den Nachbarn gewachsen sei, im
Besitze einer Seemacht aber sowohl den Barbaren Trotz bieten als
über Griechenland herrschen könne. Und so machte er, um mit Platon [1]) zu reden, „feststehende Landwehrmänner zu Schiffern und See-
leuten" und zog sich den Vorwurf zu daß er seinen Mitbürgern Speer
und Schild genommen und das athenische Volk zum Sitzkissen und zur
Ruderstange erniedrigt habe. Er mußte aber, wie Stesimbrotus sagt,
um dieß zu Stande zu bringen den Widerspruch des Aristides überwinden.

Ob er nun durch diese Veränderungen der strengen Ordnung und
Reinheit der Verfassung Eintrag gethan hat oder nicht sei einer gründ-
licheren Untersuchung vorbehalten. Daß aber damals den Griechen
ihr Heil von der See kam und jene Schiffe Athen aus seinen Trüm-
mern wieder aufrichteten, hat der ganze Verlauf der Dinge und Xerxes

---

1) Im Anfange des vierten Buches der Gesetze.

selbst bezeugt. Denn während sein Landheer noch in ungeschwächter Kraft bastand ergriff er nach dem Verluste der Seeschlacht sofort die Flucht, weil er sich dem Feinde nicht mehr gewachsen fühlte, und den Mardonius ließ er, wie mir scheint, mehr zur Deckung seines Rück= zuges als zur Unterjochung Griechenlands zurück.

5. Themistokles war auch, wie Manche versichern, sehr thätig im Gelderwerb, und zwar aus Neigung zur Freigebigkeit: denn er habe häufig Opfermahlzeiten angestellt und mit großem Aufwand Gastfreiheit geübt und darum immer reicher Geldmittel bedurft. Allein andere Stimmen beschuldigen ihn im Gegentheil großer Kargheit und Knau= serei: selbst Eßwaaren die ihm zugeschickt worden habe er verkaufen laßen. Ja· als der Pferdehändler Philides ihm ein Füllen das er wünschte abschlug, sagte er drohend, er werde ihm bald sein Haus zum hölzernen Pferde [1]) machen: womit er andeutete daß er dem Mann Familienzwiste und Rechtshändel mit gewissen Verwandten an= stiften werde.

An Ehrgeiz aber kam ihm Niemand gleich. Noch als junger Mann von keiner Bedeutung lag er dem Epikles aus Hermione, der von den Athenern als Zitherspieler hoch gefeiert wurde, so lange mit Bitten an bis derselbe seine Uebungen bei ihm anstellte, weil er be= gierig nach der Ehre war daß Viele sein Haus aufsuchten und bei ihm aus= und eingiengen. Auch begab er sich nach Olympia und wett= eiferte dort mit Kimon in Veranstaltung von Gastmälern, Schaustel= lung von Zelten und anderem Prunke, fand aber damit keinen Beifall bei den Griechen. Dem Kimon, der noch jung und aus einem großen Hause war, glaubte man ein solches Auftreten gestatten zu müßen, Themistokles aber, der sich noch nicht hervorgethan hatte, ja, wie man glaubte, ohne genügende Mittel und über Gebür sich zu erheben suchte, zog sich nur den Vorwurf eitler Prahlerei zu.

Er trug aber auch mit einem tragischen Chore den Preis davon,

---

1) Anspielung auf das hölzerne Pferd in welchem eine Schaar Grie= chen sich barg, um Troja Nachts zu überfallen.

eine Ehre die damals bereits sehr hoch gehalten und mit dem größten
Eifer gesucht wurde. Und zum Andenken des Sieges weihte er eine
Tafel mit folgender Inschrift: „Themistokles aus Phrearroi war Chor=
ege¹), Phrynichus Dichter, Abimantus Archon.“

Indessen gelang es ihm doch die Gunst des Volkes zu gewinnen,
indem er jeden Bürger im Augenblick mit Namen anredete und sich
bei Rechtsstreitigkeiten über Mein und Dein als gewissenhaften
Schiedsrichter bewährte, wie er auch dem Simonides von Keos auf
ein ungebürliches Ansinnen, das dieser an ihn als damaligen Befehls=
haber machte, die Antwort gab: „wie du kein guter Dichter wärest,
wenn du unharmonisch sängest, so würde ich kein wackerer Beamter
sein, wenn ich gesetzwidrige Gefälligkeiten erwiese.“ Ein ander Mal
verspottete er denselben Simonides, als sei er nicht bei Verstand daß
er die Korinther, Bewohner einer mächtigen Stadt, schmähe und sich
abbilden lasse mit seinem so häßlichen Gesichte. — Wie er nun großen
Einfluß gewann und bei dem Volke in Gunst stand, arbeitete er so
lange gegen Aristides bis er es dahin brachte daß derselbe durch das
Scherbengericht verbannt wurde²).

6. Als sodann der Meder bereits gegen Griechenland heran=
rückte und man zu Athen über die Feldherrnwahl sich berieth, traten,
erzählt man, im Hinblick auf die Größe der Gefahr, die Andern alle
freiwillig zurück, nur Epikydes, Sohn des Euphemides, ein Dema=
goge der zwar im Reden gewandt, aber feig und bestechlich war, warf
sich als Bewerber auf, und man erwartete daß er bei der Abstimmung
den Sieg davon trage. Themistokles fürchtete nun, es möchte Alles
zu Grund gehen, wenn der Feldherrnstab an diesen Mann käme: er
wandte daher eine Geldsumme auf, welche den Ehrgeiz des Mannes
vor seiner Habsucht zum Schweigen brachte.

---

1) Die Choregen (Chorführer) hatten die Einübung und Ausstattung
der Chöre welche in den Schauspielen auftraten auf eigene Kosten zu be=
sorgen.

2) S. unten Cap. 22 und im Leben des Aristides Cap. 7.

Man lobt auch sein Verfahren gegen den der beiden Sprachen
kundigen Mann bei der Gesandtschaft die im Namen des Königes
Erde und Wasser begehrte. Er ließ denselben als den Dolmetscher
festnehmen und bewirkte seine Hinrichtung vermöge eines Volksbe-
schlusses, weil er sich unterstanden habe despotischem Ansinnen des
Auslandes griechische Worte zu leihen.

Ebenso rühmt man was er gegen Arthemius von Zeleia [1]) that:
nach Themistokles' Antrag wurde nämlich dieser selbst sowohl als seine
Kinder und Kindeskinder für ehrlos erklärt, weil er es war der das
Gold aus Medien [zum Zwecke der Bestechung] nach Griechenland
brachte.

Doch sein größtes Werk war die Beendigung der innern Kriege
Griechenlands und die Versöhnung der Städte mit einander, die er
bewog ihre Feindseligkeiten des Krieges wegen auszusetzen, wobei ihm
übrigens Chileos aus Arkadien, wie man sagt, den eifrigsten Beistand
geleistet hat.

7. Sobald er den Oberbefehl übernommen hatte suchte er die
Bürger zu bewegen daß sie die Schiffe bestiegen, die Stadt im Rücken
ließen und dem Feinde zur See, je weiter von Griechenland desto
besser, begegneten. Da jedoch Viele Widerspruch einlegten, so führte
er ein großes Heer mit den Spartanern nach Tempe [2]), dort die Grenze
Thessaliens zu decken, welches damals des Einverständnisses mit den
Persern noch nicht verdächtig war.

Als aber dieses Unternehmen scheiterte, Thessalien übergieng und
bis Böotien Alles zum Feinde hielt, da zeigten sich die Athener bereit-
williger dem Rathe des Themistokles in Betreff des Meeres zu folgen,
und er wurde mit einer Flotte nach Artemisium abgeschickt, die Meerenge [3]) zu sperren.

---

1) Stadt in der Landschaft Troas in Mysien.

2) Ein Engpaß zwischen den Gebirgen Olympos und Ossa, vom Pe-
neios durchströmt.

3) Die Meerenge zwischen der Insel Euböa und dem griechischen Festlande. Ueber Artemisium s. Cap. 8.

Hier wollten die Griechen den Eurybiades und die Spartaner zu Führern haben, die Athener aber meinten, da sie an Zahl der Schiffe nahezu die Andern alle zusammen hinter sich ließen [1]), wäre es ihrer unwürdig fremden Befehlen zu folgen: aber Themistokles erwog die Gefahr und überließ nicht nur für seine Person dem Eurybiades den Oberbefehl, sondern beruhigte auch die Athener durch das Versprechen, wenn sie sich in dem Kriege als wackere Männer zeigen, so werde er bewirken daß in Zukunft die Griechen ihnen mit freiem Willen Gehorsam leisten. Darum schreibt man auch die Rettung Griechenlands vorzüglich seinem Verdienste zu und erkennt an daß die Athener insbesondere ihm den hohen Ruhm verdanken, durch Tapferkeit den Feind, durch Edelmut die Bundesgenossen besiegt zu haben.

Als aber die feindliche Flotte bei Aphetä [2]) anfuhr und Eurybiades, schon erschreckt durch die Menge der ihm gegenüberstehenden Schiffe, auf die Nachricht daß 200 andere oben um Skiathus [3]) herumsegelten, sofort dem Innern Griechenlands zueilen, sich an den Peloponnes halten und seine Flotte noch mit dem Landheere umgeben wollte, indem er die königliche Seemacht für ganz unüberwindlich hielt: da schickten die Euböer, in der Besorgniß man möchte sie im Stiche lassen, den Pelagon mit großen Geldsummen und unterhandelten heimlich mit Themistokles. Dieser nahm das Geld und gab es, wie Herodot berichtet [4]), dem Eurybiades und dessen Freunden.

---

1) Nach Herod. VIII, 1 belief sich die Zahl der griechischen Galeeren bei Artemisium auf 271, von welchen 127 oder, wenn man die der Chalkidier mitrechnet, welche sie von Athen erhalten hatten, 147 den Athenern gehörten.

2) Ein Ankerplatz im Meerbusen von Magnesia oder von Pagasä.

3) Eine kleine Insel nördlich von Euböa, der Landschaft Magnesia gegenüber. Es sollten diese Schiffe nach der Südspitze von Euböa und von da in den Euripus, die schmale Meerenge bei Chalkis, segeln, um den Griechen den Rückzug abzuschneiden. Sie wurden aber, ehe sie jenen Sund erreichten, sämmtlich durch Sturm zerstört. S. Herodot VIII, 7 ff.

4) VIII, 5. Uebrigens benützt hier Plutarch seine Quelle sehr ungenau. Von 30 Talenten die Themistokles erhielt gab er dem Eurybiades nur fünf, drei dem korinthischen Feldherrn Adimantus, die übrigen behielt er für sich.

Unter den Athenern erhob den stärksten Widerspruch gegen ihn Archi= teles, welcher Befehlshaber des heiligen Schiffes [1]) war und, nicht vermögend die Löhnung für seine Mannschaft aufzubringen, sofort abzufahren begehrte. Gegen diesen reizte Themistokles die Leute noch mehr auf, so daß sie sich zusammenrotteten und ihm sein Abendessen raubten. Wie er nun darüber sehr niedergeschlagen und erbittert war schickte ihm Themistokles ein Kästchen mit Brod und Fleisch zum Abendessen: unter dasselbe legte er ein Talent Silbers und forderte ihn dabei auf jetzt die Speise zu sich zu nehmen und am folgenden Tage für die Mannschaft seiner Galeere zu sorgen: wo nicht, so werde er ihm bei seinen Mitbürgern nachsagen daß er Geld vom Feinde em= pfangen habe. Dieß berichtet Phanias von Lesbos.

8. Die damaligen Gefechte bei der Meerenge gegen die Schiffe der Feinde entschieden zwar für das Ganze nicht viel, waren jedoch als Probestücke für die Griechen von sehr großem Nutzen, indem sie durch die That in den Kämpfen die Erfahrung machten, es habe weder eine Menge von Schiffen, noch Prunk und Glanz der Schiffszeichen, noch prahlerisches Geschrei oder barbarischer Schlachtgesang etwas Furcht= bares für Männer die sich auf den Nahkampf verstehen und den Mut dazu besitzen: man müsse solche Dinge gar nicht beachten, sondern den Feinden selbst zu Leibe gehen und sich Mann gegen Mann mit ihnen schlagen. Dieß scheint auch Pindarus recht gut eingesehen zu haben, der von der Schlacht bei Artemisium sagt [2]):

Wo der Athener Söhne den strahlenden Grundstein der Freiheit legten.

Denn Anfang des Sieges ist wirklich der Mut. Es ist aber Arte= misium ein Küstenstrich auf Euböa der sich über Hestiäa hinauf gegen Norden erstreckt; Olizon [3]) im Lande des alten Philoktetes [4]) liegt

---

1) Es hatte diesen Namen weil es besonders für Festgesandschaften benützt wurde.

2) In einem nicht mehr vorhandenen Gedichte.

3) Küstenstadt der thessalischen Landschaft Magnesia.

4) S. Ilias II, 717 f.

ihm nahezu gegenüber. Es findet sich auf Artemisium ein nicht
großer Tempel der Artemis welche den Beinamen die Oestliche
führt. Um denselben wachsen Bäume, und im Kreise stehen Säulen von weißem Steine. Wird dieser mit der Hand gerieben, so
glaubt man etwas Safranartiges zu sehen und zu riechen. Auf einer
der Säulen aber stand folgende Inschrift:

> Mannichfaltiges Volk aus den asiatischen Landen
> Haben die Söhne Athens hier auf der Höhe des Meers
> Einst mit den Schiffen besiegt und nach der medischen Schaaren
> Untergang, Artemis, dir, Jungfrau, dieß Denkmal geweiht.

Auch zeigt man am Ufer eine Stelle wo häufig tief unten im Dünen-
sande aschiger schwarzer Staub wie von Kohlen gefunden wird, und
hier, glaubt man, seien die Schiffstrümmer und Leichname verbrannt
worden.

9. Als jedoch die Ereignisse bei Thermopylä nach Artemisium
gemeldet wurden, und man erfuhr daß Leonidas gefallen und Xerxes
Meister der Pässe des Festlands sei, zogen sie sich zurück nach dem Innern von Griechenland, die Athener ihrer Tapferkeit wegen als die
Letzten im Zuge und stolz auf die Thaten die sie vollbracht hatten.

Während man nun längs der Küste hinfuhr ließ Themistokles,
wo er eine den Feinden unumgängliche Anfurt und einen Zufluchtsort
für dieselben sah, mit großer Schrift in Steine die sich theils schon
vorfanden, theils auf seinen Befehl um die Ankerplätze und Brunnen
aufgestellt wurden, Aufforderungen an die Jonier graben, wo möglich
überzutreten zu ihnen, ihren Stammvätern [1]) und ihrer Freiheit Vorkämpfern, oder doch im Gefechte dem Barbarenvolke zu schaden und
zu seiner Verwirrung mitzuwirken. Dieß, hoffte er, werde die Jonier
zum Uebertritt bewegen oder ihren Mut schwächen, weil es den Argwohn der Perser errege [2]).

---

1) Athen galt für die Mutterstadt der Jonier, die jetzt unter der Herrschaft der Perser standen.

2) Nach einer andern Lesart: weil es den Argwohn der Perser vermehre.

Wie denn aber Xerxes über Doris herab in Phokis eindrang und die Städte da niederbrannte, kamen die Griechen nicht zu Hülfe, und vergeblich baten die Athener, man solle ihm doch nach Böotien entgegenziehen für Attika, wie sie ihrerseits zur See nach Artemisium gekommen seien. Als ihnen jedoch Niemand Gehör gab, sondern nur an die Vertheidigung des Peloponneses gedacht wurde, alle Streitkräfte innerhalb des Peloponneses versammelt werden sollten und diese Landenge von einem Meere zum andern Verschanzungen erhielt, da ergriff die Athener Wut über den Verrath, zugleich Betrübniß und Niedergeschlagenheit, daß sie so ganz vereinzelt da stünden. An einen Kampf gegen so viele Hunderttausende dachten sie nicht; was aber jetzt einzig Noth that, die Stadt zu verlassen und sich fest fest an die Schiffe zu klammern, davon wollten die Meisten nichts hören, da sie keinen Sieg brauchen und Rettung undenkbar sei, wenn man die Tempel der Götter und die Gräber der Ahnen Preis gebe.

10. Wie denn Themistokles keinen Rath mehr wußte die Menge durch Vernunftgründe für seine Absicht zu gewinnen, so suchte er, wie man bei tragischen Schauspielen Maschinen in Bewegung setzt, mit Wunderzeichen und Orakeln auf sie zu wirken. Als Wunder ergriff er den Vorfall mit der Schlange die in jenen Tagen aus dem Heiligthume der Athene verschwunden zu sein scheint [1]. Die Priester fanden nämlich die Opfergaben welche man ihr täglich vorsetzte unberührt und brachten dieß zur allgemeinen Kunde, und Themistokles gab die Deutung, die Göttin habe ihre Stadt verlassen, um ihnen zum Meere voranzugehen. Ebenso benützte er auch den bekannten Orakelspruch [2], indem er sagte, die „Mauer von Holz" bedeute nichts Anderes als die Schiffe, darum nenne auch der Gott Salamis nicht unselig oder

---

1) Vgl. Herod. VIII, 41. „Die Athener sagen, eine große Schlange halte sich als Wächter ihrer Burg im Heiligthume auf, und in diesem Glauben bringen sie auch ein monatliches Opfer dar, das in einem Honigkuchen besteht. Dieser Honigkuchen nun, der in der früheren Zeit immer verzehrt wurde, blieb damals unberührt."

2) Er findet sich bei Herodot VII, 141.

fluchbeladen, ſondern „göttlich", weil dieſe Inſel einem großen, für
Griechenland höchſt glücklichen Ereigniſſe ihren Namen geben würde.

Als nun ſein Rath die Oberhand gewann, ſo machte er in der
Volksgemeinde den Antrag, die Stadt der Athene als der Beſchir=
merin Athens zu befehlen; die Waffenfähigen ſollten alle an Bord
gehen, Kinder, Frauen und Sklaven aber möge Jeder, ſo gut er könne,
in Sicherheit bringen. Nach Genehmigung dieſes Antrags flüchteten
die Athener größtentheils Eltern und Frauen nach Troizen [1]), wo man
ſie mit großer Güte aufnahm: es wurde nämlich beſchloſſen ſie auf
Koſten der Stadt zu unterhalten und Jedem täglich zwei Obolen [2]) zu
geben; die Kinder ſollten überall Obſt nehmen dürfen, auch Lehrer
für dieſelben beſoldet werden. Den Antrag hiezu hatte Nikagoras
geſtellt.

Da aber im Schatze zu Athen kein Geld war, ſo gab der Areo=
pag Jedem der mit in den Streit zog acht Drachmen [3]), und erwarb
ſich auf dieſe Weiſe das größte Verdienſt um die Bemannung der
Galeeren. Dieß berichtet Ariſtoteles; Kleidemus aber läßt auch da=
für die Schlauheit des Themiſtokles ſorgen. Als nämlich die Athener
in den Piräeus hinabzogen, ſei das Gorgonenhaupt [4]) an dem Bilde
der Göttin [Athene] verloren gegangen: nun habe Themiſtokles, unter
dem Scheine als ſuchte er daſſelbe, Alles durchſpürt und eine Menge
Geldes unter den Geräthſchaften verſteckt gefunden: das ſei zum ge=
meinen Beſten verwendet worden, und ſo habe Jeder der ſich einſchiffte
das Genügende zu ſeinem Unterhalte bekommen.

Als nun die ganze Stadt zu Schiffe gieng, ſo wurden die
Einen durch dieſen Anblick aufs Schmerzlichſte bewegt, die Andern
bewunderten vielmehr dieſen hohen Mut, wie ſie die Ihrigen

---

1) Die Landſchaft Troizenien, deren Hauptort Troizen war, lag an
der ſüdöſtlichen Spitze von Argolis.

2) Der Obolus hatte ungefähr den Werth eines Silbergroſchens.

3) Eine Drachme war gleich ſechs Obolen.

4) Dieſes Symbol des vernichtenden Schreckens befand ſich mitten auf
dem Panzer der Athene.

anderswohin sandten, selbst aber standhaft gegen die Klagen, die Thränen und Umarmungen der Frauen [1]) nach der Insel hinüber=
fuhren.

Freilich erregten Viele die des hohen Alters wegen zurückge=
lassen wurden inniges Mitleid. Auch die zahmen in der Gesellschaft
des Menschen lebenden Thiere machten die Herzen weich, die winselnd
und sehnsuchtvoll neben ihren Ernährern bis zu den Schiffen herliefen.
Namentlich erzählt man von einem Hunde des Xanthippus, des Vaters
von Perikles, der die Trennung von seinem Herrn nicht ertragen konnte,
in's Meer sprang, neben der Galeere hinschwamm und Salamis er=
reichte, aber sofort aus Erschöpfung verendete: sein Grab soll das
sogenannte Hundsmal sein, das noch jetzt gezeigt wird.

11. Dieß Alles war groß von Themistokles. Deßgleichen, als
er seine Mitbürger den Aristides vermissen und besorgt sah es möchte
sich derselbe im Unmute zum Feinde wenden und Griechenlands Sache
zu Grunde richten — Aristides war nämlich vor dem Kriege durch
Themistokles' Ränke verbannt worden — da brachte er in Vorschlag:
es solle den nur auf einige Zeit Verbannten die Rückkehr offen stehen
und erlaubt sein die Wohlfahrt Griechenlands im Verein mit den
andern Bürgern durch Rath und That zu fördern. Und als Eury=
biades, der vermöge des hohen Ansehens von Sparta den Oberbefehl
über die Flotte hatte, doch dem Kampfe mit Angst entgegensah, die
Anker lichten und an den Isthmus fahren wollte, wo auch die Land=
macht der Peloponnesier versammelt war, widersetzte sich ihm Themi=
stokles: wobei denn, wie man sagt, jene berühmten Worte gewechselt
wurden. Eurybiades hatte nämlich gesagt: „o Themistokles, wer sich
bei den Kampfspielen zu früh erhebt bekommt Schläge." „Ja," er=
widerte Themistokles, „aber wer zögert bekommt keinen Kranz." Als
aber Eurybiades den Stock wie zum Schlagen erhob, sagte Themi=

---

1) Ich lese mit Sintenis: γενεὰς μὲν ἄλλῃ προπεμπόντων, αὐτῶν
δ' ἀκάμπτων πρὸς οἰμωγὰς καὶ δάκρυα γυναικῶν καὶ περιβολὰς δια-
περώντων εἰς τὴν νῆσον.

ſtokles: „ſchlage nur, aber höre!“ Dieſe Gelaſſenheit machte auf
Eurybiades den Eindruck daß er ihm zu reden verſtattete, und Themiſtokles legte ihm von Neuem ſeine Gründe vor. Ein Anderer aber
ſagte, als heimatloſer Menſch ſollte er nicht Leute die noch eine Heimat haben bewegen wollen dieſelbe zu verlaſſen und Preis zu geben.
Dieſem entgegnete er heftig: „Elender, wir haben die Häuſer und
Mauern verlaſſen, weil wir dem Lebloſen zulieb nicht Knechte werden
wollten, wir beſitzen aber die größte Griechenſtadt an unſern 200 Galeeren, die euch jetzt noch hülfreich zur Seite ſtehen, wenn ihr euch durch
ſie wollet retten laſſen. Geht ihr aber und laſſet uns noch einmal im
Stich, ſo wird man in Griechenland bald von den Athenern hören daß
ſie wieder eine freie Stadt haben und ein Land das nicht ſchlechter ſei
als das verlorene.“ Dieſe Worte machten den Eurybiades nachdenk-
lich, und es ergriff ihn Furcht, die Athener möchten ſie wirklich verlaſſen und ſich hinwegbegeben.

Auch jener Eretrier [1]) wollte etwas gegen ihn vorbringen, aber
Themiſtokles ſagte: „wie, wollt auch ihr vom Kriege reden, die ihr,
wie der Tintenfiſch [2]), wohl ein Schwert, aber kein Herz habt?“

12. Einige berichten, Themiſtokles habe die Unterredung vom
Verdecke ſeines Schiffes herab gehalten: da ſei eine Eule geſehen
worden, welche zur Rechten über die Schiffe hinflog und ſich auf die
Maſtkörbe ſetzte: dieß habe ſehr viel beigetragen daß ſein Rath angenommen und Anſtalten zur Seeſchlacht getroffen wurden.

Allein als die Flotte des Feindes bei Phaleron an Attika heran-
fuhr und die Geſtade rings verdeckte und man den König ſelbſt erblickte, wie er mit dem geſammten Landheere zum Meere herabzog, da
war der Eindruck welchen Themiſtokles’ Worte auf die Griechen machten

---

1) Die Bürger von Eretria auf Euböa hatten ſieben Schiffe zur griechiſchen Flotte geſtellt. S. Herod. VIII, 46.

2) Ariſtoteles ſagt im vierten Buche ſeiner Zoologie: „Keines der
Weichthiere hat ein Herz; im Innern des Tintenfiſches aber findet man
zwei feſte Theile, von welchen der eine Sepion, der andere Schwert genannt wird.“

nach der Vereinigung aller feindlichen Streitkräfte gänzlich verschwunden, und die Peloponnesier schauten wieder nach dem Isthmus hin und ereiferten sich gegen Jeden der anderer Ansicht war. Es wurde beschlossen in der Nacht abzuziehen, und die Steuermänner erhielten Befehl zur Fahrt. Themistokles aber, der mit tiefer Betrübniß sah daß die Griechen den Vortheil ihrer Stellung in dem engen Raume aufgeben und sich in ihre Städte zerstreuen würden, ersann jenen schlauen Anschlag welchen Sikinnos zur Ausführung bringen mußte.

Dieser, von Geburt ein Perser und Kriegsgefangener, aber dem Themistokles ergeben und Erzieher seiner Söhne, wurde von ihm insgeheim an Xerxes gesendet, demselben zu melden: Themistokles, der Feldherr der Athener, trete zu dem Könige über und sei darum der Erste welcher ihm die Anzeige mache daß die Griechen entfliehen wollen; der König möge sie nicht entwischen lassen, sondern, während sie von ihrem Landheere getrennt in Angst seien, über sie herfallen und die Flotte vernichten.

Xerxes, der diese Botschaft als wohlwollende Eröffnung mit Freuden annahm, gab sofort den Schiffshauptleuten Befehl die übrigen Galeeren ohne Eilfertigkeit zu bemannen, mit zweihunderten aber unverzüglich abzufahren, die ganze Meerenge rings einzuschließen und die Inseln abzusperren, damit kein Mann vom Feinde entrinne.

Die Ausführung dieses Befehles bemerkte zuerst Aristides, des Lysimachus Sohn. Sofort begab er sich zu dem Zelte des Themistokles, wiewohl er keineswegs dessen Freund, vielmehr, wie erzählt worden ist, auf sein Anstiften verbannt worden war.

Als nun Themistokles heraustrat brachte er ihm die Nachricht von der Einschließung. Themistokles aber, der die edle Gesinnung des Mannes schon kannte, und ihn dieses Besuches wegen nur bewundern konnte, entdeckte ihm was er durch Sikinnos veranstaltet hatte, und forderte ihn auf, die Griechen, bei denen er größeres Vertrauen genieße, gemeinsam mit ihm zu bereden und dahin zu bringen daß sie sich in der Meerenge schlagen.

Aristides billigte des Themistokles Verfahren und gieng bei den übrigen Befehlshabern und Schiffsführern umher, sie zum Kampfe anzuspornen. Noch wollten sie aber nicht glauben: da erschien ein ténisches[1] Schiff unter dem Befehl des Panätius, das zu ihnen übergieng und die Einschließung meldete. Jetzt trieb Entrüstung und Noth zugleich die Griechen in den Kampf.

13. Mit Anbruch des Tages aber setzte sich Xerxes auf eine Anhöhe, die Flotte und ihre Schlachtlinie zu beschauen, nach Phanodemus ob dem Herkulestempel, wo nur ein schmaler Sund die Insel von Attika trennt; nach Akestodor, auf der Grenze von Megaris oberhalb der sogenannten Hörner; der Stuhl den er sich setzen ließ war von Gold, und um ihn standen viele Schreiber, deren Geschäft es war aufzuzeichnen was in der Schlacht vorfiel.

Dem Themistokles aber, wie er an dem Admiralschiffe opferte, wurden drei Kriegsgefangene vorgeführt, von sehr schöner Gestalt und mit Kleidern und Goldschmuck prächtig ausgestattet. Man sagte, sie seien Söhne der Schwester des Königs, Sandake, und des Artayktes. Sie sah der Weissager Euphrantides, und da zugleich vom Opfer eine große und helle Flamme emporschlug, auch ein vorbedeutungsvolles Niesen rechter Hand gehört wurde, so faßte er des Themistokles Hand und forderte ihn auf, die Jünglinge zu weihen und mit Gebet alle dem rohessenden[2] Dionysos zu opfern: denn so werde Rettung und Sieg zumal den Griechen zu Theil.

Themistokles erschrack ob dem so großen und furchtbaren Prophetenworte; aber die Menge, wie sie ja gewohnt ist bei großen Gefahren und schweren Nöthen eher vom Widervernünftigen als vom Vernünftigen Rettung zu hoffen, rief den Gott wie mit Einem Munde an, führte die Gefangenen zum Altare und erzwang daß das Opfer dem

---

1) Von der Insel Tenos, einer der Kykladen.

2) Diesen Beinamen hatte Dionysos von der an manchen Orten herrschenden Sitte, an gewissen Festen desselben rohes Opferfleisch zu essen, ja einen lebendigen Stier — in den ältern Zeiten selbst Menschen — zu zerfleischen.

Verlangen des Sehers gemäß vollbracht wurde. So erzählt Phanias[1]) aus Lesbos, ein Philosoph und Geschichtskundiger.

14. Ueber die Anzahl der persischen Schiffe berichtet Aeschylus in seinem Trauerspiele „die Perser" mit der Bestimmtheit eines Mannes der genau unterrichtet ist Folgendes[2]):

Dem Xerxes aber folgte — weiß ich's doch genau —
Ein Heer von tausend Schiffen und schnellsegelnde
Zweihundert sieben. Dieses war der Schiffe Zahl.

Die athenischen aber, 180 an der Zahl, hatten jedes auf dem Verdecke 18 Streiter: darunter waren vier Schützen, die übrigen Schwerbewaffnete.

Es scheint übrigens Themistokles die Zeit nicht minder gut als den Ort ersehen und ausgewählt zu haben, da er seine Schiffe eher nicht dem Feinde entgegenstellte als bis die Stunde kam die immer einen starken Wind aus der See und eine Strömung durch den Sund herbeiführt. Den flachen und niedrigeren Schiffen der Griechen brachte dieß keinen Schaden; die persischen aber, mit ragendem Hintertheile, hochgebautem Verdecke und schwer zu lenkender Masse, drehte die anstürzende Woge und bot sie mit der Seite den Griechen dar.

Diese machten nun rasch den Angriff und schloßen sich dabei ganz an Themistokles an, theils weil sie ihm das richtigste Verständniß des Zweckmäßigen zutrauten, theils weil sie sahen daß des Xerxes Admiral, Ariamenes, von seinem großen Schiffe wie von einem Thurme herab gerade ihn mit Pfeilen und Wurfspießen bedrängte. Es war dieß ein sehr tapferer Mann und von des Königs Brüdern bei weitem der beste und gerechteste: er wurde jedoch von Aminias aus Dekelea und Sokles aus Pediea[3]), welche sich auf Einem Fahrzeuge befanden, als die

---

1) Zeitgenosse Alexanders des Großen.

2) V. 341 ff. — Es spricht so der Bote welcher die erste Nachricht von der Niederlage nach Susa bringt.

3) Dekelea war eine Gemeinde Attika's; eine Gemeinde Pedica ist nicht bekannt, weßwegen das überlieferte πεδιεύς wahrscheinlich unrichtig ist.

Schiffe Spitze an Spitze zuſammenſtoßend mit den Schnäbeln einander durchbohrten und er ihre Galeere erſtieg, mutig empfangen, mit
den Lanzen durchbohrt und in's Meer hinabgeworfen. Seinen Leichnam, der unter Schiffstrümmern umhertrieb, erkannte Artemiſia [1]),
und brachte ihn zu Xerxes.

15. So ſtand es in der Schlacht, als von Eleuſis her, wie man
erzählt, ein helles Licht aufloderte und das thriaſiſche Gefilde [2]) bis
zum Meer hinab von Getöſe und Stimmen erfüllt wurde, wie wenn
viele Menſchen zuſammen in einem Feſtzuge den myſtiſchen Jakchos
geleiteten, eine Staubwolke aber, die aus der rufenden Menge allmählich vom Lande aufſtieg, ſchien dann wieder zu ſinken und ſich auf
die Schiffe zu lagern. Andere glaubten Erſcheinungen und Geſtalten
bewaffneter Männer zu ſehen, welche von Aegina her die Hände zum
Schutze der griechiſchen Flotte erhoben, und man vermutete es ſeien
dieß die Aeakiden [3]) welche man vor der Schlacht mit Gebet zu Hülfe
gerufen hatte.

Der Erſte aber welcher ein Schiff nahm war Lykomedes, ein
atheniſcher Schiffsführer: er hieb dann das Abzeichen herunter und
weihte es dem Apollon dem Lorbeerbekränzten in Phlyä [4]). Die Andern,
den Feinden an Zahl gleichſtehend, da dieſe in der Enge nur theilweiſe
herankamen und wider einander ſtießen, ſchlugen dieſelben, nachdem
ihr Widerſtand bis zum Abende gedauert hatte, und trugen, wie Simonides ſagt, jenen ſchönen und weltberühmten Sieg davon den keine

---

1) Königin von Halikarnaß in Karien, welche fünf Schiffe zur per-
ſiſchen Flotte geſtellt hatte.

2) Dieſes Gefilde lag zwiſchen Athen und Eleuſis und wurde von der
heiligen Straße durchſchnitten, auf welcher im Herbſte jedes Jahrs das
Bild des myſtiſchen Jakchos von einer großen Menge Eingeweihter aus
Athen nach Eleuſis gebracht wurde.

3) Unter den Aeakiden ſind diejenigen Nachkommen des Aeakus, des
von Zeus ſtammenden einſtigen Beherrſchers Aegina's, gemeint welche als
Heroen verehrt wurden. Die berühmteſten derſelben waren Peleus und
deſſen Sohn Achill, Telamon und deſſen Sohn Ajas.

4) S. Cap. 1, Anm. 3.

von Griechen oder Barbaren vollbrachte Seethat überstrahlt, — einerseits durch die Tapferkeit und Hingebung der Kämpfer insgesammt, anderseits durch die Klugheit und Feldherrngröße des Themistokles.

16. Nach der Seeschlacht versuchte Xerxes, gegen das Mißlingen seines Planes noch Alles aufbietend, mittelst eines Dammes den er durch die Meerenge anzulegen begann die Griechen mit dem Landheere auf Salamis anzugreifen. Themistokles aber trug, um den Aristides auf die Probe zu stellen, als seine Meinung vor, man sollte mit den Schiffen nach dem Hellespont fahren und die Brücke zerstören, „damit wir, sagte er, uns Asiens in Europa bemächtigen."

Aristides ereiferte sich dagegen und sagte: „bisher haben wir an dem Barbaren einen gar weichlichen Gegner gehabt: schließen wir ihn aber in Griechenland ein und treiben den Gebieter so gewaltiger Streitkräfte durch Furcht zur Nothwehr, so wird er nicht mehr unter goldenem Dache müßig dem Streite zusehen, sondern Alles daransetzen, überall der Gefahr wegen gegenwärtig die begangenen Fehler wieder gut zu machen suchen und sich, da Alles auf dem Spiele steht, besser berathen. Mit nichten also, o Themistokles, dürfen wir die Brücke die dort ist brechen, lieber noch wo möglich eine dazu bauen, um den Menschen in Eile aus Europa wegzuschaffen."

„Gut," sagte Themistokles, „halten wir dieß für das Beste, so müssen wir jetzt Alle unser Sinnen und Trachten dahin richten daß er so bald als möglich aus Griechenland entfernt werde."

Die Andern stimmten bei; und so schickte Themistokles einen der Hofkämmerlinge mit Namen Arnakes, den er unter den Gefangenen ausfindig gemacht, mit dem Auftrage ab, dem Könige anzusagen: es sei Beschluß der Griechen mit ihrer siegreichen Flotte hinauf in den Hellespont zu fahren und die Brücke daselbst zu zerstören; Themistokles gebe daher dem Könige, um dessen Heil er in Sorge sei, den Rath eilig nach seinem Meere sich zu begeben und überzusetzen: indessen wolle er die Verbündeten aufhalten und ihre Verfolgung verzögern.

Dieſe Botſchaft ſetzte den Barbaren in ſo große Angſt daß er ſchleunigſt den Rückzug antrat. Wie richtig aber Themiſtokles und Ariſtides die Verhältniſſe berechneten, davon ergab ſich die Probe an Mardonius bei Platää, wo beim Kampfe mit einem geringen Theile der Macht des Xerxes doch Alles auf dem Spiele ſtand.

17. Unter den Städten nun hatte ſich Aegina, wie Herodot[1]) verſichert, am rühmlichſten ausgezeichnet, unter den Männern aber wurde dem Themiſtokles, ſo ſchwer es auch der Neid zuließ, der erſte Preis von Allen zuerkannt. Denn als ſie nach dem Iſthmus zurück= gekehrt waren und die Feldherrn am Altare[2]) zur Abſtimmung ſchrit= ten, bezeichnete zwar Jeder ſich als den Erſten an Tapferkeit, jedoch als den Zweiten den Themiſtokles. Die Lakedämonier aber führten ihn nach Sparta, und wie ſie dem Eurybiades den Preis der Tapfer= keit zuerkannten, ſo ertheilten ſie ihm den Preis der Weisheit mit einem Olivenkranze, machten ihm auch den ſchönſten Wagen der ſich in ihrer Stadt fand zum Geſchenke und ließen ihn mit einem Gefolge von 300 jungen Männern bis an die Grenze geleiten.

Bei der nächſtfolgenden Feier der olympiſchen Spiele ſollen, als Themiſtokles an der Rennbahn erſchien, alle Anweſenden nicht mehr nach den Wettkämpfern geſchaut, ſondern den ganzen Tag nur auf ihn ihre Blicke gerichtet, ihn mit Begeiſterung und unter Händeklatſchen den Fremden gezeigt haben, ſo daß er ſelbſt hocherfreut ſeinen Freun= den geſtand, es ſei ihm der volle Lohn aller ſeiner Anſtrengungen für Griechenland geworden.

18. War er doch von Natur höchſt ehrbegierig, wie man aus den Denkwürdigkeiten die von ihm erzählt werden ſchließen muß. So beſorgte er, als er zum Admiral der Stadt erwählt war, weder eigene noch amtliche Geſchäfte im Einzelnen, ſondern verſchob Alles was zu thun war auf den Tag an welchem er abſegeln wollte, damit er dann auf einmal in vielſeitigſter Thätigkeit und mit Leuten aller Art im Verkehre groß und machtvoll da ſtünde.

---

1) VIII, 93.
2) Nach Herodot VIII, 123 am Altare des Poſeidon.

Bei Besichtigung der Leichen die am Strande lagen gieng er an den goldenen Spangen und Halsketten mit denen sie geschmückt waren vorüber, zeigte dieselben aber dem Freunde der ihm folgte und sagte zu ihm: „heb' es für dich auf; denn du bist nicht Themistokles."

Zu Antiphates, einem schönen Jünglinge, der früher spröde gegen ihn war, in der Folge aber seines Ruhmes wegen ihm den Hof machte, sagte er: „junger Mann, spät zwar, aber Beide zugleich sind wir verständig geworden."

Ueber die Athener äußerte er, sie erweisen ihm. keine Ehre, zollen ihm auch keine Bewunderung, sondern machen es ihm wie einem Platanenbaume: in Sturm und Noth suchen sie bei ihm Zuflucht, sobald sich aber der Himmel um sie aufgehellt habe, berupfen und stutzen sie ihn.

Jenem Seriphier¹) der behauptete, Themistokles habe seinen Ruhm nicht sich selbst, sondern seiner Stadt zu verdanken, erwiderte er: „du hast ganz Recht; aber wie ich als Seriphier nicht berühmt geworden wäre, so wärest du es nicht als Athener geworden."

Als einer der andern Feldherrn der Stadt einen wichtigen Dienst geleistet zu haben schien und damit gegen Themistokles so groß that daß er seine Thaten denen des Themistokles an die Seite stellte, da erzählte dieser: mit dem Festtage habe einmal der Nächfesttag Streit angefangen und gesagt: jener sei voll von Unruhe und Mühsal, an ihm erst komme Jedermann zum behaglichen Genusse dessen was man zubereitet habe. Darauf sei die Antwort des Festtages gewesen: „du hast Recht: aber wäre ich nicht gewesen, so wärest auch du nicht. — Und so," fuhr Themistokles fort, „wo wäret jetzt ihr, wenn ich damals nicht gewesen wäre?"

Von seinem Sohne, der von der Mutter und durch sie von dem Vater was ihm in den Sinn kam erlangte, sagte er scherzend, der

---

1) Seriphos war eine der Kykladen, klein und unbedeutend; jetzt Serfo oder Serfanto.

vermöge am meisten in Griechenland. Die Griechen gehorchen ja den Athenern, die Athener aber gehorchen ihm, er gehorche der Mutter des Knaben, und die Mutter diesem.

Da er in Allem ganz eigenthümlich sein wollte, so ließ er bei dem Verkaufe eines Gutes ausrufen: es habe auch einen guten Nachbar; unter den Freiern seiner Tochter aber gab er dem wackern Manne den Vorzug vor dem reichen und sagte: es sei ihm mehr um einen Mann zu thun welcher Geld, als um Geld das einen Mann brauche.

So ungefähr war seine Art sich in sinnvollen Sprüchen auszudrücken.

19. Nach Vollendung jener Thaten aber gieng er rasch an den Wiederaufbau der Häuser und der Mauern Athens, wobei er die Einsprache der spartanischen Ephoren, nach dem Berichte des Theopompus [1]) mit Geld, nach der gewöhnlichen Meinung aber mit List abwandte. Er kam nämlich nach Sparta unter dem Namen eines Gesandten, und als die Spartaner ihm vorhielten daß man die Stadt befestige und Polyarchus, ausdrücklich deßwegen von Aegina abgeschickt, diese Klage führte, leugnete er und hieß sie Abgeordnete nach Athen senden, den Augenschein einzunehmen: womit er einmal für die Befestigung Zeit durch den Aufschub gewann, zugleich aber sollten die Abgesandten in Athen als Geiseln für seine Sicherheit dienen. Und dieß geschah auch: denn als nun die Lakedämonier das Wahre erfuhren fügten sie ihm kein Leid zu, sondern entließen ihn mit verhaltenem Zorne.

Bald darauf richtete er den Piräeus ein, da er die treffliche Beschaffenheit der Häfen daselbst erkannte und der ganzen Stadt die Richtung nach der See geben wollte: eine Politik welche derjenigen der alten Könige Athens, man möchte sagen, gerade entgegengesetzt war. Denn diese hatten, wie man erzählt, in der Absicht die Bürger vom Meere abzulenken und zu gewöhnen, nicht als Seefahrer, sondern als

---

1) Ein Redner und Geschichtschreiber der um 380 v. Chr. auf der Insel Chios geboren war.

Landbauern zu leben, die Erzählung von Athene verbreitet, wie sie in dem Streite den sie um das Land führte den Sieg über Poseidon dadurch gewann daß sie den Richtern den Oelbaum zeigte. Dagegen hat Themistokles nicht, wie der Komiker Aristophanes [1]) sagt, „den Piräeus der Stadt angeknetet," vielmehr die Stadt an den Piräeus, das Land an die See gehängt: was auch das Volk dem Adel gegenüber hob und mit Keckheit erfüllte, indem so die Macht an Ruderknechte, Schiffsmeister und Steuermänner kam.

Darum wurde auch die Rednerbühne auf der Pnyx [2]), die so stand daß sie gegen das Meer hin sah, später von den dreißig Tyrannen gegen das Land gekehrt, in der Ueberzeugung, die Seeherrschaft sei die Wurzel der Demokratie, der Landbauer lasse sich eher die Gewalt Weniger gefallen.

20. Aber selbst noch einen größeren Plan für die Seeherrschaft hegte Themistokles. Als nämlich die Griechenflotte nach dem Abzuge des Xerxes bei Pagasä [3]) eingelaufen war und dort überwinterte, sagte er in einer Rede an das Volk zu Athen, er wisse eine Unternehmung die für sie nützlich und heilsam wäre, nur könne sie nicht öffentlich besprochen werden. Da nun die Athener ihn aufforderten seinen Plan dem Aristides allein zu sagen und, wenn dieser ihn billige, zur Ausführung zu schreiten, so entdeckte er dem Aristides, er gedenke das Schiffslager der Griechen in Brand zu stecken. Jetzt trat Aristides vor dem Volke auf und sagte: die Unternehmung welche Themistokles beabsichtige sei der Art daß es keine nützlichere, aber auch keine ungerechtere gebe. Auf dieses geboten die Athener dem Themistokles davon abzustehen.

Als in der Versammlung der Amphiktyonen [4]) die Lakedämonier

---

1) In den Rittern, V. 815.
2) Die Pnyx war der Versammlungsplatz der Athener.
3) Pagasä war eine Stadt in der thessalischen Landschaft Magnesia, an dem nach ihr benannten pagasäischen Meerbusen.
4) S. Solon Cap. 11.

den Antrag machten, es sollten die Städte welche gegen den Meder
nicht mitgestritten an dem Amphiktyonenbunde keinen Antheil mehr
haben, fürchtete Themistokles, wenn die Thessalier und Argiver, dazu
auch die Thebaner von der Theilnahme ausgeschlossen würden, möchten
die Lakedämonier bei der Abstimmung ganz die Oberhand gewinnen
und in Allem ihren Willen durchsetzen; er nahm sich daher jener
Städte an und brachte die Abgeordneten auf andere Ansichten, indem
er zu bedenken gab wie nur 31 Städte Theil an dem Kriege genommen und hierunter die Mehrzahl ganz unbedeutend sei; da wäre es
doch schlimm wenn das übrige Griechenland von dem Bunde ausgeschlossen und die Versammlung von den zwei oder drei größten Städten
abhängig würde. Damit stieß er denn gar sehr bei den Lakedämoniern an, weßhalb sie auch den Kimon durch Auszeichnungen hoben,
um dem Themistokles einen Nebenbuhler in der Leitung der öffentlichen
Geschäfte entgegenzustellen.

21. Aber auch bei den Verbündeten machte er sich verhaßt, indem er von Insel zu Insel fuhr und Geld von ihnen eintrieb: das
sieht man unter Anderem aus den Worten die er nach Herodots[1]
Erzählung zu den Andriern sagte und von ihnen hören mußte. Er
komme, sagte er bei einem solchem Besuche, mit zwei Göttern, der
Ueberredung und der Gewalt, erhielt aber zur Antwort: auch bei
ihnen seien zwei große Götter, die Armut und das Unvermögen, und
diese gestatten ihnen nicht ihm Geld zu geben.

Der Liederdichter Timokreon aus Rhodus greift den Themistokles
in einem Gedichte noch bitterer an, weil er Andern für Geld aus der
Verbannung zur Heimkehr verholfen, ihn aber, der durch Gastrecht
und Freundschaft ihm nah gestanden, für Geld Preis gegeben habe.
Seine Worte lauten also: „Doch rühmst mir du Pausanias[2] oder
auch Xanthippus[3] oder Leutychides[4], ich lobe den Aristides, den

1) S. Buch VIII, Cap. 111 und 112.
2) S. das Leben des Aristides Cap. 11 ff.
3) S. das Leben des Perikles Cap. 3.
4) König von Sparta und mit Xanthippus i. J. 479 Sieger bei Mykale.

besten Mann der je vom heiligen Athen gekommen ist. Themistokles, den haßt Leto, den Lügner, den Ruchlosen, den Verräther, welcher Timokreon, seinen Gastfreund, durch elendes Geld gewonnen, nicht heimführte in seine Vaterstadt Jalysos[1]): nein drei Talente nahm er und fuhr davon — in den Abgrund: er der dem Einen wider Recht nach Hause hilft, den Andern fortstößt, den Dritten mordet, von Geld strotzend: auf dem Isthmus hielt er zum Gelächter offene Tafel, spendete kaltes Fleisch; da aßen sie und wünschten: möge Themistokles kein anderes Jahr mehr sehen."

In noch viel ausschweifenderen und rücksichtsloseren Lästerungen ließ Timokreon sich gegen Themistokles aus, als derselbe verbannt und verurteilt war: der Anfang dieses Gedichtes lautet also: "Muse, gib diesem Gesang Klang in Hellas nach Recht und Gebür!"

Es soll aber Timokreon wegen Verbindung mit den Medern verwiesen worden und Themistokles einer von denen gewesen sein deren Stimme ihn verurteilte. Wie nun auch dieser als Mederfreund angeklagt wurde, dichtete Timokreon gegen ihn Folgendes: "So ist denn Timokreon nicht der Einzige der dem Meder den Eid schwört: noch Andere sind schlimm, nicht ich allein bin Langschwanz, es gibt auch andere Füchse."

22. Als aber auch seine Mitbürger aus Eifersucht schlimmen Nachreden über ihn gern Gehör gaben, sah er sich genöthigt durch häufige Erwähnung seiner Thaten in der Volksversammlung beschwerlich zu fallen, und zu denen welche Unwillen darüber äußerten sagte er: "werdet ihr denn müde, wenn ihr von denselben Leuten oftmals Gutes empfanget?"

Er ärgerte das Volk aber auch durch den Bau des Tempels der Artemis, der er den Beinamen "die beste Rathgeberin" ertheilte, weil er der Stadt und Griechenland den besten Rath gegeben habe. Der Platz den er diesem Heiligthume gab lag nahe bei seinem Hause in dem Stadttheile Melite, wohin jetzt die Leichname der Hingerichteten

---

1) Eine Stadt der Dorier auf der Insel Rhodus.

von dem Henker geworfen werden, wie man auch die Kleider und
Stricke derer die sich selbst erwürgt haben dahin wirft.   Es war aber
auch in diesem Tempel der „besten Rathgeberin" ein kleines Bild des
Themistokles noch zu meiner Zeit aufgestellt, und man sieht an demselben wohl daß er nicht blos dem Geiste, sondern auch der Gestalt
nach ein Held war.

Seine Verbannung durch das Scherbengericht sollte nun die
Größe und Ueberlegenheit des Mannes zerstören — ein Verfahren
das sie bei Allen beobachteten deren Macht sie drückend und mit der
demokratischen Gleichheit im Mißverhältniß fanden.   Denn diese Verbannung war keine Strafe, sondern ein Trost und eine Linderung des
Neides, der an der Erniedrigung des Emporragenden seine Freude
fand und seinem Uebelwollen in dieser Entziehung des Bürgerrechtes
Luft machte.

23. Als er aber des Landes verwiesen in Argos lebte, gaben die
Vorfälle mit Pausanias seinen Feinden Gelegenheit ihn anzugreifen.
Der Mann welcher ihn vor Gericht des Verraths anklagte war Leo-
botes, Alkmaions Sohn, von Agraule [1]), und die Spartaner erhoben
mit diesem ihre Stimme zu seiner Beschuldigung.

Pausanias hatte nämlich in der früheren Zeit zwar seine ver-
rätherischen Schritte vor Themistokles geheim gehalten, wiewohl er
mit diesem befreundet war; wie er ihn aber aus der Stadt vertrieben
und darüber sehr mißmutig sah wagte er es ihn zur Theilnahme an
seinem Beginnen aufzufordern, indem er ihm Schreiben des Königes
zeigte und seinen Zorn gegen die Griechen als gegen schlechte und un-
dankbare Menschen aufreizte.   Themistokles wies das Ansinnen zurück
und verbat sich alle Gemeinschaft, nur theilte er jene Reden Niemand
mit und machte von jenen Umtrieben keine Anzeige, entweder in der
Meinung, Pausanias werde selbst davon abstehen, oder weil er glaubte,
die verkehrten und tollkühnen Plane werden auf andere Weise an den
Tag kommen.

---

1) Agraule war eine Gemeinde des erechtheischen Stammes in Attika.

So warfen denn, als Pausanias den gewaltsamen Tod erlitten hatte, Briefe und Papiere die sich darüber vorfanden Verdacht auf Themistokles: die Lakedämonier erhoben Geschrei gegen ihn und von den Neidern unter seinen Mitbürgern wurde er angeklagt, worauf er sich, da er nicht anwesend war, schriftlich entschuldigte, vorzüglich mit dem was man ihm früher zu Last gelegt hatte. Er entgegnete näm= lich auf die Anklage seiner Feinde in einem Briefe an seine Mitbürger daß er, als ein Mann der immer zu befehlen strebe und zu gehorchen weder Geschick noch Neigung habe, niemals sich selbst sammt Griechen= land an Barbaren und Feinde verkauft haben würde. Nichts desto weniger ließ sich das Volk von seinen Anklägern bestimmen Häscher abzusenden, die ihn greifen und vor ein Gericht der Griechen stellen sollten.

24. Er bekam aber davon noch Kunde und setzte nach Kerkyra [1]) über, wo ihm die Bürger zum Danke verpflichtet waren. Als Schieds= richter in einem Streite den sie mit den Korinthern führten hatte er nämlich dem feindseligen Verhältnisse ein Ende gemacht, indem er entschied, die Korinther sollten 20 Talente bezahlen und Leukas [2]), eine Colonie Beider, gemeinsam mit den Kerkyräern besitzen.

Von da flüchtete er nach Epirus, wo er, von den Athenern und Lakedämoniern verfolgt, einen sehr zweifelhaften und gefährlichen Schritt wagte und zu Admet, dem Könige der Molosser, seine Zuflucht nahm. Diesen hatte Themistokles in den Tagen seines Glanzes mit einem Gesuche das er an die Athener brachte so schmählich abgewiesen daß er ihm darüber fortwährend heftig grollte und man wohl sah, er würde an ihm Rache nehmen, wenn er ihn in seine Gewalt bekäme. Auf seiner jetzigen Flucht aber fürchtete sich Themistokles mehr vor der frischangefachten Scheelsucht seiner Stammverwandten als vor der alten Feindschaft des Königes: so gab er denn dieser freiwillig Ge= walt über sich, indem er auf eine ganz eigenthümliche und sonderbare

---

1) Das jetzige Corfu.
2) Jetzt St. Maura.

Weise Admets Schutz erflehte. Den Sohn des Königes, der noch
Knabe war, im Arme ließ er sich am Herde nieder: ein Flehen das
den Molossern als das dringendste und einzig fast unabweisbare galt.
Einige sagen, Phthia, die Gemahlin des Königes, habe dem Themi=
stokles diese Art des Flehens angegeben und ihren Sohn mit ihm an
den Herd gesetzt; Andere behaupten, Admetus habe selbst, um die
Verweigerung den Mann auszuliefern vor seinen Verfolgern sich zur
heiligsten Pflicht zu machen, die Scene des Flehens veranstaltet und
spielen helfen.

Dorthin schickte ihm nun Epikrates von Acharnä¹) seine Frau
und Kinder, die er heimlich aus Athen wegholte, weßwegen ihn später
Kimon vor Gericht forderte und seine Hinrichtung bewirkte. So er=
zählt Stesimbrotus; er vergißt es aber auf sonderbare Weise oder
läßt es den Themistokles vergessen, wenn er berichtet, Themistokles sei
sodann nach Sicilien geschifft und habe sich um die Hand der Tochter
des Königes Hieron beworben, mit dem Versprechen ihm die Griechen
zu unterwerfen; erst als er von Hieron eine ablehnende Antwort er=
halten sei er nach Asien gereist.

· 25. Daß dieß so geschehen ist aber nicht wahrscheinlich. Er=
zählt doch Theophrast in seinem Buche über das Königthum, Themi=
stokles habe, als Hieron Pferde zum Wettrennen nach Olympia geschickt
und ein prachtvolles Zelt aufschlagen lassen, vor allen Griechen ge=
äußert, man sollte das Zelt des Tyrannen in Stücke reissen und seine
Pferde auf der Rennbahn nicht zulassen. Und Thukydides²) sagt, er
habe sich zu Land nach dem entgegensetzten Meere³) begeben und
sei dann von Pydna⁴) abgefahren, ohne daß Jemand auf dem Schiffe

---

1) Die Gemeinde Acharnä lag 1½ Meilen nördlich von Athen.

2) Buch I, Cap. 137.

3) D. h. Themistokles sei von Epirus an dem westlich von Griechen=
land liegenden Meere zu Land nach dem Meere gereist das sich im Osten
von Griechenland fand.

4) Eine Stadt in der makedonischen Landschaft Pieria, nicht weit vom
thermäischen Meerbusen.

wußte wer er wäre, bis es der Wind nach Naxos trieb, das die Athener eben belagerten. In dieser Verlegenheit habe er sich dem Schiffs= herrn und dem Steuermanne zu erkennen gegeben, und sie sowohl mit Bitten bestürmt als mit der Drohung geschreckt, er werde sie bei den Athenern anklagen und denselben vorlügen, sie haben ihn von Anfang an wohl gekannt, aber sich durch Geld bewegen lassen ihn aufzu= nehmen. So seien sie von ihm dahin gebracht worden an der Insel vorbeizufahren und sofort nach Asien zu steuern.

Von seinem Vermögen kam ihm noch Manches durch Freundes= hand heimlich nach Asien hinüber zu; was aber davon entdeckt und eingezogen wurde belief sich nach Theopomp auf 100, nach Theophrast auf 80 Talente, während sein ganzes Vermögen, ehe er an das Staats= ruder kam, nicht drei Talente werth gewesen sein soll.

26.   Nach seiner Landung bei Kyme [1]) erfuhr er daß Viele von den Anwohnern der Küste auf ihn Jagd machten, namentlich Ergoteles und Pythodorus: war er doch für Leute die jeden Erwerb willkommen hießen ein gewinnreicher Fang, da der König 200 Talente auf seinen Kopf gesetzt hatte.

Er floh daher nach Aegä, einem äolischen Städtchen, wo ihn Niemand kannte als sein Gastfreund Nikogenes, der Reichste aller Aeolier und mit den Großen im Innern des Reiches wohl bekannt. Bei ihm hielt er sich einige Tage verborgen: da geschah es daß nach einem Opfermahle Olbius, der Erzieher der Kinder des Nikogenes, von Verzückung und göttlicher Begeisterung ergriffen wurde und in folgende metrisch geordnete Worte ausbrach:

„Laß der Nacht die Stimme, laß der Nacht den Rath, den Sieg der Nacht [2]).“

Als sich sodann Themistokles schlafen gelegt hatte sah er im Traume eine Schlange, die sich um seinen Leib wand und an seinem Halse hin= aufkroch: sobald sie aber sein Gesicht berührte ward sie zu einem Adler,

---

1) Eine Stadt der Aeolier in der Landschaft Mysien.
2) D. h. befolge was der Traum in der Nacht dir sagen wird.

der die Flügel um ihn ſchlug, ihn emporhub und weit hinwegtrug;
dann erſchien ein goldener Herolbſtab, auf dieſen ſtellte ihn der Abler
feſt hin, und nun fühlte er ſich von unenblicher Angſt und Beklemmung
vollkommen befreit.

Um ihn daher weiter zu beförbern wurde von Nikogenes folgende
liſtige Einrichtung getroffen. Die meiſten Völker barbariſcher Abkunft und ganz beſonders die Perſer ſind in ihrer Eiferſucht gegen die
Frauen ungemein heftig und leidenſchaftlich. Nicht nur die Ehefrauen,
ſondern auch die um Gelb erkauften Kebsweiber werden ſtreng be-
wacht, ſo baß ſie für keinen Fremden ſichtbar ſind, ſondern zu Hauſe
hinter Schloß und Riegel ſitzen, auf Reiſen aber in ringsum verhängten Frauenwagen fahren. Ein ſolches Fuhrwerk wurde nun für Themiſtokles angefertigt, und darin verſteckt machte er die Reiſe: wollte
Jemand unterwegs darüber Auskunft haben, ſo erwiberten ſeine Begleiter, ſie bringen ein griechiſches Mäbchen von Jonien her einem der
Hofleute des Königes.

27. Thukydides[1] nun und Charon von Lampſakus erzählen,
Xerxes ſei damals ſchon tobt geweſen und Themiſtokles von ſeinem
Sohne empfangen worden; Ephorus aber, Dinon, Klitarchus, Heraklides und andere Gewährsmänner in noch größerer Zahl behaupten,
er ſei zu Xerxes ſelbſt gekommen. Mit der Zeitrechnung möchte Thukydides beſſer übereinſtimmen, wiewohl auch dieſe nicht auf ganz zu-
ſammentreffenden Angaben beruht.

Wie denn die Zeit der Entſcheidung da war, erſchien Themiſtokles
zuerſt vor dem Oberſten Artaban und trug ihm vor: er ſei ein Grieche
und wünſche den König zu ſprechen in Angelegenheiten die ungemeine
Wichtigkeit haben und dem Könige ſehr am Herzen liegen. Artaban
erwiberte: „die Gebräuche der Menſchen, o Frembling, ſind verſchie-
ben; hier gilt dieß, dort jenes für ſchön: darin aber ſtimmen Alle
überein baß man das Heimiſche in Ehren halten und bewahren ſolle.

---

1) I, 137. Des Xerxes Sohn, Artaxerxes, kam im Jahr 467, nach
Andern im Jahr 465 v. Chr., zur Regierung.

Euch nun, sagt man, geht Freiheit und Gleichheit über Alles; bei uns dagegen ist, so viele schöne Sitten wir haben, die allerschönste die daß man den König verehrt und ihn anbetet als Abbild Gottes des Erhalters aller Dinge. Billigst du nun was bei uns Sitte ist und bist du bereit deine Kniee zu beugen, so darfst du den König schauen und anreden; findest du es aber nicht gut, so mußt du dich der Vermittlung anderer Männer bedienen; denn bei uns ist von den Vätern ererbter Brauch daß der König Niemand Gehör gibt der nicht vor ihm die Kniee gebeugt hat."

Darauf erwiderte Themistokles: „ich bin ja gekommen, o Artaban, des Königes Ruhm und Macht zu erhöhen, und nicht blos ich selbst werde mich euren Sitten unterwerfen, da dieß Wille der Gottheit ist die Persien verherrlicht hat, sondern es werden auch durch mich der Kniee noch mehr als jetzt sich vor dem Könige beugen. Darum sei dieß kein Hinderniß für die Worte welche ich vor den Thron zu bringen wünsche."

„Doch wen," fragte Artaban, „sollen wir als den Griechen melden der zu uns gekommen sei? Deinem Geiste nach bist du ja kein gewöhnlicher Mann."

Themistokles versetzte: „das wird Niemand eher als der König erfahren, o Artaban."

So erzählt Phanias. Eratosthenes aber in seinem Buche über den Reichthum fügt noch hinzu, durch eine Frau aus Erétria, welche der Oberste hatte, sei dem Themistokles dieser Zutritt zu ihm und diese Unterredung verschafft worden.

28. Als er dann zum Könige eingeführt war und nach der Kniebeugung schweigend dastand, befahl der König dem Dolmetscher ihn zu befragen wer er sei. Der Dolmetscher that es, und nun begann er: „Ich bin, o König, Themistokles aus Athen; ich komme zu dir als Flüchtling, verfolgt von den Griechen; ich habe zwar den Persern viel Schlimmes zugefügt, doch noch mehr Gutes, da ich die Verfolgung hemmte, als für Griechenland keine Gefahr mehr vorhanden war und die Sicherheit des Vaterlands es erlaubte auch euch einen Dienst zu

erweiſen. Ich habe nun keine andere Gedanken, als wie ſie meinem jetzigen Schickſale entſprechen und komme, bereit deine Huld zu empfangen, wenn du mir gnädig verzeihſt, und dir Abbitte zu thun, wenn dein Groll noch fortdauert. Du aber nimm meine Feinde zu Zeugen der Wohlthaten die ich den Perſern erwies und benütze mein Unglück nicht deinen Zorn zu ſtillen, ſondern deine Großmut zu zeigen; retteſt du doch in mir einen Flehenden der deine Gnade anruft: tödteſt du mich aber, ſo tödteſt du einen Mann der Feind der Griechen geworden iſt."

Dieſe Anrede durch göttliches Anſehen zu unterſtützen, erzählte er noch das Traumgeſicht das er bei Nikogenes gehabt, ſo wie den Spruch des Zeus in Dodona¹), der ihm befohlen habe ſich zu dem Namensbruder des Gottes zu begeben: damit ſei er, wie er klar erkannt habe, an ihn gewieſen worden: denn ſie Beide ſeien und heißen große Könige.

Der Perſerfürſt hörte dieſe Worte zwar ohne zu antworten, aber voll Bewunderung ſeines Geiſtes und ſeiner Kühnheit: und bei ſeinen Vertrauten äußerte er, es ſei ihm die höchſte Gunſt des Schickſals zu Theil geworden, möge nur Ahriman²) die Feinde immer ſo mit Blindheit ſchlagen daß ſie die Beſten von ſich ſtoßen; dann brachte er, wie man erzählt, den Göttern Opfer, ſetzte ſich ſofort zu einem fröhlichen Mahle und rief Nachts vor Freude dreimal mitten im Schlafe aus: „ich habe den Athener Themiſtokles."

29. Mit Tagesanbruch aber ließ er ſeine Vertrauten zuſammenrufen, worauf Themiſtokles hineingeführt wurde. Dieſer weiſſagte ſich nichts Gutes, da die Hofleute, ſobald ſie den Namen des eintretenden Fremden erfuhren, finſtere Blicke machten und laut ihren Unwillen äußerten. Ja der Oberſte Roxanes ſagte, als Themiſtokles

---

1) Dodona in Epirus war Sitz eines uralten und hochberühmten Orakels des Zeus, ſ. Ilias XVI, 233 ff.

2) Nach dem Glauben der Perſer die Gottheit welche das Böſe in der Welt ſtiftet.

eben an ihm vorüber gieng, während der König auf dem Throne saß und die Andern stille schwiegen, mit einem wohl hörbaren Seufzer: „du gleißnerische Schlange aus Griechenland, des Königs böser Dämon hat dich hieher geführt."

Allein als Themistokles vor die Augen des Königes getreten war und seine Kniee wiederum gebeugt hatte, sagte ihm derselbe seinen Gruß, redete ihn freundlich an und äußerte, er sei ihm bereits 200 Talente schuldig: denn da Themistokles sich selbst stelle, so werde er mit vollem Rechte den Preis empfangen der auf seine Einlieferung gesetzt sei. Und noch viel Größeres als dieß versprach er ihm, forderte ihn auf gutes Mutes zu sein und hieß ihn über Griechenland freimütig seine Gedanken sagen.

Themistokles antwortete, es sei mit der Rede des Menschen wie mit den buntgewirkten Teppichen: denn wie diese pflege auch jene, wenn man sie ausbreite, die Bilder zu zeigen, wenn man sie aber zusammenziehe, zu verbergen und zu entstellen: daher sei ihm Zeit nöthig. Da der König, dem diese Vergleichung gefiel, die Zeit zu bestimmen befahl, so erbat er sich ein Jahr, erlernte in demselben genügend die persische Sprache und unterredete sich nun ohne Vermittlung mit dem Könige. Auswärts meinte man, der Gegenstand seien nur die griechischen Angelegenheiten gewesen. Weil aber um diese Zeit viele Veränderungen vorgenommen wurden, welche den Hof und die Vertrauten des Königes betrafen, so fiel der Neid der Großen auf ihn, als habe er sich unterstanden auch über sie freimütig gegen den König sich zu äußern. Wurde er doch ungleich höher als je ein Ausländer geehrt, nahm sogar an den Jagden des Königes und an den Vergnügungen innerhalb des Palastes Theil: ja er wurde der Mutter des Königes vorgestellt und durfte sie häufig besuchen, erhielt auch, auf Befehl des Königes, Unterricht in der Weisheit der Magier.

Der Spartaner Demarat [1]) war aufgefordert worden sich eine

---

1) Demarat war König in Sparta gewesen, hatte sich durch die Ränke einer Gegenpartei gestürzt, nach Persien geflüchtet und den Xerxes auf seinem Zuge nach Griechenland begleitet, s. Herod. VI, 61 ff.

Gnade auszubitten und hatte um die Erlaubniß angehalten mit em=
porgerichtetem Turban, wie ihn nur der König trägt [1]), durch die
Straßen von Sardes einherzufahren. Darauf ſagte Mithropauſtes,
ein Vetter des Königes, indem er die Kopfbinde Demarats berührte:
„unter dieſem Turban iſt ja kein Gehirn das er bedecken ſollte, und du
wirſt nicht Zeus ſein, auch wenn du einen Donnerkeil in die Hand be=
kommſt." Der König aber ſtieß ihn höchlich erzürnt über ſein Geſuch
von ſich, und man glaubte er werde es ihm nie verzeihen, allein The=
miſtokles verſöhnte ihn durch ſeine Fürbitte.

Es haben auch, wie man erzählt, die ſpäteren Könige, unter
welchen die perſiſche Regierung mit den Griechen in nähere Berüh=
rung kam, wenn ſie der Dienſte eines Griechen bedurften, jedesmal in
ihren Briefen die Zuſage gegeben er werde bei ihnen noch mehr gelten
als Themiſtokles.

Themiſtokles ſelbſt aber ſoll, als er bereits mächtig und hoch an=
geſehen war und Viele ſich um ſeine Gunſt bemühten, an einer glän=
zend beſetzten Tafel zu ſeinen Kindern geſagt haben: „meine Kinder,
wir wären Nichts, wenn wir nicht zu Nichts geworden wären!"

Drei Städte wurden ihm, nach den meiſten Berichten, „für Brod,
Wein und Zukoſt" angewieſen, Magneſia [2]), Lampſakus und Myus.
Doch ſetzen Neanthes [3]) von Kyzikus und Phanias [4]) noch zwei hinzu,
Perkote und Paläſkepſis [5]), „für Bett und Gewand."

30. Als er aber der griechiſchen Unternehmungen wegen nach
dem Meere hinabreiſte, ſuchte ihn ein Perſer Namens Epiryes,

---

1) Vgl. Xenophon's Anabaſis II, 5, 23. „Nur der König (der Per=
ſer) darf den Turban aufrecht tragen."

2) Magneſia, die dem Themiſtokles nach Thukydides I, 138 jährlich
50 Talente eintrug, lag in Lydien am Mäander, Myus in Karien an der
Mündung deſſelben Fluſſes, Lampſakus in Myſien an der Propontis.

3) S. Cap. 1, Anm. 2.

4) S. Cap. 13, S. 70, Anm. 1.

5) Städte Myſiens, jene nicht weit von Abydus am Helleſpont, dieſe
auf dem Berge Ida.

welcher Satrap des obern Phrygien war aus dem Wege zu räumen. Derselbe hielt schon längst einige Pisidier in Bereitschaft, die den Mord vollführen sollten, wenn Themistokles in der Stadt Leontoke=phalon (Löwenhaupt) übernachten würde. Diesem soll nun, als er zur Mittagszeit schlief, die Mutter der Götter im Traume erschienen sein und gesagt haben: „Themistokles, meide ein Löwenhaupt, damit du nicht eines Löwen Beute werdest. Ich verlange mir dagegen Mne=siptolema von dir zur Dienerin." Themistokles, dadurch in große Unruhe gebracht, flehte zu der Göttin, verließ dann die Heerstraße, und umgieng jenen Ort auf einem Seitenwege. Es war schon Nacht, als er sich lagerte. Da nun eines der Lastthiere die das Gepäck trugen in den Fluß gefallen war, so spannten des Themistokles Diener die naßgewordenen Zeltdecken aus und trockneten dieselben: eben jetzt stürmten die Pisidier, das Schwert in der Hand, heran, und da sie jene Decken im Mondschein nicht genau sahen vermeinten sie, es sei hier das Zelt des Themistokles und er befinde sich darin ruhend. Wie sie aber davor standen und den Vorhang aufheben wollten wurden sie von den in der Nähe stehenden Wachen überfallen und gefangen ge=nommen. Der Gefahr auf diese Weise entronnen, und von Staunen über die Erscheinung der Göttin erfüllt, stiftete Themistokles zu Mag=nesia einen Tempel der Dindymene [1]) und stellte in demselben seine Tochter Mnesiptolema als Priesterin auf.

31. Als er nach Sardes kam, und in müßigen Stunden die Pracht der Tempel und die Menge der Weihgeschenke betrachtete, erblickte er im Tempel der Göttermutter auch die sogenannte Wasser=trägerin, ein zwei Ellen hohes Mädchenbild aus Erz, das er selbst als Verwalter des Brunnenwesens in Athen von Strafgeldern bestellte und weihte, welche für betrügerische Wasserableitungen die er entdeckt hatte bezahlt werden mußten. Sei es nun daß ihm die Gefangen=schaft dieses Heiligthums zu Herzen gieng, sei es daß er den Athenern zeigen wollte wie groß sein Ansehen und Einfluß im Reiche des

---

1) Dieß war ein Beiname welchen Kybele, die Göttermutter, von einem Berge Dindymus in Phrygien führte.

Königes sei — kurz er wendete sich an den Statthalter von Lydien und bat ihn das Mädchen nach Athen zu senden. Das nahm der Barbar übel auf und drohte es dem Könige zu berichten. Themistokles, nicht wenig beunruhigt, nahm jetzt seine Zuflucht zu dem Harem und stillte durch Geschenke an die Frauen darin den Zorn des Mannes, benahm sich aber auch von nun an vorsichtiger, zumal da er sich bereits auch vor dem Neide der Perser fürchtete. Denn nicht, wie Theophrast meint, in Asien umherreisend, vielmehr zu Magnesia wohnhaft, lebte er im Genusse reicher Einkünfte und den persischen Großen gleich geachtet lange Zeit in ungestörter Ruhe, weil der König, dessen Thätigkeit das Innere seines Reiches in Anspruch nahm, den griechischen Angelegenheiten wenig Aufmerksamkeit schenkte.

Als aber Aegyptens Abfall, welcher mit Beihülfe Athens geschah, hellenische Galeeren die bis Kypern und Kilikien hinauffuhren, und Kimon's Seeherrschaft für den König eine Aufforderung wurden die Griechen auch seinerseits anzugreifen und zu hindern daß sie ihm nicht zu mächtig würden, — als sich schon Kriegsvölker in Bewegung setzten und Feldherrn da und dorthin gesandt wurden und nach Magnesia Boten an Themistokles kamen, mit der Aufforderung des Königes wider Griechenland aufzustehen und seine Verheißungen in Erfüllung zu bringen: da empfand er keinen so heftigen Haß gegen seine Mitbürger daß er sich zur Theilnahme an dem Kriege hätte hinreissen lassen, konnte auch durch die so große Ehre und Macht nicht dazu verleitet werden, sondern zum Theil vielleicht im Zweifel an der Möglichkeit des Gelingens — denn Griechenland hatte damals mehrere große Feldherrn und namentlich vollbrachte Kimon die glänzendsten Kriegsthaten — allermeist aber aus Achtung vor seinem eigenen Siegesruhm und jenen herrlichen Trophäen faßte er den löblichen Entschluß sein Leben durch ein würdiges Ende zu beschließen. Er brachte daher den Göttern Opfer, nahm von seinen Freunden die er zusammenberufen Abschied und gab sich selbst den Tod, nach der herrschenden Sage, durch Stierblut [1]

---

1) Vgl. Plinius Naturgesch. XI, 90: „Das Blut der Stiere gerinnt und verhärtet sich sehr schnell, daher ist es ein sehr giftiger Trank."

das er trauf; von Einigen wird erzählt, er habe ein schnell wirkendes Gift zu sich genommen. So starb er zu Magnesia, nachdem er 65 Jahre gelebt hatte, von welchen er die meisten in der Leitung öffentlicher Angelegenheiten und kriegerischer Unternehmungen hinbrachte.

Als der König erfuhr, aus welchem Grunde und auf welche Weise Themistokles sein Leben beschloß, soll er er den Mann noch höher geschätzt haben als zuvor; auch erfreuten sich, wie man erzählt, die Freunde und Angehörigen desselben fortwährend der königlichen Huld.

32. Die Söhne welche Themistokles aus seiner Ehe mit Archippe, einer Tochter Lysanders von Alopeke [1], hinterließ waren Archeptolis, Polyeuktus und Kleophant, dessen auch Platon [2] als eines vortrefflichen Reiters, sonst aber ganz unbedeutenden Menschen erwähnt: von den ältesten war Neokles noch als Kind in Folge eines Pferdebisses gestorben, den Diokles hatte der Großvater Lysander angenommen. Töchter hatte er noch mehr, deren eine Mnesiptoleme, aus der zweiten Ehe, ihr Bruder Archeptolis, da er nicht von derselben Mutter war, heiratete: Italia wurde Gattin des Chiers Panthoides, Sybaris Gattin des Atheners Nikomedes. Der Nikomache wegen fuhr Phrasikles, der Brudersohn des Themistokles, als dieser schon gestorben war, nach Magnesia und holte sie von ihren Brüdern: eben derselbe erzog auch Asia, die jüngste der sämmtlichen Kinder.

Ein prachtvolles Grabmal des Themistokles haben die Bewohner von Magnesia auf ihrem Marktplatze. Was aber seine Gebeine betrifft, so darf man dem Andokides [3] nicht glauben, der in der Rede „an die Freunde" behauptet, die Athener haben sie gestohlen und dann in alle Winde gestreut: er lügt, um die Oligarchen gegen das Volk zu erbittern. Auch Phylarchus [4], der in der Geschichte beinahe eine

---

1) Alopeke war eine Gemeinde des antiochischen Stammes in Attika.

2) Im Menon Cap. 21.

3) Ein berühmter Redner Athens, geb. 468 v. Chr.

4) Ein Geschichtschreiber der um die Mitte des dritten Jahrhunderts v. Chr. blühte.

Theatermaschine in Bewegung setzt und einen Neokles und einen De=
mopolis als Söhne des Themistokles uns vorstellt, will nur eine er=
greifende Scene aufführen, die Jeder als Erdichtung erkennt.   Noch
berichtet der Erdbeschreiber Diodor [1] in seiner Schrift über Denkmale,
doch mehr vermutungsweise als mit Bestimmtheit: bei dem Hafen des
Piräeus an dem Vorgebirge gegenüber der Kapelle des Alkimos trete
eine armähnliche Biegung vor, und wenn man diese umfahre, so finde
sich innerhalb, wo Windstille herrscht, eine große Plattform, auf dieser in
Gestalt eines Altars das Grabmal des Themistokles.   Auch der Ko=
miker Platon [2], meint er, spreche für diese seine Angabe in den
Worten:

> Dein Grabeshügel, der an schönem Ort sich hebt,
> Wird von Kauffahrers Ruf begrüßt sein weit umher,
> Wird Jeden der hinaus= und der hereinfährt sehn,
> Und wie wetteifernd sich die Schiffe messen schaun.

Für die Nachkommen des Themistokles haben sich in Magnesia
auch gewisse Vorrechte auf unsere Zeit erhalten; sie genoß der Athener
Themistokles, der bei dem Philosophen Ammonius mit mir bekannt
und mein Freund geworden ist.

---

1) Ein Zeitgenosse Alexanders des Großen, nicht zu verwechseln mit
dem Geschichtschreiber Diodor von Sikilien.

2) Ein Dichter der älteren attischen Komödie, der um die Zeit des
peloponnesischen Krieges blühte.

III. Perikles.

[Gest. im Jahr 429 v. Chr. nach vierzigjähriger Leitung des Volks zu Athen.]

1. Als Caesar (Augustus) einst reiche Ausländer in Rom junge Hunde und Affen am Busen umhertragen und liebkosen sah, soll er gefragt haben, ob die Frauen bei ihnen keine Kinder bekommen: mit welchem ächt fürstlichen Worte er die Leute zurechtwies, welche die von Natur uns eingepflanzte Liebe und Zärtlichkeit, worauf Menschen Anspruch haben, an Thiere verschwenden. Da nun unserer Seele auch eine natürliche Neigung zum Lernen und Betrachten inwohnt, so ist es gleichfalls mit Ernst zu tadeln wenn jener Trieb auf Gegenstände gelenkt wird welche aufmerksamen Hörens und Beschauens gar nicht werth sind, und dagegen Schönes und Nützliches unbeachtet bleibt. Unsere Sinne freilich, welche den sie treffenden Eindruck leidend aufnehmen, sind wohl genöthigt die werthlose Erscheinung so gut als die werthvolle zu beachten: wer aber den Geist will walten lassen, der kann sich stets mit großer Leichtigkeit zu dem wenden und übergehen was er für gut hält. Jage man also dem Besten nach, damit man es nicht blos schaue, sondern auch durch das Schauen am innern Menschen wachse und zunehme. Denn gleichwie dem Auge die Farbe zuträglich ist welche, bunt und lieblich zugleich, die Sehkraft belebt und stärkt, ebenso muß man den Geist auf Betrachtungen führen die ihn durch das Vergnügen das sie gewähren zu der ihm zukommenden Vortrefflichkeit aufmahnen.

Dieß ist nun bei Handlungen der Tugend der Fall, deren Kunde
Bewunderung und Verlangen der Nacheiferung hervorruft, da sonst
der Anerkennung des Gethanen die Lust zum Thun nicht sofort folgt.
Im Gegentheil achten wir oft sogar bei aller Freude an dem Werke
den Meister gering, wie bei den Salben und Purpurdecken, die uns
wohlgefallen, während wir die Färber und Salbenköche für gemein
und niedrig halten. Daher gab Antisthenes auf die Bemerkung, Is=
menias sei ein meisterhafter Flötenspieler, ganz treffend zur Antwort:
aber ein erbärmlicher Mensch, denn sonst wäre er kein so meisterhafter
Flötenspieler. Auch sagte Philipp zu seinem Sohne [Alexander], als
dieser bei einem Gelage angenehm und kunstgemäß die Laute schlug:
„schämst du dich nicht die Laute so schön zu schlagen?" Ist es doch
genug wenn ein König Lautenspieler zu hören sich Zeit nimmt, und
der Kunst wird viel Ehre von ihm erwiesen wenn er derartigen Lei=
stungen Anderer seine Aufmerksamkeit schenkt.

2. Die eigene Ausübung niedriger Künste aber macht den Fleiß
im Werthlosen gegen sich zum Zeugen der Vernachläßigung des Edlen:
und kein wohlbegabter Jüngling wünscht, wenn er in Pisa den
Zeus sieht, ein Phidias zu werden, noch wenn er in Argos die Hera
sieht, ein Polykletus, auch ein Anakreon, Philetas oder Archilochus
möchte er bei aller Freude an ihren Gedichten doch nicht sein. Denn
daraus daß uns ein Werk durch seine Reize ergötzt folgt keineswegs
daß der Schöpfer desselben Nachahmung verdiene. Darum bringt auch
dergleichen dem Betrachter keinen Nutzen, da sich kein Nacheiferungs=
trieb daran entzündet, keine Begeisterung, welche Lust und Kraft zum
Aehnlichwerden anregte.

Die Tugend dagegen stimmt durch ihre Leistungen gleich so daß
Bewunderung der Thaten und Wetteifer mit den Thätern zugleich
erwacht. Denn während wir bei den Gütern des Glückes den Besitz
und Genuß lieben, schätzen wir bei den Gütern der Tugend die That,
und jene möchten wir uns durch Andere, diese vielmehr Andern durch
uns zu Theil werden sehen. Denn das Gute zieht thatkräftig zu sich
heran und wirkt sofort ein thätiges Verlangen, indem es nicht erst

durch die Nachahmung das Herz des Betrachters bildet, sondern durch die Erzählung der That den Entschluß hervorruft.

So beschloß denn auch ich die Lebensbeschreibungen fortzusetzen, und habe in diesem zehnten Buche[1] das Leben des Perikles und des Fabius Maximus, der längere Zeit dem Hannibal als Feldherr gegen= überstand, erzählt, zweier Männer die überhaupt in trefflichen Eigen= schaften, besonders aber in Sanftheit und Gerechtigkeit sich ähnlich waren und durch Langmut bei Unverstand und Anmaßung des Volkes und der Amtsgenossen sich um ihr Vaterland die größten Verdienste erwarben. Ob ich aber hiemit das Richtige treffe, mag nach dem was ich berichte beurteilt werden.

3. Perikles gehörte dem Stamme Akamantis, der Gemeinde Cholarge an, und stammte von Vater und Mutter her aus einem hoch= ansehnlichen Hause und Geschlechte. Xanthippus nämlich, der die Feldherrn des Königes bei Mykale[2] überwand, heiratete Agariste, eine Enkelin des Klisthenes, der die Pisistratiden vertrieben, die Ge= waltherrschaft mit edlem Mute gestürzt, Gesetze entworfen und eine für Eintracht und dauernden Bestand trefflich berechnete Verfassung aufgestellt hatte.

Ihr hatte geträumt sie gebäre einen Löwen, und wenige Tage darauf gebar sie den Perikles, einen Knaben von vollkommner Wohl= gestalt, nur daß sein Kopf unverhältnißmäßig groß war. Deßwegen sind fast allen Bildnissen von ihm Helme aufgesetzt, weil nämlich die Künstler diesen Mangel nicht zur Schau stellen wollten. Die attischen Dichter aber nannten ihn den Meerzwiebelkopf[3]. Und der Komiker Kratinus[4] sagt in seinen Chironen: „Zwietracht aber und Altvater

---

1) Vgl. die Einl. S. 8.

2) Im Jahr 479 v. Chr.

3) Wörtlich: „Schinokephalus. Die Skilla (Meerzwiebel) wird näm= lich bisweilen auch Schinos genannt." — Die Meerzwiebel hat eine läng= lichte Bolle.

4) Die drei hier genannten Dichter waren Meister der alten attischen Komödie und Zeitgenossen des Perikles.

Kronos sich umarmend zeugten den größten Tyrannen, welchen denn
die Götter Köpfeversammler ¹) nennen." Ebenderselbe ruft in seiner
Nemesis: „Komm, o Zeus, des Gastrechts Hüter du und Hauptge-
segneter." Ebenso sagt der Komiker Teleklides: „Bald sitze er im
Gedränge der Geschäfte mit schwerem Kopfe in der Stadt, bald
lasse er ganz allein aus eilf Tischlager fassendem Haupte gewaltiges Brausen hervorgehen." Eupolis endlich in dem Stücke „die
Gemeinden" sagt, da wo er über Jeden der aus der Unterwelt erstan-
denen Volksführer Erkundigung anstellt, als Perikles zuletzt genannt
wird: „Du hast den Hauptkerl Aller drunten heraufgebracht."

4. Als seinen Lehrer in der Tonkunst nennen die Meisten Damon, in dessen Namen die erste Sylbe kurz auszusprechen sei. Nach
Aristoteles aber verdankte er seine musikalische Ausbildung dem Py-
thoklides. Jener Damon scheint einer der größten Weisen seiner Zeit
gewesen zu sein, sich aber hinter der Tonkunst versteckt zu haben, um
sein Talent vor der Menge zu verbergen: Perikles gieng als Jünger
der Staatsklugheit bei diesem Meister in die Schule. Damon blieb
jedoch hinter dem Aushängeschild seiner Leier nicht verborgen, sondern
wurde, weil er hohe Plane hege und Freund der Gewaltherrschaft sei,
durch das Scherbengericht verbannt ²), auch von den komischen Dichtern zum Stichblatt gemacht. So läßt Platon ³) Jemanden ihn
fragen:

Fürs Erste sag mir, ich bitte dich, du bist es ja,
Wie's heißt, der, ein Chiron ⁴), auferzog den Perikles.
Perikles war aber auch Schüler des Eleaten Zenon ⁵), der, wie

---

1) Anspielung auf das homerische Beiwort des Zeus: Wolkenver-
sammler.

2) Vgl. Themistokles Cap. 22. S. 79.

3) S. Themistokles Cap. 32, S. 91, A. 2.

4) Der Centaur Chiron wurde als Erzieher Achills und anderer Helden
gepriesen.

5) Zenon war geboren um 500 v. Chr. zu Elea, einer Pflanzstadt der
Phokäer in Unteritalien, Schüler des 25 Jahre vor ihm gleichfalls in Elea
geborenen Parmenides.

Parmenides, die Gesetze der Natur erforschte und eine zum Wider=
legen geschickte, durch Widerspruch in die Enge treibende Methode aus=
bildete, wie auch der Phliasier Timon [1]) im Folgenden irgendwo ge=
sagt hat:

> Und die furchtbare Macht des doppelzüngigen Zenon,
> Der mit Jedem sich mißt.

Wer aber den häufigsten Umgang mit Perikles hatte, wer ihm am
Meisten edles Selbstgefühl und eine die gewöhnliche Demagogie
verschmähende Denkart einflößte, überhaupt seinen Charakter zu
höherer Würde erhob, war Anaxagoras von Klazomenä [2]), den seine
Zeitgenossen Geist (Nus) hießen, sei es aus Bewunderung seines gro=
ßen, wahrhaft wunderbar erscheinenden Scharfblicks in die Tiefen der
Natur, sei es weil er der Erste war der an die Spitze des Alls nicht
Zufall oder Nothwendigkeit als Urgrund der Ordnung stellte, sondern
einen Geist, der ganz rein sei und ohne Mischung, während alles Andere
gemischt sei, einen Geist der diesem Allem inwohne und das Gleich=
theilige aussondere [3]).

5. Die hohe Bewunderung für diesen Mann und die Begei=
sterung für seine Lehren von den überirdischen Dingen und Himmels=
erscheinungen bewirkten ohne Zweifel daß Perikles nicht blos eine
erhabene Sinnesart, eine würdige, von gemeiner und betrügerischer
Schmeichelei sich ferne haltende Redeweise annahm, sondern auch einen
dem Lachen unzugänglichen Ernst des Angesichts, einen langsamen
Gang, einen Faltenwurf des Gewandes, der bei keinem Affecte wäh=
rend der Rede in Unordnung gerieth, einen ruhigen Ton der Stimme,
und mehr dergleichen, was auf Jedermann wunderbaren Eindruck
machte. So hielt er einmal unter Schimpf= und Schmähreden eines

---

1) Timon, ein Anhänger des skeptischen Philosophen Pyrrhon, war aus
Phlius, einer Stadt im nordöstlichen Peloponnes.

2) Stadt auf der ionischen Halbinsel westlich von Smyrna.

3) Unter dem Gleichtheiligen sind die Urstoffe zu verstehen. Diese
sondert der Geist aus, d. h. er trennt die welche verschieden sind, verbindet
die gleichartigen.

frechen und verworfenen Menschen den ganzen Tag stillschweigend auf dem Markte aus, indem er da ein bringendes Geschäft zu Ende brachte, und gieng am Abend gelassen heim, während ihm der Elende nachfolgte und jede Lästerung gegen ihn ausstieß. Als er endlich im Begriffe war sich in sein Haus zurückzuziehen wies er, da es schon dunkel war, einen Diener an Licht zu nehmen und den Menschen heim zu geleiten.

Der Dichter Jon[1]) sagt freilich, des Perikles Benehmen sei voll von Anmaßung und wenig verborgenem Hochmut: während er von sich mit Selbstüberhebung rede, verrathe er viel Stolz und Geringschätzung gegen Andere; dagegen rühmt er an Kimon ein feines, gemütliches und gewandtes Benehmen im Umgang. Aber lassen wir den Jon, der eben der Meinung war, die Tugend müsse wie ein tragisches Kunstwerk durchaus auch eine satyrische Zugabe[2]) haben. Die aber welche den Ernst des Perikles eitles Scheinwesen und leeren Dünkel nannten forderte Zenon auf, sich gleichfalls in dieser Weise des Scheines zu befleißen, weil schon die scheinbare Annahme des Edlen dasselbe unvermerkt zum Gegenstande des Strebens und der Angewöhnung mache.

6. Dieß war jedoch nicht die einzige Frucht seines Umganges mit Anaxagoras, sondern Perikles lernte von ihm auch, wie es scheint, sich erheben über all' den Aberglauben der mit Schrecken vor den Himmelserscheinungen diejenigen erfüllt welche ihre Ursachen nicht kennen und vor den göttlichen Dingen aus Unkunde derselben zittern und beben, wovon die Naturkunde uns befreit und statt des schreckhaften Fieberwahnes die feste und hoffnungsvolle Frömmigkeit wirket.

Eines Tages, erzählt man, sei der Kopf eines einhörnigen Widders dem Perikles vom Laude gebracht worden: da habe der Wahr

---

1) Ein ausgezeichneter Dichter, der zur Zeit des Perikles blühte.

2) Zu einem tragischen Kunstwerke gehörten in der ältern Zeit drei miteinander in näherer Verbindung stehende Tragödien und ein Satyrspiel. Bei dem letztern bestand der Chor aus Satyrn, häßlichen und in hohem Grade sinnlichen Walddämonen.

sager Lampon beim Anblick des stark und fest aus der Mitte der Stirne
hervorgewachsenen Hornes erklärt: von den zwei Gewalten in der
Stadt, der des Thukydides [1]) und der des Perikles, werde die Macht
auf den Einen übergehen bei welchem das Zeichen sei gesehen worden.
Anaxagoras aber habe an dem zerlegten Schädel nachgewiesen, wie
das Gehirn seinen Boden nicht ganz ausgefüllt, sondern eiförmig zu=
gespitzt aus dem ganzen Kasten auf die Stelle zusammengeflossen sei
wo die Wurzel des Hornes entsprang.   Damals nun sei Anaxagoras
von den Anwesenden bewundert worden, kurze Zeit nachher aber Lampon,
als Thukydides gestürzt wurde und die Angelegenheiten des Volkes
alle insgesammt in Perikles Hände kamen.

Gar wohl konnten aber Beide, denke ich, der Naturforscher und
der Wahrsager, Recht haben, indem jener die Entstehung, dieser die
Zweckbestimmung richtig auffaßte: denn der Erstere hatte zu erklären
woher und wie es so geworden, der Letztere, wozu es sei und was es
bedeute vorauszusagen.   Wer aber meint, das Auffinden der Ursache
einer Erscheinung vernichte dieselbe als Zeichen, der bedenkt nicht daß
er mit den göttlichen zugleich auch die künstlichen Zeichen verwirft,
Signaltöne durch Wurfscheiben, Feuerzeichen und Uhrzeigerschatten,
lauter Dinge die durch gewisse Ursachen begründet als Zeichen für
dieß und jenes dienen.   Doch diese Erörterung gehört wohl in ein
anderes Gebiet.

7. Perikles hatte in seinen jüngeren Jahren eine besondere Scheu
vor dem Volke. Sein Aussehen erinnerte nämlich an den Tyrannen Pisi=
stratus, und die hochbejahrten Greise fanden seine angenehme Stimme,
seine im Gespräch sich ungemein leicht und schnell bewegende Zunge
zum Erstaunen ähnlich. Da er dabei auch Reichthum, Adel und
einflußreiche Freunde hatte, so enthielt er sich aus Furcht vor dem
Scherbengerichte aller Theilnahme an den Staatsgeschäften, zeigte
sich aber in den Feldzügen als ein tapferer, die Gefahr liebender
Mann.

---

1) Ueber diesen Thukydides s. Cap. 8, S. 101.

Als jedoch Aristides todt, Themistokles landflüchtig und Kimon im Felde größtentheils außer Griechenland hingehalten war, da trat Perikles rasch hervor und widmete sich dem Gemeinwesen, aber nicht als Parteigenosse der Reichen und Vornehmen, sondern als Freund der Niedrigen und Armen, mit Verleugnung seiner Natur, die im Mindesten nicht der Volksherrschaft geneigt war. Ohne Zweifel war es die Furcht, des Strebens nach Gewaltherrschaft verdächtig zu werden, wie auch der Umstand daß Kimon Aristokrat war und von den Edeln ausnehmend geehrt wurde, was ihn bewog sich der Menge anzuschmiegen und so Sicherheit für sich und Einfluß Jenem gegenüber zu gewinnen.

Sofort nahm er aber auch eine ganz andere Lebensweise an. Man sah ihn von nun an nur den Einen Weg, auf den Marktplatz und zu dem Rathhause wandeln; er lehnte jede Einladung zu Gastmahlen ab, entsagte allen derartigen Ergötzlichkeiten und Gesellschaften, so daß er in dem langen Zeitraume seiner Staatsverwaltung bei keinem Freunde zu Gaste war: nur bei dem Hochzeitmahle seines Vetters Euryptolemus fand er sich ein, sobald aber das Trankopfer[1]) gebracht war entfernte er sich.

Gesellige Freuden vermögen ja die vornehme Haltung eines Jeden zu überwinden, und der auf hohes Ansehen berechnete Ernst ist im vertraulichen Kreise schwer zu bewahren. Die wahrhaftige Tugend freilich erscheint um so schöner je genauer man sie beobachten kann, und an Männern wie sie sein sollen ist dem entfernter Stehenden nichts so ehrwürdig als der nächsten Umgebung ihr alltägliches Leben. Er aber mied auch den beständigen Verkehr mit dem Volke und die Sättigung desselben, nahte sich ihm also nur von Zeit zu Zeit, sprach nicht bei allen Verhandlungen, trat nicht in jeder Volksgemeinde auf, sondern gab sich selbst, wie Kritolaus sagt, gleich dem Staatsschiffe Salaminia nur zu großen Geschäften her, die andern ließ er durch

---

1) Das Trankopfer wurde nach Vollendung der eigentlichen Mahlzeit, vor dem Beginne des Trinkgelages, dargebracht.

Freunde und vertraute Redner besorgen. Einer davon soll Ephialtes gewesen sein, der die Macht des Areopagus [1]) zerstörte, indem er vollauf nach Platon's [2]) Ausdruck den Bürgern starken Wein der Freiheit kredenzte, wovon das Volk, wie die Komödiendichter sagen, so unbändig wurde daß es, gleich einem Rosse, „keinem Zügel mehr gehorchen wollte, sondern Euböa biß und auf den Inseln herumtobte" [3]).

8. Um nun aber seine Rede gleich einem musikalischen Instrumente in Einklang mit seiner Lebensweise und großartigen Gesinnung zu bringen, sprach er häufig wie aus der Seele des Anaxagoras und mischte seinen Vorträgen gleichsam als Färbung die Naturphilosophie bei. Zu seiner herrlichen Naturanlage gesellte er nämlich durch naturwissenschaftliche Studien jene Erhabenheit der Gedanken und jenes Streben nach allseitiger Vollendung, wie der göttliche Platon [4]) sich ausdrückt, und indem er davon eine gut berechnete Anwendung auf die Redekunst machte schwang er sich über Alle hoch empor. Davon soll er auch den Beinamen erhalten haben; wiewohl Einige der Meinung sind, er sei der Olympier genannt worden weil er die Stadt so sehr verschönert, Andere, weil er als Staatsmann und als Feldherr so groß war: auch ist es gar nicht unwahrscheinlich daß viele Vorzüge zu dem Ruhme des Mannes zusammengewirkt haben. Doch zeigen die Komödien der damaligen Dichter, die im Ernst und Scherz manchen Pfeil auf ihn abgedrückt haben, daß die Benennung insbesondere seiner Beredtsamkeit galt, denn „er donnere, sagen sie, und blitze" [5]) von der Rednerbühne herab, wie auch: er führe einen furchtbaren Donnerkeil

---

1) Vgl. Solon Cap. 19.

2) Vgl. Republik VIII, p. 562: „wenn einer demokratischen Stadt schlechte Mundschenken vorstehen und sie sich über die Gebür in dem starken Weine der Freiheit berauscht."

3) Andeutung der vielen Unbilden welche die Bewohner Euböa's und der andern Inseln des griechischen Meeres von den Athenern erdulden mußten.

4) S. Phädrus p. 270.

5) Vgl. Aristophanes' Acharner B. 531.

im Munde. Auch hat sich von Thukydides, des Melesias [1]) Sohne, eine scherzhafte Aeußerung über die Redegewalt des Perikles erhalten. Thukydides gehörte nämlich zur Partei der Aristokraten und stand lange Zeit dem Perikles in der Staatsverwaltung als Widersacher gegenüber. Als nun einmal König Archidamus von Sparta fragte: ob er oder Perikles besser im Ringkampfe sei, so erwiderte er: „wenn ich ihn beim Ringen niederwerfe, so gewinnt er es doch, denn er leugnet gefallen zu sein, und beredet die Leute das Gegentheil von dem zu glauben was sie gesehen haben."

Bei alle dem war auch Perikles ein sehr behutsamer Redner, und so oft er im Begriffe stand aufzutreten betete er zu den Göttern, es möchte ihm auch nicht ein Wörtchen das für die gegenwärtige Aufgabe ungeeignet wäre wider seinen Willen entschlüpfen. Geschriebenes hat er übrigens nichts hinterlassen, die Gesetzentwürfe ausgenommen. Auch haben sich nur wenige bemerkenswerthe Aeußerungen von ihm erhalten; wie z. B. erzählt wird er habe gesagt, man solle die Augenbutter des Piräeus, Aegina [2]), hinwegthun; ferner: er sehe bereits den Krieg vom Peloponnese heranschreiten. Und wie einmal Sophokles, da sie als Feldherrn miteinander in See gegangen waren, die Schönheit eines Knaben pries, bemerkte er: „nicht die Hände nur, o Sophokles, muß der Feldherr rein erhalten, sondern auch die Augen." Stesimbrotus [3]) ferner erwähnt aus der Lobrede auf die auf Samos Gefallenen [4]) daß er sagte, sie seien jetzt unsterblich, gleich den Göttern; auch diese sehe man ja nicht, aber aus der Verehrung die man ihnen erweise, und den Segnungen welche sie gewähren, schließen wir auf ihre Unsterblichkeit: dasselbe finde auch

---

1) Der im folgenden Capitel genannte, etwas jüngere Geschichtschreiber Thukydides war Sohn des Olorus.

2) Die Insel Aegina, von einem sehr unternehmenden und seekundigen Volke bewohnt, hinderte das Emporkommen des benachbarten Hafens Piräeus.

3) S. Anm. 3 zu Themistokles Cap. 2 (S. 54.).

4) Vgl. Cap. 28.

bei denen statt welche im Kampfe für das Vaterland gefallen
seien.

9. Thukydides [1]) schildert die Staatsverwaltung des Perikles
als aristokratisch in dem Sinne daß sie dem Worte nach Volksregie=
rung, der Sache nach aber Selbstherrschaft des ersten Mannes ge=
wesen sei. Viele Andere aber behaupten, er sei der Erste gewesen
durch den das Volk zu Verloosung der eroberten Ländereien, zu Ver=
theilung von Schauspielgeldern und von Sold verleitet worden; so habe
es schlimme Gewohnheiten angenommen, und sei, zuvor mäßig und
arbeitsam, durch die damalige Politik zügellos und verschwenderisch
geworden. Lassen wir uns denn die Thatsachen selbst erklären, aus
welchen Ursachen jene Veränderungen entsprungen sind.

Anfangs suchte Perikles, wie schon gesagt ist [2]), um Kimons An=
sehen zu bekämpfen, die Gunst des Volks für sich zu gewinnen. Nun
stand er aber demselben nach an Reichthum und Geldmitteln, womit
Kimon die ärmere Classe unterstützte, indem er den bedürftigen Athe=
nern täglich zu essen gab, die alten Leute kleidete und von seinen Land=
gütern die Umzäunung wegnahm, damit wer Lust hätte Früchte holen
könnte. Da also Perikles in dieser Weise gegen Kimon nicht auf=
kommen konnte, so wandte er sich zu den Spendungen aus dem Ver=
mögen des Staates, und zwar, wie Aristoteles erzählt, auf Anrathen
des Damonides von Oa [3]). Bald hatte er denn durch Geld zum Be=
suche des Schauspiels, durch Richtersold, so wie durch andere Gehalte
und Vergünstigungen die gesammte Menge bestochen und gebrauchte
sie nun zunächst gegen den Rath auf dem Areopagus, dessen Mitglied
er nicht war, da ihn das Loos nicht traf Archon, Thesmothet, Basi=
leus oder Polemarch [4]) zu werden. Diese Würden wurden nämlich

---

1) II, 65.

2) S. Cap. 7, S. 99.

3) Oa war eine Gemeinde des athenischen Stammes Oeneis.

4) Der Erste der neun jährlichen Archonten hieß vorzugsweise Archon,
Bürgermeister, der Zweite Basileus, König, der Dritte Polemarch, Ober=
feldherr. Die sechs übrigen führten alle den Titel Thesmotheten, Gesetz=
geber. Vgl. Solon Cap. 25, Anm. 2.

von Alters her durch das Loos vergeben, und sie bildeten für die welche die Prüfung bestanden die Brücke zum Eintritt in den Areopagus. Um so mehr bekämpfte Perikles, als er sich Einfluß bei dem Volke errungen hatte, diesen Rath und brachte es dahin daß die meisten der richterlichen Entscheidungen demselben durch Ephialtes entzogen, auch daß Kimon als Spartanerfreund und Gegner der Volksherrschaft durch das Scherbengericht verwiesen wurde, er der an Reichthum und Adel Keinem nachstand, die schönsten Siege über Persien erfochten und die Stadt mit Geld und Kriegsbeute ganz angefüllt hatte, wie ich in seinem Leben erzählt habe. So groß war des Perikles Gewalt bei dem Volke.

10. Der Spruch des Scherbengerichtes verhängte nun zwar nach dem Gesetze eine zehnjährige Verbannung über die Verurteilten: als aber in der Zwischenzeit die Lakedämonier mit starker Heeresmacht in das Gebiet von Tanagra[1]) einfielen[2]) und die Athener ihnen sofort entgegenzogen, so kam Kimon aus der Fremde herbei, stellte sich bewaffnet bei seinem Stamme in die Reihe und wollte durch die Theilnahme an der Gefahr seiner Mitbürger sich werkthätig von dem Verdachte spartanischer Gesinnung reinigen. Doch Perikles' Freunde traten zusammen und wiesen ihn als einen Verbannten ab. Dieß war auch, wie man glaubt, die Ursache warum Perikles in jener Schlacht die allergrößeste Tapferkeit bewies und sein Leben daran setzend Alle verdunkelte. Aber auch Kimon's Freunde fielen alle zumal, welche Perikles spartanischer Gesinnung mitbeschuldigte. Da ergriff lebhafte Reue und Sehnsucht nach Kimon die Athener, die sich an Attika's Grenzen geschlagen sahen und einen schweren Krieg auf den Sommer erwarten mußten. Als Perikles dieß gewahr wurde trug er kein Bedenken dem Wunsche des Volks zu willfahren: ja er stellte selbst den Antrag zu dem Gesetze wodurch der Mann zurückgerufen wurde, der dann auch nach seiner Rückkehr Frieden zwischen den

---

1) Eine böotische Stadt an der Grenze Attika's.
2) Im Jahr 458 v. Chr.

Städten vermittelte. Denn gegen ihn hegten die Lakedämonier ebenso Zuneigung wie sie den Perikles und die andern Demagogen haßten.

Doch behaupten Einige, Perikles habe Kimon's Rückkehr erst dann beantragt als sie durch Kimon's Schwester Elpinike ins Geheim die Verabredung getroffen, Kimon solle mit 200 Schiffen auslaufen und draußen den Oberbefehl führen, um Eroberungen in Persien zu machen, Perikles dagegen im Innern die Gewalt behalten. Auch früher schon hatte, wie man glaubte, Elpinike den Perikles milder für Kimon gestimmt, als dieser auf den Tod angeklagt war[1]). Perikles war nämlich Einer der vom Volke bestellten Ankläger; wie nun Elpinike als Fürbitterin zu ihm kam, sagte er lächelnd: „du bist zu alt, Elpinike, zu alt für so große Geschäfte." Gleichwohl nahm er nur einmal, um sein Klägeramt nicht ganz hintanzusetzen, das Wort und hatte, als er abtrat, dem Kimon unter seinen Anklägern am Wenigsten wehe gethan.

Wie sollte man also dem Idomeneus[2]) Glauben schenken, wenn er den Perikles beschuldigt er habe den Demagogen Ephialtes, seinen Freund und politischen Parteigenossen, aus Eifersucht und Neid gegen dessen Ruhm hinterlistig ermordet? Er hat das, ich weiß nicht woher, aufgegriffen, um seine Galle auszuschütten gegen einen Mann der zwar vielleicht nicht in jeder Beziehung untadelhaft ist, jedoch eine edle Gesinnung und ein ehrliebendes Gemüt besaß, die eine so grausame, wahrhaft tigerartige Leidenschaft durchaus nicht aufkommen lassen. Vielmehr wurden dem Ephialtes, der ein Schrecken der Oligarchen war und sich gegen Alle die wider das Volk frevelten beim

---

1) Vgl. Plutarch's Kimon Cap. 14. „Von da aus [von dem Gebiete der Thasier aus, das Kimon erobert hatte] hätte er, wie man glaubt, ganz leicht in Makedonien eindringen und einen bedeutenden Theil des Landes wegnehmen können. Da er sich nun nicht dazu entschloß, so wurde er beschuldigt, der König Alexander [von Makedonien] habe ihn mit Geld dazu vermocht, und seine Feinde vereinigten sich eine förmliche Anklage gegen ihn zu erheben."

2) Idomeneus aus Lampsakus in Mysien blühte um 300 v. Chr.

Abhören der Rechenschaft und bei Anklagen ganz unerbittlich zeigte,
von seinen Feinden Nachstellungen bereitet, welche seine heimliche
Ermordung durch Aristobikus von Tanagra herbeiführten: so berichtet
Aristoteles. — Kimon dagegen beschloß sein Leben als Feldherr auf
Kypros.

11. Die Aristokraten aber, welche zwar den Perikles schon vorher als mächtigsten aller Bürger sehen mußten, doch aber Jemand in der
Stadt haben wollten der sich ihm entgegensetze und seine Macht
dämpfe, damit sie nicht geradezu Alleinherrschaft sei, stellten nun gegen
ihn als Widersacher den Thukydides von Alopeke[1]) auf, einen beson-
neuen Mann und Schwiegersohn des Kimon, der, zwar kein so großer
Kriegsheld als Kimon, aber ein gewandterer Staatsmann, indem er
in der Stadt blieb und mit Perikles auf der Rednerbühne kämpfte, in
Kurzem die Parteien ins Gleichgewicht brachte. Er ließ nämlich die
sogenannten Edeln nicht mehr, wie zuvor, unter das Volk sich zerstreuen und vermengen, wobei der Glanz ihrer Würde unter dem großen Haufen sich verlor, sondern er sammelte ihre Gesammtmacht rein
ausgeschieden auf Einem Punkte, so daß ihr vermehrtes Gewicht öfters
gleichsam an der Wage den Ausschlag gab.

Allerdings war von Anfang an in dem Staate, wie an einem
eisernen Werkzeug, ein unmerklicher Bruch vorhanden, der auf Zwiespalt demokratischer und aristokratischer Gesinnung hindeutete, aber
der Wettstreit und Ehrgeiz jener Männer brachte erst einen recht tiefen
Schnitt und die Unterscheidung des Volkes und der Wenigen [Olig-
archen] hervor.

Deßhalb ließ denn auch Perikles jetzt viel mehr als zuvor dem
Volke die Zügel nach und buhlte um seine Gunst, indem er fortwährend festliche Schauspiele, öffentliche Speisungen, feierliche Aufzüge
in der Stadt veranstaltete und die Leute in der Stadt durch ge-
schmackvolle Ergötzlichkeiten unterhielt, auch jedes Jahr 60 Galeeren

---

1) Die Gemeinde Alopeke gehörte zum antiochischen Stamme. — Der
Vater dieses Thukydides war nach Cap. 8 Melesias.

ausschickte, auf welchen viele Bürger acht Monate lang mit Sold fuhren und die Tüchtigkeit im Seedienst sowohl übten als erlernten. Ueberdieß sandte er 1000 Ansiedler auf den Chersones [1]), 500 auf die Insel Naxos, halbsoviel nach Andros, 1000 nach Thrakien, die sich unter den Bisalten [2]) niederlassen sollten, noch Andere nach Italien, wo Sybaris wieder aufgebaut wurde, dem man jetzt den Namen Thurii [3]) gab. Und dieß that er theils um die Stadt von einem müßigen und bei seinem Nichtsthun unruhigen Pöbel zu befreien, theils um der Armut des Volkes aufzuhelfen, dann aber auch um den Bundesgenossen eine Wache zur Einschüchterung gegen Abfall in die Nachbarschaft zu legen.

12. Was aber für Athen der höchste Reiz und Schmuck war und die Fremden am Meisten in Staunen setzte, was dem griechischen Volke allein zum Zeugnisse dient daß seine gepriesene Macht und alte Herrlichkeit keine Erdichtung sei — die Pracht der Bildwerke und öffentlichen Gebäude, das griffen an Perikles' Staatsverwaltung die Gegner am gehässigsten an und lästerten darüber in den Versamm= lungen. Das Volk — so schrieen sie — werde gar sehr getadelt und geschmäht, weil es die Bundescasse der Griechen von Delos nach Athen versetzt habe. Die anständigste Entschuldigung gegen solche Vorwürfe: daß man sie aus Furcht dort weggenommen und an einem sichern Orte in Verwahrung gebracht habe — diese Entschuldigung sei von Perikles gänzlich zu nichte gemacht worden. Jetzt scheine es als würde Griechenland mit frechem Uebermute und offenbarer

---

1) Diesen Namen (er bedeutet Halbinsel) gab man vorzugsweise der thrakischen Halbinsel an dem Hellespont; jetzt die Halbinsel der Darda= nellen oder von Gallipoli.

2) Die Bisalten wohnten westlich vom Strymonflusse.

3) Sybaris — eine griechische Pflanzstadt, an der Küste Lukaniens ge= legen — war im Jahr 510 v. Chr. von den Krotoniaten zerstört worden. Im Jahr 443 v. Chr. legten die Nachkommen der vertriebenen Sybariten, durch neue Ansiedler aus Griechenland, insbesondere aus Athen, verstärkt, in der Nähe der zerstörten Stadt eine neue an, die nach der nahen Quelle Thu= rios den Namen Thurii, auch Thurion erhielt.

Tyrannei gehöhnt, da es sehen müsse wie die Athener von den ihm abgepreßten Kriegssteuern ihre Stadt vergolden und aufputzen, wie eine hoffärtige Frau, und mit edlem Gestein, Bildwerken und unendlich kostbaren Tempeln ganz überladen.

Dagegen stellte Perikles dem Volke vor: man sei für das Geld den Bundesgenossen keine Rechenschaft schuldig; führe man doch für dieselben Krieg und halte den Feind ferne, während sie kein Pferd, kein Schiff, keine Mannschaft geben, sondern nur Geld, das nicht dem Geber gehöre, vielmehr dem Empfänger, wenn derselbe das wirklich leiste wofür er es erhalte. Da nun die Stadt mit dem Nöthigen zum Kriege genügend ausgerüstet sei, so gebüre es sich den Ueberfluß auf das zu verwenden was nach der Vollendung zu ewigem Ruhm ge= reichen, während derselben sofort Wohlstand bereiten werde, weil man= nigfaltige Beschäftigungen und verschiedene Bedürfnisse sich finden, wodurch jegliche Kunst ermuntert, jegliche Hand in Bewegung gesetzt werde und fast die ganze Stadt Verdienst erhalte, so daß sie sich selbst zugleich schmücke und nähre. Denn wer das Alter und die Kraft hatte bekam in dem Kriegsdienste den öffentlichen Wohlstand zu genießen; da aber auch die nicht kriegspflichtige, durch Handarbeit sich nährende Menge von dem Gewinne nicht ausgeschlossen sein, doch nicht in trägem Müßiggange ihren Antheil erhalten sollte, so brachte er mit dem größ= ten Eifer großartige Bauentwürfe und Plane zu kunstreichen, Zeit erfordernden Zwecken vor das Volk, damit die zu Hause Bleibenden, so gut als die Mannschaft der Flotte, der Festungen und der Feldlager, Gelegenheit erhielten von den Einkünften des Staates ihren Antheil und Genuß zu ziehen. Denn da das Material Stein, Erz, Elfenbein, Gold, Eben= und Cypressenholz war und die dasselbe verarbeitenden und gestaltenden Künste die der Zimmerleute, Bildhauer, Schmide, Steinmetzen, Färber, Gold= und Elfenbeinarbeiter, Sticker, Schnitz= ler; da diesen zur Herbeischaffung und Lieferung über See Kauffahrer, Schiffer und Steuermänner dienten, auf dem Lande Wagner, Pferde= halter, Fuhrleute, Seiler, Leineweber, Sattler, Wegmeister und Berg= leute; da endlich, wie der Feldherr sein Heer, jede Kunst ihre Rotte

Gesellen und Handlanger gleichsam als Werkzeuge und dienenden Leib
beigeordnet hatte, so vertheilte und verbreitete die aufgebotene Thätigkeit, man kann wohl sagen, an jedes Alter und jede Fähigkeit reichen
Gewinn.

13. Als aber die Werke sich erhoben nicht nur von wunderbarer
Größe, sondern auch von unnachahmlicher Schönheit (wetteiferten doch
die Meister die handwerksmäßigen Leistungen durch kunstsinnige Ausarbeitung zu überbieten), da erregte die Schnelligkeit das höchste Staunen.
Denn Schöpfungen von denen man glaubte, jede einzelne werde erst
nach vielen Geschlechtsfolgen und Menschenaltern zu Staube kommen,
wurden alle miteinander in der Blüte Einer Staatsverwaltung vollendet. Und doch soll einst Zeuxis [1]), als der Maler Agatharch des
schnellen und leichten Gemäldefertigens sich rühmte, gesagt haben:
„ich aber arbeite langsam [2]).“ Denn die Leichtigkeit und Schnelligkeit des Hervorbringens verleiht dem Werke keinen bleibenden Gehalt,
keine vollendete Schönheit, während die für das Schaffen dem Fleiße
geliehene Zeit in der Dauer des Geschaffenen ihre Zinsen trägt. Mit
um so höherer Bewunderung sieht man die für viele Jahrhunderte in
kurzer Zeit geschaffenen Werke des Perikles. An Schönheit war ja
Alles schon von Anbeginn alterthümlich; durch blühenden Reiz aber
ist es bis auf diese Stunde jung und neu; so sehr ist eine gewisse
Jugendblüte darüber ausgegossen, welche jede Unbilde der Zeit von
der Gestalt abwehrt, als ob den Werken ein stets frischer Odem und
eine nie alternde Seele inwohnte.

Das Ganze leitete und beaufsichtigte Phidias, so groß auch die
Baumeister und Künstler waren welche die einzelnen Werke schufen.
Den 100 Fuß langen Tempel der jungfräulichen Göttin [3]) erbauten

---

1) Zeuxis, aus Heraklea in Lukanien, war zu jener Zeit als der größte
Maler anerkannt. Vgl. Xenoph. Denkwürd. des Sokrates I, 4, 3.

2) Nach einer Stelle in den sogenannten moralischen Schriften Plutarch's fügte Zenon bei: „aber für die Dauer.“

3) Im Griechischen: Parthenon. Er stand auf dem höchsten Punkte
der Burg. Die Bezeichnung „der 100 Fuß lange“ (Hekatompedos) war

Kallikrates und Iktinus; den Bau des Weihetempels[1]) zu Eleusis
fieng Koröbus an, er stellte auch die unteren Säulen auf und verband
sie durch die Querbalken [das Architrav]; nach seinem Tode fügte
Metagenes aus der Gemeinde Xypete das Fries und die oberen Säulen hinzu; die Kuppel des Heiligthums aber vollendete Xenokles aus
der Gemeinde Cholarge. Bei der langen Mauer[2]), wovon Sokrates
sagt[3]) er habe selbst den Perikles gehört als derselbe den Vorschlag
dazu machte, war Bauunternehmer Kallikrates. Es macht sich aber
Kratinus über dieses Werk lustig, als rücke es langsam vorwärts, denn
„schon lange," sagt er, „führt es Perikles mit dem Munde auf, doch
mit der That rührt er's nicht an." Das Odeum, welches inwendig mit
vielen Sitzen versehen war und von vielen Säulen getragen wurde,
dabei ein rings geneigtes, von Einer Spitze abfallendes Dach hatte,
soll eine Abbildung und Nachahmung des persischen Königszelts gewesen sein. Da auch dieses unter Perikles' oberster Leitung gebaut
wurde, so neckt ihn Kratinus wiederum in den Thrakierinnen in folgender Weise:

> Sieh doch, es kommt der Zeus Meerzwiebelkopf daher,
> Perikles, und er trägt das Odeum auf dem Haupt,
> Nachdem am Scherbenfels er glücklich ist vorbei[4]).

---

von einem älteren Tempel der Athener, welcher an derselben Stelle stand,
auf diesen übergetragen und paßte nur auf die Zelle desselben, welche eine
Länge von 100 Fuß hatte; der ganze Tempel maß in den Fronten je 101
Fuß, in den Seiten je 227½ Fuß.

1) Des Tempels in welchem die Mysterien gefeiert wurden.

2) Nach der im Folgenden angeführten Stelle Platon's ist nur die
sogenannte mittlere Mauer gemeint.

3) S. Platon's Gorgias Cap. 10: „Den Perikles hörte ich selbst,
als er uns den Bau der mittleren Mauer anrieth." — Sie führte von Athen
nach der Ostseite des Piräens und hieß die mittlere, weil sie zwischen der so
genannten nördlichen oder äußeren, welche nach der Westseite des Piräens
lief, und der nach dem Hafen Phaleron führenden (τὸ Φαληρικὸν τεῖχος)
lag.

4) D. h. nachdem er der Gefahr durch das Scherbengericht verbannt
zu werden entgangen ist.

Um aber Ehre damit einzulegen, trug jetzt Perikles darauf an daß an dem Feste der Panathenäen, was nie zuvor an denselben geschehen war, ein musikalischer Wettstreit gefeiert werden solle, und als er sodann zum Preisrichter gewählt wurde bestimmte er wie die Bewerber Flöte zu spielen, zu singen und die Laute zu schlagen haben. Und wie es damals war, so blieb das Odeum der Ort für die Musikfeste.

Die Thorhallen [die Propyläen] der Stadtburg führte in fünf Jahren Mnesikles auf, und ein wunderbarer Vorfall der sich bei dem Bau ereignete bewies, die Göttin stehe nicht ferne, lege vielmehr selbst mit Hand an das Werk und helfe es vollenden. Der tüchtigste und eifrigste Arbeiter war nämlich durch einen Fehltritt von der Höhe herabgefallen und lag nun elend und von den Aerzten aufgegeben danieder. Wie nun Perikles sehr betrübt war erschien ihm die Göttin im Traum und verordnete ein Heilmittel, durch das er den Mann schnell und leicht wieder herstellte. Zum Dank dafür stiftete er auch das eherne Bild der Athene Hygiea [der Heilgöttin Athene] auf der Burg, welches neben dem Altare steht, der, wie man sagt, schon früher da war. Phidias aber verfertigte die goldene Bildsäule der Göttin, wie denn auch sein Name als des Künstlers an dem Fußgestelle eingegraben ist, zugleich aber stand fast Alles unter seiner Leitung und er führte, wie wir schon gesagt haben, die Aufsicht über alle Künstler — als Freund des Perikles. Dafür traf denn auch den einen dieser Männer Mißgunst, den andern Verleumdung, als wenn Phidias Frauen von freiem Stande, welche die Arbeiten zu schauen kämen, dem Perikles Preis gäbe. Dieses Gerede benützten die Komiker, um ihn mit einer Flut des frechsten Witzes zu übergießen, wobei sie namentlich auf die Frau des Menippus hindeuteten, eines ihm befreundeten Unterfeldherrn, und auf den Geflügelhof des Pyrilampes, der, ein Vertrauter des Perikles, beschuldigt wurde als wenn er den Frauen mit denen derselbe Umgang habe Pfauen geschickt. Doch was soll man sich über dergleichen wundern bei Leuten die ein wahrhaft satyrartiges Leben führten und dem Neide des Pöbels als bösem Dämon die Lästerungen gegen die Bessern zum Opfer brachten?

Hat ja doch selbst Stesimbrotus aus Thasos [1]) sich nicht entblödet dem
Perikles einen argen aus der Fabelgeschichte geschöpften Frevel, Miß=
brauch der Frau des eigenen Sohnes, aufzubürden! Da muß ja die
Erforschung des Wahren überall die größten Schwierigkeiten haben,
wenn nicht blos die Nachwelt durch die Zeitferne an der Erkenntniß
des Geschehenen gehindert wird, sondern auch die den Begebenheiten
und Personen gleichzeitige Geschichte bald aus Neid und Haß, bald
aus Parteilichkeit und Schmeichelsucht die Wahrheit entstellt und
zerstört.

14. Da Thukydides und die Redner der Partei desselben ein
großes Geschrei gegen Perikles erhoben, als ob er die öffentlichen Ein=
künfte maßlos verschwendete, so richtete dieser in der Versammlung die
Frage an das Volk, ob es glaube daß wirklich viel aufgewendet wor=
den sei. Ja, erwiderte es, sehr viel; so sei denn, entgegnete Perikles,
der Aufwand nicht von euch, sondern von mir gemacht und ich werde
meinen Namen auf die Werke setzen lassen. Bei diesen Worten riefen
sie, entweder voll Bewunderung seines hohen Sinnes oder um den
Ruhm dessen was geschaffen wurde mit ihm wetteifernd: er solle nur
das Geld aus dem öffentlichen Schatze nehmen und ohne Scheue auf=
wenden so viel er gut finde.

Zuletzt bestand er mit Thukydides den entscheidenden Kampf in
dem Scherbengericht, bewirkte dessen Verbannung und löste die
Gegenpartei völlig auf.

15. Als er nun nach gänzlicher Beseitigung des Zwiespalts
und völliger Ebnung und Einigung der Stadt ganz Athen und Alles
was davon abhieng in seiner Gewalt hatte — Abgaben, Heere,
Kriegsschiffe, Inseln und Meer; große Macht und Hoheit unter den
Griechen, große auch im Ausland, gesichert durch unterwürfige Völker,
so wie durch Freundschaft mit Königen und Bündnisse mit Macht=
habern —, da sah man nicht mehr den Alten, er zeigte sich nicht mehr
so zahm gegen das Volk, nicht mehr so bereit den Wünschen der

---

1) S. Themistokles Cap. 2, Anm. 3.

Menge, welche Richtung sie eben nahmen, zu willfahren; nein, statt jener nachgiebigen und schmiegsamen Volksführersprache, die gleich einer blühenden und weichen Musik oft nur koste, stimmte er jetzt einen adlichen, ja königlichen Ton an, und führte ihn zum Besten des Staats rein und tadellos durch: in den meisten Fällen leitete er das Volk in Güte mit Ueberredung und Belehrung; bisweilen brachte er es aber auch trotz heftigem Widerstreben durch Ernst und Zwangsmittel dahin das Heilsame zu ergreifen, ganz einem Arzte ähnlich, der für eine verwickelte und langwierige Krankheit seiner Zeit behutsame Genüsse, seiner Zeit schmerzhafte Mittel und unangenehme Arzneien zur Heilung verordnet. Von den mannigfaltigen Leidenschaften welche die so großer Macht sich bewußte Volksmenge ganz natürlich bewegten, verstand er allein jegliche mit Geschick zu meistern: hauptsächlich verwandte er Hoffnungen und Besorgnisse wie Steuerruder, um Ausbrüchen des Trotzes zu begegnen oder Niedergeschlagenheit aufzurichten und zu ermutigen: und so bewies er durch die That daß die Redekunst von Platon [1] mit Recht Seelenführung [2] genannt wird, und daß ihre wichtigste Aufgabe die richtige Behandlung der Stimmungen und Leidenschaften ist, dieser Saiten und Klänge des Gemütes, welche einen geschickten Griff und Anschlag erfordern. Doch wirkte nicht die blose Macht der Beredtsamkeit, sondern, wie [der Geschichtschreiber] Thukydides [3] bezeugt, die hohe Achtung seines Charakters, da seine Unbestechlichkeit und Uneigennützigkeit über allen Zweifel erhaben war: denn er hat Athen aus einer großen Stadt zu der größten und reichsten gemacht, er ist mächtiger gewesen als viele Könige und Gewaltherrscher, deren einige die Herrschaft sogar in ihrer Söhne Hände gebracht haben — und doch hat er sein Vermögen nicht um eine Drachme größer gemacht als es ihm vom Vater hinterlassen war.

16.   Thukydides legt des Perikles Macht ganz klar und offen

---

1) S. Phädrus p. 261.
2) Psychagogie, Anspielung auf Demagogie.
3) S. II, 65.

bar [1]), die Komiker aber machen boshafte Hindeutungen auf dieselbe, indem sie seine Anhänger junge Pisistratiden nennen und von ihm einen Schwur verlangen daß er nicht Tyrann werden wolle, als wenn sein Uebergewicht mit der demokratischen Gleichheit unverträglich und sehr drückend wäre. Teleklides [2]) sagt: die Athener haben ihm übergeben

Von den Städten den Zins und die Städte auch selbst, nach Belieben zu
lösen und binden,
Und steinerne Mauern zu bauen und dann sie in kürzester Frist zu zerstören,
Die Verträge, die Macht, die Gewalt und das Glück, das Vermögen, den
Frieden, und Alles.

Und dieß war nicht blos ein Augenblick, nicht der Glanz und Zauber einer schnell vorübergehenden Blüte der Gewalt, sondern 40 Jahre [3]) lang neben einem Ephialtes, Leokrates, Myronides, Kimon, Tolmides und Thukydides am Ruder stehend und nach des Thukydides Sturz und Verbannung nicht weniger als 15 Jahre bei jährlich sich erneuernder Feldherrnwürde in stetem, ganz unterbrochnem Besitz der höchsten Gewalt behauptete er sich dem Gelde unzugänglich. Dabei entschlug er sich aber nicht gänzlich der Sorge für den Erwerb, sondern er führte bei seinem ererbten und rechtmäßigen Vermögen, damit es weder durch Fahrläßigkeit zerrinne, noch bei seinen großen Geschäften viel zeitraubende Mühe mache, eine Verwaltung ein die er zugleich für die leichteste und für die genaueste hielt. Er verkaufte nämlich den Ertrag seiner Güter jedes Jahr im Ganzen, und erkaufte dann wiederum was zum Haushalt nöthig war im Kleinen auf dem Markte. Daher war seine Wirthschaft den erwachsenen Söhnen gar nicht nach dem Sinne, und die Frauen fanden in ihm keinen freigebigen Spender, sondern sie schmähten über diesen je für einen Tag und auf das Genaueste berechneten Haushalt, wobei nichts wie in einem großen Hause und bei reichen Mitteln

---

1) In der eben bezeichneten Stelle.

2) Vgl. Cap. 3.

3) Die Zahl vierzig sollte hier ohne Zweifel in fünfundzwanzig verwandelt werden, da des Perikles Staatsverwaltung nicht schon vor der Verbannung des Thukydides, sondern im Ganzen 40 Jahre gedauert hat.

überfloß, sondern jede Ausgabe und jede Einnahme gezählt oder
gemessen wurde. Wer aber diese ganz so sorgfältig geregelte Ver=
waltung ihm besorgte, das war ein Sklave, Euangelus, den entweder
die Natur zum Wirthschaften wie keinen Andern tüchtig gemacht oder
Perikles dazu angeleitet hatte.

Dieß ist nun freilich ganz abweichend von der Weisheit des Ana=
xagoras, der in seiner Begeisterung und hochherzigen Sinnesweise
sein Haus verließ und seine Güter nicht anbaute, sondern den Schafen
zur Waide überließ. Allein es besteht meiner Meinung nach ein
wesentlicher Unterschied zwischen dem Leben eines beschaulichen und
dem eines staatsmännischen Philosophen; jener beschäftigt ohne
Werkzeuge und ohne äußerlichen Stoff den Geist mit dem Schö=
nen, für diesen, dessen Tüchtigkeit der menschlichen Bedürfnisse sich
annimmt, ist der Reichthum öfters nicht blos eine Forderung der
Nothwendigkeit, sondern der Tugend, wie dieß bei Perikles der Fall
war, der manchem Bedürftigen Beistand leistete. Erzählt man doch
von Anaxagoras selbst, er sei in einer Zeit da Perikles mit Geschäften
überhäuft war verlassen da gelegen, als hochbetagter Greis, ganz
eingewickelt und zum Hungertode entschlossen. Zufällig habe es Pe=
rikles noch erfahren, sei in großer Bestürzung sofort zu dem Manne
geeilt und habe die dringendsten Bitten an ihn gerichtet, nicht sowohl
ihn als sich selbst beklagend, daß er einen solchen Rathgeber bei der
Leitung des Staates verlieren solle. Da habe Anaxagoras das Ge=
sicht enthüllt und ihm gesagt: „o Perikles, wer die Leuchte nöthig hat
gießt auch Oel zu.“

17. Als die Lakedämonier anfiengen über das Wachsthum der
athenischen Macht unruhig zu werden, dachte Perikles darauf das
Selbstgefühl des Volkes und seine Ansprüche noch höher zu steigern,
und stellte den Antrag, alle Griechen, wo sie in Europa oder Asien
irgend wohnen, die kleine Stadt wie die große, einzuladen, sie möchten
nach Athen Abgeordnete schicken zu gemeinsamer Berathung über die
griechischen Tempel welche die Barbaren verbrannt, ferner über die
Opfergelübde die man von den Perserkriegen her den Göttern noch

schuldig sei, dann auch über das Meer, wie man allgemeine Sicherheit der Fahrt und Frieden auf demselben stiften möchte. Dazu wurden 20 Männer die über 50 Jahre alt waren ausgesendet: fünf derselben hatten die Jonier und Dorier in Asien und die Inselbewohner bis nach Lesbos und Rhodus einzuladen, fünf besuchten die Gegenden am Hellespont und in Thrakien bis nach Byzanz, fünf andere wurden nach Böotien, Phokis, dem Peloponnes und von da durch Lokris in die angrenzenden Gegenden des Festlandes bis Akarnanien und Ambrakia abgeordnet; die Uebrigen reisten über Euböa zu den Oetäern, dem malischen Meerbusen, dem Phthioten, Achäern und Thessaliern. Ueberall boten sie ihre Beredtsamkeit auf, damit die allgemeine Zusammenkunft der Griechen, um Frieden zwischen ihnen und gemeinsames Handeln zu bewirken, zu Stande komme. Es wurde aber nichts erreicht, und die Städte kamen nicht zusammen, weil die Lakedämonier, wie man sagt, in der Stille dagegen wirkten und im Peloponnese zuerst die Aufforderung zurückgewiesen wurde. Dieß habe ich beigefügt, um die Höhe seines Sinnes und die Großartigkeit seiner Plane nachzuweisen.

18. Als Feldherr aber wurde besonders sein Sichergehen bewundert, weil er sich in keine Schlacht deren Ausgang sehr zweifelhaft und gefahrvoll war von freien Stücken einließ und die Feldherrn welche in gewagten Unternehmungen glänzendes Glück gehabt und als groß angestaunt wurden nicht zu Vorbildern und Mustern nahm, auch den Bürgern immer versicherte, so viel an ihm sei werden sie ewig leben. Als er sah wie Tolmides, des Tolmäus Sohn, im Vertrauen auf sein früheres Glück und stolz auf seinen glänzenden Waffenruhm, zur Unzeit einen Angriff auf Böotien vorbereitete, und die tapfersten und ehrbegierigsten jungen Männer beredet hatte als Freiwillige mitzuziehen — nicht weniger als tausend, abgesehen von dem übrigen Heere —, da suchte er ihn zurückzuhalten und warnte ihn vor dem Volke mit jenen wohl bekannten Worten: wenn er dem Perikles nicht folge, so werde er doch ohne Nachtheil auf die Zeit, den weisesten Rathgeber, warten. Für den Augenblick nun ärndtete er mit dieser Mahnung

wenig Beifall: aber wenige Tage nachher, als die Botschaft kam,
Tolmides sei bei Koroneia [1] im Treffen besiegt worden und gefallen,
und viele wackere Bürger haben gleichfalls den Tod gefunden, da
wurden die Gemüter mit Liebe und Bewunderung des Perikles als eines
klugen und bürgerfreundlichen Mannes erfüllt.

19. Unter seinen Feldherrnthaten wurde mit dem meisten Beifall und Dank aufgenommen der Zug nach dem Chersonese, weil er
den dort wohnenden Griechen zum Heile gereichte. Denn nicht nur
verstärkte er mit tausend Ansiedlern die er von Athen brachte die Bevölkerung der Städte, sondern schob auch durch Schanzen und Boll-
werke, die er von Meer zu Meer über den Hals der Halbinsel errichtete,
den Einfällen der sie umschwärmenden Thrakier einen Riegel vor und
beendigte so einen immerwährenden drückenden Krieg, womit jene
Gegend wegen der Nachbarschaft barbarischer Völker und zahlreicher
Raubnester an ihren Grenzen und innerhalb derselben beständig heim-
gesucht war. Die lauteste Bewunderung im Auslande aber erregte
die Fahrt um den Peloponnes, wozu er von Pegä in Megaris mit
100 Kriegsschiffen auslief. Denn er verwüstete nicht blos das Küstenland in großer Ausdehnung [2], wie vor ihm Tolmides gethan, sondern
er drang auch mit den Streitern die er an Bord hatte tief ins Innere
vor, und trieb durch den Schrecken seiner Erscheinung Alles hinter die
Mauern; nur die Sikyonier [3] stellten sich am Nemea ihm entgegen
und wagten eine Schlacht: er schlug sie auf's Haupt und errichtete ein
Siegesmal. Dann nahm er von dem befreundeten Achaja [4] Kriegs-
mannschaft auf seine Galeeren, fuhr nach dem gegenüberliegenden

---

1) Ueber diese Schlacht, welche im Jahr 446 v. Chr. vorfiel, vgl. Thukydides I, 113.

2) Ich lese $τῆς$ $παραλίας$ $πολλήν$.

3) Die Landschaft Sikyonia mit der Hauptstadt Sikyon lag im nörd-
lichen Peloponnese, in einer Länge von drei Meilen an den korinthischen
Meerbusen grenzend. Unter Nemea ist ein Fluß zu verstehen, der in gleicher
Entfernung von Korinth und Sikyon in die Bai von Lechäum mündete.

4) Achaja hieß das schmale nördliche Küstenland des Peloponneses auf
der Westseite von Sikyonia.

Festlande, und warf sich, nachdem er am Achelous vorübergeschifft, auf Akarnanien, schloß die Oiniaden [1] in ihre Mauern ein und suchte sie mit gänzlicher Verheerung ihres Landes heim. Jetzt erst kehrte er heim; wie er den Feinden furchtbar erschienen war, so hatte er sich seinen Mitbürgern als behutsam und thatkräftig gezeigt: hatte doch das Heer nicht einmal durch Zufall einen Verlust erlitten.

20. Auch in den Pontus [2] kam er gefahren mit großer, glänzend ausgestatteter Flotte, und während er den griechischen Städten ihre Wünsche erfüllte und mit großer Güte begegnete zeigte er den umherwohnenden fremden Völkern, Königen und Gewalthabern die Größe der athenischen Macht und mit welcher Furchtlosigkeit und Kühnheit sie schifften wohin sie wollten und das ganze Meer beherrschten. Den Bürgern von Sinope [3] ließ er 13 Schiffe mit Streitern unter dem Befehle des Lamachus zurück gegen den Tyrannen Timesileos. Und als dieser mit seinen Parteigenossen vertrieben war, fuhren auf Perikles' Antrag 600 Freiwillige aus Athen nach Sinope, um als Besitzer der Häuser und Güter welche die Gewaltherren inne gehabt unter den alten Bewohnern sich anzusiedeln.

Sonst aber ließ er sich nicht fortreißen von dem Schwindelgeiste seiner Mitbürger, welche, durch die Größe ihrer Macht und ihres Glückes übermütig, wiederum [4] auf die Eroberung Aegyptens sannen und die Küstenländer des persischen Reiches aufzuwiegeln gedachten. Viele ergriff auch schon jene verkehrte und unselige Begierde nach Sicilien, die später durch Alkibiades und die ihm befreundeten Redner

---

1) Oiniadä hießen die Einwohner einer Stadt Akarnaniens an der Mündung des Achelous.

2) D. h. den Pontus Euxinus, jetzt das schwarze Meer.

3) Sinope war die wichtigste aller griechischen Pflanzstädte an den Küsten des Pontus Euxinus, von den Milesiern gegründet.

4) Die Athener hatten sich um das Jahr 460 v. Chr. als Verbündete des libyschen Königes Inaros eines bedeutenden Theiles Aegyptens bemächtigt; allein nach wenigen Jahren wandte sich das Kriegsglück, ihre Flotte wurde zerstört, ihr Landheer vernichtet. S. Thukydides I, 104. 109. 110.

zur heftigen Flamme geworden ist. Ja Einige träumten von Etrurien
und Karthago, nicht ohne Schein der Hoffnung, da Athen bereits über
so große Streitkräfte verfügte und seine Unternehmungen von so glück=
lichem Erfolge begleitet waren.

21.   Aber Perikles zügelte diesen ausschweifenden Geist und
dämpfte die übermäßige Unternehmungslust: auf die Erhaltung
und Befestigung des Besitzes sollte Athens Macht vorzugsweise
verwendet werden: die Lakedämonier in Schranken zu halten sei
Athens wichtigste Aufgabe: diesen arbeitete er auf alle Weise ent=
gegen, namentlich auch in dem heiligen Kriege [1]. Die Lakedämonier
hatten nämlich einen Kriegszug nach Delphi gemacht und den dortigen
Tempel aus der Gewalt der Phokier den Bürgern Delphi's zurück=
gegeben. Kaum aber waren sie abgezogen, so kam Perikles mit einem
Heere und setzte die Phokier wieder in Besitz. Und da von den Lake=
dämoniern das Vorrecht der ersten Anfrage bei dem Orakel, das ihnen
die Delphier gegeben hatten, in die Stirne des ehernen Wolfes [2] war
gegraben worden, so eignete auch Perikles dieses Vorrecht den Athe=
nern zu und ließ es auf denselben Wolf zur rechten Seite eingraben.

22.   Daß er aber wohl that die Macht Athens in Griechenland
beisammenzuhalten, das haben die Ereignisse selbst bewiesen. Zuerst
fiel Euböa ab, wohin er nun mit Heeresmacht übersetzte. Gleich
darauf kam die Nachricht, Megara habe sich zum Kriege aufreizen
lassen und ein feindliches Heer stehe an den Grenzen von Attika unter
dem Befehl des spartanischen Königes Pleistonar. Eilends kehrte
denn Perikles aus Euböa zurück zu dem Kriege in Attika. Doch in
eine Feldschlacht mit den zahlreichen und tapfern Schwerbewaffneten
sich einzulassen wagte er nicht, so sehr sie ihn herausforderten: aber
da er bemerkte daß der noch sehr junge König sein Ohr vorzüglich dem
Rathe des Kleandridas lieh, den ihm die Ephoren seines Alters wegen

---

1) Im Jahre 448 v. Chr. Vgl. Thukyd. I, 112.

2) Der Wolf war das Thier des Apollon. Das hier genannte Bild
stand neben dem großen Altare dieses Gottes zu Delphi.

zur Aufsicht und Leitung beigegeben hatten, so suchte er diesen insge=
heim zu gewinnen und brachte ihn auch bald durch Bestechung dahin
daß er die Peloponnesier aus Attika wegführte. Ueber diesen Abzug
und die Auflösung des Heeres wurden jedoch die Lakedämonier so un=
gehalten daß sie den König um eine Summe Geldes straften, die er
nicht aufzubringen vermochte, weßwegen er sich selbst verbannte: den
Kleandridas aber, der sich flüchtig machte, verurteilten sie zum Tode.
Es war dieß der Vater des Gylippus welcher in Sicilien die Athener
überwunden hat. Es scheint ihm aber die Natur als eine Art Fami=
lienkrankheit die Liebe zum Gelde angehängt zu haben, so daß auch er
schlechter Handlungen überwiesen und schmählich aus Sparta verbannt
wurde. Doch darüber habe ich das Nähere in dem Leben des Lysan=
der [1]) dargelegt.

23. Als Perikles in dem Rechenschaftsbericht über sein Feld=
herrnamt zehn Talente Aufwand unter dem Titel „nothwendige Aus=
gaben" aufzählte, nahm es das Volk an, ohne weiter nachzufragen
oder das Geheimniß aufdecken zu wollen. Einige, und unter ihnen
der Philosoph Theophrast, berichten sogar, es seien von Perikles Jahr
für Jahr zehn Talente nach Sparta geflossen, ein Geschenk für sämmt=
liche Mitglieder der Regierung, womit er das Kriegsungewitter ab=
leitete, nicht als hätte er sich den Frieden erkaufen wollen: er wollte
dadurch nur Zeit für ungestörte Rüstungen zu besserer Führung des
Krieges gewinnen.

Jetzt wandte er sich sofort gegen die Abtrünnigen, fuhr auf 50
Schiffen mit 5000 Mann schweren Fußvolkes nach Euböa hinüber
und unterwarf die Städte. Von den Chalkidiern vertrieb er sodann
die reichsten und angesehensten Bürger, die sogenannten Pferdehalter
[Ritter], die Hestieer aber jagte er alle aus dem Lande und pflanzte
Athener dahin, gegen diese allein unerbittlich streng, weil sie die

---

1) Lysanders Lebensbeschreibung Cap. 16.
2) Ich lese μόνοις τούτοις ἀπαραιτήτως χρησάμενος.

Mannschaft eines athenischen Schiffes, das sie aufbrachten, ermordet hatten.

24. Als hierauf zwischen Athen und Sparta ein Friedensver= trag auf 30 Jahre geschlossen war, so trug er auf den Seezug gegen die Samier an, indem er ihnen den Vorwurf machte, sie haben der Aufforderung ihre Feindseligkeiten gegen Milet einzustellen kein Ge= hör gegeben. Weil man aber glaubt, er habe was er gegen Samos that der Aspasia zu Gefallen gethan, so dürfte dieß der geeignetste Ort sein zu erforschen, mit was für einer wunderbaren Kunst oder Gewalt sie die vornehmsten Staatsmänner fesselte und den Philosophen Stoff gab nicht selten und nicht unrühmlich ihrer Erwähnung zu thun. Daß sie eine geborene Milesierin war und ihr Vater Ariochus hieß wird einstimmig erzählt. Darin aber daß sie nach den einflußreichsten Männern ihr Netz warf soll Thargelia, eine Jonierin der älteren Zeit, ihr Vorbild gewesen sein. Denn auch Thargelia, eine Frau die mit großer Schönheit ungemeine Anmut und Gewandtheit verband, stand mit vielen Griechen in vertrautem Umgange und wußte Alle denen sie Zutritt gab für den Großkönig zu gewinnen, so daß sie durch ihre vielvermögenden und hochangesehenen Liebhaber in der Stille den Samen persischer Gesinnung in den Städten ausstreute. Von As= pasia nun behaupten Mehrere sie sei von Perikles ihrer Klugheit und politischen Einsicht wegen so hoch geachtet worden. Machte ihr doch bisweilen selbst Sokrates mit seinen Freunden einen Besuch, ja die Männer ihrer Bekanntschaft nahmen ihre Frauen zu ihren Unterhal= tungen mit, wiewohl sie kein anständiges und würdiges Gewerbe führte, sondern Gesellschaftsmädchen unterhielt. Aeschines [1] erzählt auch, es sei sogar der Schafhändler Lysikles durch den Umgang mit Aspasia nach des Perikles Tode aus einem Menschen von gemeiner Gesinnung und geringen Fähigkeiten der erste Mann Athens geworden. Und dem platonischen Menexenus liegt unstreitig, so scherzhaft der Eingang gehalten ist, doch so viel Geschichtliches zu Grunde daß diese

---

[1] Aeschines der Sokratiker.

Frau in dem Rufe stand sie ertheile manchem Athener Unterricht in
der Redekunst. Doch ist es offenbar daß des Perikles Neigung zu
Aspasia mehr eine Herzenssache war.

Er hatte zwar eine Gattin, die ihm verwandt und früher mit
Hipponikus verheiratet war, dem sie den „reichen" Kallias gebar:
auch von Perikles wurde sie Mutter des Xanthippus und Paralus.
In der Folge aber, da sie sich nicht mehr zusammengefielen, vermählte
er sie mit ihrem Willen an einen andern Mann und nahm Aspasia zu
sich, mit der er dann auch in dem zärtlichsten Verhältnisse lebte. Ehrte
er sie doch, wie man sagt, täglich beim Ausgehen sowohl als beim
Heimkehren von dem Markte mit einem Kusse. In den Komödien
aber heißt sie die neue Omphale und Deianeira[1]), ein ander Mal
Hera [Juno]. Kratinus aber nennt sie geradezu Buhlerin in folgender Weise: „Wollust[2]) ist es die ihm geboren hat Aspasia, die Buhlerin mit dem frechen Blicke." Man glaubt auch daß er mit ihr den
Bastard erzeugt habe nach welchem ihn Eupolis in dem Schauspiele
„die Gemeinden" fragen läßt: „Lebt mir der Bastard?" worauf
Myronides antwortet: „ja, und er wäre längst ein Mann, müßte er
nicht vor dem Unheil der Buhlerin zittern." Aspasia soll einen so
berühmten Namen gehabt haben daß auch Kyrus[3]), der um den persischen Thron mit dem Könige Krieg führte, seine Lieblingssklavin,
die früher Milto hieß, Aspasia benannte; sie war aus Phokäa, des
Hermotimus Tochter; als Kyrus in der Schlacht gefallen war wurde
sie zu dem Könige gebracht und erlangte bei diesem großen Einfluß.
Dieß kam mir unter dem Schreiben in Erinnerung, und es mit
Stillschweigen zu übergehen möchte wohl Mangel an Gemüt
verrathen.

---

1) Beide waren Geliebte des Herakles.

2) Ich lese mit J. Bekker καταπηγοσύνη.

3) Der jüngere Kyrus, welcher im Jahre 401 v. Chr. bei Kunara im
Kampfe mit seinem älteren Bruder Artaxerxes II., dem er den Thron streitig
machte, gefallen ist.

25. Den Krieg gegen Samos hat also Perikles, wenn man seinen Anklägern glaubt, vorzüglich den Milesiern zu Gefallen auf Aspasia's Fürbitte in Antrag gebracht. Es war nämlich der Krieg über Priene [1]) den damals diese beiden Städte führten, und die Samier, welche im Vortheil waren, hatten der Aufforderung Athens, die Waffen niederzulegen und ihre Streitsache seinem Urteil zu unterwerfen, kein Gehör gegeben. So kam denn Perikles mit einer Flotte, stürzte die Oligarchie auf Samos und nahm der angesehensten Männer fünfzig nebst ebensoviel Knaben als Geisel, die er nach Lemnos schickte. Gerne hätte ihm zwar jeder von diesen ein Talent für seine Freiheit gegeben, und große Summen wurden ihm auch von denen geboten welche nicht wollten daß die Herrschaft in ihrer Stadt an das Volk komme. Ueberdieß verwendete sich der Perser Pissuthnes [2]), welcher gegen die Samier Wohlwollen hegte, für ihre Stadt und sandte dem Perikles 1000 Goldstücke zu. Allein dieser nahm von Allem Nichts, sondern verfuhr mit den Samiern wie er beschlossen hatte und kehrte erst nach Anordnung einer Volksregierung nach Athen zurück.

Aber nicht lange, so empörten sie sich, nachdem ihre Geiseln von Pissuthnes durch List weggeholt waren, und rüsteten sich zum Kriege. Da lief Perikles wiederum gegen sie aus, während sie nicht unthätig blieben, noch sich einschüchtern ließen, sondern kühnen Mutes die Herrschaft auf der See an sich zu reißen gedachten. Es kam zu einer hitzigen Schlacht bei der Insel Tragia, und Perikles errang mit 44 Schiffen einen vollkommenen Sieg über 70 feindliche, von denen übrigens 20 Soldatenschiffe waren [3]).

26. Zugleich mit dem Siege und der Verfolgung bemächtigte er sich des Hafens und belagerte die Samier; diese wagten aber noch

---

1) Eine ionische Stadt an der Westküste Kariens.

2) Er war Statthalter von Sardes.

3) D. h. sie waren zum Ueberschiffen von Landtruppen bestimmt, weßhalb sie unbehülflich waren und nur im Nothfall zum Kampfe gebraucht wurden.

Ausfälle zu machen und vor ihren Mauern zu streiten. Als aber eine andere größere Flotte von Athen kam und Samos gänzlich eingeschlossen war, fuhr Perikles mit 60 Galeeren weit hinweg, nach den meisten Angaben, um phönikischen Schiffen, welche den Samiern zu Hülfe herbeifuhren, in möglichst weiter Entfernung zu begegnen. Stesimbrotus will, er habe ein Unternehmen gegen Kypern beabsichtigt; dieß ist jedoch nicht wahrscheinlich. Doch welchen von diesen Planen er verfolgte, es schien ein Fehlgriff zu sein. Melissus [1]), des Ithagenes Sohn, ein wissenschaftlich gebildeter Mann, der damals Feldherr der Samier war, achtete die Athener nach dem Abgange des Perikles geringe, sei es wegen der keinen Zahl ihrer Schiffe, sei es wegen der Unerfahrenheit ihrer Befehlshaber, und so bewog er denn seine Mitbürger einen Angriff auf dieselben zu unternehmen. Es kam zu einer Schlacht, die Samier siegten, machten viele Gefangene, zerstörten viele Schiffe und versahen sich, da nun die See für sie offen war, mit allem Kriegsbedarf den sie nicht schon vorher hatten. Aristoteles behauptet sogar, es sei Perikles selbst in einer früher gelieferten Seeschlacht von Melissus geschlagen worden.

Den gefangenen Athener brannten die Samier eine Eule [2]) auf die Stirne, zur Vergeltung des Schimpfes den die Athener ihnen mit dem Einbrennen eines Samierschiffes angethan hatten. Das Samierschiff hat einen Schnabel der vorn wie der Saurüssel umgebogen ist, es hat auch viel Raum und ist bauchig, sowohl zur Lastfahrt als zum Schnellsegeln geeignet. Seinen Namen hat es weil es zuerst in Samos auf Veranstaltung des Tyrannen Polykrates aufgekommen ist. Auf diese Brandmale soll auch Aristophanes [3]) anspielen mit dem Ausrufe:

Das Volk von Samos ist ja einzig schriftgelehrt!

---

1) Vgl. das Leben des Themistokles Cap. 2.

2) Die Eule war Symbol der Schutzgöttin Athens, Athene, daher auch das Wahrzeichen der athenischen Münzen.

3) In einem für uns verlorenen Schauspiele „die Babylonier."

27. Auf die Nachricht von dem Unfalle des Heeres kam Perikles eilig zu Hülfe: Melissus, der sich ihm entgegenstellte wurde, besiegt, die Feinde in die Flucht geschlagen. Dann aber schloß er sie nur ein, weil er lieber mit Geld und Zeitaufwand als mit Wunden und Gefahren seiner Mitbürger obsiegen und die Stadt erobern wollte. Weil aber die Athener den Verzug ungern ertrugen und ihre Kampflust zurückzuhalten große Schwierigkeit hatte, so theilte Perikles das ganze Heer in acht Haufen und ließ diese miteinander losen, in der Art daß wer die weiße Bohne bekam schmausen und ausruhen durfte, die Andern aber zu kämpfen hatten. Daher sollen auch die welche sich einen guten Tag machen demselben von der weißen Bohne den Namen der weiße geben.

Uebrigens behauptet Ephorus, Perikles habe auch Maschinen angewandt, eine neue von ihm hochbewunderte Erfindung: es sei nämlich der geschickte Künstler Artemon bei ihm gewesen, der, weil er lahm war und sich in der Sänfte zu den dringendsten Verrichtungen tragen ließ, der Umhergetragene genannt worden sei. Dieß widerlegt aber Heraklides aus Pontus mit den Gedichten Anakreons, in welchen der umhergetragene Artemon viele Menschenalter vor dem samischen Kriege und den dortigen Ereignissen vorkommt. Ihm zu Folge war Artemon ein Weichling und gegen alles Bedrohliche so zaghaft und angstvoll daß er die meiste Zeit zu Hause saß, wo ihm zwei Sklaven einen ehernen Schild über den Kopf hielten, damit nichts von oben auf ihn herabfiele; sah er sich aber genöthigt hervorzukommen, so ließ er sich in einem Hängebettchen hart am Boden herumtragen und bekam so den Namen der Umhergetragene.

28. Im neunten Monate erfolgte die Uebergabe von Samos; jetzt schleifte Perikles die Mauern, nahm die Schiffe weg und legte eine schwere Geldbuße auf, welche die Samier zum Theil sogleich erlegten; den Rest mußten sie auf eine bestimmte Frist abzutragen versprechen und dafür Geiseln stellen. Dazu fügt Duris[1]) aus Samos

1) Ein Geschichtschreiber welcher Zeitgenosse des Ptolemäus Philadelphus (reg. von 283—247 v. Chr.) war.

noch ein tragisches Gemälde vielfacher Grausamkeit welche die Athener und Perikles verübt haben sollen, wovon aber weder Thukydides, noch Ephorus, noch Aristoteles etwas gesagt haben: ja es scheint geradezu eine Lüge zu sein wenn er erzählt, Perikles habe die Hauptleute und die Mannschaft der samischen Schiffe auf den Markt von Milet führen lassen, und nachdem sie dort 10 Tage lang an Bretter gebunden zugebracht und bereits höchst elend gewesen, habe er befohlen ihnen mit Knütteln den Kopf zu zerschlagen und die Leichname unbestattet hinzuwerfen. Duris ist auch da wo er selbst keine Empfindlichkeit hat keineswegs gewohnt der Wahrheit immer treu zu bleiben; und in diesem Falle hat er sich noch ärgere Uebertreibungen der Leiden seiner Vaterstadt erlaubt, um die Athener recht schlimm erscheinen zu lassen.

Wie denn Perikles als Ueberwinder der Samier nach Athen zurückkam veranstaltete er für die in dem Kriege Gefallenen eine glänzende Begräbnißfeier und hielt ihnen, wie es Sitte ist, eine Grabrede welche ungemein bewundert wurde. Als er von der Rednerbühne herabstieg, reichten ihm die Frauen alle die Hand und umwanden ihn, wie einen Sieger im Kampfspiele, mit Kränzen und Bändern: nur Elpinike sagte, als sie nahe zu ihm herangetreten war: „das verdient ja Bewunderung und ist der Kränze werth daß du uns so vieler wackern Bürger beraubt hast, nicht, wie mein Bruder Kimon, im Kriege mit Phöniziern oder Persern, sondern bei Unterdrückung einer verbündeten und blutsverwandten Stadt.“ Auf diese Worte Elpinike's gab ihr Perikles, wie man sagt, mit ruhigem Lächeln jenen Vers des Archilochus zur Antwort:

Du riebest nicht die alte Haut mit Salben ein[2])!

Er hielt aber, wie Jon versichert, seinen Sieg über Samos für ein ganz einziges Werk: Agamemnon habe in 10 Jahren eine Barbarenstadt, er in neun Monaten den ersten und mächtigsten Staat der Jonier

---

1) Ein Dichter aus Paros, der um 680 v. Chr. blühte.

2) Es ist ohne Zweifel hinzuzudenken: wenn du nicht eine Thörin wärest.

bezwungen. Auch hatte sein hohes Selbstgefühl guten Grund, da
dieser Krieg wirklich sehr bedenklicher Art und höchst gefahrvoll war,
wenn anders, wie Thukydides[1]) versichert, Samos nahe daran war
den Athenern die Seeherrschaft zu entreißen.

29. In der Folge, als das Kriegsgewitter vom Peloponnes
schon heraufzog, rieth er dem Volke den von den Korinthern ange-
griffenen Kerkyräern Hülfe zu schicken und die durch ihre Seemacht
viel vermögende Insel an sich zu ziehen, da ja die Peloponnesier sich
mit Athen bereits nahezu im Kriegszustande befänden.   Als aber das
Volk die Hülfe zu leisten beschloß, schickte er nur mit 10 Schiffen
Kimons Sohn Lakedämonius ab, ihm zum Schimpfe. Kimons Haus
hegte nämlich viel Wohlwollen und Zuneigung gegen die Lakedämonier.
Damit es also, wenn Lakedämonius auf dem Feldzuge nichts Bedeu-
tendes und Glänzendes ausrichtete, der Vorliebe für Sparta noch
mehr beschuldigt werde, darum gab er jenem so wenige Schiffe und
schickte ihn wider Willen aus.   Und überhaupt drückte er Kimons
Söhne fortwährend herab: seien sie doch nicht einmal ihrem Namen
nach ächte Athener, sondern Fremde und Ausländer, da der eine Lakedämonius, der andere Thessalus, der dritte Eleius hieß.   Sie hatten
auch alle, wie man glaubt, eine arkadische Mutter.

Doch weil man den Perikles wegen dieser 10 Galeeren schalt,
als habe er den Beistandsuchenden schlechte Hülfe, den Gegnern aber
großen Anlaß zu Beschwerden gegeben, so schickte er eine zweite stärkere
Flotte nach Kerkyra, die nach der Schlacht ankam.

Als nun die Korinther sehr unwillig wären und in Lakedämon
gegen die Athener Klage erhoben, so schloßen sich die Megarer an dieselben an und klagten, sie sehen sich ausgeschlossen und abgewiesen von
jedem Markte und jedem Hafen über welchen die Athener Gewalt
haben, gegen die gemeinsamen Rechte und die feierlich beschworenen
Verträge der Griechen.

Die Aegineten aber, die großes Unrecht und arge Bedrückung

---

1) VIII, 76.

zu erleiden glaubten, wandten sich nur ins Geheim mit ihren Be=
schwerden und Bitten an die Lakedämonier: denn offen gegen dieselben
aufzutreten wagten sie nicht. Indessen wurde auch durch den Abfall
und die Belagerung Potidäa's [1]), einer den Athenern unterworfenen,
aber von den Korinthern gegründeten Stadt, der Ausbruch des Kriegs
beschleunigt. Da jedoch Gesandtschaften nach Athen geschickt wurden
und der König der Lakedämonier, Archidamus, die meisten Klagepunkte
gütlich zu beseitigen und seine Verbündeten zu besänftigen suchte, so
würden wohl die sonstigen Veranlassungen den Krieg mit den Athenern
nicht herbeigeführt haben, wenn sich dieselben zur Aufhebung des Be=
schlusses gegen die Megarer und zur Ausgleichung mit diesem
Staate hätten bewegen lassen. Daher denn auch Perikles, der sich
dem am Meisten widersetzte und das Volk aufreizte von den Feind=
seligkeiten gegen Megara nicht zu lassen, als einziger Stifter des
Krieges betrachtet wurde.

30. Als eine Gesandtschaft wegen dieser Angelegenheiten von
Lakedämon nach Athen kam, und Perikles ein Gesetz vorschützte, das
ihm die Tafel auf welchem der Volksbeschluß stand abzunehmen gebot,
so sagte einer der Gesandten, Polyalkes: „nimm du das Brett ja
nicht ab, sondern wende es um; das verbietet dir kein Gesetz."
Allein so artig man diese Auskunft fand, Perikles wollte darum nicht
nachgeben.

Er hatte nun, wie es scheint, auch einen persönlichen Groll gegen
die Megarer; als gemeinsame und offene Beschwerde aber erhob er
gegen sie den Vorwurf daß sie das heilige Feld [2]) sich zueignen, und
brachte in Vorschlag einen und denselben Herold nach Megara und
nach Sparta mit der Klage gegen die Megarer abzusenden. Dieser
Antrag des Perikles war also noch in wohlwollendem Sinne abgefaßt

---

1) Potidäa lag auf dem schmalen Halse der Halbinsel Pallene, welche
Thukydides zu dem an Thrakien grenzenden Lande (τὰ ἐπὶ Θρᾴκης), die
spätere Zeit zu Makedonien rechnet.

2) Ein der Demeter und Persephone geweihtes Feld zwischen Megara
und Attika.

und eröffnete eine friedliche Rechtsverhandlung. Als jedoch der abge=
sandte Herold Anthemokritus durch die Schuld der Megarer, wie man
glaubte, umgekommen war, trug Charinus darauf an, sie mit einem kei=
nen Vertrag, keine Heroldssendung gestattenden Kriege zu verfolgen,
jeden Megarer der nach Attika komme mit dem Tode zu bestrafen, und in
den landesüblichen Eid welchen die Feldherren zu schwören hatten
noch aufzunehmen daß sie auch zweimal Jahr für Jahr ins Megarische
einfallen würden: endlich sollte Anthemokritus bei dem thriasischen [1])
Thore, welches jetzt das Doppelthor heißt, begraben werden.

Die, von Megara leugnen aber die Ermordung des Anthemo=
kritus und werfen die Schuld auf Aspasia und Perikles, wobei sie sich
auf die bekannten, im Sinne des gemeinen Volkes verfaßten Verse
aus den Acharnern [2]) berufen:

> Nach Megara gieng berauscht vom Weinspiel [3]) junges Volk,
> Und stahl Simätha dort ein Freudenmädchen weg.
> Da schwoll von Schmerz und Wut der Kamm den Megarern,
> Aspasien raubten sie nun auch zwei Dirnelein.

·31· Was also die Veranlassung gab ist nicht leicht auszumitteln.
Daß aber jener Volksbeschluß nicht aufgehoben wurde, davon sehen
Alle den Perikles als Urheber an. Nur behaupten Einige: er habe
mit hohem Ehrgefühl und reifer Ueberlegung sich gesträubt, weil er
in dem Ansinnen einen Versuch die Nachgiebigkeit der Athener auf die
Probe zu stellen und in der Einwilligung ein Geständniß ihrer Schwäche
gesehen habe. Andere aber meinen, er habe aus einem gewissen Ei=
gensinn und ehrgeizigem Streben seine Macht zu zeigen die Lakedä=
monier abgewiesen. Die nachtheiligste Erklärung aber, für die jedoch
viele Zeugen sprechen, wird ungefähr so gegeben.

Der Bildhauer Phidias hatte, wie ich erzählte [4]), die Fertigung

---

1) Es führte nach jenem „heiligen Felde“.
2) S. Aristophanes Acharn. V. 544 ff.
3) Im Griechischen Kottabos, ein Gesellschaftsspiel bei Trinkgelagen.
4) In Cap. 13.

der Bildsäule der Athene übernommen. Da er nun Freund des Perikles war und ungemein viel bei demselben vermochte, hatte er schon
um seiner selbst willen viele Feinde, die Neid gegen ihn reizte; zudem
wollten Manche bei ihm den Versuch machen wie sich das Volk als
Richter des Perikles benehmen würde.

· · Man stiftete also einen Gehülfen des Phidias, Menon, an, sich
mit einem Oelzweig in der Hand auf dem Markte niederzusetzen und
das Volk anzuflehen, er möchte, ohne für sich selbst Strafe fürchten zu
müssen [1]), als Angeber und Ankläger des Phidias auftreten dürfen.
Das Volk gab dem Manne Gehör, und die Untersuchung wurde bei
der Volksgemeinde vorgenommen. Entwendung war aber nicht nachzuweisen: denn Phidias hatte auf Perikles' Rath gleich von Anfang
an das Gold in der Weise an dem Bilde angebracht und rings herum-
gelegt daß man alles wegnehmen und auf der Wage nachweisen
konnte. Dieß hieß denn auch jetzt Perikles die Richter thun. Allein
der hohe Ruhm dessen was Phidias geschaffen waffnete den Neid
gegen den Mann: ganz besonders wurde ihm übel genommen daß er
in der Amazonenschlacht auf dem Schilde sich selbst darstellte, in Gestalt eines kahlköpfigen Greises der mit beiden Händen einen Stein
emporgehoben hat: daß er ferner den Perikles mit einer Amazone
kämpfend in einem ungemein schönen Bilde anbrachte. Die Hand
welche vor Perikles' Gesicht den Speer emporhält ist sinnreich in die
Lage gebracht als wollte sie die auf beiden Seiten hervortretende
Aehnlichkeit verdecken. So ward denn also Phidias ins Gefängniß
geworfen, wo er an Krankheit starb, nach Einigen an Gift, das Feinde
des Perikles, um diesen noch verdächtiger zu machen, ihm beigebracht
hatten. Dem Angeber Menon aber schenkte das Volk auf Glykons
Antrag Freiheit von Abgaben und beauftragte die Feldherren für die
Sicherheit des Mannes Sorge zu tragen.

---

1) D. h. auch wenn sich finde daß er an dem Unrecht Theil genommen
sollte er straflos bleiben.

32. Um diese Zeit wurde Aspasia wegen Gottlosigkeit vor Gericht gezogen: ihr Ankläger war der Komödiendichter Hermippus; derselbe fügte noch eine zweite Beschuldigung hinzu, sie mache dem Perikles in ihrem Hause Gelegenheit zum Umgange mit freien Frauen. Auch stellte Diopeithes den Antrag, es sollte als Staatsverbrecher belangt werden wer an die Götter nicht glaube oder über die Erscheinungen am Himmel Unterricht gebe: es sollte auf diese Weise der Argwohn durch Anaxagoras [1]) auf Perikles geworfen werden. Als aber das Volk diesen Anschuldigungen Gehör und Glauben schenkte, da wurde auch ein Antrag welchen Drakontides gemacht hatte zum Beschluß erhoben, es solle Perikles die Rechnungen über die Staatsausgaben bei den Prytanen [2]) eingeben, die Richter aber ihre Stimmsteinchen vom Altare [der Athene] nehmen und auf der Burg das Urteil fällen. Durch Hagnon wurde die letztere Bestimmung wieder aufgehoben, und in Antrag gebracht daß das Urteil von 1500 Richtern gefällt werden solle, möge man nun die Klage auf Unterschleif und Geschenkannahme richten, oder auf Verbrechen gegen den Staat überhaupt. Für Aspasia nun gelang es ihm durch tausend Thränen die er, wie Aeschines versichert, bei der Verhandlung vergoß und durch flehentliches Bitten bei den Richtern, die Freisprechung zu erwirken. Wegen Anaxagoras aber war er zu sehr in Sorgen: er bestimmte ihn daher die Stadt zu verlassen und gab ihm sicheres Geleite.

Allein die Ungunst des Volkes, welche ihm Phidias zugezogen hatte, machte ihn um den Ausgang seines eignen Rechtshandels bange, und so blies er den werdenden und im Verborgnen glimmenden Krieg zu hellen Flammen auf, in der Hoffnung die Anklagen niederzuschlagen

---

1) Vgl. Cap. 6.

2) Der Rath der Fünfhundert war in zehn Abtheilungen zu Fünfzig getheilt. Jede derselben hatte nach einer durch das Loos bestimmten Ordnung 35 oder 36 Tage lang den Vorsitz und Vortrag im Rath und in der Volksversammlung und die Leitung aller Geschäfte des Raths. Die Mitglieder der Abtheilung welche gerade diesen Dienst verrichtete wurden Prytanen, d. h. Erste oder Vorsitzende, genannt.

und den Neid zu demütigen, da die Stadt in schwierigen Verhältnissen und großen Gefahren ihm allein vermöge seines Ansehens und Einflusses sich anvertrauen würde. Diese Gründe also werden angeführt warum Perikles das Volk abhielt sich gegen die Lakedämonier nachgiebig zu zeigen: wie es sich aber in Wahrheit damit verhielt ist ungewiß.

33. Die Lakedämonier aber, welche wohl wußten daß sie, sobald Perikles gestürzt wäre, in Allem größere Nachgiebigkeit bei den Athenern finden würden, forderten dieselben auf, sich der Blutschuld zu entledigen welche, wie Thukydides berichtet [1]), von mütterlicher Seite an Perikles' Hause haftete. Allein dieser Versuch hatte gerade den entgegengesetzten Erfolg als beabsichtigt wurde: kein Argwohn, keine üble Nachrede entsprang daraus für Perikles, im Gegentheil, es wurde ihm um so größeres Vertrauen, um so größere Achtung geschenkt, weil man sah daß ihn der Feind am Meisten hasse und fürchte. Deßwegen erklärte er auch den Athenern, ehe Archidamus an der Spitze der Peloponnesier in Attika einfiel: wenn der König bei Verheerung des Landes sein Eigenthum verschonen sollte, sei es aus Rücksicht auf ihre Gastfreundschaft, sei es um seinen Gegnern Stoff zu Verleumdung zu geben, so überlasse er der Stadt das Feld und die Wirthschaftsgebäude.

Wirklich fielen nun die Lakedämonier mit ihren Bundesgenossen unter Anführung des Königes Archidamus mit großer Heeresmacht in Attika ein. Verwüstend drangen sie bis Acharnä [2]) vor und schlugen dort ein Lager auf, in der Erwartung die Athener werden nicht ruhig zusehen, sondern sich durch Grimm und Stolz zu einer entscheidenden Schlacht hinreißen lassen. Perikles aber fand es bedenklich gegen 60,000 Schwerbewaffnete aus dem Peloponnese und Böotien (denn

---

1) S. Thukydides I, 127. Perikles' Mutter Agariste war Enkelin des Megakles welcher durch das von Thukydides I, 126 und von Plutarch Cap. 12 des Solon erzählte Verbrechen auf sich und seine Nachkommen eine Blutschuld geladen hatte.

2) Der Flecken Acharnä lag nur 1½ Meilen von Athen entfernt.

so viel waren bei dem erften Einfalle) die Stadt unmittelbar auf das Spiel einer Schlacht zu fetzen. Diejenigen welche kämpfen wollten und was fie leiden mußten fchwer ertrugen befchwichtigte er durch die Vorftellung daß Bäume die abgehauen und gefällt werden bald wieder emporwachfen, der Verluft von Menfchen aber fich nicht fo leicht erfetzen laffe.

Eine Volksverfammlung befchied er nicht, in der Beforgniß, er möchte gegen feine Ueberzeugung zu handeln gezwungen werden; fondern, wie ein Steuermann, wenn fich Sturm auf der offnen See erhebt, nachdem er Alles wohl beftellt und die Segel eingezogen hat, die Regeln feiner Kunft in Anwendung bringt, ohne fich an das Weinen und Flehen der feekranken und zitternden Reifegefellfchaft zu kehren, fo befolgte Perikles bei verfchloffenen Thoren und überallhin vertheilten Schutzwachen, um die Schreier und Mißvergnügten wenig bekümmert, nur feine eigenen Plane. Und doch lagen ihm viele Freunde mit dringenden Bitten an, und viele Feinde bedrohten und läfterten ihn, viele fangen auch Lieder des bitterften Spottes und Hohnes auf feine Kriegführung, als wenn fie ganz feig wäre und Alles dem Feinde Preis gäbe. Es erhob fich auch bereits Kleon gegen ihn, der die Erbitterung der Bürger gegen Perikles benützte, um fich zum Volksführer aufzufchwingen: man fieht dieß aus folgenden Anapäften des Hermippus:

> Du der Satyrn[1]) König, warum doch willft
> Den Speer du nicht faffen, vermiffeft dich doch
> Mit gewaltigen Worten hoch über den Krieg
> Und verfprachft den untadlichen Helden!
> Doch wenn du nur hörft wie am harten Stein
> Dolchklingen man fchärft — du zitterft und bebft,
> Und es beißt dich der feurige Kleon.

34. Aber Perikles ließ fich durch Nichts dergleichen erfchüttern,

---

1) Hermippus nennt den Perikles König der Satyrn, um ihn als hervorragend an Feigheit zu bezeichnen, denn die Satyrn pflegten auf der Schaubühne neben andern Schwachheiten auch die Feigheit zur Schau zu tragen.

sondern ertrug ruhig und schweigend allen Schimpf, alle Anfeindung, lief auch, als er eine Flotte von 100 Segeln gegen den Peloponnes schickte, nicht mit aus, sondern blieb daheim und hielt die Stadt im Zaume, bis die Peloponneser abzogen. Doch suchte er das Volk, dessen Verstimmung über den Krieg groß war, durch Aufmerksamkeiten wieder zu gewinnen: er vertheilte Unterstützungsgelder, schrieb auch Landverloosungen aus: auf seine Veranstaltung wurden nämlich sämmt- liche Aegineten vertrieben und die Insel an die Athener welche das Loos traf überlassen.

Einigen Trost gewährten auch die Verluste des Feindes. Die Flotte welche eine Fahrt rings um den Peloponnes machte verheerte eine bedeutende Strecke Landes, auch Dörfer und keine Städte; er selbst machte zu Land einen Einfall in das Gebiet von Megara und verwüstete dieses in seiner ganzen Ausdehnung. Da wurde es auch klar daß die Feinde, die zwar Athen viel Schaden zufügten, aber auch viel Schaden von der Seeseite her durch Athen erlitten, den Krieg nicht so lange fortgesetzt, sondern, wie Perikles von Anfang vorher- sagte, bald wieder aufgegeben hätten, wären nicht die menschlichen Be- rechnungen durch der Götter Walten zu nichte geworden. Nun aber brach für's Erste die Pestkrankheit aus und verschlang die Blüte der Jugend und Kriegsmacht; von ihr an Leib und Seele übel mit- genommen ergrimmten sie im höchsten Grade gegen Perikles und wollten, wie Fieberkranke, am Arzte und Vater sich vergreifen, indem sie von seinen Feinden beredet wurden: die Krankheit sei Folge der Anhäufung des Volkes in der Stadt, wo sie in der Hitze des Sommers Schaarenweise zusammengehäuft in keinen Häusern und erstickenden Hütten das Leben von Haushockern und Faulenzern führen müßten — sie die sonst nur in der reinen freien Luft gelebt hätten. Daran aber sei Niemand Schuld als der Mann welcher durch den Krieg die Masse des Landvolkes in die Ringmauern geworfen habe, und so viele Tau- sende zu Nichts verwende, sondern sie eingesperrt gleich dem Vieh ein- ander anstecken lasse und zu keiner Aenderung, keinem Athemschöpfen ihnen verhelfe.

35. Um dem abzuhelfen und zugleich den Feinden empfindlichen Schaden zu thun, rüstete er 150 Schiffe zum Auslaufen und bemannte sie mit zahlreichen und trefflichen Kriegern zu Fuß und zu Roß, eine Machtentfaltung welche bei den Bürgern große Hoffnung, bei den Feinden in nicht minderem Grade Furcht erweckte. Und schon waren die Schiffe vollständig bemannt und Perikles selbst hatte seine Galeere bestiegen, als es sich fügte daß die Sonne sich verfinsterte, Dunkel eintrat und Jedermann von Schrecken als über ein großes Zeichen ergriffen wurde. Wie nun Perikles den Steuermann in Angst und Verwirrung sah, so hielt er ihm den Mantel vor das Gesicht und fragte: ob er dieß für etwas Schlimmes oder für ein Zeichen von etwas Schlimmem ansehe? Nein, erwiderte dieser. Nun, was findet denn für ein Unterschied statt, fuhr Perikles fort, zwischen dem dort und dem hier, als daß was die Verfinsterung macht etwas Größeres als mein Mantel ist? Dieß wird so in den Vorträgen der Philosophen erzählt.

Perikles lief also aus, vollbrachte aber Nichts was den großen Rüstungen entsprochen hätte: namentlich hatte auch die Belagerung des heiligen Epidaurus [1]), welche mit großer Hoffnung unternommen wurde, keinen Erfolg, weil die Pest bei seinem Heere ausbrach, welche nicht blos diesem, sondern auch Allen die irgend mit demselben in Berührung kamen den Untergang brachte. Darüber entstand bei den Athenern große Verstimmung gegen ihn: er gab sich viele Mühe sie zu beschwichtigen und ihren Muth wieder zu heben. Es gelang ihm aber nicht eher ihren Grimm zu dämpfen und sie auf andere Gedanken zu bringen als bis sie zur Abstimmung gegen ihn geschritten, und vermöge ihrer Machtvollkommenheit ihn des Feldherrnamtes entsetzt, auch zu einer Geldbuße verurteilt hatten, die auf's Niedrigste zu 15 Talenten, auf's Höchste zu 50 angegeben wird. Die Anklageschrift

---

1) Epidaurus, an einer Bucht des saronischen Meerbusens gelegen, verdankte den Namen der heiligen dem eifrigen Culte des Heilgottes Asklepios.

unterschrieb, wie Idomeneus sagt, Kleon als Kläger, nach Theophrast Simmias; Heraklides aus Pontus nennt den Lakratidas.

36. Seine öffentlichen Verhältnisse sollten nun zwar bald sich aufhellen, denn wie die Biene mit dem Stiche den Stachel verliert, so hatte das Volk jetzt seinen Grimm gegen ihn aufgegeben. Aber seine häusliche Lage war sehr traurig, da er in der Pest nicht wenige seiner Angehörigen verlor und schon längere Zeit vorher durch Zwietracht tief betrübt wurde. Der älteste seiner vollbürtigen Söhne, Xanthip= pus, selbst verschwenderischer Natur und mit einer jungen Frau die großen Aufwand machte, einer Tochter des Tisander, Enkelin des Epi= lykus, verheiratet, war unzufrieden mit der Genauigkeit des Vaters, der seinem Haushalt nicht viel und stets nur in kleinen Spenden zufließen ließ. So schickte er denn zu einem seiner Freunde, und nahm unter dem Schein der Zustimmung seines Vaters Geld auf. Als aber der Freund es in der Folge forderte trat Perikles noch als Kläger gegen ihn auf. Der junge Xanthippus, darüber entrüstet, verlästerte nun seinen Vater. Erstlich gab er dessen häusliche Unterhaltungen und Gespräche mit den Gelehrten dem Gespötte Preis. Er habe unter Anderem, als einer der den Fünfkampf[1]) trieb den Epitimus von Pharsalus unvorsätzlich mit einem Wurfspieße traf und tödtete, einen ganzen Tag lang mit Protagoras die Frage erörtert, ob nach der richtigsten Ansicht auf den Wurfspieß, oder den welcher ihn ge= worfen, oder die Ordner des Kampfspiels die Schuld des Unglücks falle. Sodann wurde von Xanthippus, wenn wir dem Stesimbrotus glauben, auch das schlimme Gerede von dem Verhältnisse zu seiner Frau[2]) ausgestreut und überhaupt ein unversöhnlicher Haß gegen den Vater bis zu seinem Ende genährt: Xanthippus starb nämlich an der Pest. Auch seine Schwester verlor Perikles zu jener Zeit und von Anverwandten und Freunden die Meisten und gerade die welche ihm

---

1) Der Fünfkampf war der Inbegriff der Kampfspiele des Springens, des Schleuderns der Wurfscheibe, des Wettlaufs, des Ringens und des Faust= kampfes.
2) S. Cap. 13.

bei der Verwaltung des Staates die nützlichsten Dienste leisteten.
Doch ließ er sich nicht erschüttern und verleugnete im Unglück seinen
Geist und die Größe seiner Seele nicht, ja auch nicht weinen noch
trauern sah man ihn, selbst nicht am Grabe eines seiner Verwandten, bis
er auch den noch übrig gebliebenen vollbürtigen Sohn Paralus ver=
lor. Hier brach ihm das Herz. Zwar bemühte er sich seinem Cha=
rakter treu zu bleiben und seine Standhaftigkeit zu bewahren, allein
als er dem Todten den Kranz aufsetzte, da überwog bei dem Anblicke
der Schmerz, so daß er laut aufschluchzte und einen Strom von Thrä=
nen vergoß, was er sonst in seinem Leben nie gethan hatte.

37. Als aber die Stadt mit den andern Feldherrn bei der Krieg=
führung, so wie mit den Rednern Versuche machte, zeigte es sich daß
Keiner das genügende Gewicht, Keiner das zu dem hohen Amte er=
forderliche Ansehen hatte. Es erwachte daher lebhaftes Verlangen
nach ihm, und man begehrte ihn wieder auf der Rednerbühne und im
Amtssaale der Feldherrn sehen. Trotz seiner Betrübniß über den erlit=
tenen Verlust ließ er sich jetzt durch Alkibiades und seine andern Freunde
bestimmen aus seiner Zurückgezogenheit hervorzutreten. Und da sich das
Volk über seinen Undank gegen ihn entschuldigte, übernahm er die Lei=
tung der Geschäfte wiederum, trug aber, sobald er zum Feldherrn er=
nannt war, darauf an, es solle das Gesetz über die unvollbürtigen Kin=
der, das er selbst in Vorschlag gebracht hatte, aufgehoben werden, da=
mit nicht in Ermanglung aller Nachkommenschaft der Name und Stamm
seines Hauses gänzlich ausstürbe. Es verhielt sich aber mit diesem Ge=
setze also. Schon vor einer langen Reihe von Jahren hatte Perikles
auf der Höhe seiner staatsmännischen Bedeutung und, wie gesagt, im
Besitze vollbürtiger Kinder ein Gesetz beantragt, nach welchem nur die=
jenigen Athener sein sollten welche von zwei Athenern abstammten. Als
nun der König von Aegypten [1]) dem Volke ein Geschenk von 40,000
Scheffel Waizen übersandte und dieselben unter die Bürger vertheilt

---

1) Inaros, König von Libyen, der sich mit Hülfe Athens einen bedeu=
tenden Theil Aegyptens unterworfen hatte. Vgl. Cap. 20, S. 117, A. 4.

werben sollten, so erwuchsen den nicht Vollbürtigen aus jenem Be=
schlusse viele Rechtshändel, an die man bis dahin nicht gedacht hatte,
gar Mancher fiel auch Ränkeschmieden in die Hände. Nahe an 5000
wurden als Eindringlinge verurteilt und verkauft: dagegen zählte
man Solche die im Besitze des Bürgerrechts blieben und als Athener
anerkannt wurden 1404. So anstößig es nun war daß ein gegen
so Viele in Anwendung gebrachtes Gesetz durch den Antragsteller
selbst wieder aufgehoben werde, so ließen sich die Athener doch durch
das Mißgeschick das über dem Hause des Perikles waltete zum Mit=
leid rühren, da sie darin eine Buße für jene Rücksichtlosigkeit und
Selbstüberhebung sahen. In der Meinung also, er sei durch seinen
Verlust genug gestraft und trage nun einen Wunsch vor den jedes
menschliche Gemüt hegen würde, gestatteten sie ihm den unächten
Sohn mit Beilegung seines eignen Namens in das Verzeichniß der
Genossen seiner Phratrie [1]) eintragen zu lassen. Es ist dieß derselbe
den späterhin das Volk nach einem Siege den er über die Flotte der
Peloponnesier bei den Arginusen [2]) davon trug nebst den andern An=
führern hinrichten ließ.

38. Um jene Zeit ergriff den Perikles die Pest; es war aber,
wie es scheint, kein so rascher und heftiger Anfall wie bei Andern,
sondern eine schleichende, unter mannigfachem Wechsel sich in die Länge
ziehende Krankheit zerstörte allmählich seinen Körper und untergrub
die Kraft seines Geistes. Wenigstens führt Theophrast in seiner
Sittenlehre, unter der Frage ob sich der Charakter nach den Begeg=
nissen ändere und durch Leiden des Körpers aus guter Haltung bringen
lasse, von Perikles an er habe in seiner Krankheit einem Freunde der

---

1) Alle Bürger Athens waren in Phratrien getheilt, Genossenschaften
die ursprünglich gemeinschaftliche Abstammung zur Grundlage hatten.

2) Die Arginusen waren drei kleine Inseln südöstlich von Lesbos, nahe
an der asiatischen Küste. Jene Feldherren wurden zum Tode verurteilt weil
sie nach der Schlacht durch einen Sturm sich hatten abhalten lassen die auf
den Schiffstrümmern herumtreibenden Mitbürger zu retten und die Gefal=
lenen zur Bestattung aufzunehmen.

ihn besuchte ein Amulet gezeigt, das ihm die Frauen um den Hals gehängt hatten: der Freund könne sehen wie schlimm es mit ihm stehe, da er sich selbst diese Thorheit gefallen lasse.

Als er aber bereits am Sterben war saßen die angesehensten Männer der Stadt und seine Freunde, so viele deren noch am Leben waren, um sein Lager her, redeten von der Größe seines Verdienstes und Einflusses und zählten seine Thaten und die Menge seiner Trophäen auf: denn es waren ihrer neun, die er als siegreicher Feldherr zu Ehren der Stadt aufgerichtet hatte. So sprachen sie zu einander, in der Voraussetzung daß er nichts mehr verstehe, sondern bereits die Besinnung verloren habe: er hatte aber auf Alles wohl geachtet, erhub seine Stimme und sprach: „ich wundere mich daß ihr nur das von mir lobet und erwähnet was mir das Glück ausführen half und was von der Art ist wie man vielen andern Feldherrn nachrühmen kann; daß ihr dagegen das Schönste und Größte nicht nennet: Kein einziger Bürger Athens hat um meinetwillen ein Trauerkleid angelegt."

39. So verdient der Mann hohe Bewunderung nicht blos wegen seiner Mäßigung und Ruhe, die er bei vielen Schwierigkeiten und großen Anfeindungen bewahrte, sondern auch wegen seines eblen Selbstgefühls, daß er von seinen Vorzügen den für den größten hielt, im Besitze einer solchen Macht allen Versuchungen des Neides und des Zornes widerstanden und keinen Feind als unversöhnlich behandelt zu haben. Ja dieß Eine macht jenen leichtfertigen und stolzen Beinamen in meinen Augen unanstößig und passend, daß ein so wohlwollendes Herz und ein bei aller Macht unbeflecktes und reines Leben olympisch genannt wurde. Glauben wir ja doch von den Göttern, es bestehe darin ihr Wesen daß sie als Urheber des Guten, an dem Bösen ohne Schuld, die Welt beherrschen: ganz anders als die Dichter meinen, welche uns durch die thörichtesten Wahngebilde irre machen und durch ihre eigene Dichtungen widerlegt werden. Den Ort wo sie die Götter wohnen lassen nennen sie einen nie wankenden, nie erschütterten Sitz, von Wind und Wolken unberührt, von milder Heiterkeit und reinem Lichte immerdar und stets in gleicher Weise

umstrahlt [1]), in dem Glauben daß eine solche Wohnung den Seligen und Unsterblichen wesentlich zukomme. Die Götter selbst aber erscheinen bei ihnen voll von Unruhe, Feindschaft und Zorn, ja voll von Leidenschaften, deren jeder vernünftige Mensch sogar sich schämen würde. Doch dieß sind Betrachtungen die wohl einem andern Gebiete angehören möchten.

Gar bald bewirkten die Ereignisse daß die Athener mit schmerzlicher Sehnsucht erkannten was Perikles ihnen gewesen war. Hatten auch Manche seine Macht, so lange er am Leben war, drückend gefunden, weil sie selbst dadurch verdunkelt wurden, so gestanden sie gleich nach seinem Hinscheiden, als sie es mit andern Rednern und Volkshäuptern versuchten, einen bei hohem Selbstgefühl gemäßigtern und bei vieler Milde großartigern Charakter habe es noch niemals gegeben; jene vielfach angefeindete Gewalt, die man früher Alleinherrschaft und Tyrannei nannte, wurde jetzt als das anerkannt was sie wirklich war, als rettende Schutzwehr der Verfassung. So groß zeigte sich das Verderbniß, so gewaltig die Masse der Schlechtigkeit die jetzt den Staat ergriff, da Perikles sie nicht mehr in Unmacht und Dunkelheit hielt und verhinderte durch ihr Uebergewicht unheilbare Uebel zu stiften.

---

1) Vgl. Odyssee VI, 41 ff.

IV. Aristides.

[Feldherr der Athener bei Marathon im Jahr 490 v. Chr. und bei Platää im Jahr 479; gest. im Jahr 467.]

1. Aristides, des Lysimachos Sohn, war aus dem antiochischen Stamme, der Gemeinde Alopeke. Ueber sein Vermögen finden sich verschiedene Angaben. Die Einen lassen ihn sein ganzes Leben in großer Armut hinbringen und beim Tode zwei Töchter hinterlassen die ihrer Dürftigkeit wegen lange unverheiratet geblieben seien. Dieser von Vielen aufgestellten Behauptung widerspricht aber Demetrius[1]) von Phaleron[2]), der in seinem „Sokrates" nicht nur ein Gut zu Phaleron das Aristides' Namen trage und wo derselbe begraben liege zu kennen versichert, sondern auch Beweise seiner Wohlhabenheit vorbringt, erstens die Würde des obersten Archon, welche ihm durch das Loos als Mitgliede der Familien von der höchsten Schatzung, die Pentakosiomedimnen[3]) hießen, zu Theil geworden sei; sodann die Verbannung durch das Scherbengericht: denn gegen keinen Armen werde auf diese Weise eingeschritten, sondern nur gegen Männer aus großen, durch Adelsstolz verhaßten Häusern; als dritten und letzten Beweis führt er an daß Aristides zum Denkmal eines Sieges den ein von

---

1) Ein ausgezeichneter Redner und Staatsmann und sehr fruchtbarer Schriftsteller, geb. um 345 v. Chr., gest. 283.

2) Eine Gemeinde Attika's mit einem Hafen, den eine Mauer mit der Hauptstadt verband.

3) S. Solon Cap. 18.

ihm ausgeſtatteter Chor bei öffentlichen Spielen gewann Dreifüße im
Tempel des Dionyſos weihte, welche noch zu meiner Zeit gezeigt wur-
den und folgende wohlerhaltene Inſchrift hatten: „Der antiochiſche
Stamm ſiegte, Ariſtides war Chorführer [1]), Archeſtratos leitete die
Aufführung [2]).“ Das zuletzt Vorgebrachte nun ſcheint am Meiſten
Gewicht zu haben, hat aber doch am Wenigſten zu bedeuten. Iſt
doch Epaminondas, von dem Jedermann weiß daß große Armut die
Gefährtin ſeines ganzen Lebens war, nicht ohne Glanz als Chorführer aufgetreten, ebenſo der Philoſoph Platon, jener mit Flöten-
ſpielern, dieſer mit tanzenden Knaben: für Platon wurde der Aufwand von dem Syrakuſaner Dion, für Epaminondas von Pelo-
pidas übernommen. Rechtſchaffene Männer ſind ja keineswegs für
Geſchenke von Freunden ganz und gar unzugänglich; zum Aufſparen
und aus Habſucht ſolche anzunehmen halten ſie freilich für unedel, und
niedrig, dagegen weiſen ſie diejenigen nicht zurück durch welche ſie in
Stand geſetzt werden ſich auf uneigennützige Weiſe hervorzuthun und
Ehre zu erwerben.

Panätius [3]) behauptet indeſſen daß ſich Demetrius durch Gleichheit des Namens täuſchen ließ; es finden ſich nämlich von den Perſer-
kriegen an bis zum Ende des peloponneſiſchen Krieges blos zwei Ariſtides als ſiegreiche Chorführer aufgeſchrieben, deren Keiner derſelbe
mit Lyſimachos' Sohne ſei, vielmehr heiße der Vater des einen derſelben Xenophilos, der andere falle in eine bedeutend ſpätere Zeit;
dieß beweiſen die Buchſtaben, die dem nach Euklides [4]) gebräuchlichen
Alphabet angehören; auch ſtehe ja Archeſtratos neben ihm geſchrieben,

---

1) S. Themiſtokles S. 59, Anm. 1.

2) Wenn von dem Chor ein dichteriſches Werk vorgetragen wurde, ſo
wurde die Aufführung von dem Verfaſſer deſſelben geleitet.

3) Panätius, geb. in Rhodus um 180 v. Chr., war als Lehrer der ſtoi-
ſchen Philoſophie ſehr hoch geachtet.

4) Euklides war im Jahr 403 v. Chr. erſter Archon zu Athen. Unter
ihm wurde ein neues Alphabet, das ſogenannte ioniſche mit 24 Buchſtaben,
für den öffentlichen Gebrauch eingeführt.

der um die Zeit der Perserkriege nirgends, um den peloponnesischen Krieg aber häufig als Dichter von Chorgesängen genannt werde.

Wie es sich nun mit diesen Gründen des Panätius verhält er= fordert genauere Untersuchung. Dem Scherbengericht aber fiel Jeder anheim der durch Ansehen, Abkunft oder Beredtsamkeit über der Menge zu stehen schien; wurde doch selbst Damon[1]), des Perikles Lehrer, wegen der seltenen Klugheit die man ihm zuschrieb von diesem Bannstrahle getroffen.

Archon aber, behauptet Idomeneus[2]), sei Aristides nicht durch das Loos, sondern durch die Wahl der Athener geworden. Und wenn er es wirklich erst nach der Schlacht bei Platää war, wie De= metrius selbst erzählt[3]), so hat es viele Wahrscheinlichkeit daß er bei so hohem Ruhme und so herrlichen Thaten seines Verdienstes wegen mit der Würde beehrt wurde, die derjenige dem sie durch das Loos zu= fiel dem Reichthum verdankte.

Doch Demetrius macht sich offenbar eine Angelegenheit daraus nicht blos den Aristides, sondern auch den Sokrates von der Armut wie von einem großen Uebel zu befreien, denn er versichert, Sokrates sei nicht blos Eigenthümer seines Wohnhauses gewesen, sondern habe auch 70 Minen[4]) besessen, die bei Kriton im Zins gestanden seien.

2. Aristides stand mit Klisthenes, welcher nach dem Sturze der Tyrannen[5]) der Republik ihre Verfassung gegeben hat, in freund= schaftlichem Verhältnisse; er verehrte und bewunderte aber vor allen Staatsmännern den Spartaner Lykurg, und befolgte aristokratische Grundsätze, wobei ihm Themistokles, des Neokles Sohn, als Kämpfer für die Volksgewalt gegenüberstand.

Mehrere behaupten nun daß sie als Knaben, die zusammen

---

1) S. Perikles Cap. 4.
2) S. Perikles Cap. 10 Anm. und Cap. 35.
3) S. unten Cap. 5.
4) Nach unserem Gelde etwa 3040 fl.
5) Der Söhne des Pisistratus.

erzogen wurden, von Anbeginn bei Scherz und Ernſt in Wort und
That immer mit einander uneins waren und daß ſich ihr angeborenes
Weſen gleich durch dieſe Zwietracht offenbarte, bei dem Einen als
biegſam, kühn, liſtig, auf Alles raſch und ohne Bedenken losgehend,
bei dem Andern in feſtem Wollen gegründet, dem Rechte beharrlich
anhängend, Lügen, Poſſen und Betrug ſelbſt beim Spiele ſich nicht
erlaubend.

Ariſton von Keos aber meint, aus einem Liebeshandel ſei ihre
Feindſchaft entſprungen und zu dieſer Heftigkeit geſtiegen. Veide
haben, ſagt er, den Steſilaos, welcher, von Geburt ein Keer, durch
Geſtalt und Körperbildung die geſammte Jugend überſtrahlte, mit hef=
tiger Leidenſchaft geliebt[1]), und auch als ſeine Blüte welkte entſchlugen
ſie ſich der Eiferſucht nicht, ſondern, als hätte ihnen dieß zur vorberei=
tenden Uebung gedient, traten ſie gleich beim Beginn ihrer öffentlichen
Thätigkeit als hitzige Widerſacher gegen einander auf.

Themiſtokles nun warf ſich ſogleich in eine Partei und gewann
dadurch eine nicht unbedeutende Schutzwehr und Macht, weßwegen er
auch einem Manne der ihm ſagte, er werde ein treffliches Oberhaupt
der Athener ſein, wenn er ſich gegen Alle billig und unparteiiſch zeige,
zur Antwort gab: „da ſei Gott vor daß ich mich je auf einen Amts=
ſtuhl ſetze wo der Freund keinen Vorzug bei mir vor jedem Andern
hätte.“

Ariſtides dagegen wandelte als Staatsmann gleichſam ſeine
eigene Bahn, für’s Erſte, um nicht an Unbilden ſeiner Freunde Theil
zu nehmen oder ſie durch Ungefälligkeit zu kränken; ſodann ſcheute er
die Macht welche Parteigenoſſen gewähren, weil er gar Manchen da=
durch zu Unrecht verleitet ſah, und forderte im Gegentheil daß der recht=
ſchaffene Bürger ſich einzig und allein auf die Güte und Gerechtigkeit
ſeiner Handlungen und Worte verlaſſe.

3. Allein da Themiſtokles viele verwegene Neuerungen auf die
Bahn brachte und dem Ariſtides in allen ſeinen Beſtrebungen hem=

---

1) S. Themiſtokles Cap. 3.

menb in den Weg trat, so sah sich dieser gewissermaßen genöthigt, theils zu seiner Vertheidigung, theils zur Beschränkung der durch Volks- gunst immer höher steigenden Macht des Gegners, ebenfalls den Planen des Themistokles entgegen zu arbeiten. War er doch über- zeugt, es sei besser wenn hie und da selbst etwas Gemeinnützliches von dem Volke hintangesetzt werde, als wenn Themistokles alle seine An- schläge durchführe und damit übermäßige Gewalt erlange.

Zuletzt, als er einmal einen zweckmäßigen Vorschlag des Themi- stokles durch seinen Widerspruch vereitelt hatte, konnte er sich nicht ent- halten beim Weggehen aus der Volksversammlung zu äußern es gebe für Athen kein Heil, wenn man nicht ihn und den Themistokles in den Abgrund[1]) stürze.

Ein anderes Mal aber, da er einen Antrag an das Volk gestellt und trotz des eifrigen Widerspruchs der sich dagegen erhob den Sieg davon getragen hatte, nahm er denselben in dem Augenblick da der Vorsitzende die Abstimmung eröffnen wollte wieder zurück, weil ihn die Verhandlung selbst überzeugt hatte daß sein Vorschlag nicht zweck- mäßig sei. Oefters ließ er auch seine Anträge durch Andere an das Volk bringen, damit nicht Themistokles aus Parteihaß gegen ihn das Nützliche hintertreibe.

Bewundernswürdig aber erschien der Gleichmut des Mannes bei allen Veränderungen seiner öffentlichen Verhältnisse: wie er sich niemals wegen einer Auszeichnung überhob, so blieb er bei Kränkungen stets ruhig und gelassen und glaubte dem Vaterlande darum doch den glei- chen Eifer schuldig zu sein und nicht blos ohne Vortheil an Geld, son- dern auch ohne Lohn an Ehre für dessen Bestes arbeiten zu müssen. Dieß war ohne Zweifel auch der Grund warum bei folgenden Versen des Aeschylos[2]), die sich auf Amphiaraos[3]) beziehen:

---

1) Ein Felsenschlund hinter der Burg, in welchen öfters zum Tode verurteilte Verbrecher gestürzt wurden.

2) In den Sieben vor Theben V. 596 ff.

3) S. Cap. 19 Anm.

Er will nicht scheinen nur gerecht, er will es sein,
Einerndtend Frucht aus tief gepflügtem Herzensgrund,
Aus dem manch' edler Rathschluß sprießt hervor —

Alle im Theater ihre Blicke auf Aristides richteten, überzeugt daß dieses Lob Keinem so sehr als ihm gebüre.

4. Und nicht blos den Gefühlen des Wohlwollens und der Zuneigung, sondern auch denen des Zornes und Hasses wußte er, wo es das Recht galt, mit Festigkeit zu widerstehen. So erzählt man daß er einmal bei gerichtlicher Verfolgung eines Feindes, als die Richter nach seiner Anklagerede, ohne den Beklagten anzuhören, sofort zur Verurteilung schreiten wollten, aufgesprungen sei und zugleich mit dem Gegner gebeten habe, man solle doch demselben Gehör schenken und sein Recht widerfahren lassen. Ein anderes Mal, da er einen Rechtsstreit zwischen zwei gewöhnlichen Bürgern zu entscheiden hatte und der Eine sagte, sein Gegner habe dem Aristides viel zu Leide gethan, versetzte er: „sage vielmehr, mein Freund, was er dir zu Leide gethan hat, denn in deiner, nicht in meiner Sache bin ich Richter."

Als er zum Vorsteher der öffentlichen Einkünfte erwählt wurde wies er nach daß nicht blos die damaligen Beamten, sondern auch die früheren viel Geld unterschlagen hätten, besonders Themistokles:

Denn weise war er, doch nicht seiner Finger Herr[1]).

Dieser brachte daher eine große Partei gegen Aristides zusammen, und klagte ihn bei der Rechenschaftsablegung des Unterschleifes an, bewirkte auch, wie Idomeneus[2]) berichtet, daß er verurteilt wurde. Da aber die Angesehensten und Besten in der Stadt laut ihren Unwillen äußerten, so wurde ihm nicht blos die Strafe erlassen, sondern auch dasselbe Amt von Neuem übertragen.

Jetzt nahm er den Schein der Reue über sein früheres Verfahren an und ließ von seiner Strenge ab. So wurde er bei den Dieben der

---

1) Es wird dieser Vers dem Euripides zugeschrieben.
2) S. Perikles 10, S. 104, Anm. 2.

Staatsgelder sehr beliebt, da er ihr Treiben nicht aufdeckte und es mit den Rechnungen gar nicht genau nahm. Sie mästeten sich denn vom öffentlichen Gute, erhoben den Aristides bis zum Himmel und empfahlen ihn dem Volke mit dringender Bitte zur neuen Wahl. Wie er nun aber gewählt werden sollte sprach er zu den Athenern mit strafendem Ernste: „als ich treu und gewissenhaft für euch gewaltet hatte wurde ich mit Schimpf und Schande bedeckt; jetzt, da ich viele Gelder des Staats dem Unterschleife überlassen habe, gelte ich für einen bewundernswerthen Bürger. Ich für meinen Theil nun schäme mich des jetzigen Beifalls mehr als der neulichen Verurteilung, euch aber bedaure ich, bei denen Gefälligkeit gegen Schurken mehr Ehre bringt als Bewahrung des öffentlichen Gutes." Nachdem er so gesprochen enthüllte er die begangenen Unterschleife und stopfte damit den Menschen, welche ihn noch eben so laut rühmten und empfahlen, den Mund, erndtete aber dafür das ächte und verdiente Lob aus dem Munde der Besten.

5. Als Datis, von Darius gesendet, vorgeblich um die Athener für die Einäscherung der Stadt Sardes [1]) zu bestrafen, in der That aber um die Griechen zu unterjochen, mit seiner ganzen Flotte bei Marathon anlegte und das Land verwüstete, war unter den zehn von den Athenern für diesen Krieg ernannten Feldherren Miltiades der angesehenste, Aristides aber stand ihm an Ruhm und Einfluß am Nächsten. So war es denn jetzt von nicht geringer Bedeutung daß Aristides sich mit dem Antrag des Miltiades in Beziehung auf die Schlacht einverstanden erklärte. Und da jeder Feldherr auf den Oberbefehl je einen Tag lang Anspruch hatte, so überließ Aristides denselben, als die Reihe an ihn kam, freiwillig dem Miltiades und zeigte damit seinen Amtsgenossen daß Unterwerfung unter höhere Einsicht, weit entfernt Schande zu bringen, vielmehr achtungswerth und heil-

---

1) Die Athener hatten im Jahr 499 v. Chr. den ionischen Griechen in Asien, die von dem Perserkönig abgefallen waren, Beistand geleistet und mit denselben Sardes, die Hauptstadt der Provinz Lydien, erobert und eingeäschert, s. Herod. V, 97 ff.

ſam ſei. Indem er ſo die Eiferſucht der Andern dämpfte und ſie Einem Geiſte, dem des Einſichtsvollſten, zu folgen ermunterte, verſtärkte er den Miltiades durch den Beſitz ununterbrochener Gewalt: denn Jeder entſagte jetzt ſeiner eintägigen Macht, um dieſes Mannes Befehlen zu gehorchen.

In der Schlacht ſelbſt aber, in welcher das Mitteltreffen am Meiſten litt und die Barbaren eben hier, wo der leontiſche und der antiochiſche Stamm aufgeſtellt war, den hartnäckigſten Widerſtand leiſteten, kämpften Themiſtokles und Miltiades, jener des leontiſchen, dieſer des antiochiſchen Stammes, neben einander mit glänzender Tapferkeit.

Als ſie ſodann die Feinde beſiegt und in ihre Schiffe geworfen hatten wurden ſie gewahr daß dieſelben nicht nach den Inſeln ſteuerten, ſondern von Wind und Wellen dem Lande zu in der Richtung gegen Attika getrieben wurden[1]). Sie fürchteten daher, es möchten die Barbaren ſich der von Vertheidigern entblößten Stadt bemächtigen, und eilten ſofort mit neun Stämmen nach Athen, wo ſie noch an demſelben Tag anlangten[2]). Bei Marathon aber wurde Miltiades mit den Leuten ſeines Stammes zurückgelaſſen, um die Gefangenen und die Beute zu bewachen. Und er täuſchte die gute Meinung ſeiner Mitbürger nicht. Denn wiewohl große Maſſen Goldes und Silbers ſich da fanden, wiewohl die Zelte und eroberten Schiffe mannigfaltige Gewande und andere Güter in der reichſten Fülle enthielten, ſo gelüſtete doch weder ihn ſelbſt etwas davon zu berühren, noch duldete er es von Andern, Wenige ausgenommen, die hinter ſeinem Rücken ſich etwas zueigneten. Zu dieſen gehört namentlich der Fackelträger

---

1) Herod. VI, 15 behauptet daß die Perſer abſichtlich das Vorgebirge Sunium umſegelt haben, um Athen vor der Rückkehr ſeiner Bürger zu überfallen.

2) Marathon war nach Cornelius Nepos (Miltiades Cap. 4) ungefähr zwei geographiſche Meilen von Athen entfernt. Neuere Forſchungen aber haben gezeigt daß die Entfernung etwas über drei geographiſche Meilen betrug.

Kallias [1]). Ein Barbar, erzählt man, der ihn des langen Haares und der Stirnbinde wegen [2]) für einen König ansah, warf sich ihm zu Füßen, faßte flehend seine rechte Hand und zeigte ihm viel Gold, das in einer Grube verborgen lag. Kallias aber benahm sich gegen ihn als der grausamste und ruchloseste der Menschen, nahm den Schatz weg und tödtete den Mann, damit er es nicht Andern verriethe. Dieß soll auch die Ursache sein warum die Abkömmlinge dieser Familie von den komischen Dichtern „Grubenschätze" genannt werden — eine spöttische Anspielung auf den Ort wo Kallias das Gold gefunden habe.

Bald nachher bekleidete Aristides die Würde des ersten Archon. Freilich sagt Demetrius von Phaleron, er sei dazu erst kurz vor seinem Tode nach der Schlacht bei Plataä gelangt. Allein in den Verzeichnissen ist nach Xanthippides, unter welchem Mardonius bei Plataä besiegt wurde, in einer sehr langen Reihenfolge nicht einmal ein mit Aristides gleichnamiger Archon zu finden; nach Phanippos aber, unter welchem die Athener den Sieg bei Marathon erfochten, steht sogleich Aristides als Archon.

6. Unter allen seinen vorzüglichen Eigenschaften kam die Gerechtigkeit am Meisten zum Bewußtsein des Volkes, weil keine andere einen so ununterbrochenen und allgemeinen Nutzen gewährt. Darum hat er, ein armer dem Bürgerstande angehöriger Mann, den wahrhaft königlichen, ja göttlichen Beinamen „der Gerechte" erhalten, einen Namen um den noch kein König, kein Gewaltherrscher sich bemüht hat; nein „Städteeroberer" [Poliorketes], Donnerkeil [Keraunos] und Sieger [Nikator] sich nennen zu hören, das machte ihnen Freude, Einigen gar „Adler und Falke" [Aëtos und Hierax][3]), offenbar weil sie den Ruhm der Gewalt und Macht höher als den Ruhm der Tugend

---

1) Die Familie welcher Kallias angehörte war im erblichen Besitze des sehr ehrenvollen Amtes bei den eleusinischen Mysterien die Fackel zu tragen.

2) Kallias war in seinem priesterlichen Schmucke bei der Schlacht.

3) Vgl. die Namen der Könige von Makedonien, Epirus und Syrien.

ſchätzten. Und doch glaubt man daß die Gottheit, mit welcher ſie ver=
wandt und ähnlich erſcheinen wollen, dieſe drei unterſcheidenden Eigen=
ſchaften beſitze, Unvergänglichkeit, Macht, ſittliche Vollkommenheit.
Von dieſen aber iſt die Vollkommenheit die ehrwürdigſte und göttlichſte.
Denn Unvergänglichkeit iſt auch dem leeren Raume und den Elementen
eigen; Macht haben Erdbeben, Blitze, Sturmwinde und Waſſerfluthen
in vollem Maße; der Gerechtigkeit und Heiligkeit aber iſt die Gott=
heit nur dadurch theilhaftig daß ſie Vernunft und Ueberlegung beſitzt.
Weßwegen auch von den dreierlei Gefühlen welche viele Menſchen
gegen die Gottheit hegen, Bewunderung, Furcht und Verehrung,
das Bewundern und Glücklichpreiſen offenbar auf ihre Unvergänglich=
keit und Ewigkeit ſich bezieht, die Furcht und Scheue auf ihre Herr=
ſchaft und Gewalt, die Liebe, Hochachtung und Verehrung aber auf
ihre Gerechtigkeit.　　Deſſenungeachtet wünſcht ſich der Menſch die Un=
ſterblichkeit, deren unſere Natur nicht empfänglich iſt, er wünſcht ſich
die Macht, welche dem größten Theile nach vom Zufalle abhängt, die ſitt=
liche Vollkommenheit aber, das einzige uns erreichbare Gut der Gott=
heit, ſetzt er hintan — mit großem Unrecht, da ein Leben im Beſitze von
Macht, von hohem Glück und von Herrſchaft nur durch Gerechtigkeit
göttlich, durch Ungerechtigkeit aber dem thieriſchen ähnlich wird.

7. Ariſtides hatte übrigens das Schickſal daß die Liebe wel=
cher er Anfangs um dieſes Beinamens willen genoß ſich ſpäter in
Mißgunſt und Haß verkehrte. Daran war beſonders Themiſtokles
Schuld, der unter dem Volke das Gerede verbreitete, Ariſtides habe
als Schiedsrichter in allen Streitſachen die Gerichtshöfe aufgehoben
und auf dieſe Weiſe ſich ganz unvermerkt zum Alleinherrn ohne Leib=
wache aufgeworfen. Schon war aber auch dem Volke bei ſeinem Sieges=
ſtolz und ſeinen hohen Anſprüchen ein Jeder gehäſſig welchen Name
und Ruhm über die Menge erhob. So ſtrömten ſie denn von allen
Seiten in die Stadt zuſammen und verhängten gegen Ariſtides die
Verbannung durch das Scherbengericht, indem ſie den Neid gegen
ſeinen Ruhm als Furcht vor Gewaltherrſchaft bezeichneten. Es ſollte
nämlich ein Bann dieſer Art nicht Strafe eines Verbrechens ſein,

sondern man gab ihn zur Beschönigung für ein Mittel aus, anmaßenden Stolz zu beugen und übermäßige Gewalt zu hemmen; in Wahrheit aber diente er zu schonender Befriedigung des Neides, der seinem Widerwillen gegen den Urheber seiner Schmerzen nicht durch Vernichtung desselben, sondern nur durch zehnjährige Landesverweisung Genüge that. Als aber gewisse Leute diesen Bannstrahl auf niedrige und schlechte Menschen zu richten begannen war Hyperbolos der Letzte welchen Verweisung durch das Scherbengericht traf: von da an wurde es nicht mehr angewandt.

Die Verweisung des Hyperbolos hatte, wie man erzählt, folgenden Anlaß. Alkibiades und Nikias, die mächtigsten Männer in der Stadt, lagen mit einander im Streite. Wie nun das Volk im Begriffe stand zum Scherbengerichte zu schreiten und sichtbar dem Einen von Beiden die Verbannung zudachte, da besprachen sich diese mit einander und bewirkten durch Vereinigung ihrer Parteien daß Hyperbolos ausgewiesen wurde [1]. Darin sah aber das Volk eine Verhöhnung und Herabwürdigung dieses Verfahrens, und in seinem Unwillen darüber entsagte es demselben gänzlich und hob es auf.

Es wurde übrigens dieses Gericht — damit ich dem Leser mit Wenigem einen Begriff davon gebe — in folgender Weise vorgenommen. Jeder nahm eine Scherbe, schrieb darauf den Namen des Bürgers den er verbannt wissen wollte, und trug sie nach einem und demselben Platze auf dem Markte, der rings mit Schranken umschlossen war. Die Archonten zählten nun zuerst alle dahin gebrachten Scherben zusammen; wenn nämlich der Abstimmenden weniger als sechstausend waren, so hatte die Verweisung keine Gültigkeit [2]. Wenn sie sodann jeden der Namen besonders gelegt hatten, so verhängten sie gegen den von der größten Stimmenzahl Verurteilten zehnjährige Verbannung, jedoch mit fortdauerndem Genusse seines Eigenthums.

---

1) Vgl. Alkibiades Cap. 13, Nikias Cap. 11.
2) Nach andern Berichten mußten wenigstens sechstausend in der Verurteilung eines und desselben Mannes übereinstimmen.

Bei der damaligen Abſtimmung nun ſoll ein ganz unwiſſender
Bauer dem Ariſtides, den er für einen gemeinen Mann anſah, ſeine
Scherbe in die Hand gegeben und ihn gebeten haben Ariſtides darauf
zu ſchreiben. Verwundert habe dieſer gefragt: „hat denn Ariſtides
dir etwas zu Leide gethan?" und zur Antwort erhalten: „Nichts, ich
kenne den Mann nicht einmal, aber es verdrießt mich daß ich ihn
überall den Gerechten nennen höre." Als Ariſtides dieß hörte habe
er, ohne ein Wort zu erwidern, den Namen aufgeſchrieben und die
Scherbe zurückgegeben.

Wie er ſodann die Stadt verließ erhob er die Hände zum Himmel
und betete, wie man erzählt, in ganz anderem Sinne als Achilleus [1]),
es möchte die Athener kein Schickſal treffen wodurch das Volk des Ariſtides zu gedenken gezwungen würde.

8. Im dritten Jahre hernach, als Xerxes durch Theſſalien und
Böotien gegen Attika zog, wurde das Geſetz aufgehoben und den
durch das Scherbengericht Verwieſenen die Erlaubniß zur Rückkehr
ertheilt. Es geſchah dieß beſonders in der Beſorgniß, es möchte Ariſtides zum Feinde übergehen und viele Bürger verleiten ſich auf die
Seite der Barbaren zu ſchlagen. Wie ſehr verkannte man doch den
Mann, der ſchon vor dieſem Beſchluſſe die Griechen mit unablässigem
Eifer zum Freiheitskampfe aufrief und anſpornte, und nach dem Er-
laſſe deſſelben, als Themiſtokles mit unbeſchränkter Gewalt an der
Spitze der Athener ſtand, dieſen Mann überall mit Rath und That
unterſtützte und ſeinem ärgſten Feinde zum Heile des Vaterlandes den
glänzendſten Namen erwarb!

Als nämlich Eurybiades [2]) damit umgieng Salamis zu verlaſſen,
und die Schiffe der Barbaren bei nächtlicher Weile ausgelaufen waren
und die Meerenge mit den Inſeln rings umſchloſſen hatten, da fuhr

---

1) Vgl. Jl. I, 408 ff.

2) Eurybiades hatte als Befehlshaber der Spartaner auch den Oberbefehl über die übrigen Griechen, da um jene Zeit Sparta im Beſitze der
Hegemonie war.

Aristides, während noch Niemand von dieser Einschließung wußte, von Aigina mit kühnem Mute mitten durch die feindlichen Schiffe, begab sich noch in der Nacht zu Themistokles' Zelt, rief ihn allein heraus und sagte: „wenn wir vernünftig sind, Themistokles, so geben wir jetzt unsere eiteln und kindischen Händel auf und beginnen einen heilsamen und edlen Wettstreit um Griechenlands Rettung — du als Führer und Feldherr, ich als Gehülfe und Rathgeber. Bist du doch, wie ich höre, auch jetzt der Einzige der auf das anträgt was das Beste ist, augenblicklich eine Schlacht in der Meerenge zu liefern. Und während die Bundesgenossen dir entgegen sind arbeitet der Feind dir offenbar in die Hände, denn schon ist die See ringsum und im Rücken mit feind= lichen Schiffen bedeckt, so daß auch wer nicht will sich wacker zu halten und zu kämpfen genöthigt ist; denn zur Flucht steht kein Weg offen."

Darauf erwiderte Themistokles: „ich wollte, Aristides, du hättest diesen Sieg nicht über mich gewonnen; aber ich werde versuchen einen so schönen Anfang durch Wetteifer in Thaten zu übertreffen." Zu= gleich erzählte er ihm die List mit der die Barbaren von ihm getäuscht worden waren [1]) und bat, Aristides möchte den Eurybiades überreden und ihm klar machen daß ohne Seeschlacht Rettung unmöglich sei. Eurybiades hatte nämlich mehr Vertrauen zu Aristides als zu Themi= stokles. Als nun im Kriegsrathe Kleokritus aus Korinth zu Themi= stokles sagte: auch Aristides billige seinen Vorschlag nicht, denn er sei ja anwesend und rede doch kein Wort! — so entgegnete Aristides: er würde nicht schweigen, wenn Themistokles nicht zum Besten riethe; jetzt aber halte er sich stille, nicht aus Vorliebe für den Mann, sondern in der Ueberzeugung daß sein Antrag der beste sei.

9.   Die Flottenführer der Griechen waren also in der angege= benen Weise beschäftigt. Aristides aber, der bemerkte daß Psyttaleia, eine unbedeutende Insel die vor Salamis in dem Sunde liegt, von feindlichen Männern ganz angefüllt war, ließ die entschlossensten und

---

1) S. Themistokles Cap. 12.

tüchtigſten ſeiner Mitbürger in Beiſchiffe ſteigen, landete auf Pſytta=
leia, griff die Barbaren an und hieb alle nieder: nur einige der Vor=
nehmſten wurden zu Gefangenen gemacht. Unter dieſen befanden ſich
drei Söhne einer Schweſter des Königes, die Sandauke hieß, welche
er denn ſofort zu Themiſtokles ſandte, und man erzählt ſie ſeien nach
einem gewiſſen Orakelſpruch auf Geheiß des Weiſſagers Euphrantides
dem „roheſſenden Dionyſos“ geopfert worden [1]).

Die kleine Inſel aber umſtellte Ariſtides rings mit den Bewaff=
neten und hieß ſie auf Jeden achten der dahin verſchlagen würde, ſo daß
kein Freund das Leben verlor, kein Feind entkommen konnte. Um
jenen Ort war nämlich, wie es ſcheint, das ſtärkſte Gedränge der
Schiffe und es wurde da am Hartnäckigſten geſtritten, weßwegen auch
ein Siegeszeichen anf Pſyttaleia ſteht.

Nach der Schlacht wollte Themiſtokles den Ariſtides auf die
Probe ſtellen und ſagte zu ihm: was ſie vollbracht haben ſei gewiß
auch ſchon ein ſchönes Werk, aber ein größeres ſei noch zu vollbringen:
ſie müſſen ſich Aſiens in Europa bemächtigen, und darum möglichſt
ſchnell nach dem Helleſpont hinauffahren und die dortige Brücke zer=
ſtören. Ariſtides aber ſchrie laut auf: dieſen Gedanken ſolle er ja
aufgeben, vielmehr auf Mittel und Wege ſinnen wie ſie den Feind
möglichſt ſchnell aus Griechenland hinwegſchaffen, damit er nicht, wenn
er ſich eingeſchloſſen und ohne Ausweg ſehe, mit ſeiner gewaltigen
Macht zum Verzweiflungskampfe ſchreite. Auf dieſes ſchickte Themi=
ſtokles wiederum [2]) den Hoffämmerling Pharnakes, einen der Gefan=
genen, ins Geheim an den König ab und ließ ihm ſagen, die Griechen
ſeien entſchloſſen geweſen ſofort nach der Brücke zu ſteuern; er aber
habe ſie davon abgebracht, um dem Könige Rettung zu ſchaffen.

10. Darüber gerieth Xerxes in ſolche Angſt daß er ſogleich nach
dem Helleſpont eilte; allein Mardonius blieb mit dem Kern des

---

1) S. Themiſtokles Cap. 13.

2) Themiſtokles hatte vorher den Perſer Sikinnos mit geheimer Bot=
ſchaft an den König geſandt, ſ. Themiſtokles Cap. 12.

Heeres, an 300,000 Mann, zurück und furchtbar lauteten seine Droh=
ungen, als er in stolzer Zuversicht auf das Landheer an die Griechen
schrieb: „ihr habt mit euren Meerhölzern Leute des Festlandes besiegt
die keine Ruder zu führen wußten; aber jetzt bietet das weite Thessalien
und die böotische Ebene einen vortrefflichen Kampfplatz für wackere
Reiter und Fußkämpfer."

An die Athener aber schickte er ein besonderes Schreiben und ver=
sprach im Namen des Königes ihnen die Stadt wieder herzustellen,
auch große Reichthümer und die Herrschaft über Griechenland zu geben,
wenn sie an dem Kriege keinen Theil nehmen würden.

Als die Lakedämonier dieß erfuhren schickten sie in Angst Boten
nach Athen, mit der Bitte, sie möchten doch Weiber und Kinder nach
Sparta schicken und für die alten Leute den Unterhalt von ihnen an=
nehmen; das Volk mußte nämlich bittere Armut leiden, da Stadt und
Land verloren war.   Nichts desto minder wurde nach Anhörung der
Gesandten in einem von Aristides verfaßten Volksbeschlusse die be=
wundernswürdige Antwort ertheilt: „den Feinden verzeihen wir, wenn
sie Alles für Geld und Gut käuflich halten, da ihnen nichts Besseres
bekannt ist; den Lakedämoniern aber zürnen wir daß sie der Athener
gegenwärtige Armut und Noth allein im Auge haben, unserer Tapfer=
keit und Ehrliebe aber nicht eingedenk sind und uns zumuten um Brod
für Griechenland zu streiten.

Nach Abfassung dieses Beschlusses führte Aristides die Gesandten
in die Volksversammlung und hieß sie den Lakedämoniern melden, es
gebe keine so große Masse Goldes weder über noch unter der Erde daß
die Athener dafür Griechenlands Freiheit verkaufen würden.   Den
Gesandten des Mardonius aber wies er die Sonne und sagte: „so
lange diese ihre Bahn wandelt werden die Athener ihres verheerten
Landes, ihrer entweihten und eingeäscherten Heiligthümer wegen Krieg
mit den Persern führen."   Auch bewirkte er die Verordnung daß die
Priester Flüche auf Jeden legen sollten der mit den Persern in Unter=
handlung trete oder den Bund der Griechen verlasse.

Als darauf Mardonius den zweiten Einfall in Attika machte

ſetzten die Einwohner wiederum nach Salamis über. Ariſtides aber
begab ſich als Geſandter nach Lakedämon, um den Spartanern wegen
der Langſamkeit und Nachläſſigkeit, mit der ſie Athen abermals den
Barbaren preisgegeben hätten, Vorwürfe zu machen und zu verlangen,
ſie ſollten doch dem was von Griechenland noch übrig ſei zu Hülfe
eilen. Als die Ephoren dieß angehört gaben ſie ſich dennoch, ſo lange
es Tag war, dem Anſcheine nach ganz ſorglos den Luſtbarkeiten hin;
es wurde nämlich gerade das Feſt der Hyakinthien [1]) gefeiert. Nachts
aber laſen ſie 5000 Spartaner aus und entſandten dieſelben, Jeden
mit ſieben Heloten, ohne daß die Athener etwas davon wußten. Als
nun Ariſtides wiederum mit Vorwürfen vor ſie trat, erwiderten ſie mit
Lachen, er faſele wie ein Schlaftrunkener; das Heer ſei ja ſchon bei
Oreſtium [2]) auf ſeinem Marſche gegen „die Fremden“; ſo nannten ſie
die Perſer. Ariſtides aber antwortete: „ihr ſcherzet ſehr zur Unzeit
und täuſchet die Freunde ſtatt der Feinde.“ So erzählt Jdomeneus.
In dem von Ariſtides beantragten Volksbeſchluſſe iſt jedoch nicht er
ſelbſt als Geſandter aufgezeichnet, ſondern Kimon, Xanthippus und
Myronides.

11. Für die Schlacht wurde Ariſtides mit unbeſchränkter Vollmacht zum Feldherrn erwählt und zog ſodann mit 8000 Schwerbewaffneten der Athener nach Platää. Dort ſtieß Pauſanias, der das
geſammte Griechenheer befehligte, zu ihm: auch die Schaaren der
übrigen Griechen ſtrömten dahin. Das Lager der Barbaren erſtreckte
ſich längs dem Fluſſe Aſopus in ſo ungeheurer Ausdehnung daß man
keine genaue Grenze angeben konnte: nur um das Gepäck und die
werthvollſten Sachen war eine viereckige Mauer gezogen, welche auf
jeder Seite 10 Stadien [eine Viertelmeile] einnahm.

Dem Pauſanias nun und den Griechen insgeſammt verhieß der
Wahrſager Tiſamenos aus Elis den Sieg, wenn ſie ſich nur verthei-

---

1) Es war dieß eines der Hauptfeſte der Spartaner, von dreitägiger
Dauer.

2) Stadt im ſüdlichen Arkadien.

digen, nicht den Angriff eröffnen würden.   Aristides aber erhielt durch
eine nach Delphi abgeordnete Gesandtschaft den Bescheid: „die Athener
überwinden den Feind, wenn sie sich mit Gebeten wenden an Zeus,
an die Hera vom Kithäron, an Pan und die sphragitischen Nymphen,
ferner Opfer bringen den Heroen Androkrates, Leukon, Pisandros,
Damokrates, Hypsion, Aktäon und Polyidus, endlich den Kampf auf
eignem Grund und Boden bestehen, in dem Gefilde der Demeter von
Eleusis und der Kora."   Dieser Orakelspruch setzte den Aristides in
große Verlegenheit.   Die Heroen welchen derselbe zu opfern befahl
waren Stammväter der Platäer, und die Höhle der sphragitischen
Nymphen liegt auf einem Gipfel des Kithäron gegen den Sommer-
untergang der Sonne, wo auch der Sage nach in früheren Zeiten sich
ein Orakel fand und viele Bewohner den Anfällen von Verzückungen
unterworfen waren; man nannte sie „von Nymphen Besessene". Das
Gefilde der Demeter von Eleusis dagegen und die Verheißung, es
sollten die Athener, wenn sie auf eigenem Grund und Boden kämpften,
den Sieg gewinnen, schien nach Attika zurückzurufen und den Kriegs-
schauplatz gänzlich zu ändern.

Da träumte dem Feldherrn der Platäer, Arimnestos, er selbst
werde von „Zeus dem Retter" befragt, was die Griechen nun zu thun
beschlossen hätten.   Auf seine Antwort: „morgen, o Herr, werden wir
das Heer nach Eleusis führen und dort dem Feinde die Entscheidungs-
schlacht liefern, wie der pythische Orakelspruch befiehlt" — habe der
Gott erwidert: „ihr seid ganz im Irrthum: hier im platäischen Gebiete ist der vom Orakel bezeichnete Ort; suchet ihn nur und ihr werdet
ihn gewiß finden."

Diese Erscheinung war so lebhaft daß Arimnestos, sobald er erwachte, die erfahrensten und ältesten seiner Mitbürger zu sich rief, wo
sie denn bei gemeinsamem Forschen fanden daß nahe bei Hysiä[1]) am
Fuße des Kithäron ein uralter Tempel liege, welcher „Tempel der Demeter von Eleusis und der Kora" genannt werde.   Sofort begab er

---

1) Ein Städtchen im Gebiete von Platää.

ſich in Begleitung des Ariſtibes an dieſen Ort, der vorzüglich geeignet
war ein aus Fußvolk beſtehendes Heer überlegener Reiterei entgegen
zu ſtellen, weil die Ebene, wo ſie an dem Tempel ausläuft, wegen der
Vorberge des Kithäron ganz ungangbar für Pferde iſt. Eben daſelbſt
hatte man auch die Kapelle des Heros Androkrates ganz in der Nähe,
umgeben von einem Haine dichter und ſchattiger Bäume. Und damit
kein Wort des Orakels die Siegeshoffnung ungewiß laſſe beſchloßen
die Plateer, auf des Arimneſtus Antrag, die Grenzen ihres Gebietes
gegen Attika aufzuheben und das Land den Athenern zu übergeben,
damit dieſe für Griechenland auf eignem Grund und Boden, dem
Orakelſpruche gemäß, ſtreiten könnten.

Dieſer Edelmut der Plateer wurde in der Folge ſo hoch berühmt
daß ſelbſt Alexander, als er viele Jahre nachher, bereits Aſiens König,
ihre Stadt wieder aufbaute[1]), zu Olympia durch Heroldsruf bekannt
machen ließ, der König bezeige damit den Plateern ſeinen Dank für
ihre Tapferkeit und Großmut, da ſie den Griechen im Perſerkriege ihr
Land überlaſſen und ſelbſt ſehr wacker geſtritten haben.

12. Zwiſchen den Athenern und Tegeaten[2]) entſtand nun ein
Zwiſt über den Platz in der Schlachtordnung. Die Tegeaten verlangten
nämlich mit prahleriſchem Lobe ihrer Altvordern, da die Lakebämonier
den rechten Flügel inne haben, ſo ſolle ihnen, wie dann immer geſchehe,
der linke eingeräumt werden. Da die Athener darüber ſehr ungehalten
waren, ſo trat Ariſtibes auf und ſagte: „mit den Tegeaten über Adel
und Waffenruhm zu ſtreiten erlaubt der Augenblick nicht; euch aber,
ihr Spartiaten, und den andern Griechen ſagen wir daß der Ort die
Tapferkeit nicht nimmt noch gibt, und daß wir uns beſtreben werden
jedem Platze den ihr uns anweiſen möget Ehre zu machen, ihn feſt
zu behaupten und den Ruhm unſerer früheren Kämpfe nicht zu be=
ſlecken. Denn wir ſind hieher gekommen nicht mit den Verbündeten

---

1) Platää war im Jahr 373 von den Thebanern zerſtört worden.
2) Vgl. Herod. IX, 26. — Die Tegeaten bewohnten die ſüdöſtlichſte
Landſchaft Arkabiens.

zu habern, sondern mit den Feinden uns zu schlagen, nicht die Väter zu preisen, sondern uns selbst für Griechenlands Sache als wackere Männer zu bewähren: wird ja doch dieser Kampf von jeder Stadt, jedem Führer, jedem Gemeinen zeigen, wie viel Werth er für Grie= chenland hat." Auf diese Worte entschieden die Beisitzer des Kriegs= raths und die Heerführer zu Gunsten der Athener und, räumten ihnen den linken Flügel ein.

13. Während nun Griechenland in ängstlicher Spannung war, und insbesondere Athen von den größten Gefahren bedroht wurde, traten einige Männer aus angesehenen und reichen Häusern, welche, durch den Krieg verarmt, all' ihre Macht und ihr Ansehen in der Stadt dahin geschwunden und Andere im Besitze der Ehre und Gewalt sahen — diese traten also in einem Hause der Stadt Plätää insge= heim zusammen und verschworen sich die Volksherrschaft umzustürzen, im Falle des Mißlingens aber Alles zu Grunde zu richten und an die Perser zu verrathen.

Durch die Umtriebe dieser Männer im Lager war schon eine be= trächtliche Zahl verführt, als Aristides davon Kunde erhielt; allein der mißlichen Zeitumstände wegen beschloß er die Sache zwar nicht zu vernachläßigen, doch auch nicht Alles aufzudecken: könne man ja doch nicht wissen auf wie viele Theilnehmer die Untersuchung führe, wenn man sich dabei von dem strengen Rechte, statt von dem Gemeinwohl, leiten lasse. So verhaftete er denn von Vielen nur etwa acht; und zwei derselben, die zuerst vor das Gericht gestellt werden sollten, auch die Schuldigsten waren, Aeschines von Lampträ und Agesias von Acharnä [1]), machten sich aus dem Lager flüchtig, die Andern aber setzte er auf freien Fuß, damit die welche noch verborgen zu sein glaubten sich beruhigen und ihren Sinn ändern könnten. Dabei erklärte er daß sie einen hohen Gerichtshof an dem Kriege haben, wo sie sich durch treuen und redlichen Dienst zum Heile des Vaterlandes von den An= klagen reinigen könnten.

---

1) Zwei Gemeinden Attika's, die erste zum erechtheischen, die andere zum oïneïschen Stamme gehörig.

14. Nach dieſen Vorfällen machte Mardonius einen Verſuch mit dem Theile ſeines Heeres der ihm vornehmlich das Uebergewicht zu geben ſchien, und ließ ſeine geſammte Reiterei gegen die Griechen anſprengen. Dieſe hatten eine feſte Stellung auf felſigen Hügeln am Fuße des Kithäron, die Megareer ausgenommen, welche 3000 Mann ſtark mehr in der Ebene ſtanden. Daher wurden ſie denn auch von der Reiterei, deren ſtürmenden Angriffen ſie von allen Seiten ausgeſetzt waren, gar übel mitgenommen. Sie ſchickten daher in der Eile einen Boten an Pauſanias, er möchte ihnen zu Hülfe kommen; denn ſie ſeien für ſich allein nicht vermögend dem Barbaren Staud zu halten.

Indem Pauſanias dieß hörte ſah er auch ſchon das Lager der Megareer mit einer Wolke von Wurfſpießen und Pfeilen verhüllt und die Leute auf engen Raum zuſammengedrängt. Allein er ſelbſt konnte mit ſeinem ſchwergerüſteten ſpartaniſchen Fußvolk keinen Beiſtand gegen Reiter gewähren; dagegen eröffnete er den andern griechiſchen Feldherrn und Hauptleuten welche bei ihm waren einen Wettkampf der Tapferkeit und Ehrbegierde, indem er anfragte ob Jemand als Freiwilliger zum Vorkampfe auftreten und den Megareern zu Hülfe eilen wolle. Alle trugen Bedenken: nur Ariſtides erklärte ſich im Namen der Athener dazu bereit und ſchickte ſofort den entſchloſſenſten ſeiner Hauptleute, Olympiodrus, ab: 300 auserleſene Krieger, deren Führer er war, und eine Anzahl unter dieſe gemiſchter Bogenſchützen begleiteten ihn.

Als dieſe, raſch in Bereitſchaft geſetzt, im Sturmſchritte heran kamen wandte der feindliche Reitergeneral Maſiſtius, ein Mann von wunderbarer Körperkraft, ſeltener Größe und Schönheit, ſobald er ſie gewahrte, das Pferd nach ihrer Seite und ſprengte ihnen entgegen. Die Athener hielten den Angriff ſtandhaft aus, und der Kampf der ſich jetzt entſpann war um ſo heftiger weil er als Probe für die entſcheidende Schlacht angeſehen wurde.

Da wurde denn Maſiſtius von ſeinem Pferde, das ein Pfeil verwundet hatte, abgeworfen und konnte ſich nun zwar in ſeiner ſchweren

Rüstung nicht wohl wieder vom Boden erheben, war aber auch für die heranstürmenden und zustoßenden Athener kaum verwundbar, da nicht blos Brust und Kopf, sondern auch die Füße mit Gold, Erz und Eisen bedeckt waren. Er wurde aber doch getödtet, indem Einer das untere Ende des Lanzenschaftes[1]) durch die Augenöffnung seines Helmes stieß. Jetzt ergriffen die andern Perser die Flucht und ließen den Leichnam im Stiche.

Die Bedeutung dieser glücklichen Waffenthat verrieth sich den Griechen nicht durch die Zahl der Todten, denn nur Wenige waren gefallen, sondern durch die Trauer der Barbaren. Denn sie schoren des Masistius wegen sich selbst, den Pferden und Maulthieren die Haare ab und erfüllten die Ebene mit Geheul und Jammergeschrei über den Verlust eines Mannes der an Tapferkeit und Ansehen nach Mardonius bei Weitem der Erste war.

15. Nach diesem Reitergefechte ließ man beiderseits geraume Zeit die Waffen ruhen; denn die Wahrsager verkündigten aus den Opfern sowohl den Persern als den Griechen daß sie bei Gegenwehr Sieg, als Angreifer Niederlage zu erwarten hätten. Endlich aber wurde Mardonius ungeduldig, da er für wenige Tage noch Lebensmittel übrig hatte und die Griechen täglich durch einige Neuankommende Verstärkung erhielten; er beschloß also nicht mehr zu zögern, sondern mit der Morgendämmerung über den Asopus zu gehen, um die Griechen unvermutet zu überfallen, gab auch dazu den Führern die nöthigen Befehle.

Etwa um Mitternacht nahte sich ein Mann zu Pferde leise dem griechischen Lager und sagte den Schildwachen, auf die er stieß, es möchte Aristides der Athener zu ihm kommen. Als dieser sofort erschien, sagte er: „ich bin Alexander, der König von Makedonien, und habe mich aus Liebe zu euch mit der größten Gefahr hieher begeben, damit nicht die Ueberraschung euch außer Fassung bringe und ihr die

---

1) Die Lanze lief auch unten in eine Spitze aus, mit der man sie in die Erde stecken, im Nothfalle auch kämpfen konnte.

Waffen minder gut führet. Mardonius wird euch morgen angreifen, nicht daß er gute Hoffnung und Selbstvertrauen hätte, sondern aus Noth: mahnen ihn doch die Wahrsager mit schlimmen Opfern und Orakelsprüchen vom Kampfe ab, auch ist das Heer voll Mutlosigkeit und Bestürzung. Allein er hat keine andere Wahl, als zu wagen und sein Glück zu versuchen, oder, wenn er hier bleibt, den äußersten Mangel zu leiden."

Alexander bat hierauf den Aristibes dieser Mittheilung eingebenk zu sein, sie aber für sich zu behalten und keinem Andern zu eröffnen. Aristibes erwiderte, es wäre nicht Recht dem Pausanias ein Geheimniß daraus zu machen, der ja den Oberbefehl führe. Die Andern jedoch, dieß sagte er zu, sollten vor der Schlacht nichts davon erfahren. Trage aber Griechenland den Sieg davon, so dürfe Alexanders Eifer und Edelmut keinem Menschen verborgen bleiben.

Nach dieser Unterredung ritt der makedonische König wieder zurück, während sich Aristibes in das Zelt des Pausanias begab und ihm diese Nachricht brachte. Sofort riefen sie die andern Feldherren herbei und gaben Befehl das Heer in Bereitschaft zu halten, da eine Schlacht bevorstehe.

16. Mittlerweile wurde dem Aristibes, wie Herodot[1]) erzählt, von Pausanias der Vorschlag gemacht, er solle die Athener auf den rechten Flügel hinüberführen und den Persern entgegenstellen; hier würden sie gewiß am Besten kämpfen, da sie sich mit denselben schon versucht und als Sieger über dieselben ein kühnes Selbstvertrauen haben; ihm aber möchten sie den linken Flügel überlassen, wo der Angriff der Griechen, welche auf der Seite der Perser standen, zu erwarten war.

Die andern Feldherrn der Athener nun meinten, Pausanias verfahre ganz rücksichtslos und übermütig daß er, ohne sonst an der Schlachtordnung etwas zu verändern, sie allein, wie Heloten, hin und her führe und sie dem Kerne der Feinde gegenüber aufstelle. Aristibes

---

1) S. IX, 46.

aber entgegnete: „ihr seid ganz und gar im Irrthume. Neulich habt
ihr euch mit den Tegeaten um den linken Flügel gestritten und waret
sehr stolz darauf als euch der Vorzug eingeräumt wurde: und jetzt,
wo die Spartaner euch den rechten Flügel freiwillig abtreten und
gewissermaßen den Oberbefehl in eure Hände legen, wollet ihr diese
Ehre nicht annehmen und es für keinen Gewinn achten, statt gegen
Stammgenossen und Verwandte, gegen Barbaren und natürliche Feinde
zu kämpfen!“

Diese Vorstellungen fanden Eingang: bereitwillig vertauschten
nun die Athener ihre Stelle mit den Spartanern, und durch ihre Reihen
gieng lauter Ruf gegenseitiger Ermunterung: „nicht mit besseren
Waffen oder größerem Mute als bei Marathon werden die Feinde an-
rücken, nein mit den gleichen Bogen, demselben Kleiderprunk, und eben
so viel Gold auf weichlichem Leibe und auf weibischem Herzen. Auch
unsere Waffen, unsere Leiber sind denen ähnlich die dort gestritten haben;
aber der Mut ist erhöht durch die gewonnenen Siege; und der Kampf
gilt nicht sowohl Stadt und Land, wie damals, als vielmehr den Trophäen von Marathon und Salamis, damit auch jene nicht dem Miltiades und dem Glücke, sondern den Athenern zugeschrieben werden.“

Während diese also in Eile die Stellungen wechselten, wurden die
Thebaner durch Ueberläufer davon in Kenntniß gesetzt und sagten es
dem Mardonius. Sogleich führte er, sei es aus Furcht vor den Athenern, sei es weil er eine Ehre darein setzte sich mit den Lakedämoniern
zu messen, die Perser auf den linken Flügel hinüber und ließ die Griechen die auf seiner Seite waren sich gegen die Athener stellen. Als
jedoch diese Umstellung bemerkt wurde zog Pausanias wieder hinweg
und stellte sich auf dem rechten Flügel auf, sofort nahm auch Mardonius wieder, wie Anfangs, den linken Flügel ein, den Lakedämoniern
gegenüber; und so gieng der Tag unbenützt vorbei.

Die Griechen hielten nun Rath und beschloßen das Lager weiter
zu entfernen und eine wasserreiche Gegend zu besetzen, da die nächsten
Brunnen von dem Feinde bei der Ueberlegenheit seiner Reiterei ganz
und gar verunreinigt und verdorben waren.

17. Als jedoch darüber die Nacht gekommen war und die Feld=
herrn zu dem jetzt erwählten Lagerplatze ziehen wollten, hatte die
Menge eben keine große Geneigtheit ihnen zu folgen und ſich zuſam=
menzuhalten, ſondern, ſobald man aus den vorderſten Verſchanzungen
aufgebrochen war, eilten die Meiſten der Stadt Platää zu, wo ſie ſich
mit vielem Lärm zerſtreuten und ohne Ordnung niederließen.

Die Lakedämonier allein blieben zurück, wiewohl ganz gegen
ihren Willen. Amompharetos nämlich, ein ungemein mutiger und
gefahrliebender Mann, der längſt von Kampfbegier brannte und des
vielen Zögerns und Aufſchiebens müde war, nannte jetzt den Umzug
geradezu eine feige Flucht und erklärte, er werde ſeinen Poſten nicht
verlaſſen, ſondern wo er ſtehe mit ſeinen Leuten dem Mardonius die
Spitze bieten. Als nun Pauſanias zu ihm gieng und verſicherte, was
er thue ſei von den ſämmtlichen Griechen beſchloſſen und angeordnet,
ſo erhob Amompharetos mit beiden Händen einen großen Stein, warf
ihn dem Pauſanias vor die Füße und rief: „damit gebe ich meine
Stimme zur Schlacht: was kümmern mich die feigen Beſchlüſſe der
Andern!“ In dieſer Verlegenheit ſchickte Pauſanias zu den Athenern,
die bereits im Wegmarſche begriffen waren, und ließ bitten, ſie möchten
noch warten, um mit ihm abzuziehen: zugleich aber nahm er mit dem
übrigen Heere den Weg nach Platää, in der Hoffnung dadurch den
Amompharetos von ſeinem Platze hinwegzuziehen.

Inzwiſchen brach der Tag an, und Mardonius, dem es nicht ver=
borgen blieb daß die Griechen ihr Lager verließen, zog eilends in
Schlachtordnung gegen die Lakedämonier, unter gewaltigem Schreien
und Lärmen der Barbaren, die meinten ſie finden gar keinen Wider=
ſtand, ſondern dürfen die fliehenden Griechen nur niedermachen. Auch
wäre dieß um ein Kleines geſchehen. Denn wiewohl Pauſanias, als
er die Bewegung der Feinde ſah, ſogleich Halt machte und die Schlacht=
ordnung zu bilden befahl: ſo vergaß er doch, entweder in der Ent=
rüſtung über Amompharetos oder betroffen durch die Schnelligkeit der
Feinde, das Feldgeſchrei den Griechen zu geben; daher ſie denn nicht
ſogleich noch in geſchloſſenen Schaaren, ſondern in kleinen und

zerstreuten Häuslein herbeikamen, als das Handgemenge schon be=
gonnen hatte.

Da Pausanias inzwischen beim Opfern keine günstigen Zeichen
erhielt, so gebot er den Lakedämoniern die Schilde vor die Füße gestellt
sich ruhig zu verhalten und, ohne sich gegen irgend einen der Feinde
zu wehren, auf seinen Befehl zu warten; worauf er wiederum opferte.
Jetzt sprengten die Reiter an, bereits war man in Schußweite, und
mehrere Spartaner wurden getroffen. Auch Kallikrates, der, wie
man sagt, der schönste Mann in dem Heere der Griechen war, dabei
an Körpergröße Alle übertraf, wurde durch einen Pfeilschuß zu Boden
geworfen und rief verscheidend: er klage nicht über den Tod: sei er
doch aus der Heimat gekommen, um für Griechenland zu sterben; aber
darüber klage er daß er sterben müsse ohne die Hand gebraucht zu
haben.

Hatten nun die Männer einen sehr harten Stand, so war auch
ihre Selbstbeherrschung bewundernswürdig; denn sie rückten nicht vor,
sich des Feindes zu erwehren, sondern harrten in Geduld des Augen=
blicks den die Gottheit und der Feldherr wählen würden und ließen
sich derweilen auf ihren Pösten verwunden und niederschießen.

Nach Einigen wurde Pausanias selbst, der in geringer Entfer=
nung vom Heere seine Opfer und Gebete verrichtete, unvermutet von
einigen Lydiern überfallen, welche das Opfer und die Geräthschaften
raubten und auseinander warfen, da denn Pausanias und seine Be=
gleiter, die keine Waffen bei sich hatten, mit Stöcken und Peitschen
zuschlugen. Eine Nachahmung dieses Ueberfalles sei die Geißelung
der Jünglinge [1]), welche noch jetzt in Sparta am Altare [der Artemis]
geschieht, so wie der darauf folgende Aufzug der Lydier.

18. Als der Opferschauer ein Thier nach dem andern geschlachtet
hatte wandte sich endlich Pausanias in tiefer Bekümmerniß weinend
gegen den Heratempel, und flehte die Hände erhebend zur Hera vom
Kithäron und den andern Schutzgöttern des platäischen Landes: „wenn

---

ben Griechen nicht zu fiegen beſtimmt iſt, ſo laſſet uns boch, ehe wir fallen, etwas Rühmliches vollbringen und dem Feinde durch die That beweiſen baß er gegen wackere und kampfgeübte Männer zu Felbe ge= zogen iſt."

Alſo ſlehte Pauſanias, und zugleich mit dem Gebete erſchienen die erwünſchten Opferzeichen und verkündigte der Wahrſager den Sieg. Wie denn an Alle der Befehl ergieng dem Feinde entgegenzutreten, bot die Schlachtordnung plötzlich den Anblick eines einzigen ergrimm= ten Thieres, welches die Haare emporſträubend ſich zum Angriff wendet; die Barbaren aber wurden jetzt gewahr baß ſie es mit Män= nern zu thun hätten die bis zum Tode kämpfen würden. Deßwegen bildeten ſie Schutzwehren aus vielen ihrer leichten Schilde und ſchoßen bahinter ihre Pfeile gegen die Lakebämonier ab. Dieſe dagegen rückten mit dicht zuſammengehaltenen Schilden heran, ſtießen in ſtürmendem Anlauf die feindlichen Schilde auseinander und ſtreckten mit Lanzen= ſtößen nach Geſicht und Bruſt Viele der Perſer zu Boden. Jedoch fielen dieſe keineswegs ohne tapfern Wiberſtand, nein ſie ergriffen die feindlichen Lanzen mit bloßen Händen und zerbrachen die meiſten der= ſelben, zogen dann raſch ihre gekrümmten, zum Theil größern, zum Theil kleinern Säbel und hieben damit wacker ein, riſſen auch die Schilde der Gegner weg und faßten dieſe ſelbſt um den Leib. In dieſer Weiſe leiſteten ſie lange Zeit Wiberſtand.

Die Athener warteten zuerſt ruhig auf die Lakebämonier; als aber gewaltiges Kampfgeſchrei zu ihren Ohren drang und von Pau= ſanias, wie man erzählt, ein Bote kam, was vorgieng zu melden, ſo machten ſie ſich raſch zur Hülfe auf. Indem ſie nun durch das Ge= ſilde nach der Gegend eilten woher das Geſchrei erſcholl, warfen ſich ihnen die Griechen welche zu den Perſern hielten entgegen. Ari= ſtibes eilte zuerſt, als er ihrer gewahr wurde, weit voran und beſchwor ſie bei den Göttern Griechenlands ſich der Feindſeligkeiten zu enthal= ten, den Athenern nicht in den Weg zu treten und ſie nicht zu hinbern den Vorkämpfern für Griechenlands Sache Beiſtand zu leiſten. Als er aber ſah daß ſie ſich um ſeine Vorſtellungen nicht kümmerten und

zum Angriff bereit waren, entsagte er dem Vorhaben den Lakedämo=
niern zu helfen und wandte sich gegen die Griechen, deren Zahl sich
auf etwa 50,000 belief. Der größte Theil derselben zog sich jedoch
sogleich ohne ernstlichen Kampf zurück, weil auch die Barbaren jetzt
das Feld geräumt hatten; zu einer Schlacht soll es eigentlich nur mit
den Thebanern gekommen sein, da die vornehmsten und einflußreichsten
Männer ihrer Stadt damals den Persern anhiengen und das Volk
nicht nach seiner eignen Neigung, sondern nach dem Willen des herr=
schenden Adels führten.

19.   In der doppelten Schlacht die also geliefert wurde brach=
ten die Lakedämonier zuerst das Perserheer zum Weichen, und den Mar=
donius erschlug ein Spartaner Namens Arimnestos [1]) durch einen
Steinwurf an den Kopf, wie ihm das Orakel des Amphiaraos [2]) vor=
aus verkündigt hatte.

Mardonius schickte nämlich einen Lydier zu diesem, einen Karier
zum Orakel des Trophonios [3]).   Zu dem letzteren redete der Gott in
karischer Sprache.   Dem Lydier, als er sich in dem Heiligthume des
Amphiaraos schlafen gelegt, kam es im Traume vor als ob ein Diener
des Gottes an seine Seite träte, mit dem Befehle sich zu entfernen,
und auf seine Weigerung ihm einen großen Stein an den Kopf
würfe, der ihm, wie er meinte, den Tod brachte.   So lauten hierüber
die Berichte.

Die fliehenden Perser wurden von den Lakedämoniern in ihre
hölzernen Mauern eingeschlossen.   Bald darauf schlugen auch die
Athener das Thebanerheer in die Flucht, nachdem 300 der ange=

---

1) Bei Herod. IX, 64 heißt dieser Mann Aeimnestos.

2) Amphiaraos, einer jener sieben durch den Zug gegen Theben be=
rühmten Helden, ertheilte, wie er bei Lebzeiten die Gabe der Weissagung
besaß, nach seinem Tode Orakel. Wer Offenbarungen von ihm erhalten
wollte mußte auf dem Felle eines Widders, den er ihm zum Opfer gebracht,
in dem Tempel schlafen, worauf sein Wunsch durch einen Traum erfüllt
wurde.

3) Das Orakel des Zeus Trophonios befand sich nahe bei der böoti=
schen Stadt Lebadea in einer Höhle.

ſehenſten Edeln in der Schlacht ſelbſt gefallen waren. Die Flucht
hatte eben begonnen, als ein Bote den Athenern meldete, die Bar=
baren ſeien in ihre Verſchanzungen eingeſchloſſen und werden da be=
lagert. Darum vergönnten ſie den Griechen ſich zu retten, und eilten
nach jenen Verſchanzungen zu den im Belagerungskampfe läßigen und
unerfahrenen Lakedämoniern, eroberten auch wirklich ſofort das Lager
mit ungeheurem Verluſte der Feinde. Wird doch verſichert daß von
300,000 Mann nicht weiter als 40,000 mit Artabazos entkommen ſeien.
Dagegen fielen von den Kämpfern für Griechenlands Sache in Allem
1360. Davon waren Athener 52, alle, wie Kleidemos[1]) berichtet,
aus dem aiantiſchen Stamme, welcher ſich am Meiſten hervorgethan
habe. Deßwegen ſeien es auch die Aiantiden geweſen welche den
ſphragitiſchen Nymphen[2]) das vom pythiſchen Orakel anbefohlene
Siegesopfer auf Koſten des Staates brachten. Die Lakedämonier
verloren 91, die Tegeaten 16 Mann. Demnach iſt es unbegreiflich
wie Herodot[3]) erzählen kann, dieſe allein ſeien mit dem Feinde ins
Handgemenge gekommen, von den übrigen Griechen Niemand. Wird
doch durch die Anzahl der Gefallenen und durch die Denkmale bezeugt daß
der Sieg Allen gemein war: auch an dem Altare würde man, wenn
nur drei Städte den Kampf beſtanden, die übrigen unthätig zugeſehen
hätten, gewiß nicht folgende Inſchrift leſen:

Als mit ſiegender Kraft die helleniſchen Männer in Ares
    Kampfe, vom edlen Gebot herrlichen Mutes geführt,
Perſiens Schaaren verjagt, da erbauten ſie Zeus dem Befreier
    Dankbar den Altar hier, Hellas der freien gemein[4]).

---

1) Kleidemos war Verfaſſer einer Geſchichte Attika's die er Atthis
betitelte. Er ſcheint in der erſten Hälfte des vierten Jahrhunderts v. Chr.
geblüht zu haben.

2) S. Cap. 11.

3) IX, 85.

4) Der Verfaſſer dieſer Inſchrift war Simonides, ſ. die griechiſche
Anthologie VI, 50 und Pauſanias IX, 2.

Die Schlacht fiel nach dem athenischen Kalender auf den vierten [1]) des Monats Boëdromion, nach dem böotischen auf den 27. des Panemus, an welchem Tage noch jetzt die Hellenenversammlung [2]) in Plataä gehalten wird und die Platäer „Zeus dem Befreier“ für den Sieg Opfer bringen. Ueber die Ungleichheit der Tage darf man sich um so weniger wundern da selbst jetzt, trotz der größeren Gründlichkeit unserer astronomischen Kenntnisse, die Monate hier diesen Anfang haben, dort jenen, hier dieses Ende, dort ein anderes.

20. Als hierauf von den Athenern der Siegespreis den Spartanern verweigert, auch die Errichtung eines Siegeszeichens ihnen nicht eingeräumt wurde, so fehlte wenig daß die Griechen die Waffen, welche sie noch in den Händen hatten, gegen einander kehrten und das Vaterland an den Rand des Verderbens brachten, hätte nicht Aristides durch viele Bitten und Vorstellungen seine Amtsgenossen, besonders den Leokrates und Myronides, besänftigt und dahin gebracht daß sie die Entscheidung des Streites den Griechen überließen.

Als nun die Griechen darüber berathschlagten erklärte Theogeiton aus Megara, wolle man keinen innern Krieg erregen, so müsse man den Preis einer andern Stadt ertheilen. Nach ihm erhob sich Kleokritos von Korinth, und Jedermann erwartete daß er den Preis für die Korinther in Anspruch nehmen werde: hatte doch Korinth nächst Sparta und Athen das höchste Ansehen. Allein er sprach in einer vortrefflichen Rede mit allgemeinem Beifall zu Gunsten der Platäer und rieth die Eifersucht dadurch zu ersticken daß man den Preis diesen ertheile, deren Auszeichnung keinem von beiden Theilen kränkend sein könne. Diesem Vorschlag trat zuerst Aristides im Namen der Athener, dann Pausanias im Namen der Spartaner bei. Nachdem diese Ausgleichung zu Stande gekommen war wurden 80 Talente für die Platäer ausgeschieden, von welchen sie den Tempel der Athene erbauten,

---

1) Vgl. die Lebensbeschreibung des Camillus Cap. 19, wo der dritte Boëdromion als der Tag dieses Sieges bezeichnet ist. — Der Boëdromion entspricht ungefähr unserem September.

2) Vgl. Cap. 21.

das Bildniß dieſer Göttin aufſtellten und das Heiligthum mit Gemäl=
den ausſchmückten, die bis auf dieſen Tag ſich wie neu erhalten haben.
Ein Siegeszeichen aber errichteten die Lakedämonier für ſich und ebenſo
die Athener ein beſonderes für ſich.

Wegen des Opfers fragten ſie bei dem pythiſchen Gotte an, und
dieſer gab ihnen die Weiſung, ſie ſollten „Zeus dem Befreier" einen
Altar errichten, aber nicht eher ein Opfer bringen als bis ſie das von
den Barbaren entweihte Feuer im Lande gelöſcht und eine reine
Flamme an dem gemeinſamen Herde zu Delphi angezündet hätten.
Sofort giengen die Vorſteher der Griechen umher und nöthigten Jeden
der Feuer hatte es zu löſchen. Ein Plataäer Euchidas aber verſprach
das Feuer von dem Gotte ſo ſchnell als möglich zu holen und eilte
nach Delphi. Nachdem er ſich dort auf die gebürende Weiſe ge=
waſchen und mit Weihwaſſer beſprengt hatte legte er einen Lorbeer=
kranz auf ſein Haupt; dann nahm er das Feuer von dem Altare,
kehrte in vollem Laufe wieder nach Plataä zurück und langte vor
Untergang der Sonne an; es waren tauſend Stadien[1]) die er an
Einem Tage zurücklegte. Kaum hatte er ſeine Mitbürger begrüßt
und das Feuer abgegeben, als er zu Boden ſtürzte und nach wenigen
Augenblicken den Geiſt aufgab. Voll Bewunderung,[2]) des Mannes
beſtatteten ihn die Plataäer im Tempel der Artemis Eukleia und gaben
ihm folgende Grabſchrift:

Euchidas lief hin nach Pytho und deſſelben Tags zurück.

Den Namen Eukleia [die Ruhmvolle] legen die Meiſten der Ar=
temis bei und glauben, Niemand anders als ſie werde damit bezeichnet.
Einige ſtellen jedoch die Behauptung auf, ſie ſei eine Tochter des He=
rakles und der Myrto geweſen, welche letztere des Menötios Tochter
und des Patroklos Schweſter war. Sie ſei als Jungfrau geſtorben
und habe bei den Böotiern und Lokrern Verehrung erlangt. Es iſt

---

1) 25 deutſche Meilen.

2) Ich leſe ἀγάμενοι ſtatt ἀράμενοι. Die Beſtattung in einem Tempel
war eine höchſt ſeltene Auszeichnung.

ihr nämlich auf jedem Marktplatze ein Altar und ein Standbild er=
richtet, und die Braut sowohl als der Bräutigam bringt ihr vor der
Hochzeit ein Opfer.

21. Als hierauf die Griechen eine allgemeine Versammlung
hielten machte Aristides den Vorschlag, es sollten alljährlich Raths=
männer und Festgesandte aus Griechenland in Platää zusammenkom=
men und je im fünften Jahre feierliche Kampfspiele unter dem Namen
Eleutherien [Freiheitsfeste] veranstaltet werden; ferner sollte ein grie=
chisches Bundesheer, bestehend aus 10,000 Schwerbewaffneten, 1000
Reitern und 100 Schiffen, den Krieg gegen die Barbaren führen, die
Platäer aber unverletzlich und heilig sein und dem Gotte [Zeus dem
Befreier] für Griechenland Opfer darbringen.

Alles dieß wurde förmlich zum Gesetze erhoben, und nun über=
nahmen die Platäer den in ihrem Lande gefallenen und beerdigten
Griechen jährlich heilige Ehre zu weihen. Und dieß thun sie auch bis
auf diesen Tag in folgender Weise: Am 16. des Monats Maemak=
terion [1]), welcher von den Böotiern Alalkomenios genannt wird,
halten sie einen festlichen Zug. Denselben eröffnet am frühen Morgen
ein Trompeter welcher wie zum Angriffe bläst; es folgen Wagen voll
von Myrtenzweigen und von Kränzen und ein schwarzer Stier; dann
werden in Krügen Opfergaben von Wein und Milch, auch Schalen
mit Oel und wohlriechenden Salben von freien Jünglingen getragen;
denn kein Geschäft bei dieser Feierlichkeit darf von Sklaven verrichtet
werden, weil jene Männer für die Freiheit gefallen sind. Zuletzt er=
scheint der oberste Beamte der Platäer, welcher sonst weder Eisen be=
rühren darf, noch ein Kleid von anderer als weißer Farbe tragen, in
einem dunkelrothen Gewande, einen Wasserkrug in der Hand, den er
in dem Stadtarchive holt, und ein Schwert an der Seite. So schreitet
er mitten durch die Stadt nach den Gräbern hin; dort schöpft er
Wasser aus der [in der Nähe befindlichen] Quelle, wäscht dann mit

---

1) Dieser Monat folgte unmittelbar auf den Boëdromion, in welchem
die Schlacht geliefert wurde.

eigner Hand die Steintafeln und salbt sie mit wohlriechendem Oel;
hierauf schlachtet er den Stier über dem Scheiterhaufen[1]) mit einem
Gebete zu dem unterirdischen Zeus[2]) und dem unterirdischen Hermes,
und ladet endlich die tapferen Männer die für Griechenland gefallen
zum Mahle und zur Blutsättigung ein. Zuletzt füllt er einen Becher
mit Wein, gießt denselben als Trankopfer aus und ruft dabei: „ich
weihe diesen Trunk den Männern die für Griechenlands Freiheit ge=
fallen sind." Diese Gebräuche also werden noch jetzt von den Pla=
täern beobachtet.

22. Da Aristides an den heimgekehrten Bürgern Athens großes
Verlangen nach demokratischer Verfassung bemerkte, so achtete er
einerseits das Volk wegen der Tapferkeit die es bewiesen hatte aller
Aufmerksamkeit werth; andererseits schien es ihm nicht mehr leicht
diese durch ihre Waffen so viel vermögenden und auf ihre Siege so
stolzen Männer mit Gewalt in Schranken zu halten: er schlug daher
vor, den Zugang zu der Staatsverwaltung für alle Bürger zu eröffnen
und die Beamten aus allen Athenern zu wählen.

Als Themistokles der Volksversammlung erklärte, er habe einen
geheimen, für Wohlfahrt und Heil der Stadt sehr wichtigen Plan,
wurde Aristides beauftragt denselben sich allein mittheilen zu lassen
und mit Themistokles in Erwägung zu ziehen. Wie dieser ihm nun
eröffnete, er gedenke die Flotte der Griechen in Brand zu stecken, wo=
durch Athen die erste Stadt und Gebieterin aller andern werde: so
trat Aristides vor das Volk und sagte: der Anschlag welchen Themi=
stokles habe sei höchst vortheilhaft, aber höchst ungerecht[3]). Als die
Athener dieß vernahmen geboten sie dem Themistokles davon abzu=
stehen. So viel Liebe zum Recht hatte das Volk, so treu gegen das
Volk und so fest war Aristides.

---

1) Dieser war in einer Grube aufgeschichtet.

2) Der „unterirdische" Zeus ist Hades oder Pluton, der Herrscher des
Todtenreichs; Hermes aber hat ebendenselben Beinamen als Führer der
Seelen der Verstorbenen.

3) Vgl. Themistokles Cap. 20.

23.   Als Feldherr mit Kimon zu Fortsetzung des Krieges aus=
geschickt sah er daß Pausanias und die andern Obern der Spartaner
sich hart und herrisch gegen die Bundesgenossen benahmen.   Indem
nun er im Gegentheil sanft und gütig gegen dieselben war, und auch
den Kimon bewog ihnen mit Milde und Gefälligkeit auf den Kriegs=
zügen zu begegnen, nahm er den Lakedämoniern ganz unvermerkt, nicht
durch Waffen, Schiffe und Pferde, sondern durch Güte und Klugheit,
den Oberbefehl aus den Händen.   Denn wenn die Athener schon
wegen Aristides' Gerechtigkeit und Kimon's Freundlichkeit bei den
Griechen beliebt waren, so bewirkte des Pausanias Anmaßung und
Härte daß man sich noch viel stärker nach ihnen sehnte.   Sprach er
doch mit den Anführern der Bundesgenossen nie anders als zornig und
barsch, während er die Gemeinen mit Schlägen abstrafte oder mit
einem eisernen Anker belastete und so den ganzen Tag dazustehen
nöthigte.   Keiner durfte vor den Spartanern Stroh zur Lagerstätte
oder Futter holen oder einer Quelle nahen, um Wasser zu schöpfen;
versuchte es einer, so wurde er von Dienern mit Peitschen wegge=
trieben. Als Aristides darüber einmal sich beklagen und Vorstellungen
machen wollte zog Pausanias die Stirne in Falten, und hatte keine
Zeit ihn anzuhören.

So wandten sich denn die Admirale und Feldherrn der Griechen,
besonders die von Chios, Samos und Lesbos, an Aristides und drangen
in ihn, er möchte den Oberbefehl übernehmen und die Bundesgenossen
an sich ziehen, welche längst von den Spartanern erlöst zu werden und
zu den Athenern überzutreten wünschten.   Als ihnen nun Aristides zur
Antwort gab: er sehe wohl daß ihr Antrag von der Nothwendigkeit
geboten und gerecht sei, damit er aber auch ihrer Treue versichert sei,
müsse etwas geschehen das einen Rücktritt des großen Haufens un=
möglich mache, — so bildeten Uliades von Samos und Antagoras
von Chios eine geheime Verbindung und liefen bei Byzantion auf den
voraussegelnden Dreiruderer des Pausanias von beiden Seiten her
mit dem Schnabel an.   Als dieser nun darüber aufsprang und voll
Zorn drohte, er wolle bald zeigen daß die Männer nicht seinem

Schiffe, ſondern ihren eigenen Städten den Stoß gegeben haben, ſo erwiderten ſie, er ſolle ſich davon machen und das Glück ſegnen, daß ihm bei Platää beigeſtanden, denn blos Achtung vor jenem halte die Griechen noch ab die verdiente Rache an ihm zu nehmen.

Endlich fielen denn die Bundesgenoſſen wirklich von Sparta ab und giengen zu den Athenern über. Jetzt zeigte aber auch Sparta eine bewundernswerthe Erhabenheit des Sinnes. Da ſie nämlich bemerkten daß die Größe der Gewalt ihnen die Feldherrn verderbe, entſagten ſie freiwillig dem Oberbefehl und ſchickten keine Feldherrn mehr für den Krieg, denn lieber wollten ſie beſcheidene, den Landes= ſitten getreue Bürger haben als die Herrſchaft über das geſammte Griechenland.

24. Die Griechen entrichteten zwar ſchon unter Sparta's Ober= befehl einige Abgaben für den Krieg; damit aber jedem Staate ſeine Leiſtung nach Billigkeit angeſetzt werde, erbaten ſie ſich von Athen den Ariſtides, und trugen dieſem auf, Land und Einkünfte Aller genau zu unterſuchen und ſo Jedem nach Kräften und Vermögen ſeinen Beitrag zu beſtimmen.

So groß aber die Vollmacht war die ihm hiemit übertragen wurde, und obgleich Griechenland gewiſſermaßen Alles in ſeine, des einzigen Mannes, Hand gelegt hatte, ſo kehrte er doch, arm bei ſeiner Abreiſe, noch ärmer heim, nachdem er nicht blos uneigennützig und gerecht, ſondern auch mit freundlicher Gefälligkeit gegen Jedermann die Steuer geregelt hatte. Denn wie die Alten das Leben unter Kronos' Herrſchaft glücklich prieſen, ſo nannten die Bundesgenoſſen Athens die Zeit der Steuer des Ariſtides eine Glückszeit Griechen= lands, zumal als nicht lange darauf die Steuer verdoppelt und dann wiederum geſteigert und aufs Dreifache erhöht wurde. Nach dem An= ſatze des Ariſtides belief ſie ſich auf 460 Talente. Perikles erhöhte ſie beinahe um ein Drittheil, denn Thukydides [1]) verſichert daß beim Beginne des [peloponneſiſchen] Krieges 600 Talente von den Bundes=

---

1) II, 13.

genoſſen den Athenern eingegangen ſeien. Nach des Perikles Tod
ſteigerten die Volksführer den Tribut allmählich bis auf die Summe von
1300 Talenten, nicht ſowohl darum weil der Krieg bei ſeiner langen
Dauer und den großen Verluſten ungemein viele Koſten verurſachte,
als wegen der Spenden an die Bürger, wegen der Schauſpielgelder [1]),
Bildſäulen und Tempel [2]), wozu ſie das Volk verleiteten.

Als nun Ariſtides der Steuervertheilung wegen einen hochgeprie=
ſenen Namen hatte, ſo ſoll Themiſtokles darüber ſpöttiſch geäußert
haben, das ſei kein Lob für einen Mann, ſondern für einen Geldſack,
womit er für eine freimütige Aeußerung des Ariſtides in ungleicher
Weiſe Rache nahm. Themiſtokles hatte nämlich einmal geſagt: er
halte es für einen der größten Vorzüge eines Feldherrn die Abſichten
der Feinde zu erkennen und vorauszuſehen; darauf entgegnete Ari=
ſtides: „etwas Unentbehrliches iſt dieß, mein Themiſtokles, aber wahr=
haft ſchön und eines Feldherrn würdig iſt ſich von Eigennutz frei zu
halten [3]).“

25. Ariſtides hatte die Griechen den Bundesvertrag beſchwören
laſſen und ſelbſt den Eid im Namen der Athener geleiſtet, wobei er
nach Herſagung der Verwünſchungen [4]) Metallklumpen in das Meer
verſenkte [5]); als nun in der Folge die Umſtände, wie es ſcheint, gebie=
teriſch eine ſtrengere Herrſchaft verlangten, forderte er die Athener auf,
die Schuld des Meineids ihm aufzuladen und ganz ſo zu verfahren
wie es ihrem Vortheile gemäß ſei. Ueberhaupt verſichert Theophraſt
daß dieſer Mann, während er bei ſeinen eigenen Angelegenheiten und
ſeinen Mitbürgern gegenüber die ſtrengſte Rechtlichkeit beobachtete,

---

1) S. Perikles Cap. 9.
2) S. Perikles Cap. 13.
3) Vgl. Cap. 4.
4) Verwünſchungen gegen die welche den Eid brechen würden.
5) Vgl. Herod. I, 165. „Die Phokäer ſprachen ſchwere Verwün=
ſchungen gegen Jeden aus der ſich ihrer Fahrt entziehen würde. Ueberdieß
verſenkten ſie einen eiſernen Klumpen in das Meer, und ſchwuren nicht eher
nach Phokäa heimzukehren bevor dieſer Klumpen wieder empor käme.“

bei der Staatsverwaltung häufig nur den Nuten des Vaterlandes zu
Rathe gezogen habe, welches seiner Ueberzeugung nach häufig ohne
Ungerechtigkeit nicht hätte bestehen können. So habe er, als man die
Bundeskaffe, im Widerspruche mit dem Vertrage, von Delos nach
Athen zu verlegen gedachte und die Samier einen Antrag darauf
stellten, diesen Schritt zwar für ungerecht, aber für vortheilhaft
erklärt.

Nach Allem diesem blieb er, der die Stadt zur Herrscherin so vieler
Menschen gemacht hatte, für sich selbst in der Armut und beharrte da=
bei den Ruhm den seine Armut ihm brachte nicht minder zu lieben
als den seiner Trophäen. Dieß zeigt sich klar in Folgendem. Kallias,
der Fackelträger [1]), war sein Blutsverwandter; diesen klagten seine
Feinde auf den Tod an und suchten, nachdem sie die Klagepunkte ge=
hörig entwickelt hatten, noch durch folgende nicht zur Sache gehörige
Worte Eindruck auf die Richter zu machen. „Aristides,“ sagten sie,
„des Lysimachos Sohn, wird, wie ihr wisset, von ganz Griechenland
bewundert. Wie glaubt ihr nun daß es bei diesem im Hause steht,
da ihr ihn mit so abgeschabtem Kleide an öffentlichen Orten erscheinen
seht? Muß man nicht annehmen daß er, der auf der Straße friert,
auch zu Hause hungert und der sonstigen Nothdurft entbehrt? Und
den läßt Kallias, sein Vetter, der reichste Athener, mit Weib und Kin=
dern Mangel leiden, da er doch den Mann viel benützt und von seinem
Einflusse bei euch gar oft Vortheil gezogen hat.“

Kallias sah nun wohl daß es gerade dieser Vorwurf war worüber
die Richter am stärksten lärmten und am heftigsten gegen ihn erbittert
waren. Er rief daher Aristides herbei, und bat ihn den Richtern zu
bezeugen daß er ihm oft bedeutende Geschenke geboten und ihn dringend
gebeten habe sie anzunehmen, daß aber Aristides sie immer zurückge=
wiesen und erklärt habe, er dürfe sich auf seine Armut mehr zu gut
thun als Kallias auf seinen Reichthum. Sehe man doch den Reich=
thum Viele gut und Viele schlecht gebrauchen, aber Männer welche

---

1) Vgl. Cap. 5.

die Armut auf edle Weise ertragen seien schwer zu finden: Scham
über die Armut sei nur Sache derer die ungern arm seien. Dieß
wurde ihm wirklich von Aristides bezeugt, und nun fand sich kein Zu=
hörer der nicht mit dem Wunsche lieber arm wie Aristides als reich
wie Kallias zu sein hinweggegangen wäre.

Dieß hat Aeschines der Sokratiker berichtet. Platon aber sagt,
von allen den groß geachteten und berühmten Athenern verdiene Ari=
stides allein Hochachtung[1]). Denn Themistokles, Kimon, Perikles
haben die Stadt mit Säulenhallen, Reichthümern und viel eitlem
Prunk erfüllt[2]), Aristides aber habe die Tugend zur Leiterin seines
öffentlichen Lebens gewählt.

Ein großer Beweis von Herzensgüte ist auch sein Benehmen
gegen Themistokles. Diesen hatte er bei Allem was er als Staats=
mann unternahm zum Gegner gehabt, hatte auch die Verbannung
durch seine Schuld erlitten, und doch dachte er, als Themistokles vor
dem Volksgerichte angeklagt ihm die gleiche Gelegenheit bot, nicht
daran Rache zu üben; nein, während Alkmäon, Kimon und viele
Andre als Verfolger und Kläger auftraten, war Aristides der Einzige
der nichts zu seinem Nachtheil sagte oder that, und das Unglück des
Feindes nicht benützte, wie er ihn zuvor in seinem Glücke nicht
beneidete.

·26. Gestorben ist Aristides nach Einigen in Pontus[3]), wohin
er in öffentlichem Auftrage gesegelt war, nach Andern zu Athen, in
hohem Alter, geehrt und bewundert von seinen Mitbürgern. Der
Makedonier Krateros[4]) aber berichtet über sein Lebensende ungefähr
Folgendes: Nach der Verbannung des Themistokles habe sich das
Volk ganz dem Uebermute hingegeben, und eine Menge ränkevoller

---

1) S. Gorgias Cap. 81.

2) S. Gorgias Cap. 74.

3) Eine Landschaft Kleinasiens, die gegen Norden an den Pontus Eu=
rinus, d. h. das schwarze Meer, grenzte.

4) Ein Schriftsteller des dritten Jahrhunderts v. Chr.

Ankläger hervorgebracht, welche die beſten und einflußreichſten Männer verfolgten und dem Neide des durch Glück und Macht aufgeblaſenen Pöbels bloßſtellten.   So ſei auch Ariſtides wegen Geſchenkannahme verurteilt worden; ſein Ankläger ſei Diophantes von Amphitrope [1]) geweſen, der ihn beſchuldigte, er habe ſich bei Eintreibung der Steuern von den Joniern beſtechen laſſen.   Als Strafe ſei ihm die Summe von fünfzig Minen [2]) angeſetzt worden, und da er dieſe nicht zu zahlen vermochte ſo ſei er von Athen weggeſchifft und habe in Jonien ſein Leben beſchloſſen.

Allein Krateros hat hiefür kein ſchriftliches Zeugniß vorgebracht, weder einen Richterſpruch noch einen Volksbeſchluß, wiewohl er dergleichen ſonſt ſorgfältig beiſetzt, auch ſeine Gewährsmänner angibt. Die Andern, man kann wohl ſagen, Alle ohne Ausnahme, ſo viele die Verſchuldungen des Volkes gegen ſeine Feldherren erzählen, ſtellen zwar des Themiſtokles [3]) Verbannung, des Miltiades Feſſelung, des Perikles [4]) Geldſtrafe, des Paches [5]) Tod in dem Gerichtshofe, wo er im Augenblick der Verurteilung ſich ſelbſt auf der Rednerbühne entleibte — dieß und noch viel Anderes dergleichen ſtellen ſie mit großer Ausführlichkeit zuſammen, von Ariſtides aber fügen ſie wohl die Verbannung hinzu, einer ſolchen Verurteilung aber thun ſie nirgends Erwähnung.

27.   Zeigt man doch auch ein Grabmal von ihm zu Phaleron, das ihm die Stadt erbaut haben ſoll, da er nicht einmal die Koſten der Beſtattung hinterließ.   Auch ſeine beiden Töchter wurden, wie man erzählt, vom Stadthauſe an ihre Freier verheiratet, indem der

---

1) Eine Gemeinde des antiochiſchen Stammes.
2) 1206 Thlr. 10 Gr. oder 2171 fl. 31 kr.
3) S. Themiſtokles Cap. 22.
4) S. Perikles Cap. 35.
5) S. Plutarchs Nikias Cap. 6.

Staat ihr Verlöbniß [1]) besorgte und jeder 3000 Drachmen [2]) als Mit=
gift ertheilte.   Deßgleichen gab das Volk seinem Sohne Lysimachos
100 Minen [3]) Silbers und ebensoviel Plethren [4]) mit Bäumen bepflanz=
tes Land, setzte ihm überdieß auf jeden Tag vier Drachmen [5]) aus —
Alles auf den Vorschlag des Alkibiades.   Nicht genug: da Lysimachos
eine Tochter Namens Polykrite hinterließ, so wurde, wie Kallisthenes [6])
berichtet, auch dieser die öffentliche Speisung, wie den Siegern in
Olympia [7]), durch Volksbeschluß zuerkannt.

Nach Demetrius von Phaleron, Hieronymus von Rhodus [8]),
Aristorenus [9]) dem Musiker und Aristoteles, wenn anders das Buch
„vom Adel“ den ächten Werken des Aristoteles beigezählt werden darf,
lebte Myrto, des Aristides Enkelin, mit dem weisen Sokrates zusam=
men, der zwar eine andere Frau hatte, aber doch diese als arme, selbst
des Nothwendigen entbehrende Wittwe zu sich nahm.   Allein diese

---

1) Zur rechtlichen Gültigkeit einer Ehe gehörte unter Anderm daß der
Vater oder, wenn dieser nicht mehr lebte, der nächste männliche Verwandte
oder der bestellte Vormund ein förmliches Verlöbniß vollzog. Bei des Ari=
stides Töchtern vertrat also der Staat diese Stelle.

2) 723 Thlr. 20 Gr. oder 1302 fl. 55 kr.

3) 2412 Thlr. 19 Gr. oder 4343 fl.

4) Das Plethrum beträgt 10,000 Fuß griechisches Flächenmaß oder
9620 Fuß rheinländisches.

5) 23,16 Gr. oder 1 fl. 44 1/2 kr.

6) Kallisthenes, geb. um 360 v. Chr., war Verfasser einer griechischen
Geschichte, ebenso einer makedonischen und einer Schrift über den Zug Ale=
rander's d. Gr.

7) Die Speisung auf öffentliche Kosten war überhaupt Belohnung
ausgezeichneten Verdienstes.   Dafür galt auch ein Sieg in Olympia, weil
er zur Ehre der Vaterstadt des Siegers gereichte.   Diese Enkelin des Ari=
stides speiste übrigens ohne Zweifel nicht, wie die auf solche Weise geehrten
Männer, in Prytaneum, sondern es wurde ihr der Werth in Geld gegeben
oder die Speise in das Haus geschickt.

8) Hieronymus, ein Schüler des Aristoteles, war Verfasser eines Ge=
schichtswerks unter dem Titel Hypomnemata.

9) Auch ein Schüler des Aristoteles. Den Namen „der Musiker“ hat er
von seinen schriftstellerischen Arbeiten über die Musik erhalten.   Eine der=
selben, „die Elemente der Harmonie“, ist auf uns gekommen.

Behauptung hat Panätius in ſeiner Schrift „über Sokrates" ge=
nügend widerlegt.

Demetrius von Phaleron ſagt ferner in ſeinem „Sokrates", er
erinnere ſich eines Abkömmlings des Ariſtides, mit Namen Lyſima=
chos, eines ſehr armen Menſchen, der gewöhnlich am Tempel des
Jakchos [Bacchus] ſaß und ſich durch eine Traumtafel[1]) nährte. Der
Mutter dieſes Mannes und ihrer Schweſter wirkte Demetrius eine
tägliche Gabe von drei Obolen aus; als er aber in der Folge ſelbſt
mit geſetzgebender Gewalt bekleidet war[2]), ſo verordnete er — ſo er=
zählt er ſelbſt — daß jede dieſer Frauen täglich eine Drachme[3]) er=
halten ſollte.   Und man darf ſich nicht wundern wenn das Volk
Leute in der Stadt ſo gütig bedachte, da es ſogar auf die Nachricht
daß eine Enkelin Ariſtogiton's[4]) auf Lemnos in dürftigen Umſtänden
lebe und ihrer Armut wegen unverheiratet bleibe, dieſelbe nach Athen
kommen ließ, an einen Mann von edler Abkunft verheiratete und
dazu mit dem Gute in Potamos[5]) ausſtattete.   Und noch jetzt gibt die
Stadt häufig Proben ſolcher Menſchenfreundlichkeit und Güte, weß=
wegen ſie mit vollem Rechte bewundert und geprieſen wird.

---

1) Eine Tafel die ihm zur Deutung der Träume diente.

2) Demetrius leitete vom Jahr 317—307, als Statthalter Kaſſanders,
die Regierung von Athen.

3) Eine Drachme, die ſechs Obolen enthielt, beträgt 5,79 Gr. oder
26,6 kr.

4) Ariſtogiton und Harmodios wurden als Stifter der Freiheit Athens
angeſehen, weil ſie den Piſiſtratiden Hipparch ermordet hatten.

5) Eine Gemeinde Attika's, die zum Stamme Leontis gehörte.

V. Marcus Porcius Cato.

[Conſul im Jahr d. St. 559, 159 v. Chr.; Cenſor im Jahr d. St. 570, 184 v. Chr.; geſt. im Jahr d. St. 605, 149 v. Chr.].

1. Marcus Cato ſoll von Tusculum [1]) ſtammen, und vor ſeinen Feldzügen und ſeiner ſtaatsmänniſchen Thätigkeit auf Gütern ſeiner Familie im Sabinerlande gelebt haben. Seine Voreltern blieben, wie man gewöhnlich annimmt, ganz unbekannt: er ſelbſt jedoch rühmt ſeinen Vater Marcus als einen rechtſchaffenen und im Kriege bewährten Mann, und verſichert von ſeinem Urgroßvater Cato daß er viele Ehren= zeichen wegen tapferer Thaten erhalten und fünf Streitroſſe in Schlach= ten verloren habe, deren Werth ihm in Anerkennung ſeiner Tapferkeit aus der öffentlichen Caſſe erſetzt worden ſei. Und da es Sitte bei den Römern iſt, Männer die keinen Ruhm von Ahnen ererbt haben, ſon= dern nur durch ſich ſelbſt bekannt geworden ſind, Neulinge zu nennen, wie ſie auch den Cato nannten, ſo ſagte er daß er zwar in Abſicht auf Ehrenſtellen und Ruhm ein Neuling ſei, aber nach den Thaten und Tugenden ſeiner Väter uralten Geſchlechtes.

Sein dritter Name war anfänglich nicht Cato, ſondern Priscus, ſpäterhin aber gab man ihm ſeines Verſtandes wegen jenen Beinamen, die Römer nennen nämlich einen erfahrenen Menſchen catus.

Was ſein Aeußeres betrifft, ſo war er ziemlich roth und hatte blaugrüne Augen, wie ihn der Verfaſſer folgenden Epigramms in nicht freundlichem Tone ſchildert:

---

1) Stadt in Latium, 2⅓ Meilen öſtlich von Rom.

Nein, den Rothen mit grünlichem Auge, den Porcius Bissig,
Nimmt Persephone selbst todt in den Hades nicht auf.

Sein Körper, den er von Jugend auf an Arbeit, mäßige Lebensweise
und Kriegsdienste gewöhnt hatte, war ungemein geschickt zu jedem
Gebrauche und in Kraft und Gesundheit gleich ausgezeichnet. Die
Kunst der Rede aber, als einen zweiten Leib und ein edles, nicht blos
nothwendiges Werkzeug für einen Mann der nicht in Niedrigkeit und
Unthätigkeit sein Leben hinbringen will, bildete und übte er dadurch
daß er in den umliegenden Dörfern und Städtchen für Jeden auftrat
der ihn zum Anwalt begehrte. Und zuerst galt er nur für einen rüsti-
gen Streiter, in der Folge aber auch für einen tüchtigen Redner.
Und jetzt trat für die welche mit ihm Umgang hatten ein gewisser Ernst
des Charakters und eine Hoheit des Sinnes, für welche eine großartige
Thätigkeit und eine gebietende Stellung im Staate Bedürfniß war,
sichtbarer hervor. Er hielt sich nämlich, wie man erzählt, nicht blos
vom Lohndienste bei den Gerichtshändeln frei, sondern verhehlte auch
nicht daß der Ruhm solcher Bemühungen nicht das höchste Ziel seines
Strebens sei. Weit mehr suchte er Auszeichnung im Kampfe gegen
die Feinde und in Feldzügen, und war schon als zarter Jüngling mit
Wunden vorn am Leibe bedeckt. Machte er doch, nach seiner eigenen
Versicherung, den ersten Feldzug in seinem siebenzehnten Jahre, zu der
Zeit da Hannibal als Sieger Italien mit Feuer und Schwert ver-
heerte. In den Schlachten kämpfte er mit gewaltiger Faust, während
sein Fuß fest und unverrückt stand, sein Blick voll stolzen Trotzes war.
Auch drohende Worte brauchte er gegen den Feind und erhob seine
Stimme wider ihn in den rauhesten Tönen; dachte und versicherte er doch
ganz richtig daß dergleichen den Gegner oft mehr schrecke als das
Schwert. Auf den Märschen gieng er zu Fuß und trug selbst die
Waffen; ein Diener folgte, um was zum Lebensunterhalt nothwendig
war zu tragen. Und diesem soll er niemals gezürnt oder Vorwürfe
gemacht haben, wenn er ihm das Frühmahl oder das Abendessen vorsetzte: ja er habe ihm gewöhnlich Hülfe geleistet und selbst Hand angelegt, wenn er keinen kriegerischen Dienst zu verrichten hatte. Sein

Getränk war im Felde Waſſer, außer daß er bisweilen bei ſehr hef=
tigem Durſte Eſſig verlangte oder, wenn ihn die Kraft verließ, etwas
Wein hinzunahm.

2. Nahe bei ſeinem Beſitzthum lag das Gut welches cinſt dem
Manius Curius gehörte, der drei Triumphe gefeiert hatte [1]). Dahin
gieng er beſtändig, und indem er den keinen Umfang des Gutes und
die Dürftigkeit des Hauſes betrachtete rief er ſich das Bild des
Mannes vor die Seele, wie er, der Angeſehenſte unter den Römern,
der die ſtreitbarſten Völker unterworfen und den Pyrrhus aus Italien
verjagt hatte, nach drei Triumphen dieſes Gütchen ſelbſt umgrub und
dieſe Hütte bewohnte. Hier ſaß er am Herde und kochte mit eigener
Hand Rüben, als die Geſandten der Samniter zu ihm kamen und ihm
viel Gold anboten; er aber wies ſie ab, mit den Worten: „der bedarf
keines Goldes dem ein ſolches Mahl genügt: für mich iſt es gewiß
ehrenvoller die Beſitzer von Gold zu beſiegen als ſelbſt Gold zu be=
ſitzen.“ In ſolche Gedanken vertieft gieng Cato wieder hinweg, und
indem er nach ſeiner Wohnung, ſeinen Gütern, ſeinem Geſinde und
Haushalte ſah, ſteigerte er die eigene Thätigkeit noch höher und be=
ſchränkte noch ernſter den Aufwand.

Als Fabius Maximus die Stadt Tarent [2]) eingenommen hatte,
fügte es ſich daß Cato noch im erſten Jünglingsalter unter ihm diente
und mit einem gewiſſen Nearchus, einem Pythagoreer, in gaſtfreund=
liches Verhältniß kam, mit deſſen Grundſätzen er ſich eifrig bekannt
machte. Da er nun dieſen Mann dieſelben Lehren vortragen hörte
welche auch Platon aufgeſtellt hat, die Luſt ſei die größte Lockſpeiſe
zum Böſen, der Leib das erſte Unheil der Seele, Erlöſung und Rei=
nigung dagegen die Thätigkeit der Vernunft, durch welche ſie ſich am

---

1) Manius Curius Dentatus triumphierte in ſeinem erſten Conſulate
im Jahr 464, 290 v. Chr., zweimal, zuerſt über die Samniter, dann über
die Sabiner. Den dritten Triumph trug er in ſeinem zweiten Conſulate im
Jahr 479, 275 v. Chr., über den König Pyrrhus davon.

2) Tarent wurde von O. Fabius Maximus in ſeinem fünften Con=
ſulate, im Jahr 545, 209 v. Chr., erobert.

meisten von den Schwachheiten des Körpers abzieht und entfernt, so wurde ihm die Einfachheit und Enthaltsamkeit noch werther als zuvor. Sonst soll er griechische Wissenschaft erst spät erlernt und in sehr weit vorgerücktem Alter griechische Bücher zur Hand genommen haben, wo ihm dann einigen Nutzen für die Beredtsamkeit Thukydides, bedeutenderen Demosthenes brachte. Doch sind seine Schriften mit griechischen Lehrsätzen und Erzählungen reichlich ausgeschmückt, und viel wörtlich Uebersetztes findet sich in seinen „Denksprüchen und sinnigen Reden".

3. Es lebte damals ein Mann welcher, an Geburt und Ansehen einer der ersten Römer, aufkeimendes Talent nicht blos mit Scharfsinn bemerkte, sondern auch voll edeln Sinnes zu nähren und auf die Bahn der Ehre zu führen geneigt war, Valerius Flaccus. Dieser, der Güter in Cato's Nachbarschaft hatte, erfuhr von seinen Sklaven die Arbeitsamkeit und die ganze Lebensweise des Mannes, und es erregte sein Staunen wenn sie ihm erzählten: daß er früh Morgens auf den Marktplatz gehe, um dem der sein bedürfe Beistand vor Gericht zu leisten, dann auf sein Gut zurückkehre und Winters in ärmellosem Unterkleide, Sommers nackt[1]) mit seinen Leuten arbeite, dann das gleiche Brod in ihrem Kreise sitzend esse, den gleichen Wein trinke; auch noch mancher andere Zug seines wohlwollenden und anspruchslosen Sinnes und manche sinnige Reden aus seinem Munde wurden ihm erzählt. Valerius ließ ihn daher zu Gaste bitten und gieng von da an häufig mit ihm um, wo er dann bemerkte daß der bildsame feine Kopf, gleich einer Pflanze, nur sorgsamer Pflege und eines Platzes in vollem Sonnenlichte bedürfe, und ihn durch Rath und Zuspruch bewog nach Rom zu gehen und in die Laufbahn des Staatsmannes einzutreten.

Dort erwarb sich Cato gar bald selbst, durch seine gerichtlichen Reden, manche Bewunderer und Freunde, und da ihn zugleich Valerius aufs Eifrigste zu Ehre und Einfluß förderte, so wurde er zuerst

---

1) D. h. nur mit einem Gurt um die Lenden bedeckt.

Kriegstribun [Oberster], daun Quästor [Schatzmeister]. Und jetzt
gelang es ihm so viel Ruhm und Ansehen zu gewinnen daß er den
Valerius selbst auf den höchsten Stufen der Ehre erreichte, indem er
mit ihm zum Consul, hernach zum Censor ernannt wurde.

Unter den älteren Bürgern war es Fabius Maximus an den er
sich anschloß, nicht blos weil derselbe den größten Ruhm und Einfluß
besaß, sondern auch, und noch mehr, weil er die Sinnesart und das
Leben desselben als das schönste Vorbild sich zur Nachahmung erwählt
hatte. Daher trug er denn auch kein Bedenken als Widersacher des
großen Scipio aufzutreten, der, so jung er damals noch war, gegen
die Macht des Fabius sich erhob und dessen Neid zu reizen schien. Ja,
als er in der Eigenschaft eines Schatzmeisters mit dem Scipio in den
afrikanischen Krieg ausgesendet wurde erlaubte er sich, da er den
Mann nach seiner Gewohnheit großen Aufwand machen und das Geld
mit verschwenderischer Freigebigkeit unter die Heere vertheilen sah,
eine freimütige Sprache gegen ihn und erklärte: der Verlust an Geldmitteln sei dabei nicht die Hauptrücksicht, sondern daß Scipio die alt-
hergebrachte Einfachheit der Soldaten untergrabe, die durch das was
sie über das Bedürfniß erhalten zu Schwelgerei und Ueppigkeit verleitet werden. Als aber Scipio erwiderte, er könne in dem Augenblicke wo er mit vollen Segeln zum Kriege eile einen allzu genauen
Schatzmeister nicht brauchen — habe er doch von Thaten, nicht von
Geld der Stadt Rechenschaft zu geben —: da entfernte sich Cato aus
Sicilien, und indem er nun im Senate mit Fabius ein großes Geschrei erhob von unermeßlichen Summen die Scipio verschleudere und
knabenhaften Unterhaltungen womit er in Fechterschulen und Schau-
spielhäusern die Zeit hinbringe, als wäre er nicht zum Kriegführen,
sondern zur Feier von Volksfesten berufen, brachte er es dahin daß
man Volkstribunen abschickte, um ihn, wenn die Anklagen begründet
erschienen, nach Rom zu führen. Allein da Scipio ihnen in seinen
Rüstungen zum Kriege den Sieg vorbereitet zeigte, da sie sich über-
zeugten daß er zwar liebenswürdig im Umgange mit Freunden zur
Zeit der Muße sei, aber bei all' seiner Heiterkeit und Humanität das

Ernste und Wichtige nie versäume, so ließen sie ihn ungehindert zum Kriege absegeln.

4. Zu Cato's Erhebung hatte zwar seine Beredtsamkeit nicht wenig beigetragen, wie man ihn denn insgemein den römischen Demosthenes nannte, aber noch mehr war es seine Lebensweise was ihn zu einem hoch bewunderten und gepriesenen Manne machte. Die Kunst der Rede war nämlich bereits Gegenstand allgemeinen Wetteifers der jungen Römer; wer aber nach altväterlicher Weise mit eigenen Händen arbeitete, sich mit einfacher Mahlzeit und kaltem Morgenimbiß, schlichtem Gewande und geringer Wohnung begnügte, und höher als den Besitz des Ueberflüssigen das Nichtbedürfen desselben achtete, der war eine seltene Erscheinung; denn schon damals konnte der Staat ob seiner Größe die alte Reinheit nicht bewahren, sondern duldete als Herrscher vieler Länder und Menschen gar viele Sitten und vertrug sich mit ganz verschiedenen Lebensweisen. Mit Recht wurde daher Cato bewundert, denn während die Andern durch Anstrengungen und Wollüste in Erschöpfung und Schlaffheit versanken, sah man ihn von Beidem unbesiegt, nicht blos so lange er jung war und von Ehrbegierde getrieben wurde, sondern auch im Greisenalter und bei grauen Haaren nach der Consulwürde und dem Triumphe, gleich einem mit Siegesruhm geschmückten Ringer, welcher alle Regeln der Leibesübungen bis zu seinem Ende aufs Genaueste beobachtet.

Versichert er doch daß er nie ein Kleid getragen das über 100 Drachmen[1]) gekostet, daß er als Prätor und Consul denselben Wein wie seine Feldarbeiter getrunken und die Fleischspeisen für seine Mahlzeit auf dem Markte um 30 Asse[2]) gekauft habe, und zwar dem Vaterlande zu Liebe, damit sein Körper die volle Kraft zum Kriegsdienste behielte. Als ihm ein buntfarbiger Teppich von babylonischer Arbeit durch Erbschaft zugefallen habe er ihn sogleich verkauft; von seinen Landhäusern sei keines mit einer Kalktünche versehen; nie habe er

---

1) 43 fl. 26 kr. rheinisch.
2) 1 fl. 18 kr.

beim Kaufe eines Sklaven mehr als 1500 Drachmen ausgegeben; brauche er ja doch nicht üppige und schöne Leute, sondern arbeitsame und kräftige, wie Pferdeknechte und Viehhirten sein müßten. Und auch diese, meinte er, müsse man verkaufen, wenn sie alt geworden seien, und keinen unnützen füttern. Ueberhaupt sei nichts Ueberflüssiges wohlfeil, sondern was man nicht brauche, das halte er für theuer, auch wenn es blos einen Aß koste, und lieber kaufe er was zu besäen und zu bewaiden als was zu kehren und zu begießen sei [1]).

5. Dieß legten zwar Manche dem Manne als Kargheit aus, Andere aber fanden es lobenswerth, denn seine Mitbürger zu bessern und sie zur Einfachheit zurückzuführen, das sei es was er durch diese Ein=schränkungen seiner selbst zu erreichen suche. Nur daß er die Sklaven, wenn er sie wie Zugthiere abgenützt hatte, im Alter aus dem Hause trieb und verkaufte, das ist nach meiner Meinung unbillige Härte und verräth einen Mann der keine weitere Gemeinschaft zwischen den Menschen anerkennt als die welche auf dem Vortheil beruht. Und doch sehen wir daß die Güte einen weiteren Umfang hat als die Ge=rechtigkeit; denn Gesetz und Recht können wir vermöge unserer Natur blos gegen Menschen in Anwendung bringen, Wohlthaten aber und Liebesbeweise strömen aus mildem Herzen wie aus einer reichen Quelle öfters selbst zu den unvernünftigen Geschöpfen herab. Gibt doch der Gütige abgearbeiteten Pferden das Gnadenbrod und läßt nicht blos jungen, sondern auch alten Hunden Nahrung und Pflege angedeihen. So ließ das athenische Volk alle die Maulesel welche beim Bau des Parthenon [2]) besondere Rüstigkeit und Ausdauer bewiesen frei und ledig auf die Waide laufen. Einer derselben soll dann von selbst zur Arbeit zurückgekehrt sein, um den Zugthieren welche die Wagen auf die Burg führten nebenher und voranzulaufen, als wollte er dieselben aufmuntern und antreiben helfen: diesem wurde dafür Fütterung auf öffentliche Kosten bis zu seinem Tode durch Volksbeschluß zuerkannt.

---

1) Lieber Fruchtäcker und Waiden als Lustgärten.
2) Vgl. Perikles Cap. 13, S. 108.

Die Stuten des Kimon [1]), mit welchen er drei Siege zu Olympia gewann, haben selbst Gräber neben den Denkmälern ihres Herrn. Nicht Wenige haben auch Hunde, die ihnen durch beständiges Zusammenleben vertraut geworden waren, durch Bestattung geehrt; so ließ namentlich in der alten Zeit Xanthippus jenen Hund der neben seiner Galeere nach Salamis hinüberschwamm, als das Volk die Stadt verließ, auf dem Vorgebirge beerbigen das noch jetzt „Hundsmal" heißt [2]). Darf man doch mit den beseelten Wesen nicht umgehen wie mit Schuhen und Geräthen, die man wegwirft wenn sie durch Gebrauch zerrissen und abgenützt sind, nein man soll an ihnen, wenn aus keinem andern Grunde, wenigstens damit das Gemüt desto liebevoller gegen Menschen werde, Milde und Güte beweisen lernen. Ich meines Theils würde nicht einmal einen Pflugstier Alters halber veräußern, viel weniger einen Menschen, wenn er alt geworden, aus dem trauten Aufenthalte und der gewohnten Lebensweise wie aus seiner Heimat um einiger Geldstücke willen verstoßen, zumal wenn er für den Käufer so unbrauchbar wäre wie für den Verkäufer. Cato dagegen, als wüßte er sich auf solche Dinge viel zu gut, versichert sogar daß er das Roß das er bei seinen Feldzügen als Consul gebrauchte in Spanien zurückgelassen habe, um der Stadt nicht das Fahrgeld dafür anrechnen zu müssen. Ob dieß nun Großherzigkeit oder kleinliche Denkart verrathe, mag Jeder nach eigner Erwägung bei sich feststellen.

6. Sonst aber verdient seine Enthaltsamkeit die größte Bewunderung. Als Feldherr nahm er für sich und sein Gefolge auf den Monat nicht mehr als drei attische Medimnen [3]) Waizen und für seine Pferde auf den Tag nicht volle 1½ Medimnen Gerste. Während seiner Verwaltung der Provinz Sardinien war der Abstand seiner Sparsamkeit von dem Aufwande der früheren Prätoren unglaublich groß. Diese ließen sich auf öffentliche Kosten Zelte, Tischlager und

1) Des Vaters des Miltiades, s. Herod. VI, 103.

2) S. Themistokles Cap. 10.

3) S. Solon Cap. 18, S. 31, Anm. 1.

Gewänder geben, und verursachten durch zahlreiche Dienerschaft, eine Menge von Freunden und verschwenderische Ueppigkeit der Tafel sehr drückende Kosten. Cato dagegen ließ sich zu keiner Ausgabe irgend einer Art Geld aus der öffentlichen Casse zuschießen, auf seinen Reisen zum Besuch der Städte des Landes hatte er kein Pferd bei sich, und es folgte ihm nur Ein Gerichtsdiener, der ein Gewand und eine Schaale zu Trankopfern für ihn trug. So bescheiden und anspruchslos er aber hierin den Unterthanen sich zeigte, so gut wußte er auf der andern Seite seine Würde und Hoheit zu bewahren als unerbittlicher Verwalter der Gerechtigkeit und strenger, gerade durchgreifender Vollstrecker seiner amtlichen Befehle, so daß den Sardiniern die römische Herrschaft nie furchtbarer und nie liebenswürdiger erschien.

7. Einen ganz ähnlichen Charakter hatte meiner Meinung nach auch seine Beredtsamkeit: sie war zugleich lieblich und ernst; angenehm und niederschlagend, scherzhaft und herb, spruchreich und streitsüchtig, wie Platon[1]) von Sokrates sagt, seinem Aussehen nach möchten ihn die welche in seine Nähe kommen für unwissend, satyrhaft und übermütig halten, inwendig aber sei er voll von hohem Ernste, voll von Gegenständen welche den Hörern Thränen entlocken und ihre Herzen umwenden. Daher begreife ich nicht, wie es geschehen konnte daß Cato's Redeweise von Einigen[2]) der des Lysias sehr ähnlich gefunden wurde. Doch darüber bleibe die Entscheidung besseren Beurteilern römischer Reden überlassen; wir wollen dafür einige seiner denkwürdigen Aeußerungen anführen, überzeugt daß sich der Charakter eines Menschen weit mehr in dem ausprägt was er sagt als in den Zügen des Gesichtes, worin Manche ihn zu finden glauben.

8. Als er einmal das römische Volk, das zur Unzeit Getreidespenden aus den Vorrathskammern des Staates verlangte, von diesem Begehren abbringen wollte fieng er seine Rede also an: „es ist frei-

---

1) S. Platon's Gastmahl Cap. 32 und 33.
2) Vgl. Cicero's Brutus Cap. 16 und 85.

lich schwer, meine Mitbürger, zu dem Bauche zu reden, der keine
Ohren hat."

Als er einmal gegen die Verschwendung loszog äußerte er: es
sei schwer daß eine Stadt bestehe in welcher man für einen Fisch [1])
mehr ausgebe als für einen Ochsen.

„Die Römer," sagte er ferner, „benehmen sich ganz wie die
Schaafe. Diese sind einzeln gar nicht folgsam, vereinigt aber gehen
sie mit einander wohin der Führer will; so lasset auch ihr euch, sobald
ihr zusammenkommt, von Leuten leiten die ihr wohl einzeln nicht zu
euren Rathgebern nehmen würdet."

In einem Gespräche über die Weiberherrschaft sagte er: „alle
Menschen befehlen ihren Frauen, wir befehlen allen Menschen, und
uns unsere Frauen." Doch dieß ist aus den witzigen Reden des The=
mistokles [2]) übergetragen. Denn dieser sagte, als ihm sein Sohn Vieles
durch Vermittlung der Mutter zumutete: „o Frau, die Athener be=
fehlen den Griechen, ich den Athenern, mir befiehlst du, und dir der
Sohn; darum möge er einen bescheideneren Gebrauch machen von der
Gewalt durch die er, ein unverständiger Junge, am Meisten unter
allen Griechen vermag."

„Das römische Volk," äußerte Cato ein ander Mal, „bestimmt
nicht blos den verschiedenen Arten des Purpurs, sondern auch den Be=
schäftigungen ihren Werth. Denn wie die Färber sich der Purpur=
farbe am Meisten bedienen die eurem Geschmacke zusagt, so lernen
und üben die Jünglinge das was euren Beifall gewinnt."

Er ermahnte ferner seine Mitbürger, wenn sie durch Tugend
und Selbstbeherrschung groß geworden seien, möchten sie ja nicht
zum Schlechtern, wenn aber durch Unmäßigkeit und Laster, dann möchten
sie zum Bessern übergehen; durch diese seien sie ja bereits groß genug
geworden.

---

1) Vgl. Sueton's Tiberius Cap. 34. Plinius' Naturgesch. IX, 31.
2) S. Themistokles Cap. 18.

Von den Männern die sich häufig um Ehrenstellen bewarben behauptete er, sie wollten, wie des Weges Unkundige, immer von Amtsdienern begleitet sein, damit sie nicht irre giengen.

Er tadelte auch seine Mitbürger daß sie oftmals dieselben Männer an die Spitze der Staatsverwaltung stellen. „Wird man doch glauben, sagte er, daß ihr entweder das Regieren für gering ansehet oder Wenige für werth haltet die Regierung zu führen."

Von einem seiner Feinde, dessen Lebenswandel für lasterhaft und ehrlos galt, sagte er: „wenn man der Mutter dieses Menschen wünscht er möge sie überleben, so achtet sie es für einen Fluch, nicht für einen Glückwunsch."

Als ihm ein Mann gezeigt wurde der sein am Meere gelegenes Erbgut verkauft hatte, stellte er sich als bewunderte er ihn, daß er stärker sei als die See: „hat doch diese, sagte er, kaum ein Wenig davon abgespült, er aber hat leichtlich das Ganze verschluckt."

Als König Eumenes[1]) bei einem Besuche in Rom vom Senate mit großer Auszeichnung empfangen wurde, und die vornehmsten Männer sich wetteifernd um ihn bemühten, gab Cato recht deutlich zu erkennen daß er ihn mit Argwohn betrachte und nichts mit ihm zu thun haben wolle. Wie ihm nun Jemand vorstellte daß derselbe doch ein braver Mann und Freund der Römer sei, so entgegnete er: „mag sein; allein ein König ist doch immer von Natur ein fleischfressendes Thier." Auch versicherte er, selbst von den gepriesensten Königen verdiene Keiner dem Epaminondas oder Perikles, dem Themistokles oder Manius Curius oder Hamilkar Barkas an die Seite gestellt zu werden.

Der Neid seiner Feinde, äußerte er ferner, rühre daher daß er täglich noch bei Nacht aufstehe und mit Hintansetzung seiner eigenen Angelegenheiten sich der Angelegenheiten des Staates annehme.

---

1) Eumenes, König von Pergamum, kam im Jahr 582, 172 v. Chr., nach Rom, um den Senat von den Kriegsrüstungen des Königes Perseus von Makedonien zu unterrichten, s. Liv. XLII, 11 ff.

Lieber, versicherte er, wolle er durch löbliche Thaten Gunst verlieren, als schlecht handeln und ungestraft bleiben.

Allen, sagte er, verzeihe er ihre Fehler, nur sich selbst nicht.

9. Als die Römer drei Gesandte nach Bithynien erwählten,
deren einer an Fußgicht litt, der zweite in Folge von Aufbohren
und Ausschneiden eine Höhlung im Kopfe hatte, der dritte aber für
einfältig galt, so sagte Cato spottend: da werde von den Römern
eine Gesandtschaft abgeschickt die weder Füße, noch Kopf, noch
Herz [1]) habe.

Als ihn Scipio wegen der verbannten Achäer [2]), dem Polybius
zu Gefallen, angegangen hatte, und im Senate lange darüber ver-
handelt wurde, indem ein Theil ihnen die Rückkehr gestatten wollte,
der andere sich dagegen erklärte, so stand Cato auf und sagte: „als
hätten wir Nichts zu thun, sitzen wir den ganzen Tag da und zauken
uns über altersschwache Griechen, ob sie von unsern oder den achäischen Leichenträgern bestattet werden sollen.“

Die Heimkehr wurde ihnen zugestanden, und nun bemühte sich Polybius nach Verfluß weniger Tage nochmals um Zutritt bei dem Senate,
damit die Verbannten die Würden wieder erhielten welche sie zuvor
in Achaja gehabt hatten. Als er nun zuvor Cato's Meinung darüber
auszuholen suchte, sagte dieser lachend: Polybius wolle, ein zweiter
Ulysses, noch einmal in die Höhle des Kyklopen [3]) gehen, weil er dort
Hut und Gürtel vergessen habe.

Verständige Menschen, behauptete Cato, haben mehr Nutzen von
den unverständigen als die unverständigen von den verständigen;

---

1) Das Herz wurde nicht blos als Sitz der Gefühle und Leidenschaften,
sondern auch des Denkvermögens angesehen.

2) Nach der Besiegung des Perseus wurden mehr als tausend der angesehensten Achäer, unter ihnen Polybius, von der römischen Partei unter
ihren Landsleuten geheimen Einverständnisses mit dem Könige angeklagt.
Noch Italien abgeführt wurden sie, ohne daß ihre Sache untersucht worden
wäre, 17 Jahre lang festgehalten. Als ihnen endlich die Rückkehr in das
Vaterland erlaubt wurde, waren kaum 300 von ihnen noch am Leben.

3) Vgl. Odyss. IX, 216 ff.

denn diese hüten sich vor den Fehltritten der Unverständigen, die Un=
verständigen dagegen nehmen sich das gute Verhalten der Verstän=
digen nicht zum Muster.

Lieber, sagte er, seien ihm junge Leute die erröthen als die er=
blassen; deßgleichen: er wolle keine Soldaten welche die Hände auf
dem Marsche[1]) und die Füße beim Kampfe[2]) in Bewegung setzen, und
die lauter im Bette schnarchen als in der Schlacht schreien.

Von einem übermäßig fetten Menschen sagte er: „wo könnte ein
solcher Leib der Stadt nützlich werden? ist er doch vom Halse bis zur
Scham nichts als Bauch."

Den Wunsch eines üppigen Menschen, der seinen Umgang suchte,
wies er mit der Aeußerung zurück, er könne nicht mit einem Manne
leben der ein richtigeres Gefühl im Gaumen als im Herzen habe.

Die Seele eines Verliebten, behauptete er, wohne in einem
fremden Leibe.

In seinem ganzen Leben habe er nur drei Dinge bereut: einmal
daß er einer Frau ein Geheimniß anvertraut, zweitens daß er zu
Schiff sich nach einem Ort begeben habe wohin er zu Land hätte
kommen können, drittens daß er einen Tag lang ohne Testament ge=
blieben sei.

Zu einem lasterhaften Greise sagte er: „o Mensch, mache
doch nicht das Alter, das ohnedieß so häßlich ist, durch Laster noch
häßlicher."

Zu einem Volkstribunen den man der Giftmischerei beschuldigte,
und der jetzt ein schlechtes Gesetz in Vorschlag brächte und mit Gewalt
durchsetzen wollte, sagte er: „ich weiß nicht, junger Mann, ob es
schlimmer ist was du mischest zu trinken, oder was du vorschlägst gut
zu heißen."

Auf die Schmähreden eines Menschen der ausschweifend und
schlecht gelebt hatte erwiderte er: „ich habe mit dir einen ungleichen

---

1) Zum Plündern.
2) Zum Fliehen.

Kampf: du nimmst es leicht Schmähungen zu hören und bist fertig Schmähungen auszustoßen; mir aber ist dieses widrig und jenes ungewohnt."

Aus diesen Proben mag man den Charakter seiner merkwürdigen Aeußerungen abnehmen.

10. Als Cato mit seinem langjährigen Freunde Valerius Flaccus zum Consul ernannt worden war erhielt er zur Provinz das Land welches die Römer das dießeitige Spanien[1] nennen. Während er nun hier die Völkerschaften zum Theil mit Gewalt zu unterwerfen, zum Theil durch Unterhandlungen den Römern geneigt zu machen suchte, wurde er von einem großen Heere der Barbaren überfallen und war in Gefahr eine schmachvolle Niederlage zu erleiden. Er rief daher die benachbarten Keltiberen[2] um Beistand an. Als diese nun für ihre Hülfleistung einen Lohn von 200 Talenten verlangten, so fanden es die Andern alle unerträglich, daß Römer die Hülfe von Barbaren mit Geld erkaufen sollten; Cato aber entgegnete, es sei dieß gar nichts Arges, denn tragen sie den Sieg davon, so werden sie das Geld von den Feinden, nicht aus der eigenen Casse, nehmen, und unterliegen sie, so werde es weder Zahler noch Mahner geben.

Er gewann hierauf einen entscheidenden Sieg; auch sonst trug er die glänzendsten Erfolge davon. Wenigstens sagt Polybius, die Mauern aller Städte dießseits des Bätis[3] seien auf seinen Befehl an Einem Tage niedergerissen worden; und diese waren sehr zahlreich und voll streitbarer Männer. Cato selbst aber versichert, er habe mehr Städte in Spanien eingenommen als er Tage da zugebracht, und dieß ist keine leere Prahlerei, wenn ihre Zahl sich wirklich auf 400 belief.

---

1) Die Römer trennten ihre Besitzungen in Spanien i. J. 555 d. St. in zwei Provinzen, die dießeitige und die jenseitige, zwischen welchen der Iberus [Ebro] die Grenze bildete. In Folge späterer Eroberungen dehnte sich aber das dießeitige Spanien weit über diesen Fluß hinaus.

2) Ein aus Verschmelzung eingewanderter Kelten mit Iberen, älteren Bewohnern Spaniens, entstandenes Volk.

3) Heut zu Tage Quadalquivir.

Unter seine Soldaten ließ er nun, wiewohl sie schon während des Feldzugs vielen Gewinn hatten, noch Mann für Mann ein Pfund Silber vertheilen; es sei ja besser, äußerte er dabei, wenn viele Römer mit Silber als wenn wenige mit Gold zurückkehren.

An ihn selbst aber, versichert er, sei von der Beute nichts gekommen, als was er gegessen oder getrunken habe. „Und ich table die nicht," sagt er, „die bei solchen Gelegenheiten ihren Vortheil suchen. Aber ich will lieber um Tugend mit den Besten einen Wettkampf eingehen als um Schätze mit den Reichsten und um Geldgier mit denen welche die Geldgierigsten sind."

Und nicht allein sich selbst, sondern auch seine Umgebung bewahrte er rein von jedem unerlaubten Gewinne. Er hatte nur fünf Diener auf dem Feldzuge bei sich. Einer von diesen, mit Namen Paccus, kaufte drei kleine Knaben aus der Zahl der Gefangenen. Cato erfuhr es, und der Mensch erhenkte sich, ehe er ihm unter die Augen kam. Cato verkaufte nun die Knaben und legte den Erlös in die öffentliche Casse.

11. Während Cato noch in Spanien war wußte sein Gegner, der große Scipio, begierig den Lauf seines Glückes zu hemmen und die spanischen Lorbeeren sich zuzueignen, es dahin zu bringen daß er zum Nachfolger in jener Provinz ernannt wurde, eilte daun so schnell als möglich dahin und machte dem Oberbefehl Cato's ein Eude. Dieser aber ließ sich von fünf Cohorten Fußvolk und 500 Reitern das Geleite geben, unterwarf mit ihnen das Volk der Laketaner [1]) und ließ 600 Ueberläufer, die er in seine Gewalt bekam, hinrichten. Als nun Scipio darüber sehr ungehalten war sagte er spottend: Rom werde ja gerade so am größten werden wenn die Angesehenen und Mächtigen den Preis der Tapferkeit den Geringeren streitig machen, die Männer des Volkes aber, zu denen er gehöre, in Tapferkeit mit denen wetteifern welche den Vorzug des Adels und glänzenden Namens haben.

---

1) Im jetzigen Catalonien.

Uebrigens beschloß der Senat an dem was Cato angeordnet hatte nichts zu ändern und zu verrücken, und so mußte Scipio die ganze Zeit seiner Amtsführung in thatenloser Ruhe ohne allen Erfolg hinbringen und mehr seinen eignen als Cato's Namen verdunkelt sehen.

Cato aber benahm sich, als er seinen Triumph gefeiert hatte, ganz anders als die Meisten derjenigen Männer zu thun pflegen welche nicht nach der Tugend, sondern nach der Ehre streben. Diese haben nicht so bald die höchsten Stufen der Ehre erstiegen, Consulate und Triumphe erlangt, da geben sie alle Thätigkeit für das gemeine Beste auf, um ihr übriges Leben ganz in Genuß und Ruhe hinzubringen. Cato dagegen ließ jetzt seinen Tugendeifer so wenig erkalten daß er, gleich einem der erst an das Staatsruder tritt und nach Ruhm und Ehre dürstet, alle seine Kräfte von Neuem aufbot und weder Beistand vor Gericht, noch Begleitung auf Feldzügen verweigerte, sondern Freunden und Mitbürgern in jeder Weise seine Dienste widmete.

12. So stand er dem Consul Tiberius Sempronius [1]) auf seinem Feldzuge nach Thrakien und in die Donaugegenden als Unterfeldherr zur Seite, und begleitete den Manius Acilius [2]) als Kriegstribun nach Griechenland gegen Antiochus den Großen, der die Gemüter der Römer wie kein Anderer seit Hannibal mit ängstlicher Besorgniß erfüllte. Dieser hatte nämlich Asien, beinahe in der ganzen Ausdehnung wie es Seleucus Nikator [3]) besessen, seinem Scepter wieder unterworfen und eine Menge streitbarer Barbarenvölker sich unterthänig gemacht, und jetzt trieb ihn sein Stolz sich mit den Römern zu messen, als den einzigen Feinden mit denen zu streiten ihm noch Gewinn und Ehre

---

1) Im Jahr 560, 194 v. Chr.

2) Im Jahr 563, 191 v. Chr.

3) Der Stifter des syromakedonischen Reiches, das unter ihm (er regierte von 312—281 v. Chr.) alle östlichen Länder der Monarchie Alexander's vom Hellespont bis nach Indien und bis an den Jarartes (jetzt Sir) umfaßte, aber schon unter seinem unmittelbaren Nachfolger Antiochus I. (von 281—262 v. Chr.) und noch mehr unter den folgenden Königen an Ausdehnung und innerer Kraft bedeutend verlor.

bringen könnte. Um eine scheinbare Ursache des Krieges zu haben
nahm er die Befreiung der Griechen zum Vorwande, während sie doch
derselben keineswegs bedurften, im Gegentheil kurz vorher durch die
Gunst der Römer von der Gewalt Philipps und der Makedonier be=
freit und in den Genuß der Unabhängigkeit versetzt worden waren [1]).
Wie er denn nun an der Spitze eines Heeres herüberkam wurde Grie=
chenland sofort von seinen Demagogen durch Hoffnungen auf den König
verführt, und gerieth in heftige Spannung und Aufregung. Manius
schickte deßwegen Gesandte in die Städte. Und den größten Theil der
zum Abfall Geneigten hielt Titus Flamininus ohne gewaltsame Mittel
im Zaume und begütigte sie, wie in dem Leben dieses Mannes [2])
erzählt ist; Cato aber unterwarf Korinth und Paträ, dazu auch
Aegium [3]). Die längste Zeit aber verweilte er zu Athen. Man be=
hauptet auch, es sei noch eine Rede vorhanden die er in griechischer
Sprache an das Volk der Athener gehalten und worin er erklärt habe,
er bewundere die edlen Eigenschaften der alten Athener, und es sei ihm
ein großes Vergnügen die so schöne und große Stadt zu sehen. Diese
Angabe ist aber falsch: Cato unterredete sich mit den Athenern durch
einen Dolmetscher; er hätte zwar wohl ohne eine solche Mittelsperson
mit ihnen sprechen können, allein er wollte von den vaterländischen
Sitten nicht abweichen und verlachte die Bewunderer des Griechen=
thums. So machte er sich über Postumius lustig, der ein Geschichts=
werk in griechischer Sprache geschrieben hatte und darin um Nach=
sicht bat: „man muß ihn!" sagte Cato, „Nachsicht schenken, wenn ein
Beschluß der Amphiktyonen [4]) ihn genöthigt hat sich dieser Arbeit
zu unterziehen."

Uebrigens bewunderten die Athener, wie er versichert, die Rasch=
heit und Schärfe seiner Ausdrucksweise; denn was er mit Wenigem

---

1) Vgl. Liv. XXXIII, 32,
2) Im Cap. 15.
3) Paträ und Aegium waren Städte in Achaja.
4) S. Solon Cap. 11, Anm. 4.

gefagt, das habe der Dolmetfcher weitläufig und mit vielen Worten ausgedrückt. Ueberhaupt glaube er daß die Worte den Griechen von den Lippen, den Römern vom Herzen kommen.

13. Als Antiochus die Engpäffe der Thermopylen mit feinem Lager gefperrt hatte und, nach Verftärkung der natürlichen Schutz= wehren des Ortes durch Pallifaden und Mauern, ruhig da faß, in der Meinung er habe nun dem Kriege jeden Zugang verfchloffen: fo gaben zwar die Römer den Gedanken einer Erftürmung von vorne völlig auf; allein Cato erinnerte fich wie die Perfer einft eben diefe Stellung umgiengen und den Griechen in den Rücken kamen[1]), und zog daher Nachts mit einem Theile des Heeres aus. Sie hatten fchon die Höhe erreicht, als der Führer, ein Gefangener, den Weg verlor und in den ungangbaren Gegenden voll von Abgründen umherirrte, was denn die Soldaten mit der größten Mutlofigkeit und Angft er= füllte. Sobald Cato die Gefahr bemerkte hieß er die Andern alle ruhig warten, und gieng allein, blos in Begleitung eines gewiffen Lucius Manlius, eines Meifters im Bergklettern, weiter, mit größter Mühe und Gefahr bei mondlofer tiefer Nacht, wo das Auge noch durch wilde Oelbäume und emporragende Felfen gehindert und unficher ge= macht wurde, bis fie auf einen Platz gelangten der ihrer Meinung nach zum Lager der Feinde hinabführte. Nachdem fie nun auf einigen wohl fichtbaren Höhen, die über den Berg Kallidromon[2]) emporragten, Zeichen aufgefteckt hatten kehrten fie wieder zu dem Heere zurück und erreich= ten mit demfelben jenen Fußfteig, auf dem fie dann ihren Marfch fort= fetzten. Sie waren aber noch nicht weit vorgefchritten, als ein tiefer Schlund den Weg unterbrach und neue Verlegenheit und Angft ent= ftand, weil fie nicht wußten, noch fehen konnten daß fie fich bereits in der Nähe des Feindes befanden.

Schon begann aber der Tag zu grauen, und es glaubte Einer

---

1) S. Herod. VII, 213 ff.

2) So hieß die höchfte Höhe des Oetagebirges, welches den Paß der Thermopylen bildet.

Geräusch zu hören, bald auch Schanzen und Vorposten von Griechen zu sehen. So ließ denn Cato auf der Stelle Halt machen und rief die Firmaner [1]) allein zu sich herbei, die ihm beständig vorzügliche Treue und Entschlossenheit bewiesen hatten. Als sie nun zusammenliefen und dicht gedrängt um ihn standen, sagte er: „ich wünsche einen der Feinde in meine Gewalt zu bekommen, damit ich erfahre welche Leute hier als Vorposten stehen, wie stark an Zahl sie sind, wie das übrige Heer der Feinde geordnet und aufgestellt ist und welche Vorbereitungen zu unserem Empfange sie getroffen haben. Erfüllet eure Aufgabe rasch und mit kühnem Mute, den Löwen gleich, die sich ohne Waffen mutvoll auf die feigen Thiere stürzen!"

Kaum hatte Cato dieß gesagt, als die Firmaner, wie sie da standen, die Höhen hinabrannten, auf die Vorposten losstürzten, durch den unerwarteten Ueberfall Alle in Verwirrung brachten und zerstreuten, und Einen mit sammt seinen Waffen gefangen fortführten und dem Cato in die Hände lieferten.

Wie er nun von diesem erfuhr daß die Hauptmacht mit dem Könige in den Engpässen liege, dieser Posten aber, welcher den Gebirgspfad besetzt halte, aus 600 erlesenen Aetolern bestehe, so achtete er eine so feine, dabei sorglose Schaar gering, zog sofort, der Erste von Allen, sein Schwert und rückte unter Trompetenschall und Feldgeschrei an. Die Feinde aber, als sie dieses Anstürmen von der Höhe herab bemerkten, flohen in das große Lager und erfüllten Alles mit Bestürzung.

14. Als jetzt auch Manius von unten her die Verschanzungen mit Sturm angriff und sein ganzes Heer gegen die Engpässe führte, so wandte Antiochus, dem ein Stein auf den Mund flog und die Zähne ausschlug, über dem heftigen Schmerze das Pferd um, von seinem Heere aber hielt kein Theil den Römern Stand, wiewohl die Flucht nur schwierige und ungangbare Pfade und Irrwege bot, wo

---

1) Firmum, jetzt Fermo, war eine römische Colonie im Lande der Picentiner im Mittelitalien.

tiefe Sümpfe und jähe Felfen dem Fallenden und Gleitenden Ver=
derben brohten, fondern fie ftürzten durch die Enge blindlings fort,
drängten einer den andern und brachten fo aus Furcht vor der Fauft
und dem Eifen der Feinde fich felbft den Untergang.

Cato, der mit Eigenlob, wie man fagt, überhaupt nicht fparfam
war und offene Ruhmredigkeit als Begleiterin ruhmvoller Thaten nicht
zu meiden pflegte, hat diefe That vor allen bis zum Himmel erhoben.
Wer ihn damals gefehen habe, meint er, wie er die Feinde verfolgte
und niedermachte, der habe fich felbft gefagt, Cato fei dem Volke nicht
fo viel Dank fchuldig als das Volk dem Cato, und der Conful Manius
felbft habe, noch ganz warm vom Siege, ihn, der gleichfalls noch warm
davon gewefen, umarmt und lange Zeit umfchlungen gehalten, und
vor Freude laut gerufen daß weder er felbft noch das römifche Volk
Cato's Verdienft würdig belohnen könne.

Nach der Schlacht wurde er fofort abgefchickt, um die Nachricht
von den glorreichen Erfolgen felbft nach Rom zu bringen: er kam in glück=
licher Fahrt nach Brundufium, reifte von dort in Einem Tage nach
Tarent und langte, nachdem er vom Meere aus noch fünf weitere
Tage zur Reife gebraucht hatte, in Rom an.   Er war der erfte Ueber=
bringer der Siegesnachricht und erfüllte dadurch die Stadt mit Jubel
und Opfern, das Volk aber mit der frohen Zuverficht daß es jedes
Land und jedes Meer mit den Waffen zu überwinden vermöge.

15.   Unter den kriegerifchen Thaten Cato's möchten diefe am
meiften Bedeutung haben.   In der innern Verwaltung aber hielt er
offenbar Anklage und Ueberweifung der Frevler befonderen Eifers
werth.   Denn er trat felbft gegen Viele als Ankläger auf, fchloß fich
Andern an welche Anklagen erhoben, war überhaupt bemüht Ankläger
aufzubringen, wie z. B. die beiden Petillius[1]) gegen Scipio. Diefen
zwar, dem fein mächtiges Haus und feine ächte Seelengröße alle Ver=
leumdungen unter die Füße warf, ließ er, unvermögend ein Todes=
urteil gegen ihn auszuwirken, wieder fahren; dagegen verband er fich

---

1) Zwei Volkstribunen, vgl. Liv. XXXVIII, 50.

mit den Anklägern von Scipio's Bruder, Lucius, und zog ihm eine
große Geldstrafe zu, die er in die öffentliche Casse bezahlen sollte. Da
er dieselbe nicht aufzubringen vermochte, so war er in Gefahr gefangen
gesetzt zu werden, und kaum blieb er durch Anrufung der Volkstribunen
verschont.

Man erzählt auch, Cato habe einem jungen Manne der dem
Feinde seines Vaters die bürgerliche Ehrlosigkeit zugezogen hatte, als
derselbe unmittelbar nach dem Ausspruch des Urteils über den Markt
gieng und ihm begegnete, die Hand gereicht, mit den Worten: solche
Todtenopfer müsse man den Eltern weihen, nicht Schaafe und Böcke,
sondern die Thränen und Verurteilungen ihrer Feinde.

Uebrigens blieb er auch selbst auf seiner politischen Laufbahn
nicht unangetastet, sondern wo er nur immer seinen Feinden eine Gelegenheit gab, da unterließen sie niemals ihn vor Gericht zu ziehen
und zu verfolgen. Sollen ihn doch nahezu 50 Anklagen getroffen
haben, von welchen die letzte in sein 86stes Lebensjahr fiel: wobei
er die bekannten Worte aussprach, es sei schwer vor einem andern
Geschlechte als mit dem man gelebt seine Vertheidigung zu führen.
Und doch machte er dieß nicht zum Ende seiner gerichtlichen Kämpfe,
sondern vier Jahre später erhob er eine Anklage gegen Servius Galba
als neunzigjähriger Greis; denn man kann von ihm, wie von Nestor[1]),
sagen daß sich sein Leben und Wirken bis ins dritte Menschenalter er-
streckte. Erreichte er doch, nachdem er, wie schon erzählt wurde, mit
dem großen Scipio in vielen Angelegenheiten des Staates scharf gestritten hatte, noch die Zeiten des jüngeren Scipio, der des Ersteren
Enkel durch Adoption und ein Sohn des Paulus war, durch dessen
Waffen Perseus und die Makedonier in die Gewalt der Römer kamen.

16. Zehn Jahre nach dem Consulate bewarb sich Cato um die
Censorwürde. Es ist dieß die höchste Stufe auf der Leiter der Ehre
und gewissermaßen der Abschluß des öffentlichen Lebens, da ihr neben
sonstiger großer Gewalt die Prüfung der Sitten und des Lebens-

---

1) S. Ilias I, 250 ff.

wandels zukommt. Denn weder Ehe, noch Kinderzeugung, noch täg=
liche Lebensweise, noch Festmahle glaubten die Römer ohne Aufsicht
und Prüfung der Neigung und Willkür eines Jeden überlassen zu
dürfen. Nein, sie waren überzeugt daß sich in solchen Dingen noch
weit mehr als in dem öffentlichen und politischen Handeln der Charakter
eines Mannes offenbare, und erwählten daher Wächter, Aufseher und
Sittenrichter, damit Niemand durch Lüste sich verleiten lasse die ein=
heimischen und längst geltenden Sitten hintanzusetzen und aufzugeben.
Zwei Männer wurden dazu bestellt, einer von den sogenannten Patri=
ciern, einer von den Plebejern. Diese hießen Censoren und hatten
die Befugniß dem der ein ausschweifendes und zügelloses Leben
führte das Ritterpferd zu nehmen [1]) oder ihn aus dem Senate zu ver=
stoßen. Sie nahmen auch die Angaben über das Vermögen eines
Jeden an und prüften dieselben, und bestimmten durch ihre Listen den
Stand und die Stellung welche Jeder im Staate einzunehmen hatte.
Auch sonst noch stehen diesem Amte große Befugnisse zu.

Daher stellten sich denn auch der Bewerbung Cato's, man kann
fast sagen, die angesehensten und ersten Männer des Senates entgegen.
Die Adlichen reizte der Neid, da sie es als eine große Beschimpfung
des Adels ansahen wenn Männer von niederer Herkunft zu der höch=
sten Würde und Gewalt gelangten. Andere, die sich schlechter Auf=
führung und des Abfalls von den Sitten der Väter bewußt waren,
zitterten vor der Strenge des Mannes, die sich unerbittlich hart im
Gebrauche der Macht erweisen würde. Daher machten sie gemein=
same Sache mit einander und stellten gegen Cato sieben Mitbewerber
auf den Kampfplatz, welche dem Volke mit angenehmen Hoffnungen
schmeichelten, als wenn es eine nachsichtige und gefällige Regierung
zu haben wünschte. Cato im Gegentheil weit entfernt von jeder
Nachgiebigkeit bedrohte vielmehr offen die schlechten Bürger von der
Rednerbühne herab, schrie laut, der Staat bedürfe einer großen Rei=
nigung, und verlangte von dem Volke, es solle, wenn es klug sei, nicht

---

1) Dadurch würde er der Ritterwürde verlustig erklärt.

den mildesten, sondern den durchgreifendsten Arzt wählen. Das sei er und einer der Patricier, Flaccus Valerius. Mit diesem allein glaube er gegen die Schwelgerei und Weichlichkeit, wie gegen eine zweite Hyder, durch Schneiden und Brennen etwas ausrichten zu können. Die Andern sehe er alle sich mit stürmischem Eifer um die schlechte Führung des Amtes bemühen, weil Männer die es gut verwalten würden von ihnen gefürchtet werden.

So wahrhaft groß aber und großer Führer würdig war damals das römische Volk daß es sich durch die Drohungen und die hohe Sprache des Mannes nicht schrecken ließ, daß es jene gefälligen Männer, die in Allem seine Wünsche zu erfüllen bereit schienen, verwarf und mit Cato den Flaccus erwählte, als wenn es in den Reden des Ersteren nicht Bitten eines Bewerbers, sondern Befehle eines im Amte stehenden Vorgesetzten gehört hätte.

17. Cato erklärte nun zum ersten Senator seinen Amtsgenossen und Freund, Lucius Valerius Flaccus. Andererseits stieß er Viele aus dem Senate, namentlich den Lucius Quintius, welcher sieben Jahre zuvor Consul gewesen war und, was ihm noch größeren Glanz als die Consulwürde gab, den Ueberwinder Philipp's, Titus Flamininus, zum Bruder hatte. Der Grund dieser Ausstoßung bestand in Folgendem.

Lucius hatte einen jungen Menschen dessen Jugendblüte feil war zu sich genommen, behielt ihn stets in seiner nächsten Umgebung, und ließ sich auch als Befehlshaber von ihm begleiten, wobei er ihm so große Ehre und Gewalt einräumte wie Keiner seiner vornehmsten Freunde und Vertrauten bei ihm genoß. Während er nun einer consularischen Provinz vorstand, geschah es bei einem Gastmahle, wo dieser Knabe nach gewohnter Weise zu seiner Seite lag, daß derselbe unter andern Schmeicheleien zu dem beim Weine gar leicht verführbaren Manne sagte: „ich liebe dich so sehr daß ich Fechterspiele die man zu Hause gab versäumt habe, um zu dir zu eilen, so groß auch mein Wunsch ist einen Menschen umbringen zu sehen." Lucius wollte diesen Liebesbeweis nicht unerwidert lassen und entgegnete: „um dessen willen darfst du mir kein trauriger Tischgenosse sein: ich werde deinen

Verlust gut machen." Sofort ließ er einen Menschen der zum Tode verurteilt worden war hereinführen, und den Gerichtsdiener, das Beil in der Hand, neben ihn treten, und fragte daun wiederum den Liebling ob er eine Hinrichtung sehen wolle. Dieser bejahte es, und nun befahl er dem Menschen den Kopf abzuschlagen.

So lautet die Erzählung bei den meisten Berichterstattern, und Cicero legt sie in seinem Werke über das Greisenalter [1]) dem Cato selbst in den Mund. Livius [2]) jedoch versichert, der Getödtete sei ein gallischer Ueberläufer gewesen, und Lucius habe den Menschen nicht durch einen Gerichtsdiener, sondern mit eigner Hand umgebracht. Und zwar stehe dieß in dem Vortrage des Cato.

Durch diese Verstoßung des Lucius aus dem Senate wurde der Bruder desselben auf's Tiefste gekränkt. Er nahm seine Zuflucht zum Volke und verlangte, Cato sollte angeben was ihn dazu bewogen habe. Cato erzählte also jenen Vorfall bei dem Gastmahl. Lucius legte sich zuerst auf das Leugnen, als aber Cato ihn aufforderte sich gerichtlicher Untersuchung zu unterziehen, so wollte er sich nicht dazu verstehen.

Und jetzt zwar erklärte das Volk sein Schicksal für verdient. Als er aber in der Folge bei einer Vorstellung im Theater an den Sitzen der Altconsuln vorübergieng und sich in weiter Entfernung davon niederließ, wurde das Volk von Mitleiden gerührt und nöthigte ihn mit lautem Rufen wieder umzukehren, indem es das Geschehene nach Möglichkeit gut zu machen suchte.

Einen Andern, Namens Manilius, in welchem man einen künftigen Consul erblickte, verstieß er deßwegen aus dem Senate weil er seine Frau bei Tage und vor den Augen der Tochter geküßt habe. Seine Frau, versicherte er, sei ihm nie um den Hals gefallen, als nach einem heftigen Donnerschlage, und er habe scherzend gesagt, er sei selig wenn Juppiter donnere.

---

1) Im Cap. 12.
2) Liv. XXXIX, 42.

18. Nicht wenig Unwillen und Tadel zog sich aber Cato dadurch zu daß er dem Bruder Scipio's, Lucius, einem mit Triumphesehre geschmückten Manne, das Ritterpferd entzog; glaubte man doch, es sei auf die Beschimpfung des Scipio Africanus, der nicht mehr am Leben war, abgesehen. Was aber die Meisten am Tiefsten kränkte war die Beschränkung des verschwenderischen Aufwandes. Dieses Uebel war freilich bereits zu allgemein herrschend als daß ein offener Sturm dagegen möglich gewesen wäre; er suchte ihm aber auf Umwegen beizukommen, und zwang Jeden, von Kleidern, Wagen, weiblichem Schmuck und Hausgeräthe, wenn ein Stück den Werth von 1500 Drachmen[1]) überstieg, den zehnfachen Werth anzugeben; er wollte nämlich daß gemäß der höhern Werthbestimmung auch größere Abgaben entrichtet werden sollten. Ueberdieß setzte er als Steuer für solche Gegenstände drei Asse[2]) für 1000 an. Der Druck dieses Aufschlags und die Bemerkung daß der Einfache und Sparsame bei gleichem Vermögen dem Staate weniger bezahlen müßte, sollte sie auf andere Wege bringen.

Die Folge war daß ihm sowohl diejenigen grollten welche aus Liebe zur Ueppigkeit die Steuer sich gefallen ließen, als auch diejenigen welche der Steuer wegen dem Aufwande entsagten. Denn die Meisten glauben, man raube ihnen ihren Reichthum, wenn man sie hindert denselben zur Schau zu stellen, und zur Schau stellen könne man ihn nur mit Ueberflüssigem, nicht mit Nothwendigem.

Darüber äußerte denn auch der Philosoph Ariston[3]) am meisten Verwunderung daß man Menschen welche Ueberflüssiges besitzen für glücklicher halte als die welchen das Nothwendige und Nützliche reich=

---

1) 641 fl. 27 kr. Livius gibt XXXIX, 44 den Werth von 15,000 Assen an; Plutarch rechnet also, wie das gewöhnlich geschah, 10 Asse auf eine Drachme.

2) Ohne Zweifel war die gewöhnliche Steuer für den Werth von 1000 Assen Ein As.

3) Wahrscheinlich der Stoiker Ariston aus Chios welcher um's Jahr 275 v. Chr. blühte.

lich zu Gebot stehe. Der Thessalier Skopas[1]) aber gab einem Freunde, der ihn um etwas bat was für jenen nicht besonders nützlich war und dabei bemerkte daß er sich nichts was nothwendig und nützlich sei erbitte, zur Antwort: „aber eben in dem Unnützen und Ueberflüssigen besteht mein Glück und Reichthum.“ Also ist die Begierde nach Reichthum in keiner natürlichen Neigung begründet, sondern wird uns von außen her durch den Wahn der Menge eingepflanzt.

19. Cato kümmerte sich jedoch um den Tadel nicht im Mindesten, ja seine Strenge wurde darum nur noch größer. Er ließ die Kanäle abgraben wodurch das dem Gemeinwesen gehörende Wasser in Häuser und Gärten von Einzelnen abgeleitet wurde, auch alle Gebäude niederreißen und zerstören welche auf die Straße herausgebaut waren; ferner verminderte er den Lohn bei der Verdingung öffentlicher Arbeiten, und trieb den Pacht der Zölle bei den Versteigerungen auf die höchste Höhe.

Dadurch zog er sich denn sehr vielen Haß zu. Auch brachte es die Partei des Titus [Flamininus] durch vereinte Bemühungen dahin daß im Senate die von ihm vorgenommenen Vergabungen und Verbingungen der Arbeiten an Tempeln und öffentlichen Gebäuden als unvortheilhaft aufgehoben wurden. Ferner wurden von ihnen die frechsten der Volktribunen aufgereizt, den Cato vor das Volksgericht zu laden und ihm eine Strafe von zwei Talenten anzusetzen, auch viele Hindernisse bei dem Bau der Säulenhalle in den Weg gelegt welche Cato aus öffentlichen Geldern unter dem Rathhause zur Seite des Forums errichtete und welche Basilika Porcia genannt wurde.

Das Volk jedoch nahm seine Censur unleugbar mit dem größten Beifall auf. Ließ es ihm doch eine Bildsäule im Tempel der Gesundheit[2]) errichten und in der Inschrift nicht die Feldzüge noch den

---

1) Ein Zeitgenosse des Sokrates, aus Krannon in Thessalien, von edler Abkunft und großem Reichthum.

2) Wahrscheinlich in dem Tempel der Wohlfahrt, Salus, welches Wort Plutarch mit Sanitas verwechselt zu haben scheint.

Triumph Cato's rühmen, sondern daß er — so könnte man die Worte übersetzen — als Censor der römischen Republik, die sich zum Schlimmen gewendet und geneigt, durch treffliche Führung, zweckmäßige Gewöhnung und Belehrung wiederum die alte gerade Richtung gegeben habe.

Freilich spottete er früher über diejenigen welche an solchen Auszeichnungen Freude hatten und behauptete, sie bedächten nicht daß Werke von Erzgießern und Malern ihr Stolz seien, von ihm aber tragen die Bürger die schönsten Bilder in ihren Herzen. Und wie man ihm Verwunderung äußerte daß neben so vielen unbedeutenden Menschen, denen Bildsäulen errichtet seien, er keine habe, so erwiderte er: „ich will lieber daß man frage, warum mir keine Bildsäule, als warum mir eine errichtet sei." Ueberhaupt verlangte er daß ein guter Bürger sich auch das Lob nicht gefallen lassen sollte, wenn es nicht auf eine dem gemeinen Besten förderliche Weise ertheilt werde. Und doch hat Niemand sich selbst so viele Lobreden gehalten. Erzählt er doch daß die welche sich eines Fehltritts schuldig machen und deßwegen getadelt werden zu sagen pflegen: man solle es ihnen nicht übel nehmen, sie seien ja keine Catonen. Ferner: ungeschickte Nachahmer einiger seiner Handlungen werden linkische Catonen genannt. Ferner: der Senat blicke in den schwierigsten Zeiten nach ihm, wie die Seefahrer nach dem Steuermann, und wenn er abwesend sei, so schiebe derselbe oft die dringendsten Geschäfte auf. Es wird ihm dieß aber auch von den Andern bezeugt; denn sein ganzes Leben, seine Beredtsamkeit und sein hohes Alter gaben ihm sehr hohes Ansehen in der Stadt.

20. Er war aber auch ein guter Vater und gegen seine Frau ein trefflicher Ehemannn, so wie ein ungemein tüchtiger Hauswirt, weit entfernt solche Geschäfte als kleinlich oder geringfügig nur nebenher zu betreiben. Ich glaube daher auch hierüber das Angemessene berichten zu sollen.

Bei der Wahl seiner Gattin sah er mehr auf edle Abkunft als auf Reichthum, überzeugt daß zwar Beides Ansprüche und Stolz in den Frauen erzeuge, daß aber die von edler Geburt sich des Unwür-

digen mehr schämen, und deßwegen ihren Männern in Allem was löb=
lich sei willigeren Gehorsam leisten. Wer Gattin oder Kinder schlage,
sagte er, der vergreife sich an den ehrwürdigsten Heiligthümern. Er
achte es für ein größeres Lob ein guter Gatte, als ein großer Senator
zu sein; finde er doch auch an Sokrates in der alten Zeit nichts An=
deres bewundernswerth als daß er sich gegen seine widerwärtige
Frau[1]) und einfältigen Kinder stets freundlich und sanft erzeigt
habe.

Als ihm der Sohn geboren worden war, so gab es kein so drin=
gendes Geschäft, mit Ausnahme der öffentlichen, daß er darüber weg=
geblieben wäre, wenn seine Frau den Kleinen badete oder einwickelte;
sie nährte ihn nämlich selbst mit ihrer eignen Milch, und oft legte sie
auch die Säuglinge der Sklaven an ihre Brust, um durch die gleiche
Nahrung ihnen Liebe gegen ihren Sohn einzuflößen. Sobald der=
selbe zu begreifen anfieng nahm ihn der Vater selbst zu sich, und unter=
richtete ihn im Lesen und Schreiben; wiewohl er einen geschickten
Elementarlehrer an seinem Sklaven Chilon hatte, der viele Knaben
unterrichtete. Allein, wie er sich selbst äußert, wollte er nicht daß sein
Sohn von einem Sklaven gescholten oder am Ohre gerupft werde,
wenn er zu langsam lerne, auch sollte er nicht dem Sklaven für so wich=
tigen Unterricht verpflichtet sein: deßwegen war denn Cato selbst sein
Schulmeister; er selbst war auch sein Lehrer in der Gesetzeskunde, sein
Lehrer in der Turnkunst, und zwar beschränkte er den letztern Unter=
richt nicht auf Speerwurf, Kampf in vollständiger Rüstung und Rei=
ten, sondern er leitete ihn auch an mit der Faust zu kämpfen, Hitze und
Kälte zu ertragen, durch die Wirbel und reißendsten Fluten des Stro=
mes zu schwimmen. Auch die Geschichte, sagt Cato, habe er selbst
mit eigner Hand in großen Buchstaben aufgezeichnet, damit sein Sohn
die Kenntniß dessen was die Altvordern gethan schon zu Hause sich
erwerbe. Unanständige Reden habe er in Anwesenheit seines Sohnes
nicht weniger gemieden als vor den geweihten Jungfrauen, welche

---

1) Xanthippe.

man Vestalinnen nennt; auch habe er sich nie mit demselben gebadet.

Das Letztere war, wie es scheint, allgemeine Sitte bei den Römern, denn auch der Eidam vermied es mit seinem Schwäher zusammenzubaden, aus Scheue sich vor seinen Augen zu entblößen und nackt zu zeigen. Später haben sie freilich von den Griechen sich zu entblößen gelernt, und dann wiederum die Griechen mit der Unart angesteckt dieß selbst vor Frauen zu thun.

Da aber diesen so löblichen Bemühungen Cato's, seinen Sohn für die Tugend zu bilden, zwar ein vortrefflicher Wille entgegenkam, und die Seele aus angebornem Adel sich folgsam bewies, der Körper jedoch für die Anstrengung zu zart erschien, so ließ der Vater die allzu straff gespannten Saiten etwas nach und milderte seine Zucht. Trotz dieser Schwächlichkeit hielt sich der junge Cato wacker im Felde, und that sich namentlich in der Schlacht gegen Perseus unter Paulus' Oberbefehl hervor. Hier geschah es aber mitten im Kampfe daß ihm das Schwert durch einen Hieb aus der Hand geschlagen wurde oder auch wegen der Feuchtigkeit derselben von selbst entglitt. Dieser Verlust schien ihm unerträglich: er sammelte einige seiner Bekannten um sich, stürzte mit denselben wieder auf die Feinde, vertrieb sie mit vielem Kampfe und großer Anstrengung von dem Platze, und fand endlich das verlorene unter vielen Haufen von Waffen und über einander gethürmten Leichen von Freunden und Feinden. Der Jüngling gewann dadurch auch die Bewunderung seines Feldherrn Paulus, und von Cato selbst liest man einen Brief an seinen Sohn, worin er dessen Ehrliebe und Eifer um sein Schwert mit den größten Lobsprüchen erhebt. In der Folge erhielt der junge Mann sogar eine Tochter des Paulus, Tertia, eine Schwester Scipio's, zur Gattin, indem ihm bereits das eigne Verdienst nicht minder als der Ruhm des Vaters Ansprüche auf eine so glänzende Verbindung gab. So sah also Cato seine Sorgfalt in der Erziehung des Sohnes mit dem schönsten Erfolge belohnt.

21. Sklaven schaffte er sich viele an, die er unter den Kriegs-

gefangenen auffaufte, am Liebsten in einem Alter wo sie für Erziehung
und Bildung, gleich jungen Hunden oder Pferden, noch empfänglich
waren. Von diesen betrat Keiner ein fremdes Haus, als wenn er von
Cato selbst oder dessen Frau hingeschickt wurde. Auf die Frage: was
Cato thue, gaben sie keine Antwort, als: sie wissen es nicht. Jeder
Sklave mußte entweder eine der nothwendigen Arbeiten im Hause verrichten oder schlafen. Und Cato sah es sehr gerne wenn sie schliefen,
überzeugt, wer den Schlaf liebe sei sanftern Gemütes als der Wach-
same, und wenn man den Schlaf genossen habe sei man zu jedem Geschäfte brauchbarer als wenn man desselben entbehre. Und da er glaubte
daß die größten Versäumnisse der Sklaven durch den Geschlechtstrieb
veranlaßt werden, so setzte er fest daß sie für ein bestimmtes Geldstück
mit seinen Mägden Umgang haben dürften, verbot aber jeden Umgang
mit andern Weibspersonen.

Anfangs, da er noch arm war und Feldzüge machte, war er mit
Allem was er zur Nahrung erhielt zufrieden, und erklärte es für ganz
unwürdig des Magens wegen mit einem Diener zu hadern. In der
Folge aber, als sein Vermögen zunahm, war es nach Mahlzeiten die
er Freunden und Amtsgenossen gab gewöhnlich sein Erstes daß er
Sklaven die beim Auftragen oder Zurichten eine Nachläßigkeit begangen hatten mit Peitschenhieben bestrafte. Immer suchte er irgend
eine Uneinigkeit und Zerwürfniß unter ihnen zu erhalten, weil ihn ihre
Eintracht mit Argwohn und Furcht erfüllte. Schien einer ein todes-
würdiges Verbrechen begangen zu haben, so ließ er alle seine Sklaven
über ihn zu Gericht sitzen, und nur wenn er durch ihren Spruch verurteilt wurde die Hinrichtung vollziehen. Als er sich mit größerem
Eifer auf Erwerb zu legen begann faud er daß der Landbau mehr
angenehme Unterhaltung als Geldquelle sei. Um daher seine Gelder
auf eine Weise anzulegen die zuverlässigen Gewinn brächte, kaufte er
Teiche, warme Quellen, Plätze welche an Walfer abgegeben wurden,
Werkstätten [1]), Güter mit natürlichen Waiden und Gehölzen, wovon

---

1) Ich lese mit C. Nipperdey ἐργαστήρια.

er viele Einnahmen zog, denen, wie er selbst sagt, nicht einmal Jupiter etwas anhaben konnte [1]).

Er lieh auch auf Seezins, die übelberufenste Art des Wuchers, wobei er in folgender Weise verfuhr: wer von ihm borgen wollte mußte immer Viele zur Theilnahme ziehen; waren es nun ihrer 50 und eben so viele Schiffe, so nahm Cato Einen Theil für sich durch seinen Freigelassenen Quintio, der mit den Schuldnern die Geschäfte besorgte und sie auf der Fahrt begleitete. So wagte er also nicht das Ganze, sondern nur einen kleinen Theil gegen großen Gewinn.

Auch seinen Sklaven lieh er Geld, wenn sie es wünschten; diese kauften dafür Kinder, übten und unterrichteten dieselben auf Cato's Kosten, und verkauften sie nach Verfluß eines Jahres. Viele dieser Kinder behielt aber auch Cato selbst, indem er den höchsten Preis der von Andern geboten wurde in Anrechnung brachte.

Um seinen Sohn zu der gleichen Thätigkeit zu ermuntern, sagt er: kein Mann, nur Wittfrauen lassen ihr Vermögen eine Abnahme erleiden. Noch viel weiter aber gieng Cato, indem er gar zu äußern wagte, Bewunderung und göttergleichen Ruhm verdiene ein Mann der in seinen Rechnungen mehr Errungenes als Ererbtes hinterlasse.

22. Cato stand bereits im Greisenalter als mehrere Philosophen, namentlich Karneades der Akademiker und Diogenes der Stoiker [2]), von Athen als Gesandte nach Rom kamen. Sie sollten um Aufhebung eines Urteiles bitten, das eine Buße von 500 Talenten verhängte und das die Stadt Sikyon auf die Klage der Oropier gegen die Athener gefällt hatte, welche der Ladung vor Gericht nicht gefolgt waren [3]).

---

1) Weil sie durch die Witterung nicht geschmälert wurden.

2) Ausdrücklich genannt finden wir auch Kritolaus, welcher damals an der Spitze der Peripatetiker stand, s. Gellius' attische Nächte VII, 14.

3) Die Athener hatten die ihnen unterworfene Stadt Oropus an der böotischen Grenze geplündert. Die Einwohner wandten sich an den römischen Senat, und dieser gab der Stadt Sikyon im nördlichen Peloponnese den Auftrag die Sache zu untersuchen. Sikyon lud also die Athener vor Gericht: sie erschienen nicht, und wurden nun zu der von Plutarch angegebenen

Sogleich suchten die wißbegierigsten Jünglinge wetteifernd den Umgang dieser Männer und hörten mit Bewunderung ihre Vorträge; insbesondere war es die anmutige Redegabe des Karneades, deren seltene Trefflichkeit und eben so seltener Ruhm den Beifall großer Hörerkreise gewann und die Stadt gleich einem Winde mit ihrem Schalle erfüllte. Allenthalben sprach man davon, wie ein Grieche von staunenswerthem Talent Alles entzücke und bezaubere, und der Jugend eine so wunderbare Begeisterung eingeflößt habe daß sie für die Philosophie allein schwärme, gegen jede andere Ergötzlichkeit und Beschäftigung gleichgültig geworden sei.

Während dieß nun den übrigen Römern wohl gefiel, und sie es gerne sahen daß die Jünglinge sich griechische Bildung erwarben und mit bewunderten Männern Umgang pflegten, war Cato, von dem ersten Augenblick an wo diese Liebe zu geistiger Thätigkeit in der Stadt Eingang fand, darüber ungehalten; denn er fürchtete, die Ehrliebe der Jugend möchte nun ganz diese Richtung nehmen und den Ruhm des Redens eifriger als den Ruhm der Thaten und Waffen suchen. Wie vollends das Ansehen der Philosophen in der Stadt immer zunahm und ein angesehener Mann, Cajus Acilius, auf sein eigenes Ansuchen und Bitten der Dolmetscher ihrer ersten Vorträge im Senate wurde, so beschloß Cato die Philosophen alle unter anständigem Vorwande aus der Stadt zu entfernen. Er trat daher im Senate auf und machte den Obrigkeiten Vorwürfe daß eine Gesandtschaft von Männern die zu Allem wozu sie nur wollten überreden könnten so lange unverrichteter Dinge in der Stadt verweile. Man müsse so schnell als möglich über ihr Anliegen erkennen und einen Beschluß fassen, damit sie in ihre Schulen zurückkehren und dem Unterrichte der Griechenknaben sich widmen, die jungen Römer aber, wie zuvor, den Gesetzen und Obrigkeiten ihre Ohren zuwenden.

Summe verurteilt. Die Vorstellungen der beredten Philosophen machten aber auf den Senat in Rom so großen Eindruck daß ihnen 400 Talente erlassen wurden.

23. Dieß that er aber nicht, wie Einige glauben, aus Verstimmung gegen Karneades, sondern weil er gegen die Philosophie überhaupt eingenommen war und jeder griechischen Muse und Wissenschaft aus Ehrgeiz Hohn sprach. Behauptet er doch sogar, Sokrates sei ein Schwätzer und gewaltthätiger Mensch gewesen, der sich zum unumschränkten Gebieter seiner Vaterstadt habe aufwerfen wollen und zu diesem Zweck das Mittel angewandt habe das ihm allein zu Gebot gestanden, daß er die Sitten zerstörte und die Bürger zu gesetzwidrigen Grundsätzen beredete und verführte. Er macht sich auch über den langwierigen Unterricht des Isokrates lustig und sagt, seine Schüler seien bei ihm grau geworden, als wollten sie erst in der Unterwelt bei Minos die erlernten Künste ausüben und Rechtssachen führen. Um seinen Sohn gegen das Griechenthum einzunehmen, ruft er mit einer Kühnheit die seinem Alter wenig ziemte, im Tone eines Sehers und Propheten: die Römer werden der Herrschaft verlustig gehen, wenn sie sich von griechischer Bildung anstecken lassen. Diese Unglücksweissagung Cato's ist aber von der Zeit als nichtig erwiesen worden: hat doch Rom die höchste Stufe der Macht erreicht, während es mit der Wissenschaft und gesammten Bildung der Griechen aufs Beste befreundet war.

Cato aber haßte nicht blos die griechischen Philosophen, sondern auch die Aerzte dieses Volkes in Rom waren ihm verhaßt. Er hatte ohne Zweifel die Aeußerung gehört welche Hippokrates that, als ihn der Perserkönig[1] mit der Zusage eines Gehaltes von vielen Talenten zu sich rief: er werde Barbaren welche Feinde der Griechen seien seine Dienste niemals widmen. Deßwegen versicherte er, dieß sei ein gemeinsamer Eid aller Aerzte, und ermahnte seinen Sohn alle zu meiden. Er hatte, wie er bemerkt, selbst ein Notizenbuch aufgesetzt, wornach er den Kranken seines Hauses Heilmittel und Diät vorschrieb. Zum Fasten hielt er sie niemals an, sondern er gab ihnen Gemüse zu essen oder ein wenig Fleisch von Enten oder Holztauben oder Hasen,

---

[1] Artaxerxes.

denn dieß sei leichte und Kranken zuträgliche Nahrung, nur könne es geschehen daß ihr Genuß viele Träume bringe. Bei solcher Pflege und Lebensweise versichert er selbst gesund geblieben zu sein und die Seinigen beim Wohlsein erhalten zu haben.

24. Dafür[1]) blieb er jedoch nicht ohne Heimsuchung, denn er verlor Frau und Sohn. Er selbst jedoch, der eine eisenfeste Gesundheit und Körperkraft besaß, dauerte sehr lange aus, so daß er noch in sehr vorgerückten Jahren der Liebe in vollem Maße genoß und eine seinem Alter nicht entsprechende Ehe schloß, wozu Folgendes Veranlassung gab.

Nach dem Tode seiner Frau vermählte er seinen Sohn mit Paulus' Tochter, der Schwester Scipio's, während er selbst Wittwer blieb, aber mit einer jungen Sklavin Umgang pflegte, welche heimlich zu ihm kam. Dieß blieb in dem kleinen Hause, worin eine junge Frau war, nicht verborgen, und einstmals, als das Mädchen an dem Zimmer des Sohnes frech vorbeizuschreiten schien, sagte dieser zwar kein Wort, schaute sie aber mit finsterem Blicke an und kehrte ihr den Rücken zu, was dem Greise nicht verborgen blieb. Da er nun hieraus sah daß sie über dieses Verhältniß ungehalten waren, so begab er sich, ohne ein Wort des Vorwurfs und der Klage zu äußern, mit einigen Freunden nach seiner Gewohnheit auf den Marktplatz hinab, und richtete auf dem Wege dahin an einen gewissen Salonius, der ihm als Schreiber gedient hatte und jetzt unter seinen Begleitern war, mit lauter Stimme die Frage: ob er sein Töchterlein schon verlobt habe. Auf die Antwort des Mannes: das werde er niemals thun, ohne vorher den Cato befragt zu haben, erwiderte dieser: „gut, ich habe dir einen passenden Eidam gefunden: nur an dem Alter könntest du Anstoß nehmen; sonst ist er nicht zu tadeln, aber sehr bejahrt." Als nun Salonius antwortete: er überlasse das ganz dem Gutdünken Cato's; Cato möge das Mädchen geben wem er wolle; sie sei ja seine Schutzbefohlene

---

1) D. h. für diese unbescheidene, das Walten der Götter nicht gebührend anerkennende Aeußerung.

und seiner Fürsorge bedürftig, — da erklärte Cato ohne weitern Verzug daß er um die Jungfrau für sich selber werbe.

Zuerst setzte natürlich dieser Antrag einen Mann in Staunen der den Cato weit entfernt von der Ehe dachte, und ebenso sich selbst weit entfernt von einem consularischen Hause und einer Verwandtschaft welche der Triumph verherrlichte. Als er aber sah daß es voller Ernst war sagte er mit Freuden Ja, und sobald sie auf den Markt gekommen wurde das Verlöbniß geschlossen.

Wie nun die Anstalten zu der Hochzeit getroffen wurden gieng Cato's Sohn in Begleitung seiner Verwandten zu dem Vater und fragte, ob er ihm einen Anlaß zum Tadel oder zur Beschwerde gegeben habe daß er eine Stiefmutter in das Haus bringe. Cato aber rief laut: „Gott bewahre, mein Sohn! dein Benehmen hat durchaus meinen Beifall; ich finde nicht das Mindeste zu tadeln; ich wünsche aber mir noch mehr solche Söhne und dem Vaterlande noch mehr solche Bürger zu hinterlassen."

Diese sinnige Antwort soll übrigens früher Pisistratus der Alleinherrscher Athens gegeben haben, als er seinen bereits erwachsenen Söhnen in der Argiverin Timonassa eine Stiefmutter zuführte, welche ihm dann den Jophon und Thessalus geboren haben soll.

Cato erhielt aus dieser Ehe einen Sohn, dem er von seiner Mutter den Namen Salonius[1]) gab. Der ältere Sohn aber starb als Prätor. Cato gedenkt desselben häufig in seinen Schriften als eines wackeren Mannes. Er soll aber seinen Verlust mit Fassung und philosophischem Gleichmute ertragen haben, und in seiner öffentlichen Thätigkeit darum nicht lässiger geworden sein. Denn er ließ sich nicht, wie später Lucius Lucullus und Metellus Pius, durch das Alter für die Geschäfte des Staates müde machen, da er deren Besorgung für eine Bürgerpflicht ansah; es konnte ihn auch nicht, wie früher den Scipio Africanus, Erbitterung gegen das Volk wegen des seinen

---

1) Richtiger Salonianus.

Ruhm anfeindenden Neides bewegen sich zurückzuziehen und den Rest
seines Lebens in Unthätigkeit hinzubringen; nein, wie Jemand den
Dionysius [1]) feine unumschränkte Gewalt als den schönsten Todten=
schmuck betrachten hieß, so sah Cato gemeinnützliche Thätigkeit als das
schönste Greisenleben an, und wenn er Muße hatte so suchte er in
Ausarbeitung von Büchern oder im Landbau Erholung und Ver=
gnügen.

25. Er verfaßte also Abhandlungen mannigfaltigen Inhalts
und geschichtliche Werke [2]). Den Landbau aber hatte er in seinen
jüngeren Jahren auch seines Unterhalts wegen betrieben; denn, wie
er selbst sagt, waren damals seine einzigen Erwerbsquellen der Land=
bau und die Sparsamkeit; jetzt aber gewährten ihm die ländlichen
Arbeiten Unterhaltung und Gelegenheit wissenschaftliche Beobachtungen
anzustellen. Er hat auch ein Buch über Landwirtschaft [3]) geschrieben,
worin er selbst zum Kuchenbacken und zur Aufbewahrung des Obstes
Anleitung gibt: seiner Eitelkeit schmeichelte es, in Allem ungewöhnlich
und eigenthümlich zu erscheinen.

Auf dem Lande war auch seine Mahlzeit reichlicher, denn er lud
jedesmal seine Bekannten unter den Gutsnachbarn und Umwohnern
ein, und brachte mit ihnen die Zeit recht heiter hin; war er doch ein
angenehmer liebenswürdiger Gesellschafter nicht blos für Alters=
genossen, sondern auch für junge Leute, da er nicht nur reich an Er=
fahrung war, sondern auch gar vieles Merkwürdige und Lehrreiche

---

1) Der ältere Dionysius war einmal durch einen Aufstand der Syra=
kusier in so großes Gedränge gerathen daß schleunige Flucht von Manchen
als das einzige Rettungsmittel angesehen wurde. Einer seiner Freunde,
Heloris, hielt ihn aber durch diese Mahnung davon ab.

2) Die geschichtlichen Schriften Cato's bestanden aus sieben Büchern,
welche den gemeinsamen Namen Urgeschichte (origines) führten. Das erste
Buch enthielt die Thaten der römischen Könige; das zweite und dritte be=
richtete über den Ursprung der Städte Italiens; im vierten fand sich der erste
punische Krieg, im fünften der zweite; das sechste und siebente erzählte die
nachfolgenden Kriege Rom's bis zum Jahre 603 d. St.

3) Dieses Werk ist noch vorhanden, hat aber mehrfache Ueberarbei=
tungen erlitten.

gelesen[1]) und gehört hatte. Die Tafel war seiner Meinung nach be=
sonders geeignet Freundschaft zu stiften, und es wurde an der seinigen
immer viel zum Lobe der rechtschaffenen und wackern Bürger gespro=
chen, während man tiefes Stillschweigen über die unnützen und
schlechten beobachtete, indem Cato weder einer tadelnden noch einer
lobenden Aeußerung über dieselben Zugang zu seinen Gastmahlen
verstattete.

26. Als sein letztes staatsmännisches Werk betrachtet man die
Zerstörung Karthago's; zwar ist es der jüngere Scipio der dieselbe
zur Ausführung gebracht hat, aber der Krieg war vornehmlich auf
Cato's Rath und Zureden unternommen worden. Die Veranlassung
gab Folgendes. Cato wurde zu den Karthagern und zu Massinissa,
dem Könige der Numidier, geschickt, um die Ursachen des Krieges den
sie mit einander führten zu untersuchen. Massinissa war von An=
fang[2]) an Freund der Römer, die Karthager aber standen mit ihnen seit
ihrer Niederlage durch Scipio in einem Friedensvertrage, waren jedoch
durch Gebietsverlust und schwere Geldbuße geschwächt worden. Da
nun Cato die Stadt nicht, wie die Römer glaubten, erschöpft und ge=
demütigt fand, vielmehr im Besitze einer zahlreichen und wackeren
jungen Mannschaft, ausgestattet mit großen Reichthümern, so wie mit
mancherlei Waffen und Kriegsbedürfnissen, auch nicht wenig stolz auf
alles dieses, so glaubte er, es sei nicht an der Zeit für die Römer
sich der Angelegenheiten Numidiens und Massinissa's als Schieds=
richter anzunehmen, sondern sie müßten diese bittere Erbfeindin Rom's,
die so wunderbar emporgekommen, gänzlich unterdrücken, wenn sie nicht
wiederum in gleich große Gefahren gerathen wollten.

Er kehrte daher schleunig nach Rom zurück und erklärte dem Se=
nate, die früheren Niederlagen und Mißgeschicke der Karthager scheinen

---

1) Ich lese πολλοῖς δὲ γράμμασι statt π. δ. πράγμασι.

2) Richtiger: Massinissa war im zweiten punischen Kriege, nachdem er
Anfangs Bundesgenosse der Karthager gewesen, zu den Römern überge=
treten und hatte diesen sehr große Dienste geleistet.

nicht sowohl ihre Macht als ihren Unverstand vermindert, und sie nicht
schwächer, sondern kriegskundiger gemacht zu haben; auch seien bereits
die Händel mit den Numidiern nichts Anderes als Vorbereitungen des
Kampfes mit den Römern, Frieden und Vertrag aber bloße Namen
für den Aufschub des Krieges bis der günstige Zeitpunkt komme.

27. Ueberdieß ließ Cato, wie man erzählt, in der Senatssitzung,
indem er seine Toga aufschlug, absichtlich einige afrikanische Feigen
fallen und sagte, als die Größe und Schönheit derselben bewundert
wurde, aus dem Land welches sie trage brauche man nach Rom nur
eine Seefahrt von drei Tagen. Das aber deutete geradezu auf offene
Gewalt daß er, so oft er im Senate über irgend einen Gegenstand
seine Stimme abgab, immer hinzufügte: „ich bin auch der Meinung
daß Karthago nicht länger stehen solle." Dagegen sprach sich Publius
Scipio, mit dem Beinamen Nasica, bei jeder Abstimmung dahin aus,
er sei der Meinung Karthago solle stehen bleiben.

Ohne Zweifel hatte Scipio die vielen Ausschweifungen im Auge
welche das Volk schon damals im Uebermute begieng, er hatte die
Widerspenstigkeit des Volkes gegen den Senat, welche durch Glück
und stolzes Selbstgefühl erzeugt war, er hatte die übermäßige Macht
des Volkes im Auge, vermöge der es den ganzen Staat wohin es nur
wollte gewaltsam mit sich fortriß. Deßwegen sollte wenigstens diese
Furcht wie ein Zügel die Frechheit der Menge bändigen, da Karthago
zu schwach sei um über Rom die Oberhand zu gewinnen, zu stark
um verachtet zu werden.

Auf der andern Seite fand Cato gerade das höchst bedenklich
wenn dem zügellosen Volke, das seine Macht meist zum eignen Scha=
den anwende, eine immer mächtige, jetzt auch durch das Unglück zur
Besonnenheit und Ordnung gebrachte Stadt gleichsam über den
Nacken hänge, und nicht vielmehr Alles vertilgt werde was der Herr=
schaft Rom's von außen her Gefahr bringe, um zur Abwehr innerer
Uebel Kräfte übrig zu behalten.

Auf diese Weise soll Cato den dritten und letzten Krieg gegen
Karthago zu Stande gebracht haben. Er starb aber bald nach dem

Beginne der Feindseligkeiten, nachdem er sich in prophetischem Geiste über den Mann ausgesprochen hatte welcher diesen Krieg vollenden sollte. Es stand derselbe damals noch in den Jünglingsjahren, nahm aber als Militärtribun an dem Feldzuge Theil, und gab manche Proben seiner Klugheit und seines kühnen Mutes im Kampfe. Als die Nachricht davon nach Rom und zu Cato's Ohren kam, soll er gesagt haben:

Ihm nur lebet der Geist, die Anderen schwirren wie Schatten[1]).

Diesen Ausspruch bestätigte auch Scipio bald durch Thaten.

Cato hinterließ an Nachkommenschaft Einen Sohn aus der zweiten Ehe, welcher, wie wir erzählt haben, den Beinamen Salonius führte, und Einen Enkel von seinem verstorbenen Sohne. Und Salonius starb als Prätor, dessen Sohn Marcus aber gelangte zur Consulwürde[2]). Es war dieser[3]) der Großvater des Philosophen Cato, eines der tugendhaftesten und ruhmvollsten Männer seiner Zeit.

Vergleichung des Aristides mit Marcus Cato.

1. Nachdem wir nun auch von diesem Manne[4]) das Denkwürdigste berichtet haben, so gewährt das Leben des einen, in seiner Gesammtheit neben das Leben des anderen gestellt, keine leichte Anschauung der Verschiedenheit, da diese durch viele und bedeutende Aehnlichkeiten verdunkelt wird. Müssen wir aber, wie bei einem Gedichte

---

1) S. Odyssee X, 495.

2) Im Jahre 665, 89 v. Chr. Uebrigens wurde Consul nicht Marcus (der während seiner Bewerbung um die Prätur starb), sondern Lucius.

3) Auch hier irrt sich Plutarch; Cato der Uticenser, den er wegen seiner Liebe zur stoischen Philosophie den Philosophen heißt, war nicht der Enkel dieses Consularen (Lucius), sondern vielmehr der Sohn von dessen Bruder Marcus.

4) Ich lese καὶ περὶ τούτου statt κ. π. τούτων.

oder Gemälde, in die Vergleichung des Einzelnen eingehen, so ist es
zwar Beiden gemein daß sie, ohne von Hause aus vorhandene Mittel,
blos durch Tugend und Geisteskraft Einfluß im Staate und einen
ruhmvollen Namen erlangten.   Allein Aristides that sich zu einer Zeit
hervor wo Athen noch nicht groß war, und die Volksführer und Feld=
herren auf die er folgte in ihrem Vermögen das mittlere Maß noch
wenig überschritten; denn die höchste Schatzung betrug damals 500
Medimnen, die zweite 300, die dritte und letzte 200[1]).   Cato dagegen
wagte es sich aus einem kleinen Städtchen und einer für bäurisch gel=
tenden Lebensweise in das unermeßliche Meer der römischen Staats=
verwaltung zu stürzen.   Und doch war diese jetzt nicht mehr ein Ge=
schäft für Curier, Fabricier und Atilier, sie ließ keine Obrigkeiten und
Volksführer mehr zu welche ohne Vermögen von dem mit eigner Hand
geführten Pflug und Grabscheit auf die Gerichts= und Rednerbühne
stiegen; man war vielmehr dabei gewohnt auf große Geschlechter,
Reichthümer, Spenden und Gunstbewerbung zu sehen, und das stolze
Machtbewußtsein des Volkes ließ die Bewerber manche Demütigung
erfahren.   Es war doch gewiß ein großer Unterschied einem Themi=
stoklés gegenüberzustehen, der keine glänzende Abkunft und ein mäßiges
Vermögen hatte (denn fünf oder drei Talente, sagt man, betrug sein
Vermögen als er an das Staatsruder trat), und mit einem Scipio
Africánus, Servius Galba, Quintius Flamininus um den ersten
Rang zu wetteifern, ohne ein anderes Hülfsmittel als eine Zunge welche
mit Freimut sich des Rechtes annahm.

2.   Zudem stand Aristides bei Marathon und wiederum bei
Platää als Feldherr neben neun Amtsgenossen, Cato dagegen wurde
mit einem einzigen zum Consul ernannt, trotz vielen Mitbewerbern,
und ebenso mit einem einzigen zum Censor, wobei er sieben der an=
gesehensten und ersten Männer im Wettstreite besiegte.   Auch ist Ari=
stides bei keinem Siege der Erste gewesen, sondern den Miltiades
schmückt der erste Preis von Marathon, den Themistokles der erste von

---

1) S. Solon 18. Aristides 1.

Salamis, bei Platää trug, wie Herodot[1]) sagt, Pausanias den schön=
sten Sieg davon, dem Aristides aber wird selbst der zweite Sieges=
kranz von einem Sophanes[2]), einem Aminias[3]), einem Kallimachus[4])
und Kynägirus[4]) streitig gemacht, die in jenen Schlachten ruhmvoll
gekämpft haben.

Cato dagegen war nicht blos als Consul bei dem hispanischen
Kriege der Erste im Kampfe und im Rathe, sondern er gewann auch
als Tribun bei Thermopylä unter einem andern Consul den Ruhm
des Sieges, da er den Römern ein weites Thor gegen Antiochus
öffnete, und allein dem vorwärts schauenden Könige den Krieg auf den
Rücken brachte. Hat doch dieser Sieg, der unzweifelhaft Cato's Werk
gewesen ist, Asien aus Griechenland verjagt und in der Folge für
Scipio zugänglich gemacht.

Während im Kriege Beide unbesiegt geblieben sind, hat Aristides
als Staatsmann eine Niederlage erlitten, da ihm die Umtriebe des
Themistokles den Bann des Scherbengerichts zuzogen. Cato dagegen,
wiewohl er die einflußreichsten und angesehensten Männer Rom's, man
kann wohl sagen alle, zu Gegnern hatte, und einem Fechter gleich bis
zum Greisenalter kämpfte, hielt sich doch ohne Wanken, und in den
vielen öffentlichen Prozessen die er theils als Angeklagter theils als
Ankläger führte gelang es ihm oft eine Verurteilung zu bewirken, er
selbst aber wurde immer losgesprochen, indem ihm zur Schutzwehr
seines Lebens und zur Angriffswaffe die Beredtsamkeit diente, der man
mit mehr Recht als dem Zufall und günstigen Geschicke des Mannes
es zuschreiben darf daß ihm nichts Unwürdiges widerfuhr. Hat dieß
doch auch von dem Philosophen Aristoteles als einen großen Vorzug
Antipater[5]) gerühmt, indem er nach dessen Tode schrieb: „neben

---

1) IX, 64.

2) S. Herod. VI, 114.

3) S. Herod. VIII, 93.

4) S. Herod. VI, 114.

5) S. die Vergleichung des Alkibiades mit Coriolanus 3, wo dieselben
Worte wiederkehren.

seinen andern trefflichen Eigenschaften besaß er auch die Gabe der Ueberredung.“

3. Daß die Tugend des Staatsmannes die größte ist zu der ein Mensch gelangen kann leidet keinen Widerspruch, von dieser macht aber nach dem Urteile der Meisten die Haushaltungskunst keinen kleinen Theil aus. Wirklich bedarf die Stadt, ein Verein und Inbegriff von Häusern, des Wohlstandes der einzelnen Bürger, wenn das Gemeinwohl dauernd bestehen soll. Hat doch selbst Lykurg, wiewohl er Silber, wiewohl er Gold aus Sparta verbannte und ihnen Eisen[1]), das durch Feuer verdorben war, zur Münze gab, dennoch seine Mitbürger der Sorge für die Haushaltung nicht entbunden, sondern nur die Ueppigkeit des Reichthums und die aus dem Gifte derselben entspringenden Krankheiten von ihnen ferne gehalten, aber mehr als irgend ein anderer Gesetzgeber darauf Bedacht genommen daß Alle das Nöthige und Nützliche im Ueberflusse haben, weil er von den brod- und obdachlosen Armen mehr Gefahr für das Gemeinwesen fürchtete als von den Reichen und Uebermütigen.

Offenbar war nun Cato kein schlechterer Verwalter seines Hauswesens als des Staates, denn eines Theils vermehrte er sein eigenes Vermögen, andern Theils wurde er auch Lehrer der Haushaltungskunst und des Landbaues für Andere, durch vortreffliche Vorschriften die er darüber schriftlich abgefaßt hat. Aristides dagegen hat durch seine Armut auch die Gerechtigkeit in nachtheiliges Licht gestellt, als wenn sie das Vermögen zerrüttete, in Armut stürzte und Jedermann eher als ihrem Besitzer Nutzen brächte. Und doch sagt Hesiodus so Vieles, um Gerechtigkeit und Sorge für das Hauswesen mit einander zu empfehlen, und schilt den Müßiggang als die Wurzel der Ungerechtigkeit[2]), und treffend sagt auch Homer[3]):

---

1) Vgl. Lykurg 9.
2) Z. B. in den Werken und Tagen V. 279 und 284 ff.
3) Odyss. XIV, 222 ff. Die Uebersetzung folgt größtentheils der von Donner.

Doch Feldbau war mir zuwider,
Auch das Wirthen im Haus, das treffliche Kinder heranzieht;
Allzeit war mir Entzücken ein Schiff mit Rudern gerüstet,
Schlachtengewühl, Wurfspeere mit blinkenden Schaften, und Pfeile;

womit er andeutet daß wer sein Hauswesen vernachläßigt nach un=
gerechtem Erwerbe zu streben pflege. Von dem Oele sagen wohl die
Aerzte daß es zwar den äußeren Theilen des Körpers sehr nützlich,
den inneren aber höchst schädlich sei. Von dem Gerechten aber läßt
sich nicht in ähnlicher Weise behaupten daß er Andern Vortheil bringe,
um sich aber und das Seinige unbekümmert sei. Es war vielmehr,
wie es scheint, Aristides in diesem Punkte ein mangelhafter Staats=
mann, wenn er wirklich, wie die Meisten behaupten, nicht einmal eine
Mitgift für seine Tochter, noch Leichenkosten für sich selbst zu hinter=
lassen bedacht war. Daher gab denn auch Cato's Haus den Römern
bis zum vierten Geschlechte Prätoren und Consuln; denn Enkel und
noch Söhne derselben haben die höchsten Ehrenämter bekleidet. Die
Nachkommen des Aristides dagegen, welcher einen so hohen Rang
unter den Griechen einnahm, wurden durch bittere hülflose Armut
theils zu Gauklerkünsten herabgewürdigt [1]), theils genöthigt in ihrer
Bedürftigkeit die Hände nach dem öffentlichen Almosen auszustrecken,
und Keiner von ihnen vermochte edle, jenes Mannes würdige Gedanken
zu fassen.

4. Lassen sich aber gegen diesen Tadel des Aristides nicht Ein=
wendungen erheben? Gewiß. Die Armut ist ja keineswegs durch
sich selbst schimpflich, sondern wo sie ein Beweis von Leichtsinn, Un=
mäßigkeit, Verschwendung und Unverstand ist. Bei einem mäßigen,
arbeitsliebenden, gerechten, tapfern und mit allen seinen Tugenden
dem Vaterlande lebenden Manne dagegen ist sie vielmehr Beweis von
Großmut und Hochherzigkeit. Denn unmöglich kann man Großes
thun, wenn man seinen Sinn auf Kleines richtet, noch vielen Bedürf=
tigen beistehen, wenn man selbst viele Bedürfnisse hat. Ein großes

---

1) Vgl. Aristides 27.

Beförderungsmittel für Staatsgeschäfte ist nicht Reichthum, sondern Genügsamkeit, die, weil sie nichts Ueberflüssiges für sich bedarf, niemals der öffentlichen Thätigkeit Zeit entzieht. Denn ganz bedürfnißlos ist die Gottheit, menschliche Tugend aber zeigt sich am Vollkommensten und Göttlichsten in der höchsten Beschränkung des Bedürfens. Denn wie der Leib, wenn seine Gesundheit wohl begründet ist, weder überflüssiger Kleidung noch Nahrung bedarf, so ist auch einem gesunden Leben und Hauswesen das Gewöhnlichste genügend. Der Erwerb aber muß nach dem Bedürfnisse abgemessen werden: wer Viel sammelt und Wenig gebraucht ist nicht genügsam, sondern wenn er keine Begierde darnach hat so ist er ein Thor daß er sich erwirbt was er doch nicht begehrt, hat er aber die Begierde, so macht er sich durch engherzige Verkümmerung des Genusses unglücklich. An Cato selbst aber möchte ich gern die Frage richten: „wenn der Reichthum genießbar ist, was rühmst du dich bei großem Besitze mit Wenigem auszureichen? Ist es aber rühmlich, wie es wirklich ist, gemeines Brod zu genießen, den Wein zu trinken welchen Tagelöhner und Sklaven trinken, und keines Purpurs, keines getünchten Hauses zu bedürfen, so hat weder Aristides, noch Epaminondas, noch Manius Curius, noch Cajus Fabricius eine Pflicht versäumt, wenn sie sich um den Erwerb der Dinge nicht kümmerten deren Gebrauch sie verwarfen“. Ein Mann der sich zum Lieblingsgericht Rüben erwählt hatte und der diese selbst kochte, während seine Frau den Brodteig knetete, hatte doch gewiß nicht nöthig so viel von einem Affe zu schwatzen und über die Frage: welches Gewerbe am Schnellsten bereichere? ganze Bücher zu schreiben. Einfachheit und Genügsamkeit sind ja deßwegen von so hohem Werthe weil sie zugleich von der Begierde nach dem Entbehrlichen und von der Bemühung um dasselbe befreien. Darum soll ja auch Aristides bei dem Prozesse des Kallias gesagt haben[1]): der Armut sich zu schämen komme nur dem zu der ungern arm sei; die freiwilligen Armen aber, wie er einer sei, dürfen sich derselben rühmen. Denn widersinnig wäre

---

1) S. Aristides 25.

es Aristides' Armut von Trägheit abzuleiten, da er, ohne irgend etwas Schimpfliches zu thun, durch Plünderung Eines gefallenen Barbaren oder Aneignung Eines Zeltes ein reicher Mann hätte werden können. So viel über diesen Gegenstand.

5. Betrachten wir die Feldzüge Beider, so hat Cato durch die seinigen der bereits großen Macht keine bedeutende Vergrößerung gebracht, unter den Feldzügen des Aristides aber finden sich die herrlichsten, ruhmvollsten, alle andern verdunkelnden Kriegsthaten der Hellenen: Marathon, Salamis, Platää. Und wahrlich keinen Vergleich mit Xerxes verdient Antiochus, noch die Schleifung der hispanischen Städte mit der Vernichtung so vieler tausend Feinde zu Land, so vieler tausend zur See; wobei Aristides mit der That hinter Keinem zurückblieb, Ruhm aber und Ehrenkränze, wie auch Reichthum und Schätze, denen überließ welche größeres Verlangen darnach trugen, weil er auch ohne dieß [1]) sie Alle übertraf.

An Cato will ich zwar nicht tadeln daß er immerdar sich selbst preist und über Alle erhebt, wiewohl er in einer gewissen Abhandlung das eigene Lob wie den eignen Tadel für ungereimt erklärt. Aber vollkommener in der Tugend als der welcher häufig sich selbst Lob ertheilt scheint mir doch derjenige zu sein welcher nicht einmal Lob aus Anderer Munde begehrt. Denn Freiheit von Ehrgeiz trägt viel bei daß man als Staatsmann Sanftmut übt, der Ehrgeiz dagegen ist unverträglich und die fruchtbarste Mutter der Eifersucht. Jene Leidenschaft nun war dem Aristides gänzlich fremd, Cato aber hatte kein kleines Maß davon. Aristides hat ja als Gehülfe des Themistokles bei den entscheidendsten Unternehmungen, ja indem er sich dem Feldherrn Themistokles gewissermaßen als Trabaut zur Seite stellte, das Vaterland von seinem Falle wieder aufgerichtet: Cato dagegen hat durch feindselige Umtriebe gegen Scipio dessen Feldzug gegen Karthago, auf welchem er den unüberwindlichen Hannibal zu Boden warf, beinahe hintertrieben und vereitelt, und zuletzt durch unausgesetzte

---

1) Ich lese ὅτι καὶ ἄνευ τούτων.

Aufregung von Verdacht und Ausstreuung verleumberischer Gerüchte ihn selbst aus der Stadt vertrieben, seinem Bruder Lucius aber die schimpflichste Verurteilung wegen Unterschleifs zugezogen.

6.   Die Tugend der Selbstbeherrschung, welche Cato so oft und so hoch gepriesen hat, ist von Aristides in Wahrheit rein und unbescholten bewahrt worden.   Dagegen hat gerade dem Cato die weder seinem Stande noch seinem Alter angemessene Heirat keinen geringen noch unbilligen Tadel nach dieser Seite hin zugezogen.   In der That, daß er als ein so bejahrter Mann einem erwachsenen Sohne und dessen neu vermählter Frau zur Stiefmutter ein junges Mädchen gab deren Vater für Geld öffentliche Dienste that, das war keineswegs löblich: vielmehr, mag er es der Lust wegen gethan haben oder aus Zorn, um sich an seinem Sohne wegen der Buhlerin zu rächen, sowohl die Handlung als der Beweggrund macht ihm Schande.   Was er aber selbst ironisch zu dem Jünglinge sagte, das war nicht der Wahrheit gemäß; denn wollte er wirklich noch mehr solcher wackern Söhne zeugen, so mußte er gleich Anfangs darauf seinen Sinn richten und sich die Gattin aus einem edeln Hause wählen, statt daß er, so lange sein außerehlicher Umgang mit einem gemeinen Weibe verborgen blieb, ganz zufrieden war, und als er entdeckt wurde einen Mann zum Schwäher wählte der am Leichtesten zu überreden war, nicht einen solchen dessen Verwandtschaft die ehrenvollste gewesen wäre.

VI. Agis [1]).

1. Nicht ohne Geist und Scharffinn wird von mehreren Seiten die Vermutung geäußert daß der Mythos von Jrion gegen diejenigen gerichtet sei welche nach Ehre strebten. Denn wie Jrion die Wolfe anstatt der Hera umarmt habe und so die Kentauren entstanden seien, ebenso verkehrten auch diese nur mit einem Schattenbilde der Tugend, der Ehre, und richteten ihr Streben nicht auf etwas Lauteres und Aechtes, sondern auf allerlei Trug= und Zwittergestalten, da sie den Einge= bungen des Neides und [anderer] Leidenschaften folgend bald in dieser bald in jener Richtung fortgeriffen würden, wie die Hirten des So= phofles mit Bezug auf ihre Heerden sagen:

„Denn diesen müssen wir, die Herren, dienstbar sein,
Auf ihren Willen, obwohl sie schweigen, achtsam sein."

Daffelbe ist in Wahrheit bei denen der Fäll welche sich als Staats= männer nach den Begierden und Wünschen der Menge richten. Sie dienen und folgen, um Führer des Volkes und obrigkeitliche Personen genannt zu werden. Denn ähnlich wie die Männer auf dem Vorder= deck, obwohl sie das was vorn vor dem Schiffe ist früher sehen als die Steuermänner, doch auf diese zu achten und ihre Befehle auszuführen haben, ebenso sind diejenigen welche den Staat regieren, wenn sie

---

1) Diese und die nachfolgenden Biographieen sind von C. F. Campe übersetzt.

dabei nur die Ehre im Auge haben, nur Diener des großen Haufens und führen blos den Namen von Vorgesetzten.

2. Denn wer im vollkommensten Maße und wahrhaft gut ist bedarf überhaupt der Ehre nicht, außer etwa so weit daß sie ihm schon durch das Vertrauen welches sie ihm verleiht den Zugang zu öffentlicher Wirksamkeit eröffnet; einem noch jungen und nach Auszeichnung strebenden Manne dagegen kann man es zugestehen daß er nach rühmlichen Thaten auch wohl der Ehre genießen und darin glänzen will. Denn bei solchen Naturen werden die Tugenden welche noch im ersten Wachsen und Sprossen begriffen sind zum gedeihlichen Fortgang, wie Theophrastos sagt, durch das Lob gekräftigt und wachsen dann weiter und weiter, indem sie sich mit edlem Selbstgefühl emporschwingen. Das Uebermaß aber ist überall gefährlich, bei ehrgeizigen Bestrebungen in der staatsmännischen Laufbahn aber geradezu verderblich. Denn es reißt sie bei dem Streben nach einer großen Macht zu offenbarer Raserei und Wahnsinn fort, wenn sie nicht mehr wollen daß das Schöne in Ehren stehe, sondern das in Ehren stehen für gut halten. Wie daher Phokion dem Antipatros, als dieser von ihm etwas Unsittliches forderte, sagte: „Phokion kann nicht zugleich dein Freund und dein Schmeichler sein," so muß man dieß oder dem Aehnliches zu dem großen Haufen sagen: „wir können nicht zugleich eure Vorgesetzten und eure Diener sein." Denn es geht auch hier so wie es mit der Schlange ergieng, bei der, wie die Fabel erzählt, einmal der Schwanz mit dem Kopfe in Streit gerieth und abwechselnd die Führung zu haben und nicht immer dem Kopfe zu folgen verlangte. Der Schwanz erhielt wirklich die Leitung, kam aber, da er sich ohne Verstand bewegte, nicht blos selber schlecht dabei weg, sondern es wurde auch der Kopf geschunden, da dieser gezwungen wurde wider seine Natur einem blinden und tauben Körpertheile zu folgen. Dieß, sehen wir, widerfährt Vielen von denen welche bei Allem was sie als Staatsmänner thun nur der Menge zu gefallen trachten. Denn haben sie sich einmal dem großen Haufen hingegeben, welcher blinden Leidenschaften folgt, so können sie später sich davon weder zurückziehen noch der Unordnung Einhalt thun.

Zu diesen Bemerkungen über die Ehre von Seiten des großen Haufens bin ich besonders dadurch veranlaßt worden daß ich aus den Schicksalen des Tiberius und Gaius Gracchus erkannte wie groß ihre Macht sei. Sie waren von der Natur mit den schönsten Anlagen ausgestattet, hatten die beste Erziehung erhalten, hatten sich für ihre staatsmännische Thätigkeit die schönste Aufgabe gestellt, und giengen dennoch zu Grunde, nicht sowohl durch eine maßlose Begierde nach Ehre als durch eine Furcht vor dem Verlust der Ehre, welche aus einer keineswegs uneblen Veranlassung entsprungen war. Denn nachdem sie die Gunst der Bürger in hohem Grade erfahren hatten schämten sie sich diese Schuld nicht abzutragen, und indem sie stets wetteiferten die ihnen erwiesenen Ehren durch heilsame staatliche Einrichtungen zu überbieten und dann durch das was sie dem Volke zu Gefallen für den Staat thaten immer höher in Ehren stiegen, und auf diese Weise sich gegenüber dem Volke und das Volk sich gegenüber mit dem gleichen Eifer entflammten, geriethen sie allmählich ohne es zu ahnen in eine Stellung wo sie mit Ehren nicht mehr weiter gehen und bereits nicht mehr ohne Schande aufhören konnten. Dieß wird der Leser selbst aus der folgenden Erzählung zu beurteilen im Stande sein. Wir wollen ihnen aber ein lakonisches Paar von Volksführern, die Könige Agis und Kleomenes, zur Seite stellen. Diese nämlich zogen, da sie das Volk gleich jenen zu heben versuchten und eine schöne und gerechte, seit geraumer Zeit untergegangene Verfassung wieder erneuerten, auf gleiche Weise den Haß der Vornehmen auf sich, welche ihrem gewohnten Eigennutz nicht entsagen wollten. Zwar waren jene Lakonen nicht Brüder, aber in ihren politischen Bestrebungen erscheinen sie ganz als Blutsverwandte und Brüder. Die Veranlassung zu dieser ihrer Thätigkeit war folgende.

3. Sobald das Streben nach Gold und Silber in die Stadt eingedrungen war und der Erwerb von Reichthum, Habgier und Geiz, der Gebrauch und die Nützung desselben Ueppigkeit, Erschlaffung und Verschwendung nach sich gezogen hatte, so verlor Sparta die meisten seiner alten Vorzüge und lebte auf unwürdige Weise niedergebeugt

bis auf die Zeiten in denen Agis und Leonidas Könige waren. Der
Erstere von diesen war ein Eurypontide und der Sohn des Eudamidas,
der Sechste von jenem Agesilaos welcher nach Asien hinübergegangen
war und den größten Einfluß unter den Hellenen besessen hatte. Der
Sohn dieses Agesilaos nämlich war Archidamos, welcher bei Makedo-
nium in Italien durch die Messapier fiel. Von Archidamos aber war
der ältere Sohn Agis, der jüngere Eudamidas, welcher, als Agis durch
Antipatros bei Megalopolis kinderlos gefallen war, König wurde; von
diesem stammte Archidamos, von Archidamos ein zweiter Eudamidas,
von Eudamidas endlich Agis, von dem dieses Buch handelt. Leonidas
dagegen, der Sohn des Kleonymos, gehörte zu dem andern Hause,
dem der Agiaden, und war der Achte von dem Pausanias welcher in
der Schlacht von Plataä den Mardonios besiegt hat. Der Sohn des
Pausanias nämlich war Pleistonax, der des Pleistonax Pausanias.
Als dieser aus Lakedämon nach Tegea in die Verbannung gegangen
war, wurde sein älterer Sohn Agesipolis, und nach dessen kinderlosem
Tode der jüngere Bruder Kleombrotos, König. Von Kleombrotos
stammte wieder ein zweiter Agesipolis und Kleomenes. Von diesen
hat Agesipolis nicht lange regiert und keine Kinder hinterlassen; Kleomenes aber, welcher nach Agesipolis den Thron erhielt, verlor noch
bei seinen Lebzeiten den älteren seiner beiden Söhne, Akrotatos; der
jüngere, Kleonymos, überlebte ihn dagegen. Dieser wurde jedoch nicht
König, sondern Areus, der Enkel des Kleomenes, der Sohn des Akrotatos, und als Areus bei Korinth gefallen war folgte ihm sein Sohn
Akrotatos als König. Auch dieser blieb in einer unglücklichen Schlacht
bei Megalopolis gegen den Tyrannen Aristodemos, mit Hinterlassung
einer schwangeren Gattin. Für den Knaben welchen sie dann gebar
übernahm Leonidas, der Sohn des Kleonymos, die Vormundschaft:
als derselbe hierauf bevor er noch erwachsen war starb kam die königs
liche Würde an Leonidas, obwohl dieser den Bürgern durchaus nicht
genehm war. Denn wenn auch durch den Verfall der Verfassung Alle
ohne Unterschied bereits gelitten hatten, so zeichnete sich doch Leonidas
durch eine ganz besondere Entfremdung von der väterlichen Sitte aus,

da er sich lange Zeit an den Höfen von Satrapen umhergetrieben und
dem Seleukos den Hof gemacht hatte und nun den dortigen Hochmut
ungebürlicher Weise auf griechische Verhältnisse und eine gesetzliche
Ordnung der Dinge zu übertragen suchte.

4. Agis dagegen übertraf nicht blos diesen sondern fast Alle
welche nach jenem großen Agesilaos Könige gewesen waren so weit an
edler Natur und Seelengröße daß er, noch nicht zwanzig Jahre alt,
aufgezogen in Reichthum und Ueppigkeit von Frauen, nämlich seiner
Mutter Agesistrata und seiner Großmutter Archidamia, welche in ganz
Lakedämon das größeste Vermögen besaßen, sich sogleich entschieden
gegen die Genüsse erklärte, allen Putz, welcher doch durchaus zu
seinem schmucken Aeußern zu passen schien, von seinem Körper entfernte
und alle Pracht ablegend und vermeidend sich nur in dem engen Mantel
gefiel, lakonische Mahlzeiten, Bäder und Lebensweise suchte, und erklärte, er trage kein Verlangen nach der königlichen Würde, wenn er
nicht vermittelst ihrer die alten Gesetze und die väterliche Zucht wieder
erneuern könne.

5. Der Verfall und die Krankheit des Staates der Lakedämonier hatte etwa um die Zeit begonnen wo sie nach dem Sturz der
athenischen Hegemonie eine Ueberfülle von Gold und Silber bekommen
hatten. Jedoch so lange sie noch bei der Erbfolge die Zahl der Häuser
welche Lykurgos bestimmt hatte festhielten und der Vater sein Gut
seinem Sohne hinterließ, hinderte die Fortdauer jener festen Ordnung
und Gleichheit unter den Bürgern den Staat den übrigen Schäden zu
erliegen. Da aber wurde ein einflußreicher Mann, aber von frecher
Zunge und heftigem Charakter, Epitadeus mit Namen, Ephor, welcher, da er mit seinem Sohne verfeindet war, ein Gesetz beantragte,
es solle Jedem erlaubt sein sein Haus und sein Gut wem er wolle bei
Lebzeiten zu schenken und durch Testament zu hinterlassen. Dieser
nun brachte das Gesetz ein um eine persönliche Erbitterung zu befrie-
bigen: die Andern aber nahmen es an und bestätigten es aus Habgier,
und hierdurch richteten sie die beste Verfassung zu Grunde. Denn die
Reichen suchten sofort rücksichtslos Güter zu erwerben und verdrängten

dabei die rechtmäßigen Erben aus der Hinterlassenschaft; bald strömte
der Reichthum in wenige Hände zusammen, und die Armut brach
über die Stadt ein und führte in ihrem Gesolge Vernachläßigung des
Schönen und niedrige Gesinnung ucbst Neid und Feindseligkeit gegen
die Besitzenden mit sich. So blieben nicht mehr als siebenhundert
Spartiaten übrig, und von diesen waren es etwa hundert welche Haus
und Hof besaßen; die übrige Menge lag arm und verachtet in der
Stadt herum, indem sie saumselig und ohne Bereitwilligkeit bei auswärtigen Kriegen Beistand leistete, dagegen immer auf eine günstige
Gelegenheit zu gewaltsamem Umsturz der bestehenden Verhältnisse
lauerte.

6. Daher wagte Agis den Versuch die Gleichheit in der Stadt
wiederherzustellen und die Zahl der Bürger wieder voll zu machen,
indem er darin, wie es auch in der That der Fall war, eine schöne
Aufgabe erblickte. Die jungen Leute nun zeigten sich ihm schnell und
wider Erwarten willfährig und rüsteten sich mit ihm nach Tüchtigkeit
zu streben, indem sie zum Behuf der Freiheit mit ihm ihre Lebensweise
wie ein Kleid änderten; bei den Aelteren dagegen, welche natürlich
in die Verderbniß tief hineingekommen waren, traf es sich meisten-
theils daß sie sich vor Lykurg fürchteten und zitterten wie entlaufene
Sklaven welche mit Gewalt zu ihrem Herrn zurückgebracht werden,
und sie ergiengen sich in Vorwürfen gegen Agis als dieser den gegenwärtigen Zustand der Dinge beklagte und das alte Ansehen von
Sparta zurückwünschte. Lysandros aber, der Sohn des Libys, Mandrokleidas, der Sohn des Ekphanes, außerdem Agesilaos giengen auf
seine Pläne ein und stachelten ihn noch mehr bei seinen Bestrebungen
an. Es stand aber Lysandros unter den Bürgern am Meisten in Ansehen, Mandrokleidas aber war unter allen Griechen am geschicktesten
Unternehmungen anzuzetteln, und diese seine Klugheit und Verschlagen-
heit überdieß mit kühner Entschlossenheit gemischt; den Agesilaos endlich, welcher der Mutterbruder des Königs und ein tüchtiger Redner
war, übrigens keinen Mut besaß und das Geld liebte, setzte anscheinend
sein Sohn Hippomedon in Bewegung und trieb ihn vorwärts, ein

Mann der sich in vielen Kriegen ausgezeichnet hatte und durch die Liebe der jungen Leute großen Einfluß besaß; die wahre Ursache aber welche den Agesilaos antrieb sich dem Unternehmen anzuschließen war die Menge seiner Schulden, deren er durch einen Umsturz der Verfassung entledigt zu werden hoffte. Sobald Agis diesen für sich gewonnen hatte versuchte er mit ihm gemeinschaftlich seine Mutter, eine Schwester des Agesilaos, zu überreden, welche durch die Menge ihrer Clienten, Freunde und Schuldner großen Einfluß in der Stadt besaß und in den öffentlichen Angelegenheiten Vieles durchzusetzen vermochte.

7. Als diese es hörte wurde sie Anfangs von Bestürzung ergriffen und suchte den Jüngling davon zurückzubringen, indem sie ihm vorstellte daß sein Streben auf Unmögliches und Nachtheiliges gerichtet sei. Agesilaos stellte ihr hierauf vor, es werde Alles gut gehen und Segen daraus erwachsen; der König selbst aber bat seine Mutter ihm mit ihrem Reichthum zu seiner Ehre und Auszeichnung behülflich zu sein. Denn an Geld könne er sich mit den übrigen Königen nicht messen; denn die Diener der Satrapen und die Sklaven der Aufseher des Ptolemäos und Seleukos besäßen größeres Vermögen als alle Glieder des königlichen Hauses in Sparta zusammen; wenn er aber durch sittliche Strenge, Einfachheit und edle Gesinnung den Luxus jener überwinden und Gleichheit und Gemeinsamkeit des Besitzes unter den Bürgern wieder begründen könne, dann werde er den Namen und den Ruhm eines wahrhaft großen Königs erwerben. Hierauf änderten die Frauen, von der Begeisterung des jungen Mannes fortgerissen, ihre Meinung und widmeten sich der guten Sache mit solcher Hingebung daß sie den Agis selbst mit antrieben und zur Eile spornten, ihre Freunde kommen ließen und diese zur Theilnahme aufforderten, endlich auch mit den übrigen Frauen sprachen, da sie wußten wie die Lakedämonier von je her auf die Frauen hörten und ihnen mehr Einmischung in die öffentlichen als sich in die häuslichen Angelegenheiten gestatteten. Es war aber damals von dem Reichthume Sparta's das Meiste in den Händen der Frauen, und dieß machte dem Agis sein

Unternehmen so schwierig und bedenklich. Denn es traten ihm dabei
die Frauen entgegen, welche nicht nur dem in ihrer gemeinen Sinnesart gepriesenen Luxus entsagen mußten, sondern auch die Ehre und den
Einfluß beschnitten sahen dessen sie sich in Folge ihres Reichthums
erfreuten. Sie wandten sich daher an Leonidas und baten ihn, er
möge als älterer Mann dem Agis Einhalt thun und sein Vorhaben
hintertreiben. Und allerdings wünschte Leonidas den Reichen Beistand
zu leisten, aus Furcht vor dem Volke aber, welches nach der Umän-
derung verlangte, wirkte er ihm nicht offen entgegen, sondern suchte
nur im Stillen seinem Unternehmen zu schaden und dasselbe zu vereiteln, indem er sich mit den obrigkeitlichen Personen besprach und den
Agis verleumdete, er biete den Armen die Güter der Reichen als Lohn
für die Tyrannis und suche durch die Vertheilung des Landes und durch
die Erlassung der Schulden nur für sich Trabanten zu erkaufen, nicht
aber für Sparta Bürger zu gewinnen.

8. Aller dieser Umtriebe ungeachtet setzte es Agis durch daß
Lysandros zum Ephoren erwählt wurde und brachte sogleich durch ihn
ein Gesetz an den Rath der Alten, dessen Hauptpunkte folgende waren:
den Schuldnern sollten die Schulden erlassen, von dem Lande aber
nach geschehener neuer Vertheilung der Theil von der Schlucht bei
Pellene bis an den Taygetos, ingleichen Malea und Sellasia, in 4500,
der außerhalb jener Linie befindliche in 15,000 Loose zerlegt und der
letztere dann an die waffenfähigen Perioiken, der innerhalb jener Linie
gelegene dagegen an die Spartiaten selber vertheilt werden. Die Zahl
der Letzteren sollte bis auf die volle Höhe gebracht werden aus Perioiken und Fremden welche die Erziehung von Freien erhalten hätten,
sonst körperlich wohlgebildet wären und in dem kräftigsten Lebensalter
ständen. Endlich solle eine Eintheilung dieser in 15 Phiditien zu je
400 oder 200 Personen vorgenommen und die Lebensweise welche die
Vorfahren gehabt hätten wieder eingeführt werden.

9. Als dieß Gesetz eingebracht war, der Rath der Alten aber
sich darüber nicht einigen konnte, so berief Lysandros eine Volksversammlung, in welcher er nicht blos selbst zu den Bürgern sprach, son-

dern auch Mandrokleidas und Agesilaos baten, sie möchten nicht um
einiger Wenigen willen von welchen sie mißhandelt würden es ruhig
mit ansehen wie die Ehre Sparta's mißachtet sei, sondern sich vielmehr
sowohl der alten Orakelsprüche erinnern, welche vor der Habgier als
dem Verderben Sparta's warnten, als auch derer welche sie jüngst aus
dem Tempel der Pasiphaa erhalten hätten. Es befand sich nämlich
zu Thalamä ein hochverehrtes Heiligthum und Orakel der Pasiphaa,
welche Einige für eine von den Töchtern des Atlas erklärten, welche
von Zeus den Ammon geboren habe, Andere für Kasandra, die Tochter
des Priamos, welche hier gestorben sei und, weil sie Allen Orakel kund
thue, den Namen Pasiphaa bekommen habe; Phylarchos dagegen sagt,
eine Tochter des Amyklas, Daphne mit Namen, sei auf der Flucht vor
Apollon, der sie habe umarmen wollen, in den bekannten Baum verwandelt worden, und habe dann die Ehre einer Gottheit und die Kraft
Orakel zu geben empfangen. Sie behaupteten also daß auch die
Orakelsprüche von der Pasiphaa den Spartiaten befehlen die Gleichheit Aller nach der ursprünglichen Ordnung des Lykurgos wiederherzustellen. Endlich nach Allen trat auch der König Agis in der Versammlung auf und erklärte nach kurzen Worten, er wolle der Verfassung welche er einsetzen wolle die größten Beisteuern geben: erstlich
nämlich bringe er zur Vertheilung sein eigenes Vermögen dar, welches
an Aeckern und Waideland sehr bedeutend sei und außerdem noch 600
Talente baaren Geldes betrage; sodann seien seine Mutter und Großmutter, seine Freunde und Verwandten, die reichsten Personen in
Sparta, bereit eben dasselbe zu thun.

10. Das Volk war voll Erstaunen über die Seelengröße des
Jünglings und hoch erfreut: seit fast dreihundert Jahren sei er wieder
als ein König erschienen der Sparta's würdig sei. Um so entschiedener
wandte sich Leonidas jetzt der entgegengesetzten Seite zu. Indem er
nämlich berechnete, er werde gezwungen werden eben dasselbe zu thun,
ohne doch dafür bei den Bürgern denselben Dank zu finden, vielmehr
würden sie, wenn Alle ohne Unterschied ihre Besitzungen opferten, doch
dem allein der den Anfang damit gemacht die Ehre dafür zuertheilen,

so richtete er an Agis die Frage ob er glaube daß Lykurgos ein ge=
rechter und dem Staate ergebener Mann gewesen sei. Agis bejahte
dieß. „Wo nun, fuhr jener fort, hat Lykurgos Tilgung der Schulden
bewilligt oder Fremde in die Reihen der Bürger aufgenommen, er der
überhaupt nicht einmal den Staat für gesund hielt wenn er nicht die
Fremden aus der Stadt ausweise?" Agis erwiderte, er wundere sich
nicht wenn Leonidas, der in der Fremde aufgewachsen sei und in der
Ehe mit der Tochter eines Satrapen Kinder erzeugt habe, von Ly=
kurgos nicht wisse daß er zugleich mit dem gemünzten Gelde das Bor=
gen und Verleihen von Geld aus der Stadt verbannt und mehr als
über die Fremden in den Städten über die Bürger gezürnt habe welche
der alten Sitte und Lebensweise entfremdet seien; denn die Fremden
habe er nicht aus Feindschaft gegen ihre Person ausgewiesen, sondern
aus Furcht vor ihrem Leben und ihren Sitten, sie könnten, mit den
Bürgern vermischt, die Liebe zum Luxus, zur Verweichlichung und
zur Habsucht bei ihnen hervorrufen. Denn Terpandros, Thales und
Pherekydes hätten, obwohl sie Fremde gewesen, dennoch in Sparta in
hohen Ehren gestanden, da sie in gleichem Sinn und Geiste mit Ly=
kurgos gesungen und philosophiert hätten. „Du dagegen, sagte er,
lobst den Ekprepes, welcher als Ephor dem Musiker Phrynis zwei von
seinen neun Saiten mit dem Beile zerschnitt, und ebenso diejenigen
welche später gegen Timotheos in gleicher Weise verfahren sind, uns
dagegen tadelst du, die wir Luxus, Verschwendung und Zuchtlosigkeit
aus Sparta entfernen wollen. Haben denn nicht auch jene in der
Musik das Prunkvolle und Ueberflüssige verhindern wollen bis zu
dem Punkte zu gelangen wohin leider das Leben und die Sitten
der Bürger gekommen sind, deren Taktlosigkeit und Mißtöne auch
die innere Harmonie und die rechte Stimmung der Stadt zerstört
haben?"

11. Hierauf schloß sich die Menge dem Agis an, die Reichen
dagegen forderten den Leonidas auf sie nicht fallen zu lassen, und in=
dem sie die Geronten, welche bei der Vorberathung die Entscheidung
hatten, mit Bitten angiengen und für sich gewannen, setzten sie es durch

daß diejenigen welche das Gesetz verwarfen die Majorität von einer
Stimme erhielten.

Darauf beschloß Lysandros, welcher noch in seinem Amte war,
den Leonidas auf Grund eines alten Gesetzes zu verfolgen, welches
einem Herakliden verbietet mit einer Fremden als Gemahlin Kinder
zu erzeugen und über denjenigen welcher sich zu Andern begeben hat,
um unter deren Schutze als Metoike zu wohnen, den Tod verhängt.
Nachdem er Andere angewiesen hatte dieß gegen Leonidas auszusagen
beobachtete er selbst mit seinen Amtsgenossen den Himmel. Es verhält sich hiemit folgendermaßen. Alle neun Jahre wählen die Ephoren
eine reine und mondscheinlose Nacht und setzen sich schweigend nieder,
das Auge zum Himmel gewandt. Wenn nun von der einen Seite
nach der andern ein Stern hinüberfliegt, so stellen sie die Könige, als
Personen welche der Gottheit gegenüber schuldbehaftet sind, vor Gericht und entsetzen sie einstweilen ihres Amtes, bis von Delphen oder
Olympia ein Orakel anlangt welches den für schuldig erklärten Königen günstig ist. Dieß Zeichen nun behauptete Lysandros erhalten
zu haben. Er zog daher den Leonidas vor Gericht und brachte Zeugen
bei daß er mit einer Frau aus Asien, welche er von einem der Statthalter des Seleukos zur Gemahlin empfangen hatte, zwei Kinder erzeugt habe; dann habe er, von seiner Frau mit Abneigung und Haß
betrachtet, wider seinen Wunsch nach Hause zurückkehren müssen und
hier den erledigten Thron bestiegen. Zugleich mit diesem Prozesse suchte
er den Kleombrotos, den Schwiegersohn des Leonidas, welcher gleichfalls von königlichem Geblüte war, zu bewegen daß er Ansprüche auf
die königliche Würde erhöbe. In Folge dessen gerieth Leonidas in
Furcht und suchte bei der Chalkioikos Zuflucht. Auch seine Tochter,
welche den Kleombrotos verließ, setzte sich als Schutzflehende zur Seite
ihres Vaters nieder. — Da er nun vor Gericht beschieden wurde und
dort nicht erschien, so wurde er der königlichen Würde verlustig erklärt
und diese dem Kleombrotos übertragen.

12. Inzwischen mußte, da die Zeit verstrichen war, Lysandros
aus seinem Amte scheiden. Die neu ernannten Ephoren aber hießen

den Leonidas den Ort wohin er sich als Schutzflehender geflüchtet hatte
verlassen und erhoben dagegen eine Klage wider Lysandros und Mandrokleidas, daß sie dem Gesetze zuwider auf Schuldentilgung und neue
Ackervertheilung angetragen hätten.   Da nun jene sich in Gefahr
sahen, so bestimmten sie die Könige zusammenzuhalten und sich um die
Beschlüsse der Ephoren nicht zu kümmern.   Denn diese Behörde habe
nur bei einem Zwiespalt unter den Königen eine Geltung, wenn sie
dann demjenigen der das Bessere wolle beitrete, im Falle nämlich der
Eine gegen den Vortheil der Stadt streite; wenn dagegen beide Könige in ihren Absichten übereinstimmten, so sei ihre Machtvollkommenheit endgültig, und die Ephoren würden in diesem Falle gesetzwidrig
gegen die Könige ankämpfen.   Denn nur wenn diese mit einander im
Streite seien komme ihnen das Schiedsrichter- und Vermittleramt zu;
bei der Einmütigkeit der Könige dagegen hätten sie sich nicht störend
einzumischen.   Sie ließen sich überreden und giengen so beide mit
einander und mit ihren Freunden auf den Markt hinab, ließen die
Ephoren von ihren Stühlen aufstehen und ernannten statt ihrer andere.
Einer von diesen war Agesilaos.   Dann bewaffneten sie viele von den
jungen Leuten, lösten die Gefangenen aus ihrem Gewahrsam und
flößten ihren Gegnern die Besorgniß ein als beabsichtigten sie Viele
zu tödten.   Es wurde indeß Niemand hingerichtet, ja als Agesilaos
den Leonidas, welcher sich nach Tegea flüchtete, ermorden lassen wollte
und zu diesem Behufe Leute wider ihn aussandte die ihn unterwegs
überfallen sollten, schickte Agis, so wie er dieß erfuhr, zuverläßige Personen ab, welche den Leonidas in ihre Mitte nahmen und sicher nach
Tegea brachten.

13. Während so nun das Unternehmen seinen ruhigen Fortgang
hatte und Keiner sich demselben widersetzte noch es zu hintertreiben
suchte, vereitelte und verdarb ein einziger Mensch, Agesilaos, Alles,
indem er die schönsten und ächt lakonischen Absichten durch den schimpflichsten Fehler, die Liebe zum Reichthum, zu Schanden machte.   Denn
da er einerseits vorzüglich große und schöne Besitzungen, andrerseits
aber sehr viele Schulden hatte, und weder seine Schulden tilgen konnte

noch das Land fahren laſſen wollte, ſo überredete er den Agis, wenn
Beides zugleich vorgenommen würde werde die Erſchütterung in der
Stadt groß werden, wenn man dagegen durch den Erlaß der Schulden
zunächſt die Beſitzenden gewinne würden ſie ſpäter ohne Verdruß in
aller Ruhe die neue Vertheilung des Landes ſich gefallen laſſen. Auch
Lyſandros ließ ſich durch Ageſilaos täuſchen und ſtimmte dieſer Anſicht
bei. Sie ließen daher die Schuldverſchreibungen von den Schuld=
nern, welche Klaria (Obligationen) heißen, auf den Markt zuſammen=
bringen, warfen ſie alle auf einen Haufen und verbrannten ſie. Wie
die Flamme emporſchlug giengen die Reichen und die welche das Geld
dargeliehen hätten ſchwerbetrübt hinweg, Ageſilaos aber ſagte gleich=
ſam zum Hohn, er habe nie ein glänzenderes Licht und ein reineres
Feuer geſehen. Die Menge forderte hierauf ſogleich auch die Ver=
theilung des Landes, und die Könige geboten daß dieß geſchähe; Age=
ſilaos aber wußte ſtets Hinderniſſe in den Weg zu legen und Einwände
vorzubringen und zog ſo die Sache in die Länge, bis Agis zu Felde
ziehen mußte, da die Achäer, damals Verbündete, Hülfstruppen aus
Lakedämon herbeiriefen. Es ſtand nämlich ein Einfall der Aetoler in
die Peloponnes über Megaris zu erwarten, und um dieſen zu verhin=
dern ſammelte Aratos, der Feldherr der Achäer, ein Heer und ſchrieb
dieſerhalb an die Ephoren.

14. Die Ephoren entſandten den Agis ſofort. Ihn erfüllten
frohe Hoffnungen, da ſeine Kampfgenoſſen von Eifer und von Ver=
langen ſich auszuzeichnen glühten. Die Meiſten von dieſen waren
jung, arm, der Sorgen wegen ihrer Schulden bereits los und ledig, die
Aecker aber hofften ſie, ſobald ſie aus dem Feldzuge zurück ſein würden,
zugetheilt zu erhalten; ſo erwieſen ſie ſich denn dem Agis vortrefflich,
und ſie boten, wie ſie, ohne Schaden zu thun, ruhig und beinahe ohne
Geräuſch durch die Peloponnes zogen, den Städten ein Schauſpiel
dar daß die Griechen ſich wunderten und im Stillen dachten, was für
eine Ordnung wohl in einem lakoniſchen Heere das einen Ageſilaos,
einen Lyſandros oder den alten Leonidas zum Anführer gehabt habe
geweſen ſein möge, wenn die Truppen ſo viel Scheu und Furcht vor

einem jungen Burschen hätten, der beinahe von Allen zusammen der
Jüngste wäre! Aber auch der Jüngling selbst, welcher in Einfachheit
und Anstrengung seinen Stolz setzte, so wie darin daß er um Nichts
glänzender gekleidet oder gerüstet wäre als der gemeine Soldat, war
ein würdiger Anblick und bei der Menge wenigstens ein Gegenstand
der Bewunderung; denn den Reichen mißfiel die von ihm durchgeführte
Veränderung, da sie fürchteten, er könnte überall dem niederen Volke zur
Bewegung Anlaß geben und zum Vorbilde dienen.

15. So vereinte sich Agis bei Korinth mit Aratos; welcher noch
unentschieden war ob er kämpfen und sich mit den Feinden in einer
Schlacht messen solle. Agis bewies hier große Bereitwilligkeit zum
Kampfe und Mut, jedoch ohne Tollkühnheit und Unverstand. Denn
er erklärte, seine Ansicht sei allerdings für eine entscheidende Schlacht
und daß man den Krieg nicht in die Peloponnes hineinlasse, indem
man dieß Thor der Peloponnes preisgebe; er werde jedoch thun was
dem Aratos gut scheine; denn der sei älter und Feldherr der Achäer, zu
denen er gekommen sei nicht um ihnen zu befehlen und um sie anzu=
führen, sondern um mit ihnen zu kämpfen und ihnen zu helfen. Baton
aus Sinope behauptet zwar, Agis habe nicht kämpfen wollen, obwohl
dem Aratos dieß befohlen habe; indeß er muß wohl nicht gelesen haben
was Aratos hierüber zu seiner Vertheidigung geschrieben hat, er habe
es für besser gehalten, da die Landleute bereits fast alle ihre Früchte
eingebracht hatten, die Feinde hineinzulassen als um das Ganze mit
ihnen eine Schlacht zu wagen. Da nun Aratos darauf verzichtete
zu kämpfen und die Bundesgenossen unter Belobungen aus einander
gehen ließ, so brach Agis, nachdem er hier alle Anerkennung geerntet
hatte, nach Hause auf, wo bereits die inneren Angelegenheiten in
große Verwirrung gekommen waren und einen großen Umschwung er=
fahren hatten.

16. Agesilaos nämlich scheute als Ephor, nachdem er das los
geworden war was ihn bis dahin niedergedrückt hatte, kein Unrecht,
wenn es nur Geld einbrachte. Ja er schob, obwohl der Cyclus [der
Mondjahre] dieß nicht forderte, gegen die herkömmliche Ordnung der

Zeiten bei den Abgaben einen dreizehnten Monat ein und trieb die=
selben somit widerrechtlich ein. Da er aber diejenigen fürchtete welche
von ihm Unrecht erlitten hatten und von Allen gehaßt wurde, so hielt
er Leute die mit Schwertern bewaffnet waren und gieng stets unter
ihrer Bedeckung zu seinem Amtslokale hinab. Ferner gab er sich das
Ansehen als ob er den einen König völlig verachte und den Agis mehr
wegen seiner Verwandtschaft mit ihm als wegen seiner königlichen
Würde einigermaßen in Ehren halte. So setzte er auch das Gerücht
in Umlauf daß er noch einmal das Amt eines Ephoren verwalten
werde. Dieß beschleunigte den Entschluß der Gegner das Aeußerste
zu wagen. Sie rottierten sich zusammen und holten ganz offenkundig
den Leonidas aus Tegea zurück, um die Regierung zu übernehmen.
Selbst die große Menge sah dieß gern; denn sie zürnten daß sie mit
der Vertheilung des Landes hinter das Licht geführt seien. Den Age=
silaos nun rettete sein Sohn Hippomedon, dadurch daß er sich an das
Volk wandte und durch seine allgemeine Beliebtheit, aus der Gefahr
und brachte ihn in Sicherheit. Von den Königen aber flüchtete Agis
zur Chalkioikos, Kleombrotos aber gieng [nach Taenaron] zu dem Hei=
ligthume des Poseidon und ließ sich hier als Schutzflehender nieder.
Denn gegen diesen schien Leonidas in noch höherem Grade erbittert
zu sein, und so ließ er denn den Agis unbeachtet und begab sich mit
Soldaten zu jenem hinauf. Hier machte er ihm heftige Vorwürfe
daß er als sein Schwiegersohn ihm Schlingen gelegt, ihm den Thron
geraubt und seine Verbannung aus dem Vaterlande habe bewirken
helfen.

17. Kleombrotos wußte hierauf nichts zu antworten, sondern
saß verdutzt und schweigend da; Chilonis aber, die Tochter des Leo=
nidas, welche vorher ihrem Vater in dem ihm widerfahrenen Unrecht
zur Seite geblieben war und nach der Thronbesteigung des Kleombrotos
sich von diesem getrennt und ihren Vater in seinem Unglück gepflegt hatte,
so lange er im Lande war als Schutzflehende neben ihm gesessen (Cap. 11)
und als er verbannt war fortwährend getrauert und dem Kleombrotos
gezürnt hatte, — Chilonis also änderte jetzt mit dem Umschlage des

Glückes abermals ihren Platz, und man sie als Flehende zur Seite
ihres Mannes, die Arme um diesen geschlungen, und von den Kindern
das eine auf dieser, das andere auf jener Seite der Mutter. Alle
waren voll Bewunderung und in Thränen über die Treue und Liebe
des Weibes. Sie aber berührte ihre Kleider und ihr Haar, welche
vernachlässigt waren, und sprach: „Diese Kleidung, Vater, und dieses
Aeußere hat mir nicht das Mitleid um Kleombrotos gegeben, sondern
von deinem Unglück und deiner Verbannung her ist der Gram mein
Gespiele und Hausgenoß geblieben. Soll ich nun, da du König in
Sparta und Sieger bist, mein Leben in diesem Herzeleid hinbringen,
oder etwa wieder schöne und königliche Kleider anthun, nachdem ich
meinen Jugendgemahl durch dich gemordet gesehen habe? Wenn er
dich nicht erweicht und die Thränen seiner Kinder und seines Weibes
dich nicht rühren, so soll er eine schwerere Strafe für seine Thorheit
leiden als du willst: er soll mich, die ihm die Liebste ist, vor sich sterben
sehen. Denn wie soll ich leben, da ich den andern Frauen gegenüber
nicht den Mund aufthun darf, ich, die ich mit meinen Bitten weder
bei meinem Manne noch bei meinem Vater Erbarmen finde? So bin
ich denn als Weib wie als Tochter dazu bestimmt Elend und Schaude
mit den Meinen zu theilen. Und hätte dieser in der That Etwas zu
seiner Entschuldigung vorbringen können, so habe ich es ihm damals
abgeschnitten, dadurch daß ich auf deiner Seite mich betreffen ließ und
Zeugniß wider seine Handlungen ablegte; du dagegen machst ihm die
Entschuldigung seiner Uebelthat leicht, indem du das Königthum als
etwas so Großes und Beneidenswerthes hinstellst daß es um seinet=
willen gerecht sei den Eidam zu ermorden und die Kinder zu ver=
gessen."

18. Indem Chilonis so jammerte, legte sie ihr Antlitz auf das
Haupt des Kleombrotos und ließ ihr erstorbenes und in Trauer ge=
brochenes Auge von einem der Anwesenden zu dem andern gehen.
Leonidas besprach sich mit seinen Freunden. Dann befahl er dem
Kleombrotos aufzustehen und in die Verbannung zu gehen; seine
Tochter aber bat er zu bleiben und ihn nicht zu verlassen, ihn, der sie

so sehr liebe und ihr als Zeichen der Liebe die Rettung ihres Mannes bewilligt habe. Seine Bitten blieben erfolglos. Sie gab ihrem Manne, als derselbe sich erhob, das eine von den Kindern in die Arme, das andere nahm sie selbst auf ihren Arm, küßte den Altar des Gottes und gieng mit ihm hinaus. Und wäre Kleombrotos nicht von eitlem Wahn ganz geblendet gewesen, so hätte er um seines Weibes willen die Verbannung für ein größeres Glück halten müssen als den Thron.

Nachdem Leonidas so den Kleombrotos aus dem Lande getrieben und die seitherigen Ephoren ihres Amtes entsetzt hatte, und andere an deren Stelle hatte wählen lassen, so machte er sogleich seine Anschläge gegen Agis. Zuerst nun drang er in ihn aufzustehen und mit ihm zu regieren; die Bürger hätten ihm Verzeihung bewilligt: er sei, jung und ehrgeizig, gleich Andern von Agesilaos bethört worden. Da dieser aber Argwohn hegte und an Ort und Stelle blieb, so gab er selbst den Versuch auf ihn zu täuschen und zu überlisten. Es pflegten nun Amphares, Damochares und Arkesilaos zu ihm hinaufzugehen und sich mit ihm zu unterhalten; ja es geschah selbst daß sie ihn mit sich zum Bade nahmen und aus dem Heiligthum hinabführten, dann aber nach dem Bade wieder in den Tempel zurückbrachten. Alle waren mit ihm vertraut, Amphares aber hatte vor Kurzem von Agesistrata kostbare Kleider und Trinkgeschirre geborgt und machte derentwegen, um sie für sich zu behalten, gegen den König und die Frauen heimliche Anschläge. Und so soll er es besonders gewesen sein der dem Leonidas willfährig war und die Ephoren, von denen auch er einer war, anreizte.

19. Da nun Agis die übrige Zeit im Tempel zubrachte und nur gelegentlich zum Bade hinabzugehen pflegte, so beschloßen sie ihn dort, wenn er sich außerhalb des Tempels befände, festzunehmen. Sie paßten daher den Augenblick ab wo er sich gebadet hatte, giengen ihm dann entgegen, begrüßten ihn und begleiteten ihn zurück, indem sie während des Rückwegs sich mit ihm unterhielten und mit ihm als einem vertrauten Freunde und jungen Manne scherzten. Von dem Wege

nun bog eine Gaſſe ſeitwärts aus, welche nach dem Gefängniß führte. Als ſie auf dem Wege an dieſe Stelle gekommen waren, ergriff Amphares, da er Ephor war, den Agis und rief: „ich führe dich zu den Ephoren, Agis, um für deine Thätigkeit im Staate Rechenſchaft abzulegen.“ Damochares aber, welcher ſtark und groß war, ſchlang ihm den Mantel um den Hals und zog ihn ſo vorwärts. Andere ſtießen verabredeter Maßen von hinten, ohne daß ihm Jemand zu Hülfe gekommen wäre. Denn Niemand ließ ſich ſehen. So wurde er ins Gefängniß geworfen. Sofort erſchien Leonidas mit einer großen Anzahl Miethſoldaten und beſetzte das Gebäude rings von außen; die Ephoren aber begaben ſich zu Agis hinein, und nachdem ſie von den Geronten die gleichgeſinnten in das Haus hatten rufen laſſen befahlen ſie ihm, als ob eine Gerichtsſitzung über ihn gehalten würde, ſich wegen ſeiner Handlungen zu rechtfertigen. Der Jüngling lachte über die Farce welche ſie aufführen wollten. Da rief Amphares, es ſolle ihm die Dreiſtigkeit ſchlecht bekommen; ein anderer von den Ephoren aber fragte ihn, gleich als wollte er ſich nachgiebig gegen Agis beweiſen und ihm einen Ausweg bei der Anklage zeigen, ob er dieß etwa durch Lyſandros und Ageſilaos gezwungen gethan habe. Agis erwiderte, er ſei von Niemand gezwungen, ſondern ſei dem Lykurg nacheifernd und ihm nachahmend zu derſelben Verfaſſung geführt worden. Eben derſelbe fragte weiter ob er das Gethane bereue; der Jüngling aber erklärte, er fühle keine Reue über das was er aufs Schönſte unternommen habe, auch wenn er ſähe daß er das Aeußerſte werde erleiden müſſen. So ſprachen ſie denn das Todesurteil über ihn aus und geboten den Nachrichtern ihn zu der ſogenannten Dechas zu führen. Dieß iſt ein Lokal im Gefängniß in welchem ſie die Verurteilten durch Erdroſſeln zum Tode bringen. Die Nachrichter aber wagten nicht Hand an Agis zu legen; ebenſo weigerten ſich auch die dabeiſtehenden Miethſoldaten der That und verſagten ihren Dienſt. Wie das Damochares ſah ſchleppte er, nachdem er ſie [umſonſt] bedroht und geſcholten hatte, den Agis ſelbſt nach jenem Zimmer. Denn bereits war die Feſtnehmung des Königs ruchbar geworden: es entſtand

ein Lärmen an den Thüren, und es zeigten sich viele Fackeln; auch
die Mutter und die Großmutter des Agis erschienen, schreiend und bit-
tend, man möge doch einem Könige der Spartiaten Gehör und Gericht vor seinen Mitbürgern gewähren. Das war es auch hauptsächlich warum sie mit der Hinrichtung so sehr eilten; sie fürchteten nämlich er werde, wenn die Menge wachse, bei Nacht ihren Händen entrissen werden.

20. Als Agis nun den Weg zum Tode gieng sah er einen der
Nachrichter weinen und tiefbewegt. „Höre auf, Mensch, sagte er zu
ihm, mich zu beweinen; denn indem ich so wider Gesetz und Recht um-
komme stehe ich höher als meine Mörder." Nach diesen Worten bot
er freiwillig seinen Hals der Schleife dar.

Amphares aber trat vor die Thür, und da Agesistrata in Folge
der alten Bekanntschaft und Freundschaft ihm zu Füßen stürzte hob er
sie auf und sagte es werde an Agis keine Gewalt und nicht das
Aeußerste geschehen; er forderte sie auf, wenn sie wolle, gleichfalls zu
ihrem Sohne hereinzukommen. Als jene bat daß auch ihre Mutter
mit ihr eintreten dürfe, erklärte Amphares, dem stehe Nichts im Wege.
Er ließ darauf Beide ein, befahl dann die Thüre des Gefängnisses
wieder zu schließen und übergab zuerst Archidamia, welche bereits hoch-
betagt und in höchsten Ehren unter ihren Mitbürgerinnen alt geworden
war, den Händen der Nachrichter; dann, als diese gestorben war, ließ
er auch die Agesistrata hereintreten. Als diese bei ihrem Eintritt den
Sohn auf der Erde liegen und die Mutter todt an der Schleife hängen
sah, nahm sie selber diese gemeinschaftlich mit den Nachrichtern herab,
legte den Leichnam ausgestreckt zur Seite des Agis, bestellte ihn
zum Tode und verhüllte ihn; dann stürzte sie auf ihren Sohn, küßte
sein Antlitz und sagte: „Dich hat, mein Sohn, sammt uns deine
große Rücksicht, Milde und Nächstenliebe ins Verderben gebracht."
Amphares aber, welcher von der Thür aus sah was hier vorgieng und
die Worte hörte, trat hinein und sagte zu Agesistrata im Zorn:
„Wenn du denn dieselbe Gesinnung hattest wie dein Sohn, so sollst
du auch gleiches Schicksal haben wie er." Agesistrata erhob sich hier-

auf und trat zur Schleife, mit den Worten: „Möge dieß nur Sparta
zum Segen gereichen."

21. Als dieses schreckliche Ereigniß in der Stadt bekannt gewor=
den war und die drei Leichen herausgetragen wurden, war die Furcht
nicht so groß daß nicht der Schmerz der Bürger über das Geschehene
und ihr Haß gegen Leonidas und Amphares sich geäußert hätte.
Denn seitdem Dorier in der Peloponnes wohnen, glaubten sie, sei in
Sparta nichts Grausameres und Ruchloseres geschehen. Denn an
einen König der Lakedämonier legten, wie es scheint, selbst die Feinde
nicht leicht die Hände, wenn sie ihm in der Schlacht begegneten, son=
dern wichen aus Furcht und Scheu vor seiner Würde vor ihm zurück.
So viel Kämpfe daher die Lakedämonier auch wider Griechen gekämpft
haben, ist vor den Zeiten des Philippos doch nur einer, Kleombrotos,
bei Leuktra, in der Schlacht gefallen. Die Messenier behaupten zwar,
auch Theopompos sei von Aristomenes erschlagen worden; die Lakedä=
monier aber leugnen das und sagen, er sei nur verwundet worden.
Doch hierüber mag der Streit unentschieden bleiben. In Lakedämon
aber war Agis der Erste welcher als König durch die Ephoren getödtet
wurde, obwohl er schöne und Sparta's würdige Thaten unternommen
hatte und in einem Lebensalter stand in welchem man für Vergehungen
Verzeihung zu finden pflegt. Seine Freunde tadelten ihn, mit mehr
Recht als seine Feinde, daß er den Leonidas am Leben erhalten und,
selbst milde und sanft, den Andern Glauben geschenkt hatte.

VII. Kleomenes.

———

Nach dem Tode des Agis hatte Leonidas deſſen Bruder Archida=
mos, da dieſer ſogleich die Flucht ergriffen hatte, nicht mehr feſtneh=
men können; dagegen führte er die Gemahlin des Agis, welche kürzlich
niedergekommen war, gewaltſam aus dem Hauſe hinweg und verband
ſie mit ſeinem Sohne.   Freilich hatte dieſer durchaus noch nicht das
Alter um ſich zu verheiraten; Leonidas wünſchte jedoch nicht daß die
Frau ſich mit einem Andern vermähle.   Es war nämlich die Agiatis,
die Erbtochter eines großen Vermögens, welches ſie von ihrem Vater
Gylippos zu erwarten hatte; überdieß war ſie durch Jugendſchöne vor
allen griechiſchen Frauen ausgezeichnet und von einem freundlichen
Weſen.   Sie bot daher zwar, wie man erzählt, Alles auf um nicht
zu dieſer Verbindung gezwungen zu werden; als ſie aber wirklich des
Kleomenes Frau geworden war, ſo fuhr ſie allerdings fort den Leo=
nidas zu haſſen, gegen den jungen Mann ſelbſt aber bewies ſie ſich
als treffliche und zärtliche Gattin.   Dieſer war gleich ſo wie er ſie be=
kam von Liebe für ſie durchdrungen geweſen und ſympathiſierte dann
gleichſam in ihrem liebevollen Andenken an Agis mit ihr, ſo daß er
oft nach dem Geſchehenen fragte und mit geſpannter Theilnahme zu=
hörte wenn ſie von den Abſichten und Planen des Agis erzählte.
Auch glühte Kleomenes nicht weniger als Agis von Verlangen ſich
hervorzuthun und über das Gewöhnliche zu erheben und war gleich
ihm von Natur zu Entſagen und Einfachheit geneigt; dagegen hatte

er deſſen allzugroße Behutſamkeit und Weichheit nicht; vielmehr
ſpornte ihn von Natur die Hitze ſeines Temperaments und ein unge-
ſtümes Streben nach dem was in ſeinen Augen jedesmal als ſchön
erſchien. Als das Schönſte erſchien es ihm nun freiwilligen Gehorſam zu finden; dann aber dünkte es ihm auch ſchön die welche nicht gehorchen wollten mit Gewalt zum Beſſern zu zwingen und ſo endlich
doch obzuſiegen.

2. Die Lage des Staats nun war der Art daß Kleomenes mit
derſelben nicht zufrieden ſein konnte. Die Bürger waren tief in Unthätigkeit und Genußſucht verſunken; der König ließ Alles gehen wie
es wollte, wenn ihn nur Niemand in ſeiner Ruhe und in dem Genuß
ſeines Reichthums ſtörte; das Wohl des Ganzen blieb unbeachtet,
und Haus für Haus war Jeder nur auf ſeinen perſönlichen Vortheil
bedacht; davon daß man die Jugend üben und zur Ertragung von
Beſchwerden gewöhnen, daß man ſie zur Achtung Anderer und zu ſitt-
lichem Ernſte erziehen müſſe, durfte, ſeit Agis gefallen war nicht mehr
die Rede ſein ohne daß man ſich Gefahren ausſetzte. Es heißt
übrigens, Kleomenes habe noch in ſehr jungen Jahren die philo-
ſophiſchen Vorträgen des Sphaeros aus Boryſthenis beſucht, welcher
nach Lakedämon kam und ſich eifrig mit den jungen Männern und den
Epheben beſchäftigte. Dieſer Sphaeros aber hatte mit zu den erſten
Schülern des Zenon von Kittion gehört, und es ſcheint daß er das
Kühne in der Natur des Kleomenes lieb gewonnen und ſein Verlangen nach Auszeichnung noch mehr entzündet hat. So ſoll ſchon
jener alte Leonidas auf die Frage, was für ein Dichter ihm Tyrtaeos
geweſen zu ſein ſcheine, geantwortet haben: „vortrefflich um die
Seelen der jungen Leute zu vernichten." Denn indem ſie durch ſeine
Gedichte von Begeiſterung erfüllt wurden ſchonten ſie ihr Leben in
der Schlacht nicht. Die Lehre der Stoiker aber hat für hohe und
leidenſchaftliche Naturen etwas Gefährliches und Bedenkliches an ſich,
und nur wenn ſie ſich mit einem nach innen gekehrten und milden
Charakter verbindet bringt ſie vorzüglich das ihr eigene Gute zum
Wachsthum.

3. Als er aber nach dem Tobe des Leonidas die königliche Würde empfieng [1] und nunmehr sah wie die Bürger völlig in Weichlichkeit aufgelöst waren, sah wie die Reichen über ihrer Genußsucht und aus persönlichem Eigennuß das Wohl des Ganzen vernachlässigten, die große Masse aber in ihrer elenden Lage ohne Bereitwilligkeit für den Krieg war und in ihrem Privatleben kein Ehrgefühl zeigte, sah wie er selbst nur dem Namen nach König war, die ganze Regierung dagegen den Ephoren gehörte, so dachte er allerdings sogleich daran diesen Zustand der Dinge umzugestalten und umzustürzen; da er aber in Xenares, seinem früheren Liebhaber — dieß heißt bei den Lakedämoniern vom Hauche der Liebe erfüllt sein —, einen Freund besaß, so beschloß er mit diesem erst eine Probe zu machen. Er erkundigte sich daher bei ihm nach Agis, was für ein König derselbe gewesen und auf welche Weise und mit wem er auf diesen Weg gekommen sei. Xenares erinnerte sich Anfangs nicht ungern jener Ereignisse, indem er Punkt für Punkt erzählte und darlegte wie Alles gekommen sei; als er jedoch sah daß Kleomenes daran tieferen Antheil nahm und bei dem Umsturzversuche des Agis über alle Maßen in Bewegung gerieth und dieselben Dinge zu wiederholten Malen hören wollte, so schalt ihn Xenares im Zorn, er sei nicht bei Sinnen, und hörte endlich ganz auf mit ihm zu sprechen und ihn zu besuchen. Er theilte jedoch Niemand die Ursache dieses Bruches mit, sondern sagte nur, Kleomenes wisse es selbst. Da Kleomenes so bei Xenares auf Widerstand gestoßen war und bei den Andern eine ähnliche Gesinnung voraussetzte, so entwarf er bei sich allein den Plan zu seinem Unternehmen.

In der Meinung nun, der Umsturz der jetzigen Verfassung werde ihm im Kriege leichter als im Frieden gelingen, brachte er die Stadt mit den Achäern in Feindschaft, welche Letzteren selbst Anlaß zu Klagen boten. Aratos nämlich, welcher unter den Achäern den größten Einfluß besaß, hatte von vorn herein die Absicht die Peloponnesier zu einem Ganzen zu vereinigen, und es war dieß das Ziel nach dem er

---

1) 230 v. Chr.

bei seinen vielen Strategieen [1]) und während seiner langen politischen Laufbahn strebte, indem er meinte, so allein würden sie den auswärtigen Feinden unangreifbar sein. In der That hatten sich ihm fast alle Andern angeschlossen, und es fehlten nur noch die Lakedämonier, die Eleier und diejenigen Staaten Arkadiens welche zu den Lakedämoniern hielten.

So wie daher Leonidas gestorben war, fieng er an die Arkader zu plagen und fügte besonders denjenigen unter ihnen welche mit den Achäern Grenznachbarn waren allerlei Schaden zu. Seine Absicht war zu versuchen was er den Lakedämoniern und dem Kleomenes bieten dürfe, den er als jung und unerfahren verachtete.

4. In Folge dessen schickten die Ephoren zuerst den Kleomenes ab um das Heiligthum der Athena bei Belbina zu besetzen. Es ist dieser Punkt ein Schlüssel von Lakonien, und damals war er ein Gegenstand des Streites mit Megalopolis. Als nun Kleomenes denselben besetzt und befestigt hatte, zog Aratos bei Nacht ins Feld und suchte, ohne eine Klage erhoben zu haben, sich der Städte Tegea und Orchomenos zu bemächtigen. Indeß die Verräther welche ihm diese Städte in die Hände spielen sollten hätten den Mut verloren, und Aratos mußte daher zurückgehen. Er meinte unbemerkt geblieben zu sein; Kleomenes aber schrieb ihm anscheinend ganz unbefangen und fragte bei ihm freundschaftlich an, wohin er denn bei Nacht ausgerückt sei. Aratos erwiderte, er habe gehört, Kleomenes beabsichtigte Belbina zu befestigen und sei herabgekommen dieß zu hindern. Darauf schrieb ihm Kleomenes aufs Neue: er setze keinen Zweifel in seine Worte; „indeß, sagte er, schreib uns doch, wenn es dir Nichts verschlägt, zu welchem Zwecke du die Fackeln und die Leitern mit dir führtest." Aratos lachte über diesen Scherz und erkundigte sich wie der junge Mann beschaffen sei. Da sagte der Lakedämonier Damokrates, ein Verbannter: „Wenn du etwas gegen die Lakedä-

---

1) Es ist das bürgerliche Amt eines Strategen gemeint, welches er 17mal verwaltet hat.

monier im Schilde führst, so mußt du dich sputen, ehe diesem jungen
Hahn die Sporen gewachsen sind." Hierauf befahlen die Ephoren,
aus Besorgniß vor dem Kriege, dem Kleomenes, welcher mit einer
kleinen Anzahl Reiter und 300 Mann zu Fuß in Arkadien stand,
zurückzukommen.

Da aber Aratos nach dem Abzuge des Kleomenes Kaphyä er=
oberte, so ließen sie den Kleomenes aufs Neue ausrücken. Dieser nahm
Methydrion ein und plünderte Argolis. Hierauf rückten die Achäer
mit 20,000 Mann zu Fuß und 1000 Reitern unter Aristomachos ins
Feld. Kleomenes begegnete ihm bei Pallantion und wünschte eine
Schlacht. Aratos aber hinderte, aus Furcht vor seiner Kühnheit, den
Feldherrn an einem entscheidenden Kampfe und gieng, von den
Achäern geschmäht, von den Lakedämoniern aber, die nicht einmal
5000 Mann zählten, verhöhnt und verachtet, zurück. Von hohem
Mute beseelt sprach Kleomenes mit Kühnheit zu seinen Mitbürgern
und erinnerte sie an das wahre Wort eines Königs aus alter Zeit,
die Lakedämonier pflegten sich nicht zu erkundigen wie stark der Feind,
sondern wo er zu finden sei.

5. Darauf eilte er den Eleiern, welche von den Achäern bekriegt
wurden, zu Hülfe, griff die Achäer, welche sich schon auf dem Rück=
wege befanden, in der Gegend des Lykäongebirges an, warf sie hier in
die Flucht und sprengte ihr ganzes Heer auseinander. Viele wurden
getödtet und lebend gefangen genommen, so daß sich selbst über Aratos
das Gerücht in Griechenland verbreitete daß er gefallen sei. Dieser
benutzte indeß den Augenblick vortrefflich, wandte sich unmittelbar von
jener Niederlage gegen Mantineia, und ohne daß Jemand es erwartet
hätte nahm er die Stadt ein und behauptete sich in derselben. Den
Lakedämoniern sank hierdurch ihr Mut ganz und gar, und sie verwei=
gerten dem Kleomenes ihre Unterstützung zu weiteren Unternehmungen.
Dieser beschloß daher den Bruder des Agis, Archidamos, aus Messene
kommen zu lassen, dem aus dem andern Hause die königliche Würde
zukam, in der Meinung, die Gewalt der Ephoren werde an Kraft ver=
lieren wenn das Königthum wieder vollständig sei und ihnen so die

Wage halten könne. Diejenigen aber welche früher den Agis getödtet hatten geriethen, als sie dieß erfuhren, in Besorgniß, sie könnten, wenn Archidamos aus der Verbannung zurückgekommen wäre, zur Strafe gezogen werden, und nahmen ihn daher zwar, als er heimlich erschien, in die Stadt auf und unterstützten seine Wiedereinsetzung, tödteten ihn aber dann sogleich. Ich lasse es dahingestellt ob dieß, wie Phylarchos glaubt, wider den Willen des Kleomenes geschah oder ob er sich von seinen Freunden bereden ließ und ihnen den Mann preisgab. Der größte Theil der Schuld wenigstens fiel auf sie, da es schien daß sie den Kleomenes mit Gewalt hierzu genöthigt hätten.

6. Dennoch beharrte er bei seinem gleich Anfangs gefaßten Beschlusse einer Umwälzung des Staats und bestach daher die Ephoren daß sie ihm einen Feldzug bewilligten. Eben so gewann er auch von den Andern Viele durch die Beihülfe seiner Mutter Kratesikleia, welche ihn auf das Reichlichste unterstützte und an seinen Bestrebungen Theil nahm, wie sie ja auch nicht aus Verlangen nach einer neuen Ehe, sondern nur um ihres Sohnes willen einen Mann gewählt haben soll welcher an Ansehen und Macht unter den Bürgern der Erste war.

Nachdem er mit seinen Truppen ausgerückt war besetzte er einen Ort im Gebiete von Megalopolis, Namens Leuktra; hierauf erfolgte unter Anführung des Aratos ein rascher Auszug der Achäer gegen ihn, und er wurde dicht unter den Mauern der Stadt, wo er den Feind in Schlachtordnung erwartete, mit einem Theile seines Heeres besiegt. Aratos aber erlaubte den Achäern nicht eine tiefe Schlucht zu passieren, sondern hemmte die weitere Verfolgung. Hierüber erzürnt drang Lydiadas aus Megalopolis mit den Reitern welche er bei sich hatte den Fliehenden nach, und gerieth bei der Verfolgung an einen Ort voll Weinpflanzungen, Gräben und Mauern, wo seine Mannschaft sich auflöste und es schwer hielt sich wieder herauszuziehen. Sobald Kleomenes dieß gewahrte ließ er seine Tarantiner und Kreter gegen ihn los, denen Lydiadas nach tapferer Gegenwehr erlag. Die Lakedämonier faßten hierauf neuen Mut, griffen die Achäer mit lautem Kriegsgeschrei an und schlugen das ganze Heer in die Flucht. Der

Verlust der Achäer an Todten war groß. Die Uebrigen gab Kleomenes auf geschehenes Ersuchen zurück, die Leiche des Lydiadas aber ließ er zu sich bringen, schmückte sie mit einem Purpurkleide, setzte ihr einen Kranz auf und sandte sie so bis an die Thore von Megalopolis. Es war dieß jener Lydiadas welcher die Tyrannis niederlegte, den Bürgern die Freiheit zurückgab und die Stadt dem achäischen Bunde zuführte.

7. In Folge dessen steigerten sich die Hoffnungen des Kleomenes, und überzeugt, wenn er nach eigenem Ermessen den Krieg gegen die Achäer führen könne, werde er leicht über sie die Oberhand gewinnen, setzte er dem Manne seiner Mutter, Megistonus, auseinander, man müsse die Ephoren beseitigen, das Grundeigenthum an die Bürger neu vertheilen und, wenn in Sparta die Gleichheit hergestellt wäre, dieses neu belebt an die Spitze Griechenlands erheben. Nachdem dieser gewonnen war, nahm er zwei oder drei von seinen anderen Freunden hinzu. In jenen Tagen nun traf es sich daß auch einer von den Ephoren, welcher im Heiligthum der Pasiphaa schlief, im Traum eine wunderbare Erscheinung hatte. Es kam ihm nämlich vor als ob an der Stelle wo die Ephoren zu sitzen und ihr Amt zu verwalten pflegen nur ein Stuhl stehe, die übrigen vier dagegen weggeschafft seien, und als er sich darüber verwundert, sei aus dem Tempel eine Stimme gekommen und habe gesagt, dieß sei für Sparta besser. Der Ephor erzählte diesen Traum dem Kleomenes, welcher Anfangs darüber in Bestürzung gerieth, da er glaubte daß man ihn in Folge eines Argwohns sondieren wolle. Da er sich aber überzeugte daß der Erzählende die Wahrheit sage, so schöpfte er aufs Neue Mut. Er nahm denn alle diejenigen Bürger von denen er bei seinem Unternehmen am meisten Widerstand erwartete, eroberte die Städte Heräa und Alsäa, welche zum achäischen Bunde gehörten, schaffte Getreide nach Orchomenos hinein, und bezog dann ein Lager vor Mantineia; und nachdem er so durch weite Märsche die Kreuz und die Quere die Lakedämonier erschöpft hatte ließ er die Meisten von ihnen auf ihr eigenes Bitten in Arkadien zurück, und machte sich selbst mit den Miethstruppen gegen

Sparta auf den Weg. Während des Marsches theilte er daun denen welchen er am Meisten vertraute daß sie ihm treu und ergeben seien seine Absichten mit und rückte hierauf langsam vor, um die Ephoren bei der Abendmahlzeit zu treffen.

8. In der Nähe der Stadt angelangt schickte er den Euryfleidas in das Syssition [1]) der Ephoren, als ob er seinerseits eine Mittheilung von dem Heere bringe; Therykion aber, Phoibis und zwei von denen die mit Kleomenes zusammen erzogen waren, welche Mothafen heißen, folgten ihm mit einer feinen Anzahl Soldaten auf dem Fuße. Wäh= reud nun Euryfleidas mit den Ephoren sprach, liefen sie mit gezücktem Schwerte hinzu und stießen dieselben nieder. Agyläos nun, welcher, so wie er getroffen wurde, zuerst gefallen war und für todt galt, kam wieder zu sich, schleppte sich daun leise aus dem Hause weg und kroch unbemerkt in ein kleines Gebäude welches ein Heiligthum der Furcht und sonst immer verschlossen wurde, damals aber zufällig offen stand. Nachdem er sich hier hineingerettet hatte verschloß er die Thüre. Die andern Vier wurden getödtet und von denen die ihnen zu Hülfe kamen nicht über zehn. Denn diejenigen welche sich ruhig verhielten wurden nicht getödtet, und ebenso Niemand verhindert der die Stadt verlassen wollte. Auch Agyläos wurde verschont, als er gleich nach Tagesan= bruch aus dem Heiligthum hervorkam.

9. Uebrigens haben die Lakedämonier nicht blos einen Tempel der Furcht, sondern auch Tempel des Todes, des Lachens und anderer ähnlicher Zustände. Sie ehren aber die Furcht nicht etwa weil sie dieselbe, gleich den Dämonen die man abzuwehren sucht, für verderblich ansehen, sondern vielmehr weil sie glauben daß die Furcht hauptsächlich den Staat zusammenhalte. Daher pflegten auch die Ephoren, wie Aristoteles erzählt, wenn sie ihr Amt antraten, eine Bekanntmachung an die Bürger zu erlassen, sie sollten sich den Schnurbart abscheren und auf die Gesetze achten, damit sie ihnen nicht aufsässig würden. Sie hoben hierbei, glaube ich, den Punkt mit dem Schnurbart deßhalb

---

1) Das Amtslofal in dem die Ephoren mit einander aßen.

hervor um die jungen Leute auch in den unbedeutendſten Dingen an
Gehorſam zu gewöhnen. So hielten die Alten nach meiner Meinung
die Tapferkeit nicht für Furchtloſigkeit, ſondern für Furcht vor Rüge
und Scheu vor Schande. Denn diejenigen welche den Geſetzen gegen=
über am furchtſamſten ſind ſind den Feinden gegenüber am mutigſten,
und den Tod fürchten die am wenigſten welche ſich am meiſten vor übler
Nachrede fürchten. Vortrefflich ſagt daher der Dichter[1]):
　　„Wo Furcht iſt wohnet die Scheu auch.“
und Homer[2]):
　„Ehrfurcht flößeſt du mir ins Herz, mein Vater, und Beben.“
ferner[3]):
　　　„Still die Gebieter fürchtend.“
Denn die Scheu vor Schande findet ſich in der Regel hauptſächlich
den Perſonen gegenüber vor welchen zugleich Furcht vorhanden iſt.
Daher haben denn die Lakedämonier neben dem Syſſition der Ephoren
der Furcht ein Heiligthum gegründet, als ſie dieſe Behörde faſt zu
monarchiſcher Gewalt erhoben.

　　Doch um wieder zu unſerer Erzählung zurückzukehren, ſo ächtete
Kleomenes, als es Tag geworden war, achtzig Bürger, welche das
Vaterland verlaſſen ſollten, und ſchaffte die Stühle der Ephoren hin=
weg, einen ausgenommen, auf welchem er ſelbſt bei ſeiner Amtsver=
waltung ſitzen wollte. Dann veranſtaltete er eine Volksverſammlung
und rechtfertigte ſich wegen des Geſchehenen.

　　10. Von Lykurgos, ſagte er, ſeien den Königen die Geronten zur
Seite geſtellt und die Stadt lange Zeit hindurch ſo verwaltet worden,
ohne das Bedürfniß nach einer andern Obrigkeit zu fühlen. Später
hätten dann, als der Krieg mit den Meſſeniern ſich in die Länge zog,
die Könige, da ſie ſelbſt wegen der Feldzüge dazu keine Muße gehabt,
Perſonen aus dem Kreis ihrer Freunde für die Rechtspflege erwählt
und dieſe den Bürgern an ihrer Statt zurückgelaſſen. Dieſe hätten

---

1) Staſinos aus Kypros.
2) Ilias III, 172.
3) Ilias IV, 431.

den Namen Ephoren erhalten. Zuerst hätten sie im Dienste der Könige
gestanden, dann ganz allmählich sich von der Auctorität der Könige
emancipiert und so unbemerkt eine unabhängige Behörde gebildet.
Hierfür diene als Beweis daß noch bis jetzt, wenn die Ephoren den
König zu sich kommen ließen, dieser zum ersten so wie zum zweiten
Male sich weigere und erst bei der dritten Aufforderung aufstehe und
sich zu ihnen begebe. Und der welcher zuerst diesem Amte größere
Gewalt und Bedeutung gegeben habe, Asteropos, sei viele Genera-
tionen später Ephor gewesen. Hätten sie nun, fuhr er fort, sich gemäßigt benommen, so wäre es besser gewesen sie bestehen zu lassen;
da sie aber durch eine willkürlich angemaßte Gewalt die väterliche
Verfassung gestützt, von den Königen den Einen in die Verbannung
getrieben, den Andern ohne Untersuchung getödtet hätten und diejenigen bedrohten welche aufs Neue die schönste und göttlichste Lage
der Dinge in Sparta zu sehen wünschten, habe man sie nicht länger
ertragen können. Wäre es nun möglich gewesen ohne Blutvergießen
die bösen Gewalten welche, aus der Fremde eingedrungen, Lakedämon
dem Untergange entgegenführten zu beseitigen, die Ausschweifung, die
Verschwendung, die Schulden, den Wucher und die Schäden welche
noch älter seien als diese, die Armut und den Reichthum, so würde
er sich für den glücklichsten unter allen Königen halten, wenn er wie
ein Arzt das Vaterland hätte ohne Schmerzen heilen können; so aber
könne er sich für die Nothwendigkeit auf Lykurg berufen, welcher weder
König noch Beamter gewesen sei, sondern als einfacher Privatmann
es unternommen habe als König zu handeln und doch bewaffnet auf
dem Markt erschienen sei, so daß der König Charillos vor Furcht zum
Altar geflüchtet sei. Freilich habe dieser bei seiner edeln und patriotischen Gesinnung sich bald dem Lykurgos in seinem Unternehmen angeschlossen und in die Aenderung der Verfassung eingewilligt, dennoch
aber habe Lykurg durch die That bezeugt daß es schwer sei ohne Gewalt und Furcht die Verfassung zu ändern. Er selbst, sagte er, habe
sich dieser Mittel auf das Mäßigste bedient und nur diejenigen aus
dem Wege geschafft welche per Rettung des Staats widerstrebten.

Alle Andern, erklärte er, sollten bei der neuen Vertheilung des Grund=
besitzes ihren Antheil erhalten, ebenso wolle er die Schuldner von ihrer
Schuldenlast befreien und eine Prüfung und Musterung der Fremden
vornehmen, damit die Tüchtigsten von ihnen Spartiaten würden und
das Vaterland mit den Waffen vertheidigen hülfen und wir nicht länger
es mit anzusehen brauchen wie Lakonien aus Mangel an Vertheidigern
eine Beute der Aetoler und Illyrier ist.

11.   Hierauf brachte er zuerst selbst sein Vermögen zur Theilung
dar, ebenso sein Stiefvater Megistonus und seine sämmtlichen übrigen
Freunde, daun auch alle übrigen Bürger.   Das Land wurde hierauf
neu vertheilt.   Bei dieser Theilung erhielt auch von denen die durch
ihn verbannt waren jeder ein Loos, und er versprach Alle insgesammt
zurückzurufen, sobald die Verhältnisse sich beruhigt haben würden.
Nachdem er daun die Zahl der Bürger durch die Tüchtigsten unter den
Periöken wieder voll gemacht hatte brachte er die Zahl der Hopliten
auf 4000.   Diese lehrte er anstatt der Lanze die Sarissa mit beiden
Händen zu führen und den Schild an einem Riemen, nicht an einem
Handgriff, zu tragen.   Danu wandte er sich zu der Erziehung der
Jugend und zu der sogenannten Agoge (Disciplin), wo ihn denn der
anwesende Sphaeros bei den meisten Einrichtungen mit seinem Rathé
unterstützte.   So erhielten bald die Gymnasien und die Syssitien wie=
der die gebürende Ordnung, und es beschränkten sich einige Wenige
nothgedrungen, die Meisten aber freiwillig, auf die frühere einfache und
ächtlakonische Lebensweise.   Dennoch ernannte er, um das Gehässige
des Namens der Alleinherrschaft zu mildern, seinen Bruder Eukleidas
zum Mitregenten.   Es war dieß das einzige Mal wo Sparta zwei
Könige aus einem Hause erhielt.

12. Die Achäer und Aratus meinten, durch die geschehene Neue=
rung sei seine Stellung unsicher und er werde sich daher nicht aus
Lakedämon herauswagen und den Staat bei einer so großen Umwäl=
zung ohne festen Halt hinter sich zurücklassen.   Sobald Kleomenes
dieß erfuhr hielt er es für hochherzig und zugleich für vortheilhaft
den Feinden einen Beweis von dem Eifer seines Heeres zu geben.

Er machte daher einen Einfall in das Gebiet von Megalopolis, trieb eine große Beute zusammen und fügte dem Lande großen Schaden zu. Zu guter Letzt fieng er Schauspieler auf welche auf der Durchreise von Messene begriffen waren, ließ in Feindesland ein Theater aufschlagen, und nachdem er Kampfpreise zum Betrage von vierzig Minen[1]) ausgesetzt hatte wohnte er einen Tag hindurch dem Schauspiel bei, nicht als ob ihn nach einem Schauspiel verlangt hätte, sondern um den Feind seinen Hohn fühlen zu lassen und durch diese Geringachtung zu zeigen in welchem Grade er ihm überlegen sei. Denn sonst hatte unter allen griechischen und königlichen Heeren blos das des Kleomenes keine Mimen im Gefolge, keine Gaukler, keine Tänzerinnen, keine Citherspielerinnen, sondern war von aller Zuchtlosigkeit, aller Possenreißerei und allem Herumschwärmen frei; in der Regel mußten die jungen Leute unter der Anleitung der Aelteren exercieren, und wenn sie nichts zu thun hatten suchten sie ihre Erholung darin daß sie nach alter Gewohnheit sich in schlagender Rede und in geistreichen ächt lakonischen Worten unter einander versuchten.

13. In dem Allem bot er sich selbst als Lehrer dar, indem er sein eigenes Leben einfach und schlicht, von allem Hochmut und aller Ueberhebung fern, gleichsam als ein Muster sittlicher Haltung vor Aller Augen stellte, ein Umstand der auch in den Beziehungen zu den griechischen Staaten nicht ohne Einfluß für ihn war. Denn wenn die Leute mit den übrigen Königen zusammenkamen, so wurden sie nicht so sehr durch den Reichthum und die Pracht derselben in Staunen versetzt als sie über ihre Hoffahrt und ihren Uebermut entrüstet waren, indem sie ihnen auf eine rauhe und unfreundliche Weise begegneten; wenn sie dagegen zu Kleomenes kamen, der doch in der That König war und nicht blos den Namen führte, und in seiner Nähe keinen Purpur, keine kostbaren Kleider und kein Mobiliar von Tragebetten und Sänften sahen, sahen wie der Zugang zu ihm nicht durch einen Haufen anmeldender Bedienten und Thürsteher erschwert war, und

---

1) 1000 Thlr.

wie er nicht schriftlich auf beschwerliche Weise, und selbst so kaum, mit ihnen verhandelte, sondern selbst in dem ersten besten Kleide Jeden der ihn zu sprechen wünschte freundlich und huldvoll persönlich empfieng, mit ihm sprach und ihn ruhig anhörte, so wurden sie ganz entzückt und bezaubert und erklärten, er allein sei ein ächter Nachkomme des Herakles. Von seinen Mahlzeiten war die gewöhnliche, auf ein Triklinion [1]) beschränkt, sehr einfach und ächt lakonisch; wenn er dagegen Gesandte oder Fremde bei sich hatte, waren noch zwei Tafeln hinzugefügt, und die Diener gaben der Tafel ein etwas stattlicheres Ansehen, nicht durch Leckereien und Gebäck, sondern so daß die Gerichte reichlicher waren und eine bessere Sorte von Wein auf den Tisch kam. So tadelte er einst einen seiner Freunde, als er hörte er habe, da er Gäste bei sich zu Tische hatte, diesen schwarze Suppe und Gerstenbrod, wie es bei den Phiditien Sitte war, vorgesetzt; denn, sagte er, man müsse es mit der lakonischen Weise in solchen Dingen und Fremden gegenüber nicht allzuscharf nehmen. Wenn dann das Essen abgetragen war, so wurde ein dreifüßiger Schenktisch hereingebracht. Auf diesem standen ein Mischkrug voll Wein, zwei silberne Schalen, jede von zwei Kotylen Inhalt, und überhaupt nur eine keine Zahl von silbernen Bechern. Aus diesen trank Jeder nach seinem Belieben, und wider seinen Willen wurde Niemand zum Trinken genöthigt. Einen Ohrenschmaus gab es so wenig als derselbe vermißt wurde; denn er selbst leitete die Unterhaltung beim Trinken, indem er bald fragte, bald erzählte, und seine Worte besaßen eben so wohl eine angenehme Lebendigkeit wie einen anmutsvollen und fein gebildeten Humor. Denn die Art und Weise wie die übrigen Könige, auf die Leute Jagd machten, indem sie dieselben durch Geld und Geschenke köderten und verderbten, hielt er für gemein und unsittlich; dagegen durch Unterhaltung und Worte welche voll Anmut waren und Vertrauen einflößten die Personen mit denen er zusammen war zu gewinnen und an sich zu fesseln erschien ihm als wahrhaft ehrenvoll und königlich.

---

1) Drei Polster, auf jedem zwei Personen.

Denn der Miethling unterscheide sich von dem Freunde durch Nichts als dadurch daß dieser durch Charakter und Wort, jener durch Geld gewonnen werde.

14. Zuerst nun riefen ihn die Mantineer herbei, und als er bei Nacht in die Stadt eingedrungen war halfen sie ihm die achäische Besatzung vertreiben und gaben sich mit Vertrauen in seine Hände. Kleomenes aber gab ihnen ihre alten Gesetze und ihre Unabhängigkeit zurück und entfernte sich noch an demselben Tage nach Tegea. Bald darauf gieng er nach einem Streifzuge durch Arkadien gegen Pherä in Achaia hinab, um entweder mit den Achäern eine Schlacht zu liefern oder aber den Aratos in Mißcredit zu bringen, daß er einem Kampfe ausweiche und das Land dem Kleomenes Preis gebe. Denn allerdings war damals Hyperbatas Feldherr, in der That aber war es Aratos der bei den Achäern die höchste Gewalt besaß. Die Achäer rückten mit aller waffenfähigen Mannschaft aus und bezogen im Gebiete von Dymä in der Nähe des [Tempels] Hekatombäon ein Lager. Kleomenes näherte sich ihnen und übernachtete in der Mitte zwischen der feindlichen Stadt Dyme und dem achäischen Heere unter freiem Himmel. So unvortheilhaft dieß schien, so zwang er doch durch diese verwegene Herausforderung die Achäer zum Kampfe, besiegte sie in offener Feldschlacht, nöthigte die Phalanx derselben zur Flucht, und brachte ihnen einen großen Verlust an Todten und Gefangenen bei; dann rückte er vor Lasion, vertrieb von da die achäische Besatzung und gab die Stadt den Eleern zurück.

15. Als die Achäer so in schwere Verluste gerathen waren, so leistete Aratos, welcher sonst jahraus jahrein stets das Amt eines Strategen zu verwalten pflegte, auf diese Würde Verzicht und lehnte sie aller Aufforderungen und Bitten ungeachtet ab. Es war nicht rühmlich daß er gleichsam bei größeren Stürmen des Staates das Steuerruder einem Andern überließ und der Leitung entsagte. Kleomenes aber schien Anfangs an die Gesandten der Achäer nur mäßige Forderungen zu stellen, dann aber forderte er durch andere Gesandte welche er schickte, daß man ihm die oberste Leitung übertrage; wegen

der übrigen Punkte wolle er mit ihnen nicht streiten, sondern ihnen selbst die Gefangenen und die festen Plätze sogleich herausgeben. Die Achäer waren entschlossen auf diese Bedingungen den Frieden anzunehmen und luden den Kleomenes nach Lerna ein, wo sie ihre Bundesversammlung halten wollten. Da traf es sich daß Kleomenes in Folge eines angestrengten Marsches und unzeitigen Trinkens von Wasser von einem starken Blutsturze überfallen wurde, bei dem er selbst den Gebrauch der Sprache verlor. Er schickte daher den Achäern zwar die Angesehensten unter den Gefangenen zurück, mußte aber die Zusammenkunft aufschieben und nach Lakedämon zurückkehren.

16. Dieß richtete Griechenland zu Grunde, welches sonst unter den obwaltenden Umständen sich noch einigermaßen hätte wieder erholen und vor dem Uebermute und den Bedrückungen der Makedonier gerettet werden können. Aratos nämlich hatte 33 Jahre an der Spitze des Bundes gestanden und hielt es für unerträglich daß ein jünger Mann der wider ihn emporgekommen sei zugleich seinen Ruhm und seine Macht vernichte und die Leitung des Bundes erhalte, der durch ihn erweitert worden sei und so lange Zeit unter seinem Einfluß gestanden habe. Sei es nun aus Mißgunst gegen das unerwartete Glück des Kleomenes, sei es aus Mißtrauen und Furcht vor ihm versuchte er Anfangs die Achäer mit Gewalt davon abzubringen und sie daran zu hindern; da sie aber aus Furcht vor der Kühnheit des Kleomenes nicht auf ihn hörten, ja selbst die Forderung der Lakedämonier, welche die Peloponnes wieder in die alte Ordnung bringen wollten, für ganz gerecht hielten, so entschloß er sich zu einem Schritte welcher für Keinen unter den Griechen geziemt hätte, für Aratos aber am schimpflichsten und seiner bisherigen Thätigkeit und seines politischen Lebens durchaus unwürdig war, nämlich den Antigonos nach Griechenland zu rufen und die Peloponnes mit Makedoniern zu erfüllen, welche er selbst in sehr jungen Jahren nach der Befreiung von Akrokorinth aus der Peloponnes vertrieben hatte, wodurch er allen Königen verdächtig und mit ihnen verfeindet geworden war, wie er denn eben von diesem

Antigonos in den von ihm hinterlaſſenen Memoiren unzähliges Schlechte geſagt hat. Er ſagt ſelbſt, er habe alles Mögliche für die Athener erduldet und gewagt, damit die Stadt die Beſatzung und die Makedonier los würde: und nun führte er dieſe die Waffen in der Hand gegen ſein Vaterland und gegen ſeinen eigenen Herd, daß ſie ſelbſt in ſeine Frauengemächer hineindrangen; dagegen aber ſträubte er ſich daß der Sproß des Herakles, welcher über die Spartiaten regierte und die väterliche Verfaſſung gleichſam wie eine verſtimmte Harmonie wieder zu jener ernſten und ächt doriſchen Satzung und Lebensweiſe des Lykurgos zurückführen wollte, als Bundeshaupt der Dymäer und Tritäer genannt werde, und um dem Gerſtenbrote und dem engen Mantel und, das Schlimmſte deſſen er den Kleomenes an= klagte, der Verbannung des Reichthums und der Hebung der Armut, zu entgehen unterwarf er ſich nebſt Achaia dem königlichen Diadem und Purpur und makedoniſchen und ſatrapiſchen Befehlen, damit es nicht ſcheine als gehorche er den Befehlen des Kleomenes, feierte An= tigonosfeſte und ſang ſelbſt bekränzt Paeane auf einen Menſchen der an der Schwindſucht hinſiechte. Doch wir ſchreiben dieß nicht in der Abſicht Anſchuldigungen gegen Aratos zu erheben, denn bei vielen Gelegenheiten hat ſich dieſer Mann groß und als ächten Hellenen ge= zeigt, ſondern vielmehr indem wir die Schwäche der menſchlichen Natur bemitleiden, wenn ſelbſt in ſo vorzüglichen und zu hoher Auszeichnung beſtimmten Naturen das Schöne nicht hervortreten kann ohne der Ne= meſis [1]) zu verfallen.

17. Als die Achäer dann zum zweiten Male zu der Zuſammen= kunft in Argos gekommen waren und Kleomenes von Tegea [eben dorthin] hinabgegangen war, war unter den Leuten die ſichere Er= wartung daß der Friede zu Stande kommen werde. Aratos hatte ſich indeß mit Antigonos über die wichtigſten Punkte geeinigt; da er nun den Kleomenes fürchtete, dieſer werde durch Gewinnung der Menge oder auch durch Anwendung von Gewalt Alles durchſetzen,

—————

1) Welche das Große auf Erden beugt, daß es ſich nicht überhebe.

so forderte er, Kleomenes solle entweder gegen Stellung von drei=
hundert Geiseln zu ihnen in die Stadt kommen, oder aber mit seinen
Truppen heranrücken und draußen bei dem kyllarabischen Gymnasion
sich mit ihnen unterreden. Als Kleomenes dieß hörte erklärte er, es
geschehe ihm Unrecht, denn man hätte ihm dieß gleich damals sagen
müssen und nicht jetzt, wo er vor ihre Thür gekommen sei, Mißtrauen
gegen ihn hegen und ihn zurückschicken. Er schrieb dieserhalb einen
Brief an die Achäer, dessen Hauptinhalt eine Anschuldigung gegen
Aratos war; ebenso schmähte auch Aratos ihn vielfach bei der Menge,
worauf Kleomenes in aller Eile aufbrach und einen Herold sandte, den
Achäern den Krieg zu erklären, nicht jedoch nach Argos, sondern nach
Aegion, wie Aratos behauptet, um denselben zu beginnen ehe die
Achäer noch gerüstet wären.

Uebrigens war unter den Achäern eine Bewegung entstanden, und
die Städte waren voll Verlangen abzufallen. Denn der Demos in
denselben erwartete Vertheilung des Landes und Tilgung der Schul=
den, die Vornehmen fühlten sich durch Aratos zurückgesetzt, Manche
zürnten ihm auch daß er die Makedonier gegen die Peloponnes herbei=
hole. Hierdurch ermutigt machte daher Kleomenes einen Einfall in
das achäische Gebiet. Zuerst nahm er Pellene durch plötzlichen Ueber=
fall und vertrieb die Besatzung mit Hülfe der Achäer; darauf unter=
warf er sich Pheneos und Penteleion. Die Achäer geriethen hierauf
in Besorgniß daß man in Korinth und Sikyon damit umgehe diese
Städte dem Kleomenes in die Hände zu spielen; sie schickten daher
die Reiter und die Miethstruppen von Argos weg, um dort die Be=
satzungen zu verstärken, sie selbst aber giengen nach Argos hinab
und feierten die Nemeen. Kleomenes hoffte daher, er werde, wie es
auch wirklich geschah, durch einen unvermuteten Angriff die Stadt,
welche von einer Masse Volks das zum Feste gekommen und von Zu=
schauern angefüllt wäre, leichter in Bestürzung bringen können. Er
rückte mit seinem Heere bei Nacht an die Stadt heran, besetzte die
Oertlichkeit bei der Aspis, welche oberhalb des Theaters gelegen steil
und schwer zugänglich war, und setzte dadurch die Leute so in Schrecken

daß Niemand an Vertheidigung dachte, sondern sie eine Besatzung einnahmen, zwanzig von den Bürgern als Geiseln stellten und unter der obersten Leitung des Kleomenes Bundesgenossen der Lakedämonier wurden.

18. Dieß trug nicht wenig dazu bei sowohl sein Ansehen als auch seine Macht zu vermehren. Denn den alten Königen der Lake= dämonier war es trotz aller ihrer Bemühungen nicht gelungen Argos für die Dauer zu unterwerfen, und der Tüchtigste unter den Feldherrn, Pyrrhos, war zwar hineingedrungen und hatte sich mit Gewalt den Eingang erzwungen, hatte aber die Stadt nicht behaupten können, sondern war gefallen und mit ihm zugleich ein großer Theil seiner Truppen dort aufgerieben worden. Man bewunderte daher das scharfe Auge und die Ueberlegung des Kleomenes, und diejenigen welche vor= her äußerten, er habe bei der Schuldentilgung und der gleichen Ver= theilung des Vermögens nur Solon und Lykurgos nachgeahmt, und ihn so verhöhnten, waren nunmehr völlig überzeugt daß dieß die Ur= sache des mit Sparta vorgegangenen Umschwunges sei. Denn so kläglich stand es bis dahin mit ihnen und so wenig waren sie vermö= gend sich selbst zu helfen daß die Aetoler bei einem Einfall in Lakonien 50,000 Personen in die Sklaverei fortführten. Bei dieser Gelegen= heit war es wo einer der älteren Spartiaten geäußert haben soll, die Feinde hätten Lakonien durch diese Erleichterung eine Wohlthat er= wiesen. Bald darauf aber konnten sie, als sie eben nur die väterlichen Sitten wieder berührt und wieder in die Fußstapfen jener alten Zucht eingetreten waren, gleichsam als ob Lykurgos wieder erschienen wäre und mit ihnen den Staat regierte, vor ihm vielfache Beweise ihrer Tapferkeit und ihres Gehorsams ablegen, indem sie die Hegemonie über Griechenland wieder an Lakedämon zu bringen und die Pelo= ponnes wieder zu erwerben strebten.

19. Als Argos eingenommen war, unterwarfen sich demnächst sofort Kleonä und Phlius dem Kleomenes. Aratos war in dieser Zeit damit beschäftigt zu Korinth eine Musterung der angeblichen Lakonenfreunde vorzunehmen. Als aber die Nachricht von diesen

Ereigniſſen zu ihm kam gerieth er in Beſtürzung, und da er merkte daß ſich die Stadt zu Kleomenes neige und ſich von den Achäern los= zureißen beabſichtige, ſo rief er die Bürger nach dem Rathhauſe und gelangte inzwiſchen unbemerkt bis zum Thore, wohin er ſich ſein Pferd hatte bringen laſſen. Er beſtieg daſſelbe und floh nach Sikyon. Die Korinther aber eilten, wie Aratos ſagt, mit ſolchem Eifer nach Argos zu Kleomenes daß alle Pferde ſtürzten; Kleomenes aber habe den Korinthern Vorwürfe gemacht daß ſie ihn nicht feſtgenommen hätten, ſondern hätten entſchlüpfen laſſen. Doch ſei Megiſtonus von Seiten des Kleomenes mit der Bitte zu ihm gekommen daß ihm Akrokorinth, in welchem eine achäiſche Beſatzung lag, möchte übergeben werden, und habe ihm eine große Summe Geldes geboten; er habe ihm hier= auf geantwortet, er habe nicht mehr die Verhältniſſe in der Hand, ſondern die Verhältniſſe hätten ihn in der Hand. So lautet die Er= zählung des Aratos. Kleomenes aber rückte von Argos aus, unter= warf ſich Troizen, Epidauros und Hermione, und kam dann nach Ko= rinth, wo er die Burg mit einem Pfahlwerk einſchloß, da die Achäer dieſelbe nicht räumen wollten; dann ließ er die Freunde und die Auf= ſeher des Aratos kommen und befahl ihnen, ſie ſollten ſein Haus und ſein Vermögen an ſich nehmen und ſorgfältig hüten und verwalten. Hierauf ſchickte er abermals den Meſſenier Tritymallos mit dem Vor= ſchlage zu ihm, Akrokorinth möge von den Achäern und Lakedämoniern gemeinſchaftlich beſetzt gehalten werden, und ließ dem Aratos perſön= lich das Doppelte von der Penſion anbieten welche er von dem Könige Ptolemaios bezog. Da aber Aratos hierauf nicht eingieng, ſondern [ſelbſt] ſeinen Sohn nebſt den übrigen Geiſſeln zu Antigonos ſandte und die Achäer dazu beſtimmte Akrokorinth dem Antigonos zu über= geben, ſo machte Kleomenes einen verheerenden Einfall in das Gebiet von Sikyon und empfieng durch einen Beſchluß der Korinther das Vermögen des Aratos zum Geſchenke.

20. Als nun Antigonos mit einem ſtarken Heere die Geraneia zu überſchreiten verſuchte, hielt es Kleomenes für vortheilhaft nicht den Iſthmos ſondern das Oneiongebirge mit Pfahlwerk und Mauern

versehen zu bewachen und die Makedonier lieber durch einen Kampf
hinter Wall und Mauern zum Rückzug zu nöthigen als sich mit einer
wohleinexercierten Phalanx zu messen. Dadurch daß er diesen Plan
ausführte brachte er den Antigonos in eine üble Lage. Denn er hatte
sich nicht auf hinreichende Lebensmittel eingerichtet; andrerseits war
es, da Kleomenes davor lag, nicht leicht mit Gewalt den Durchgang
zu erzwingen, und als er den Versuch machte bei Nachtzeit über Le-
chäon längs der Küste hindurch zu gelangen wurde er zurückgewiesen
und verlor eine Anzahl Soldaten. Kleomenes wurde hierdurch ganz
und gar mit Mut erfüllt, und seine Leute schickten sich, im Gefühle der
Sicherheit von wegen des Sieges, an das Abendessen zu bereiten, Antigonos dagegen war mutlos, da er sich durch die Nothwendigkeit zu
gewagten Maßregeln gedrängt sah. Er beschloß nämlich bis zu dem
Vorgebirge Heräon zurückzugehen und von dort seine Truppen auf
Frachtschiffen nach Sikyon überzusetzen, ein Plan der viel Zeit kostete
und nicht geringe Vorkehrungen erforderte. Da erschienen, bereits
gegen Abend, aus Argos zu Wasser Freunde des Aratos, welche ihn
dorthin riefen und ihm mittheilten daß man in Argos von Kleomenes
abzufallen beabsichtige. Derjenige welcher hauptsächlich den Abfall
betrieb war Aristoteles; es wurde ihm nicht schwer die Menge hierfür
zu gewinnen, welche zürnte daß ihnen Kleomenes nicht, wie sie gehofft
hatten, die Schuldentilgung durchgeführt hatte. Aratos erhielt von
Antigonos 1500 Mann, mit denen er längs der Küste nach Epidauros
segelte. Aristoteles aber wartete seine Ankunft nicht ab, sondern begann, nachdem er die Bürger an sich gezogen hatte, den Kampf gegen
die Besatzung der Burg; überdieß war zu seinem Beistande Timoxenos
mit den Achäern aus Sikyon eingetroffen.

21. Kleomenes erfuhr dieß um die zweite Nachtwache. Er ließ
den Megistonus holen und befahl diesem im Zorn sogleich nach Argos
zu eilen. Denn er war es der sich hauptsächlich für die Argeier gegen
ihn verbürgt und ihn so gehindert hatte die verdächtigen Bürger zu
vertreiben. Nachdem er so den Megistonus mit 2000 Mann abge-
sandt hatte behielt er selbst den Antigonos im Auge und suchte die

Korinther bei gutem Mute zu erhalten: es sei in Argos nichts Be=
sonderes vorgefallen, sondern nur durch eine kleine Anzahl Leute eine
unbedeutende Unruhe veranlaßt worden. Als aber Megistonus bei
seinem Eindringen in Argos im Kampfe gefallen war, und die Besatz=
ung nur noch mit Mühe sich behauptete und Boten auf Boten an
Kleomenes schickte, gerieth er doch in Besorgniß, die Feinde könnten,
wenn sie Argos in ihre Gewalt bekämen und die Pässe verschlössen,
selbst ungefährdet Lakonien verwüsten und das von Vertheidigern ent=
blößte Sparta belagern, und zog daher mit seinem Heere von Korinth
ab. Diese Stadt gieng ihm sofort verloren, da Antigonos hinein=
drang und eine Besatzung in dieselbe legte. Kleomenes aber griff
Argos an und machte zuerst einen [vergeblichen] Versuch bei der
.... Mauer hinein zu gelangen, zu welchem Behufe er seine
Truppen auf dem Marsche zusammengezogen hatte; dann erbrach er
die unterirdischen Gänge unter der Aspis und gelangte so nach oben,
wo er sich mit seinen Leuten drinnen vereinigte, welche sich noch gegen
die Achäer behauptet hatten. Er nahm selbst von den inneren Stadt=
theilen Besitz, indem er die Leitern daran legte, und räumte die engen
Zugänge gänzlich von Feinden, indem er den Kretern befahl ihre
Bogen zu gebrauchen. Da er aber sah wie Antigonos von den Höhen
mit der Phalanx in die Ebene herabsteige und die Reiter bereits
massenhaft nach der Stadt zu eilten, gab er es auf sich der Stadt zu
bemeistern, sammelte alle seine Leute, gieng unangefochten herab und
marschierte längs der Mauer ab. So hatte er in kürzester Zeit die
größesten Erfolge gehabt, war beinahe in einem einzigen Feldzuge
Herr der ganzen Peloponnes geworden und hatte schnell wieder alles
verloren. Denn die Einen von denen welche mit ihm zu Felde gezogen
waren verließen ihn sogleich, die Andern aber öffneten dem Antigonos
bald nachher ihre Thore.

22. Als sein Feldzug diesen unglücklichen Ausgang genommen
hatte und er mit seinen Truppen auf dem Rückwege war, trafen ihn,
es war bereits am Abend, in der Gegend von Tegea Boten aus Lake=
dämon und meldeten ihm ein Unglück nicht geringer als das eben

erlittene, den Tod seiner Gemahlin, um deren willen er selbst bei durch=
aus glücklichen Unternehmungen nicht ununterbrochen aushielt, son=
dern häufig nach Sparta hinabgieng. So sehr liebte er die Agiatis
und schätzte sie über Alles hoch. Er fühlte natürlich die Wunde tief
und schmerzlich, da ihm als jungem Mann die schönste und züchtigste
Gattin geraubt war; jedoch ließ er durch diesen Verlust seinen hohen
Sinn und die Größe seiner Seele nicht beugen noch sich entreißen,
sondern ließ in Stimme, Miene und Haltung keine Veränderung
wahrnehmen, ertheilte nach wie vor die Befehle an seine Officiere
und traf Vorkehrungen für die Sicherheit der Tegeaten. Mit Tages=
anbruch gieng er dann nach Lakedämon hinab, und nachdem er zu
Hause mit seiner Mutter und seinen Kinder der Pflicht der Trauer
genügt hatte war er gleich wieder mit Planen für das Wohl des Gan=
zen beschäftigt.

Ptolemäos, der König von Aegypten, ließ ihm [um diese Zeit]
seine Hülfe anbieten, forderte aber seine Kinder und seine Mutter als
Geißeln. Kleomenes schämte sich lange Zeit dieß seiner Mutter mit=
zutheilen, und so oft er auch zu ihr hineinkam und das Wort auf der
Zunge hatte verstummte er, so daß selbst jene Etwas ahnte und bei
seinen Freunden sich erkundigte ob ihr Sohn etwa anstehe wenn er
mit ihr Etwas zu sprechen habe. Als Kleomenes es endlich über sich
gewann ihr die Mittheilung zu machen, lachte sie laut und sprach:
„Das also war es was du dich zu sagen scheutest, so oft du dazu an=
gesetzt hattest? Thue uns doch ja schnell in ein Schiff und sende uns
dahin wo du glaubst daß dieser Leib für Sparta am Nützlichsten sein
werde, ehe er hier an Ort und Stelle nutzlos vom Alter verzehrt wird.“
Als Alles bereit war, giengen sie dann zu Lande nach Taenaron, wo=
hin ihnen die Armee in Waffen das Ehrengeleit gab. Im Begriff
das Schiff zu besteigen führte Kratesikleia den Kleomenes ganz allein
in den Tempel des Poseidon bei Seite, umschlang ihn hier und küßte
ihn, der von Schmerz zerrissen und völlig aufgelöst war, und sprach
dann: „Wohlan, o König von Lakedämon, daß, wenn wir draußen
sind, Keiner uns weinen noch sonst Etwas thun sehe was Sparta's

unwürdig ist! Denn dieß allein steht in unserer Macht, das Glück müssen wir nehmen wie es uns die Gottheit gibt." Nach diesen Worten gieng sie mit ruhiger Miene mit dem Kinde auf das Schiff zu und befahl dem Steuermann schleunigst die Anker zu lichten. Als sie hierauf nach Aegypten gekommen war und hier erfuhr daß Ptolemäos Vorschläge und Gesandtschaften von Antigonos annehme, von Kleomenes aber hörte daß die Achäer ihm Friedensvorschläge machten, er aber seiner Mutter wegen sich fürchte ohne Genehmigung des Ptolemäos den Krieg beizulegen, so schrieb sie ihm, er solle thun was sich für Sparta zieme und für Sparta heilsam sei und nicht um einer alten Frau und eines kleinen Kindes willen vor Ptolemäos in ewiger Furcht sein. Sie nun, heißt es, habe sich so im Unglücke gezeigt.

23. Tegea hatte sich [indeß] dem Antigonos ergeben, Orchomenos und Mantineia waren von ihm geplündert, und Kleomenes sah sich so auf Lakonien selber beschränkt. Da gewährte er allen denjenigen Heiloten welche fünf attische Minen erlegten die Freiheit, und brachte so eine Summe von 500 Talenten zusammen [1]). Hierauf bewaffnete er noch 200 Mann auf makedonische Art, um sie als Gegencorps gegen die Weißschildner bei Antigonos zu gebrauchen, und beschloß dann eine große und Allen unerwartete That zu unternehmen.

Megalopolis nämlich war damals selbst für sich allein nicht kleiner oder schwächer als Lakedämon; es stützte sich überdieß auf den Beistand Seitens der Achäer und des Antigonos, welcher in der Nachbarschaft stand und von den Achäern hauptsächlich auf Betrieb der Megalopoliten herbeigerufen sein sollte, wie es hieß. Diese Stadt beschloß Kleomenes zu überrumpeln, denn ich wüßte keinen Ausdruck welcher besser das Schnelle und Unerwartete dieses Unternehmens bezeichnete. Er befahl daher sich mit Lebensmitteln auf fünf Tage zu versehen und rückte mit seinen Truppen auf Sellasia, als habe er die

---

1) Die Zahl der freigelassenen Heiloten betrug also 6000, da 60 Minen auf ein Talent gehen.

Abſicht das argoliſche Gebiet zu verwüſten. Von hier aber gieng er
in das Gebiet von Megalopolis hinab, ließ ſeine Truppen bei Zoi-
teion zur Nacht eſſen und ſchlug dann ſogleich die Straße über Heliſ-
ſon nach der Stadt zu ein. Nicht weit davon entfernt ſchickte er
den Panteus nebſt zwei Abtheilungen Lakedämonier mit dem Befehle
ab ſich eines Punktes in der Mitte zweier Thürme zu bemächtigen, der,
wie er gehört hatte, von der ganzen Mauer von Megalopolis am
Wenigſten Vertheidiger hatte, und folgte ihm mit dem übrigen Heere
langſam auf dem Fuße nach.

Panteus fand nicht blos jenen Punkt ſondern auch einen großen
Theil der Mauer unbewacht und begann dieſe ſogleich hier niederzu-
reißen, dort durchzubrechen, und tödtete alle Wachen auf die er ſtieß, ſo
daß Kleomenes, ehe es noch die Megalopoliten merkten, mit ſeinem
Heere vor der Stadt und drinnen war.

24. Kaum war das Unglück unter den Einwohnern der Stadt
bekannt geworden, ſo flüchteten die Einen ſofort hinaus, indem ſie das
Erſte Beſte von ihren Habſeligkeiten mit ſich nahmen, die Andern aber
ſammelten ſich mit den Waffen, warfen ſich den Feinden entgegen und
griffen dieſe an. Allerdings vermochten ſie den Feind nicht hinaus-
zudrängen, aber ſie verſchafften doch ihren fliehenden Mitbürgern einen
ſicheren Abzug, ſo daß nicht mehr als tauſend Perſonen in der Stadt
betroffen wurden, die Uebrigen insgeſammt nebſt Kindern und Frauen
nach Meſſene entkamen. Auch von denen welche dem Feinde entgegen-
geeilt waren und mit ihm gekämpft hatten rettete ſich die große Mehrzahl, und es geriethen nur ſehr Wenige in die Gefangenſchaft, unter
Andern Lyſandridas und Thearidas, höchſt angeſehene und einflußreiche Männer aus Megalopolis. Dieſe wurden daher auch von den
Soldaten ſogleich, ſobald ſie gefangen genommen waren, dem Kleomenes zugeführt. Wie Lyſandridas den Kleomenes von fern erblickte,
rief er laut: „Jetzt ſteht es in deiner Macht, o König der Lakedämonier, eine That ſchöner als die eben gethane und wahrhaft königlich
zu verrichten und dir dadurch den höchſten Ruhm zu erwerben.‟ Kleomenes vermutete ſein Anſinnen und ſprach: „Was meinſt du, Lyſan-

bribas? Du räthst mir doch hoffentlich nicht daß ich euch die Stadt
zurückgebe?" „Eben dieß, erwiderte Lysandridas, meine ich, und rathe
dir eine so große Stadt nicht zu vernichten, sondern sie daburch mit
treuen und zuverlässigen Freunden und Bundesgenossen anzufüllen baß
du den Megalopoliten ihre Vaterstadt zurückgibst und der Retter einer
so zahlreichen Bürgerschaft wirst." Kleomenes schwieg hierauf einige
Augenblicke und sagte dann: „es ist schwer dir hierin zu folgen, jedoch
es mag nicht was für uns vortheilhaft ist den Sieg davontragen, son=
bern was uns Ruhm verleiht."

Nach diesen Worten entsandte er jene Männer nach Messene, gab
ihnen seinerseits einen Herold mit, und erklärte sich bereit den Mega=
lopoliten ihre Stadt zurückzugeben, wenn sie von den Achäern abfallen
und ihm Bundesgenossen und Freunde werden wollten. Obgleich
aber Kleomenes den Megalopoliten so wohlwollende und freundliche
Anerbietungen machte, so hinderte sie doch Philopoimen die Treue
gegen die Achäer zu brechen; er beschuldigte vielmehr den Kleomenes,
dieser trachte darnach nicht den Bürgern die Stadt zurückzugeben, sondern
zur Stadt die Bürger zu bekommen, und entfernte den Thearibas und
den Lysandribas aus Messene. Es war dieß jener Philopoimen welcher
später an der Spitze der Achäer gestanden und den größesten Ruhm
unter den Hellenen erworben hat, wie in einer besonderen Schrift über
ihn erzählt ist.

25. Bis dahin hatte Kleomenes die Stadt unangetastet und
unversehrt erhalten, so daß Keiner insgeheim selbst nicht das Aller=
geringste nehmen konnte; als aber jene Mittheilung eingetroffen war,
da gerieth er in heftigen Zorn und Erbitterung, gab die Habselig=
keiten der Plünderung preis, schickte die Bildsäulen und die Gemälde
nach Sparta, und zerstörte und vernichtete die meisten und ansehnlich=
sten Theile der Stadt. Dann machte er sich, aus Furcht vor Antigonos
und den Achäern, auf den Rückweg. Jedoch von deren Seite geschah
Nichts. Sie waren nämlich in Aegion zu einer Berathung versam=
melt; als aber Aratos auf die Rednerbühne trat und den Mantel vor
das Gesicht gehalten lange weinte und dann, wie sie sich wunderten

und ihm zu reden befahlen, mittheilte, Megalopolis sei von Kleomenes vernichtet, so ergriff die Achäer ein Schrecken wegen der Schnelligkeit und Größe des Unglücks, und ihre Versammlung gieng sogleich aus= einander; Antigonos aber machte zwar einen Versuch Beistand zu leisten, da aber seine Truppen sich nur langsam aus ihren Winter= quartieren erhoben, befahl er ihnen wieder an Ort und Stelle zu ver= bleiben und begab sich selbst, von einer geringen Anzahl Soldaten be= gleitet, nach Argos.

Daher hatte auch das zweite Unternehmen des Kleomenes zwar den Schein eines verwegenen und wahnsinnigen Wagnisses, in der That aber war es, wie Polybios sagt, mit vieler Ueberlegung ange= fangen. Da er nämlich wußte, sagt dieser, daß die Makedonier in vielen einzelnen Städten zerstreut in den Winterquartieren lägen, und Antigonos nur mit einer geringen Anzahl Miethsoldaten in Gesell= schaft seiner Freunde in Argos den Winter zubringe, so machte er einen Einfall in das Gebiet von Argos, indem er berechnete, er werde entweder, wenn sich Antigonos durch sein Ehrgefühl zum Kampfe fort= reißen lasse, über denselben obsiegen, oder aber, wenn er nicht zu käm= pfen wage, ihn bei den Achäern in Mißcredit bringen. So geschah es in der That. Da nämlich das Land von ihm verheert und Alles geplündert wurde, so rottierten sich die Argeier, hierüber wütend, an den Thüren des Königs zusammen und riefen, er solle entweder käm= pfen oder die Leitung an Leute abtreten die besser wären als er. Anti= gonos aber hielt es nicht für schimpflich bei den Laien in übler Nach= rede zu stehen, wohl aber unbesonnen sich in Gefahr zu stürzen und die Sicherheit preiszugeben, und rückte daher, wie es die Pflicht eines ver= ständigen Feldherrn war, nicht aus, sondern folgte standhaft seiner eigenen Ueberzeugung. Kleomenes aber kehrte, nachdem er mit dem Heere bis an die Mauer vorgerückt war und den Feind mit Verhöh= nung behandelt und gedemütigt hatte, unangefochten zurück.

26. Bald darauf erfuhr er daß Antigonos nach Tegea vorrücke, um von dort einen Einfall in das lakonische Gebiet zu machen. So= fort brach er mit seinen Soldaten auf, gieng auf anderen Wegen neben

Antigonos vorbei und erschien mit Tagesanbruch abermals in der Nähe der Stadt Argos, indem er die Ebene verwüstete und das Korn nicht, wie es die Uebrigen thaten, mit Sicheln und Messern abschneiden, sondern mit großen Hölzern in der Form von Keulen niederschlagen ließ, so daß sie wie zur Kurzweil während des Marsches ohne alle Mühe alles Korn niederwarfen und vernichteten. So kamen sie bis in die Gegend des Gymnasions Kyllarabis. Als sie hier Feuer anlegen wollten verbot er dieß und gab dadurch zu erkennen daß auch die Zerstörung von Megalopolis von ihm nicht auf edle Weise, sondern vielmehr nur im Zorn befohlen sei. Antigonos kehrte zunächst sogleich nach Argos zurück und besetzte dann das Gebirge und die Pässe darüber mit Posten. Kleomenes aber stellte sich als kümmere ihn das nicht und als verachte er das, und ließ sich durch Herolde [von den Argeiern] die Schlüssel zum Heräon ausbitten, um vor seinem Abzug der Göttin zu opfern. Nachdem er so seinen Scherz und Spott mit ihnen getrieben hatte opferte er der Göttin am Fuße des verschlossenen Tempels, und marschierte dann mit seinen Truppen nach Phlius ab. Von dort gieng er, nachdem er die Besatzung aus Oligyrtos hinausgeworfen hatte, hinab, dicht an Orchomenos vorbei, nachdem er nicht blos seinen Mitbürgern Selbstgefühl und Mut eingeflößt hatte, sondern auch den Feinden als ein ächter Feldherr und eines großen Wirkungskreises würdig erschien. Denn daß er blos mit den Mitteln einer einzigen Stadt zugleich gegen die Macht der Makedonier und gegen die gesammte Peloponnes, so wie gegen die Geldunterstützungen des Königs [Ptolemäos] Krieg führte, und nicht nur Lakonien gegen jeden feindlichen Angriff schützte, sondern auch die Gebiete der Feinde verheerte und so große Städte eroberte, schien der Beweis einer ganz besonderen Tüchtigkeit und eines hohen Geistes zu sein.

27. Doch derjenige welcher zuerst das Geld als den Nerv bei Unternehmungen bezeichnet hat hat diesen Ausspruch, wie ich glaube, besonders mit Rücksicht auf die Führung des Krieges gethan. So hat auch Demades einst, als die Athener die Trieren von Stapel zu

laſſen und zu bemannen befahlen, aber kein Geld beſaßen, geſagt:
„erſt muß man kneten und dann backen.“ Auch jener alte Archidamos
ſoll gegen den Anfang des peloponneſiſchen Krieges, da die Bundes=
genoſſen ihn aufforderten die Geldbeiträge zu beſtimmen, geſagt haben:
„Der Krieg frißt das Geld, ohne ſich an unſere Beſtimmungen zu
kehren.“ Denn wie diejenigen Athleten welche ihres Körpers gehörig
gepflegt haben mit der Zeit doch ihre Gegner niederbrücken und be=
zwingen, mögen dieſe auch noch ſo gewandt und wohlgeſchult ſein, ſo
entkräftete und überwältigte Antigonos, da er für den Krieg aus
reichen Quellen ſchöpfen konnte, den Kleomenes, welcher nur kärglich
und mit genauer Noth für die Miethstruppen den Sold und für die
eigenen Bürger den Unterhalt zu beſchaffen vermochte. Denn ſonſt
wäre ein längerer Aufſchub im Intereſſe des Kleomenes geweſen, da
die Verhältniſſe zu Hauſe den Antigonos zum Aufbruch drängten.
Denn ſeine Abweſenheit wurde ſtets von Barbaren benutzt Make=
donien zu verheeren und zu durchſtreifen, und ſo war auch jetzt aus
den oberen Landſchaften ein großes Heer von Illyriern ins Land ein=
gebrochen. Die Verwüſtungen deſſelben veranlaßten die Makedonier
den Antigonos herbeizurufen. Und faſt hätte es ſich ſo getroffen daß
er dieſen Brief noch vor der Schlacht bekommen hätte. Wäre dieß
geſchehen, ſo würde er ſogleich abmarſchiert ſein und die Achäer ihrem
eigenen Schickſale überlaſſen haben. So ſtellte alſo das Schickſal,
welches die wichtigſten Begebenheiten um ein Haar ſo oder ſo ſich ent=
ſcheiden läßt, auch hier das Gewicht und den Einfluß der Zeit vor
Augen. Denn gleich nachdem die Schlacht bei Sellaſia geſchlagen
war und Kleomenes Heer und Stadt verloren hatte erſchienen die=
jenigen welche den Antigonos heimriefen. Dieß machte daher das
Unglück des Kleomenes erſt recht bemitleidenswerth. Denn hätte er
nur zwei Tage gewartet und verſtreichen laſſen ohne den Kampf anzu=
nehmen, ſo hätte es für ihn keines Kampfes mehr bedurft, ſondern er
hätte nach dem Abzug der Makedonier den Achäern die Friedensbe=
dingungen dictieren können. So aber war er, wie geſagt, durch ſeinen
Mangel an Geldmitteln gezwungen Alles auf eine Entſcheidung der

Waffen zu setzen und, wie Polybios sagt, mit 20,000 Mann gegen 30,000 Mann eine Schlacht zu liefern.

28. In der Stunde der Gefahr zeigte er sich selbst als einen bewundernswürdigen Feldherrn und seine Mitbürger voll Heldenmut, auch die Miethstruppen kämpften aufs Bravste; dennoch wurde er durch die Art der Bewaffnung und durch die Massenhaftigkeit der Hoplitenphalanx zum Weichen gebracht. Phylarchos behauptet auch, es sei hauptsächlich Verrätherei gewesen was dem Kleomenes verderblich geworden sei. Antigonos nämlich hatte den Illyriern und den Akarnanen befohlen unbemerkt aus der Schlachtordnung abzurücken und den einen Flügel, auf welchem Eukleidas, der Bruder des Kleomenes, stand, zu umgehen, und stellte dann seine übrigen Truppen zur Schlacht auf. Kleomenes, welcher das feindliche Heer von einer Warte herab beobachtete, gerieth, da er nirgends die Waffen der Illyrier und der Akarnanen erblickte, in Besorgniß ob Antigonos dieselben nicht etwa zu einem derartigen Zwecke verwandt habe. Er rief daher den Damoteles, welcher die Krypteia befehligte, und trug ihm auf nachzusehen und zu untersuchen wie es in ihrem Rücken und auf allen Seiten der Schlachtordnung stehe. Damoteles nun war, wie es heißt, von Antigonos bestochen. Da dieser die Versicherung brachte, es stehe Alles wohl und er könne in dieser Beziehung unbesorgt sein, er möge sich mit denen beschäftigen welche von vorn kämen und diese zurückzuschlagen suchen, so glaubte er das und rückte dem Antigonos entgegen. In der That brachte er durch den ungestümen Angriff der unter seinen Befehlen kämpfenden Spartiaten die Phalanx der Makedonier zum Weichen, so daß sie wohl fünf Stadien weit zurückgiengen, und folgte ihr gewaltsam drängend und siegreich nach. Dann machte er, als Eukleidas mit den Seinen auf dem andern Flügel umzingelt war, Halt und rief beim Anblick der Gefahr: „Du bist mir verloren, liebster Bruder, aber du fällst als Held, und die Knaben Sparta's werden dir nachstreben, die Frauen deine Thaten preisen." Als nun so Eukleidas mit seinen Leuten gefallen war und der siegreiche Feind von dort gegen ihn herandrängte, sah er wie seine Soldaten in

Bestürzung geriethen und nicht länger Stand zu halten wagten, und suchte sich selbst zu retten. Alle Lakedämonier bis auf zweihundert, sechstausend an der Zahl, heißt es, waren gefallen, eben so eine große Zahl von den Miethsoldaten.

29. Als er dann nach der Stadt kam rieth er den ihm begeg=
nenden Bürgern, sie möchten dem Antigonos die Thore öffnen; er selbst, erklärte er, werde lebend oder sterbend für das Wohl Sparta's sorgen. Er sah wie die Frauen zu denen welche mit ihm geflohen waren herangelaufen kamen, ihnen die Waffen abnahmen und zu trinken brachten. Auch er gieng in sein Haus; da aber das Mädchen welches er im Hause hatte und welche er, eine Freigeborne aus Mega=
lopolis, nach dem Tode seiner Gemahlin zu sich genommen hatte, ihrer Gewohnheit gemäß zu ihm herankam und ihn nach seiner Rückkehr aus dem Kriege bedienen wollte, so mochte er, obwohl er von Durst verschmachtet war, nicht trinken, noch, obwohl er erschöpft war, sich setzen, sondern lehnte nur, wie er gieng und stand, in seiner vollen Rüstung seine Hand seitwärts an eine der Säulen und legte sein Ge=
sicht auf den Ellenbogen, und nachdem er so nur kurze Zeit seinen Körper ausgeruht und mit seinen Gedanken alle Pläne überflogen hatte eilte er mit seinen Freunden nach Gythion. Dort bestiegen sie die eben zu diesem Behufe bereit gehaltenen Schiffe und lichteten die Anker.

30. Antigonos aber rückte ohne Widerstand zu finden in die Stadt ein und verfuhr gegen die Lakedämonier menschenfreundlich, verletzte das Ehrgefühl Sparta's nicht und verübte keine Kränkung gegen dasselbe, sondern stellte die früheren Gesetze und die frühere Ver=
fassung wieder her und kehrte nach einem den Göttern dargebrachten Opfer zurück, da er erfahren hatte daß in Makedonien ein schwerer Krieg seiner harre und das Land von den Barbaren verwüstet werde. Schon lastete auch auf ihm die Krankheit welche den Charakter einer raschen Phthisis und eines heftigen Brustkatarrhs angenommen hatte. Dennoch hielt er sich noch aufrecht und leistete ihr Widerstand zum Kampfe für das eigene Vaterland, so weit daß er nach einem glänzen=
den Siege und einer blutigen Niederlage der Barbaren ruhmvoller

sterben konnte. Wie es wahrscheinlich ist und Phylarchos versichert, war ihm durch das laute Rufen in der Schlacht ein Blutgefäß im Leibe gesprungen; in den Vorträgen [1]) dagegen konnte man hören, er habe nach dem Siege in seiner Freude gerufen: „o schöner Tag!", habe daun eine Menge Blut ausgeworfen und sei an einem heftigen Fieber gestorben. So weit über Antigonos.

31. Kleomenes aber legte auf der Fahrt von Kythera auf einer andern Insel, Aegialia, an, von wo er daun nach Kyrene übersetzen wollte. Hier trat einer seiner Freunde, Therykion mit Namen, ein Mann der sowohl in Thaten einen großen Stolz bewiesen hatte als auch in Worten etwas hoch und ruhmrednerisch war, allein zu ihm heran und sagte: „O König, den schönsten Tod haben wir uns in der Schlacht entgehen lassen, obwohl Alle uns haben sagen hören, Antigonos solle nur über die Leiche des Königs der Spartiaten hinweg nach Lakedä=mon kommen. Noch aber liegt der Tod welcher an Ruhm und Tu=gend der zweite ist in unserer Haud. Wohin segeln wir Thoren, daß wir dasselbe Unglück hier in der Nähe fliehen und dort in der Ferne aufsuchen? Denn wenn es keine Schande mehr ist für die Nachkommen des Herakles den Nachfolgern eines Philippos und Alexandros zu dienen, so können wir uns eine weite Fahrt ersparen, indem wir uns dem Antigonos übergeben, der vermutlich vor Ptolemäos eben so viel voraus hat wie die Makedonen vor den Aegyptern voraus haben. Wenn wir aber denen nicht gehorchen wollen von denen wir mit den Waffen besiegt sind, wozu nehmen wir den der uns nicht besiegt hat zu unserm Herrn? Etwa damit wir als schlechter erscheinen — nicht als Einer, sondern als Zwei, da wir vor Antigonos fliehen und vor Ptolemäos schmeicheln? Oder wollen wir erklären daß wir deiner Mutter wegen wegen nach Aegypten gekommen seien? Freilich würdest du für sie ein schönes und beneidenswerthes Bild abgeben, wenn sie ihren Sohn den Frauen des Ptolemäos anstatt frei jetzt gefangen, anstatt als König jetzt landflüchtig zeigt! Wollen wir uns nicht lieber hier, wo wir noch

---

1) Eines Rhetors bei welchem Plutarch Vorlesungen hörte.

über unser eigenes Schwert gebieten können und noch Lakonien vor
Augen haben, uns selbst von der Macht des Schicksals lösen und uns
so vor denen rechtfertigen welche zu Sellasia für Sparta gefallen
sind, anstatt in Aegypten müßig zu sitzen und zu fragen wen Antigonos
als Satrapen von Lakedämon zurückgelassen hat?"

Auf diese Worte des Therykion erwiderte Kleomenes:

„Glaubst du, Schurke, wenn du das Leichteste auf der Welt und
das Allen Mögliche suchest, nämlich den Tod, tapfer zu sein? Ist diese
Flucht nicht schimpflicher als die erste? Denn vor einem Feinde haben
auch schon bessere Männer als wir weichen müssen, wenn das Glück
ihnen unhold war oder wenn sie einer Uebermacht erlagen; wer aber
dem Kampf und der Noth, dem Tadel und dem Lobe der Menschen
gegenüber verzagt erliegt seiner eigenen Feigheit. Denn es muß der
freiwillige Tod nicht eine Flucht vor Thaten, sondern eine That sein.
Denn es ist schimpflich für sich selber zu leben und zu sterben, und hierzu forderst du uns auf, indem du nur daran denkst aus deinem gegenwärtigen Elend herauszukommen, nicht aber weiter etwas Rühmliches
und Nützliches damit zu erreichen. Ich dagegen glaube, wir dürfen,
du so wenig als ich, unsere Hoffnungen für das Wohl des Vaterlandes
aufgeben; wofern uns aber jene Hoffnungen im Stiche lassen, wird es,
wenn wir wünschen, leicht sein den Tod zu finden."

Therykion erwiderte hierauf Nichts; sobald er aber eine Gelegenheit fand sich von Kleomenes loszumachen gieng er abseits die Küste
entlang und tödtete sich hier selber.

32. Kleomenes aber gieng von Aegialia in See und legte an
der libyschen Küste an, von wo er unter dem Geleit der königlichen
Statthalter nach Alexandria kam. Als er hier dem Ptolemaios vorgestellt wurde fand er ihn anfänglich nur in demselben Grade freundlich und artig gegen sich wie gegen jeden Andern; da er aber nach
wiederholten Beweisen von Verstand als ein Mann voll Einsicht erschien und zugleich das lakonische und schlichte Wesen in seinem täglichen Umgang eine feine Anmut besaß und er, weit entfernt seine edle
Abkunft zu beschimpfen oder sich von dem Glücke beugen zu lassen, mehr

Vertrauen erweckte als diejenigen welche bei der Unterhaltung ihm zu Munde zu sprechen und ihm zu schmeicheln trachteten, so schämte sich Ptolemaios tief und bereute es sehr einen solchen Mann vernachläßigt und dem Antigonos preisgegeben zu haben, der ohnedieß schon so viel Ansehn und Macht besaß. Er suchte daher den Kleomenes durch Ehren und Gnadenbeweise an sich zu ziehen und zu ermutigen, und versprach ihm daß er ihn mit Schiffen und Geld nach Griechenland senden und wieder als König einsetzen wolle. Er bewilligte ihm auch eine jähr= liche Pension von 24 Talenten. Hiervon verwandte er, indem er selbst mit seinen Freunden einfach und mäßig lebte, den größten Theil zu Geschenken und Unterstützungen an diejenigen welche von Griechenland nach Aegypten hatten flüchten müssen.

33. Der ältere Ptolemaios nun starb [1]) bevor er die Expedition für Kleomenes hatte zur Ausführung bringen können. Der Hof ver= fiel hierauf sogleich in größere Schlemmerei, Lüderlichkeit und Weiber= regiment, worüber denn die Angelegenheiten des Kleomenes unbeachtet blieben. Denn der König selbst war durch Weiber und Trinken so durch und durch verderbt daß er in den Augenblicken wo er am Meisten nüchtern und am Ordentlichsten lebte Weihungen vornahm und eine Trommel in der Hand im Schlosse bettelte, während Agathokleia, die Geliebte des Königs, und deren Mutter, die Kupplerin Oinanthe, die wichtigsten Angelegenheiten des Reiches verwalteten. Dennoch hatte es Anfangs den Anschein als ob man auch die Dienste des Kleomenes gebrauchen wolle. Denn aus Furcht vor seinem Bruder Magas, wel= cher nach seiner Meinung bei der Armee durch seine Mutter Einfluß besaß, zog Ptolemaios den Kleomenes zu den Berathungen hinzu und ließ ihn an den geheimen Sitzungen Theil nehmen, da er mit dem Ge= danken umgieng seinen Bruder zu tödten. Alle insgesammt riethen hierzu, nur Kleomenes widersprach, und erklärte, man müßte vielmehr, wenn es möglich wäre, dem Könige zur Sicherung und Befestigung seines Throns mehr Brüder schaffen. Und als Sosibios, welcher

_____

1) 221 v. Chr. Sein Nachfolger war Ptol. IV. Philopator.

unter den Freunden des Königs den größten Einfluß besaß, behauptete,
die Treue der Miethstruppen sei ihnen nicht sicher, so lange Magas
am Leben sei, bat Kleomenes sie dieserhalb ohne Sorgen zu sein; denn
unter den Söldnern seien mehr als 3000 Peloponnesier, welche ihm
ergeben seien und wenn er nur mit dem Kopfe nicke bereitwillig mit
den Waffen erscheinen würden.   Dieses Wort verschaffte damals zwar
dem Kleomenes ein nicht geringes Vertrauen zu seiner Ergebenheit
und eine nicht geringe Meinung von seiner Macht: später aber ließ
es, da die Schwäche des Ptolemaios seine Feigheit immer steigerte
und, wie es in der Regel bei dem völligen Mangel an Verstand zu geschehen pflegt, die Furcht vor Allem und das Mißtrauen gegen Alle
das Sicherste zu sein schien, den Kleomenes in den Augen der Hofleute furchtbar erscheinen, als besitze er bei den Söldnern großen Einfluß, und man konnte vielfach das Wort hören: „er ist der Löwe und
wir sind die Schaafe unter denen er sich herumtreibt.“   Denn in der
That machte er unter den Hofleuten einen solchen Eindruck, indem er
ruhig aufmerkte und beobachtete was vorgieng.

34.   Endlich hörte er auf um Schiffe und um eine Expedition
zu bitten; als er aber erfuhr daß Antigonos todt und die Achäer in
einen Krieg mit den Aetolern verwickelt seien und die Verhältnisse bei
der Verwirrung und Zerrissenheit der Peloponnes seiner bedürften
und ihn herbeiriefen, so bat er nur daß man ihn allein mit seinen
Freunden dorthin gehen lassen möge.   Er fand jedoch nirgends Gehör, da der König nicht auf ihn achtete und von den Weibern, den
Gelagen und dem Schwärmen sich nicht losreißen konnte; Sosibios
aber, welcher an der Spitze des Ganzen stand und im Rathe die erste
Stimme hatte, meinte allerdings daß Kleomenes, wenn er gegen seinen
Wunsch dabliebe, schwer zu regieren und furchtbar sei, wenn er dagegen
losgelassen sei sei er jedes Wagnisses fähig, da er nach hohen Dingen
strebe und die Schwäche der Regierung in unmittelbarer Nähe gesehen
habe.   Denn selbst die Geschenke besänftigten ihn nicht, sondern wie
den Apis, obwohl er Alles vollauf hat und in Wohlleben zu schwelgen
scheint, doch eine Sehnsucht nach der natürlichen Lebensweise, nach

dem freien Laufen und Springen erfüllt und er sich offenbar über
diesen Aufenthalt unter den Händen der Priester unglücklich fühlt, so
konnte auch ihn kein Genuß zufrieden stellen,

> sondern er härmte sich ab in der Seele,

wie Achilleus [Ilias I, 491 f.], daß er

> Rast hielt, während nach Schlacht und nach Krieg das Herz ihm
> verlangte.

35. Während es so mit seinen Angelegenheiten stand, kam der
Messenier Nikagoras nach Alexandria, ein Mann welcher den Kleo=
menes haßte, sich aber als seinen Freund stellte. Der Grund des Hasses
war daß er an Kleomenes einst ein schönes Grundstück verkauft und wegen
Mangels und bei dem Drange von Geschäften und, wie es erklärlich
ist, bei den unausgesetzten Kriegen das Geld nicht ausgezahlt bekom=
men hatte. Kleomenes sah diesen zufällig aus dem Schiffe-steigen, als
er gerade an dem Quai des Hafens spazieren gieng, begrüßte ihn herz=
lich und fragte ihn was für eine Veranlassung ihn denn nach Aegypten
führe. Nikagoras erwiderte den Gruß freundlich und sagte, er bringe
für den König schöne Pferde zum Gebrauch im Kriege. Kleomenes
lachte hierauf und sagte: „ich wünschte, du kämest lieber mit Harfe=
nistinnen und Ballettänzern; denn solche Dinge interessieren jetzt den
König am Meisten." Nikagoras lächelte augenblicklich dazu; einige
Tage später aber erinnerte er den Kleomenes an jenes Grundstück und
bat ihn jetzt wenigstens den Kaufpreis zu bezahlen; er würde ihn da=
mit nicht belästigt haben, wenn er nicht bei dem Absatz seiner Fracht
ziemlichen Schaden hätte. Da Kleomenes versicherte, er habe von
dem empfangenen Gelde Nichts mehr übrig, so theilte Nikagoras in
seinem Verdruß jene spottende Aeußerung des Kleomenes dem So=
sibios mit. Dem Sosibios war auch diese Mittheilung willkommen;
da er jedoch den König noch durch einen stärkeren Grund gegen ihn zu
erbittern wünschte, so bewog er den Nikagoras einen Brief wider Kleo=
menes zu schreiben und ihm zurückzulassen, des Inhalts, dieser habe
beschlossen, wenn er Schilde und Soldaten von ihm bekäme, sich Ky=
rene's zu bemächtigen. Nikagoras schrieb diesen Brief und segelte

baun ab; vier Tage barauf brachte baun Sosibios benselben zum Ptolemaios, unter bem Vorgeben baß er ben Brief eben erst bekommen
habe, und brachte ben jungen Fürsten [gegen Kleomenes] in Harnisch,
worauf beschlossen wurde biesen in ein großes Gebäude zu bringen und
ihn hier sonst nach seiner früheren Weise leben zu lassen, aber ihm ben
Ausgang zu verschließen.

36. War nun schon bieß für Kleomenes schmerzlich, so wurden
seine Hoffnungen in Betreff der Zukunft durch das folgende Ereigniß
noch mehr herabgestimmt. Ptolemaios, der Sohn des Chrysermos,
welcher ein Freund des Königs war, hatte die ganze Zeit hindurch
freundlich mit Kleomenes gesprochen, und es faub zwischen ihnen eine
gegenseitige Vertrautheit und Aufrichtigkeit Statt. Dieser nun kam
jetzt allerbings, da Kleomenes ihn bat baß er ihn besuchen möchte, und
unterhielt sich freundlich mit ihm, indem er ihm seinen Argwohn zu
benehmen suchte und den König hierbei als schulblos barstellte. Als
er aber wieder aus bem Hause sich entfernte und, ohne baß er es gleich
bemerkte, Kleomenes ihm auf bem Fuße bis zur Thür folgte, tabelte
er die Wächter streng baß sie ein großes und schwer zu hütendes Un-
thier so sorglos und leichtfertig bewachten. Kleomenes hörte bieß mit
eigenen Ohren an, kehrte, bevor Ptolemaios es merkte, um und theilte
es seinen Freunden mit. Sie alle ließen die früher von ihnen gehez-
ten Hoffnungen fahren und beschloßen in ihrer Erbitterung sich gegen
die Ungerechtigkeit und den Frevel des Ptolemaios zu vertheidigen und
auf eine Sparte's würdige Weise zu sterben und nicht zu warten bis
sie wie Opferthiere gemästet wären und baun geschlachtet würden. Denn
es sei empörend wenn Kleomenes, der die Aussöhnung mit Antigonos,
einem kriegerischen und wackern Manne, zurückgewiesen habe, hier stille
sitzen und auf die Mußestunde eines possenreißerischen Königs warten
solle, wo dieser die Trommel ablegen, von bem Festtaumel pausieren
und ihn töbten werde.

37. Als bieß beschlossen war, reiste zufälligerweise Ptolemaios
nach Kanobos. Zuerst nun verbreiteten sie das Gerücht baß Kleomenes von
bem Könige seiner Haft entlassen werden solle, sobann ließen, ba nach

einer königlichen Sitte denen die aus dem Gefängniß entlaffen werden
follten eine Mahlzeit und Gaftgefchenke gefandt zu werden pflegten,
die Freunde des Kleomenes Vieles der Art beforgen und fchickten es
ihm von außen hinein. So wurden die Wächter getäufcht, indem
diefe glaubten daß dieß vom Könige komme. Denn er opferte und
theilte ihnen reichlich hiervon mit, fetzte Kränze auf und hielt mit fei=
nen Freunden ein feftliches Mahl. Es heißt jedoch daß er früher als
er beabfichtigte zur Ausführung fchritt. Er hatte nämlich erfahren
daß ein Diener von Jemand der um den Plan wußte draußen bei einem
Frauenzimmer welches er liebte eine Nacht zugebracht habe. Aus
Furcht vor einem Verrathe nun brach er, da es Mittag war und er
fah wie die Wächter vor Trunkenheit fchliefen, im bloßen Chiton und
die Naht auf der rechten Schulter aufgetrennt mit bloßem Schwerte
mit feinen Freunden, dreizehn an der Zahl, Alle auf gleiche Weife ge=
kleidet, aus dem Gefängniffe aus. Hippotas, welcher lahm war, war
in dem erften Drang voll Eifer mit ausgebrochen; da er aber fah daß
fie feinetwegen langfamer giengen bat er, man möge ihn tödten und
nicht durch Warten auf einen nutzlofen Menfchen das Unternehmen
vereiteln. Zufällig führte ein Mann aus Alexandrien ein Pferd vor
der Thüre vorbei; fie nahmen es diefem ab, fetzten den Hippotas hin=
auf und eilten nun fpornftreichs durch die Straßen, indem fie das Volk
zur Freiheit aufriefen. Sie aber hatten, wie es fcheint, eben nur fo
viel Mannhaftigkeit die Kühnheit des Kleomenes zu loben und zu be=
wundern: ihm zu folgen aber und ihm beizuftehen hatte Niemand das
Herz. Auf jenen Ptolemaios nun, den Sohn des Chryfermos, warfen
fich drei, wie er von Hofe kam, und tödteten ihn fogleich. Ein anderer
Ptolemaios, welcher die Obhut über die Stadt hatte, kam mit einem
Wagen auf fie los gefahren; da eilten fie auf ihn zu, jagten feine
Diener und Trabanten auseinander, riffen ihn felbft von dem Wagen
herab und tödteten ihn. Dann machten fie fich auf den Weg nach der
Burg, in der Abficht das Gefängniß zu erbrechen und die Menge der
Gefangenen zu benutzen. Jedoch die Wächter die Gefängniffes waren
ihnen zuvorgekommen und hatten daffelbe wohl verwahrt, fo daß auch

dieser Versuch scheiterte und Kleomenes nun sich in der Stadt umher=
trieb und umherschweifte. Niemand schloß sich ihm an, sondern Alles
floh und war voll Furcht.

Da nun gab er sein Unternehmen auf. „Es war also,“ sagte er
zu seinen Freunden, „kein Wunder daß Weiber gebieten über Menschen
welche die Freiheit fliehen.“ Dann forderte er Alle auf seiner und
ihrer Thaten würdig zu sterben. Zuerst wurde Hippotas auf seine
Bitte von einem der Jüngeren getödtet, daun tödtete sich Jeder von
den Uebrigen ohne Zaudern und ohne Furcht, bis auf Panteus, welcher
zuerst Megalopolis eingenommen hatte. Dieser, welcher unter den
jungen Männern durch Jugendschöne und Seelenadel vor Allen sich
auszeichnete und von dem König zärtlich geliebt war, hatte von dem
Könige den Befehl erhalten erst daun sich den Tod zu geben wenn er
ihn und die Uebrigen gefallen sähe. Als sie nun Alle dalagen, trat
Panteus heran und prüfte bei Jedem einzeln durch Berührung mit dem
Schwerte ob er auch wirklich todt sei. Als er so auch den Kleomenes
neben dem Knöchel verwundete und sah wie er mit dem Gesichte zuckte,
küßte er ihn und setzte sich daun neben ihn, und als er verschieden war,
umschlang er den Leichnam und tödtete sich auf demselben.

38. Dieß war das Lebensende [1]) des Kleomenes, welcher 16 Jahre
über Sparta regiert hatte und solch ein Mann gewesen war.

Das Gerücht hiervon verbreitete sich [bald] durch die ganze Stadt.
Selbst Kratesikleia, von so edler Seele sie auch war, brach bei der Größe
des Schlages zusammen, umschlang die Kinder des Kleomenes und
brach in Wehklagen aus. Das älteste von den beiden Kindern sprang
hinweg und stürzte sich, ohne daß es Jemand geahnt hätte, vom Dache
kopfüber hinab; es beschädigte sich sehr, erlitt jedoch nicht den Tod,
sondern wurde aufgehoben, indem es schrie und böse war daß man es
hindern wolle zu sterben. Als Ptolemaios hiervon benachrichtigt wurde
befahl er den Leichnam des Kleomenes in eine Thierhaut gewickelt
aufzuhängen, seine Kinder aber, so wie seine Mutter und die Frauen

---

1) 220 oder 219 v. Chr.

in ihrem Gefolge, zu tödten. Unter diesen war auch die Gemahlin des Panteus, sehr schön und edel von Ansehen. Sie waren eben erst vermählt und glühten von Liebe für einander als jene Unglücksfälle eintraten. Sie wünschte sogleich mit Panteus zugleich das Vaterland zu verlassen, aber ihre Eltern hatten es nicht gestattet, sondern schloßen sie gewaltsam ein und hielten sie unter Aufsicht; bald darauf jedoch verschaffte sie sich ein Pferd und eine keine Summe an Gold, entfloh dann bei Nacht und eilte spornstreichs nach Taenaron, wo sie ein Schiff bestieg das nach Aegypten segelte. So gelangte sie zu ihrem Mann und trug mit ihm vereint ohne Trauer und mit frohem Herzen das Leben in der Fremde. Sie nun führte jetzt die Kratesikleia, da sie von den Soldaten zum Tode geführt wurde, trug ihr die Schleppe ihres Kleides und sprach ihr Mut ein, obwohl diese selber den Tod nicht im Geringsten fürchtete, sondern nur um das Eine bat, vor den Kindern sterben zu dürfen. So kamen sie zu dem Orte wo die Nachrichter ihr Werk zu verrichten pflegten. Hier tödteten sie zuerst die Kinder vor den Augen der Kratesikleia, dann diese, indem sie bei dieser Größe des Unglücks nur dieß Eine sagte: „o Kinder, wo seid ihr hingegangen?“ Die Gemahlin des Panteus aber schürzte ihr Gewand auf und besorgte und bestellte, da sie stark und groß war, stillschweigend und mit Ruhe nach Möglichkeit jede der Gestorbenen. Endlich nach Allen schmückte sie sich selbst zum Tode, ließ ihr Obergewand wieder herunter und endete, indem sie Niemand sich zu nähern und keinem Andern als dem mit der Hinrichtung Beauftragten sie zu sehen gestattete, ihr Leben, ohne Jemandes zu bedürfen der sie nach ihrem Tode schmückte und verhüllte. So verließ sie auch im Tode nicht die Sittsamkeit der Seele, und sie behielt sterbend den Schutz ihrer Keuschheit mit dem sie im Leben ihre Person umgeben hatte.

39. So zeigte Lakedämon in diesem letzten Schauspiele, in welchem die Frauen mit den Männern um den Preis kämpften, daß die Tugend nicht könne durch das Schicksal gebeugt werden.

Wenige Tage später sahen diejenigen welche den am Kreuze befestigten Körper des Kleomenes bewachten, wie eine sehr große Schlange sich um den Kopf geschlungen hatte und das Gesicht dergestalt bedeckte daß kein Aasvogel sich darauf setzen konnte. In Folge dessen überfiel den König ein unheimliches Grauen und eine Furcht, welche den Frauen Anlaß zu neuen Sühnungen gab, in der Meinung daß ein Mann getödtet worden sei der den Göttern theuer und von einer höheren Natur sei. Die Einwohner von Alexandrien aber wanderten zu der Stelle um daselbst anzubeten, indem sie den Kleomenes einen Heros und einen Göttersohn nannten, bis endlich weisere Leute sie davon zurückbrachten, indem sie sie belehrten daß, wenn sie in Verwesung übergehen, aus Kühen Bienen, aus Pferden Wespen erzeugt werden, ebenso aus Eseln, wenn sie in demselben Zustande sind, Mistkäfer entstehen, aus dem menschlichen Körper dagegen, wenn die Flüssigkeit in dem Mark gerinnt und zu einer festen Masse wird, Schlangen herauswachsen. Diese Beobachtung ist denn der Grund gewesen warum die Alten hauptsächlich unter den Thieren die Schlange als den Heroen verwandt betrachtet haben.

VIII. Tiberius und Gajus Gracchus,

und die Parallele zwischen ihnen und Agis und Kleomenes.

———

1. Nachdem wir so den ersten Theil unserer Erzählung beendet haben, stellt sich, wenn wir das Leben des Tiberius und Gajus [Gracchus mit dem jener Griechen] vergleichen, bei dem Römerpaare ein nicht minder trauriges Loos unseren Blicken dar.

Es waren dieß die Söhne des Tiberius Gracchus, eines Mannes der zu Rom Censor geworden war, zweimal das Consulat bekleidet, zweimal einen Triumph gefeiert hatte, und dem dennoch sein sittlicher Werth mehr Glanz verlieh als alle jene Ehren. Daher wurde ihm auch die Auszeichnung die Hand der Cornelia, der Tochter jenes Scipio welcher den Hannibal überwunden hatte, zu empfangen, obwohl er mit diesem nicht befreundet gewesen war, ja ihm selbst als Gegner gegenübergestanden hatte. Allerdings geschah dieß erst nach Scipio's Tode. Es heißt übrigens, er habe einst auf seinem Bette ein Paar Schlangen ergriffen, die Seher aber hätten, nachdem sie diese bedeutsame Erscheinung erwogen, ihm verboten alle beide zu tödten oder alle beide am Leben zu lassen, dagegen in Betreff jeder einzelnen erklärt, der Tod der männlichen Schlange ziehe den Tod des Tiberius, der der weiblichen den Tod der Cornelia nach sich. Da nun Tiberius theils seine Frau geliebt habe, theils der Ansicht gewesen

sei, ihm als dem Aelteren komme es mehr als seiner noch jugendlichen
Gemahlin zu zu sterben, so habe er die männliche von ihnen getödtet
und der weiblichen das Leben geschenkt, und sei dann nicht lange dar=
auf gestorben. Er hinterließ zwölf Kinder, welche Cornelia ihm ge=
boren hatte. Cornelia übernahm die Sorge für die Kinder und für
das Vermögen und zeigte sich hier als eine so besonnene, liebende und
von aller Selbstsucht freie Mutter daß Tiberius sich nicht übel be=
rathen zu haben schien als er anstatt seiner Gemahlin den Tod wählte.
Denn als der König Ptolemäos seinen Thron mit ihr theilen wollte
und um ihre Hand warb, wies sie die Werbung zurück und blieb in
ihrem Wittwenstande. In diesem verlor sie die übrigen Kinder bis
auf eine von den Töchtern, welche sich mit dem jüngern Scipio ver=
mählte, und zwei Söhne, Tiberius und Gajus, welche den Gegenstand
unserer Erzählung bilden. Diese erzog sie so sorgfältig daß sie, ob=
wohl sie anerkanntermaßen unter allen Römern von der Natur am
reichsten begabt waren, dennoch ihre Auszeichnung weniger der natür=
lichen Anlage als der Erziehung zu verdanken schienen.

2. Da jedoch, wie bei den Bildsäulen und Gemälden der Dios=
kuren die Aehnlichkeit mit einer Verschiedenheit des Aeußern zwischen
dem Faustkämpfer und dem zum Wettlauf Geeigneten verbunden ist,
so auch an jenen Jünglingen bei all ihrer Aehnlichkeit an Tapferkeit
und verständiger Einsicht, so wie an Freisinnigkeit, Beredtsamkeit und
Uneigennützigkeit, große Unähnlichkeiten in ihren Handlungen und in
ihrer öffentlichen Wirksamkeit zum Vorschein gekommen und sichtbar
geworden sind, so scheint es mir nicht unangemessen diese zuvor aus=
einanderzusetzen.

Erstlich nun war im Ausdruck des Gesichts, in Blick und Bewe=
gung Tiberius ruhig und gehalten, Gajus dagegen heftig und leiden=
schaftlich, daher denn auch der Eine beim Reden an einer Stelle
blieb und mit Würde sprach, der Andere dagegen zuerst unter allen
Römern beim Reden auf= und abgieng und die Toga von der Schulter
fallen ließ, ähnlich wie von Kleon aus Athen berichtet wird er habe
zuerst von allen Volksrednern den Mantel fallen lassen und gegen die

Hüfte geschlagen. Was ferner die Beredtsamkeit beider Brüder an=
betrifft, so war die des Gajus imponierend und voll Leidenschaft bis
zum Uebermaß, die des Tiberius hingegen milder und mehr geeignet
Mitleid zu erwecken. Der Ausdruck ferner war bei diesem gewählt
und sorgsam gefeilt, bei Gajus hinreißend und prunkvoll. Eben so
war auch die ganze Lebensweise und die Tafel des Tiberius einfach
und schlicht; Gajus hingegen war, mit Andern verglichen, allerdings
mäßig und streng, im Unterschiede mit seinem Bruder aber doch ein
Freund des Neuen und des Glanzes; daher ihm denn von Seiten des
Drusus der Vorwurf gemacht werden konnte, er habe silberne Tisch=
chen zu einem Preise von 1,250 Drachmen für ein Pfund Gewicht
gekauft. Die Verschiedenheit in ihrem Charakter war der in ihrer
Beredtsamkeit entsprechend. Der Eine war freundlich und ruhig, der
Andere heftig und zum Zorne geneigt, so daß ihm, wenn er un=
willkürlich beim Reden von Zorn fortgerissen wurde, was oft der
Fall war, die Stimme überschlug und er in Schmähung verfiel und
seine Worte nicht mehr beherrschte. Daher nahm er gegen diese
Verirrung auch den Licinius zu Hülfe, einen nicht ungebildeten Skla=
ven, welcher mit einem Instrument zur Ausbildung der Stimme, mit
dem man die Töne zu verstärken und zu moderieren pflegt, sich wäh=
rend der Rede des Gajus hinter denselben stellte und, so oft er merkte
daß er in der Aufregung in seiner Sprache heftig wurde und das Maß
verlieren wollte, einen sanften Ton anschlug, worauf jener denn so=
gleich von der Leidenschaftlichkeit in der Seele wie in der Sprache
nachließ und ruhig wurde, und sich so zu dem rechten Maße zurück=
rufen ließ.

3. Das etwa waren die Unterschiede beider Brüder von einan=
der; dagegen waren sie, was Mannhaftigkeit gegen den Feind, Ge=
rechtigkeit gegen Unterthanen, Eifer im Amte und Selbstbeherrschung
im Genuß betraf, einander völlig gleich. Es war aber Tiberius neun
Jahre älter als sein Bruder, und dieser Umstand bewirkte daß ihre
öffentliche Thätigkeit der Zeit nach auseinanderfiel und vereitelte ganz
besonders ihre Bestrebungen. Denn so standen sie nicht gleichzeitig

in ihrer vollen Kraft nebeneinander und konnten daher nicht gemein=
schaftlich wirken. Standen Beide vereint, würde ihr Einfluß groß und
unwiderstehlich gewesen sein. Wir müssen daher von Jedem besonders
sprechen und wenden uns zunächst zu dem älteren Bruder.

4. Sobald dieser aus dem Knabenalter getreten war genoß er
sogleich eines solchen Rufes daß er, mehr wegen seiner persönlichen
Vorzüge als wegen seiner hohen Abkunft, in das Collegium der Au=
gurn berufen wurde. Eben dieß bewies auch Appius Claudius, ein
Mann welcher das Consulat und das Amt eines Censor verwaltet
hatte, damals wegen seines Ansehens an der Spitze des römischen
Senates stand und alle seine Zeitgenossen an Einsicht weit übertraf.
Als nämlich die Augurn [die Aufnahme des Tiberius] durch ein ge=
meinschaftliches Festmahl feierten, redete er diesen freundlich an und
warb ihn selbst als Bräutigam für seine Tochter. Tiberius nahm den
Antrag mit Freuden an, und die Verlobung geschah sofort. Appius
eilte nach Hause, rief gleich von der Thür aus seine Frau und schrie
ihr laut entgegen: „Antistia, ich habe unsere Claudia verlobt.“ Er=
staunt erwiderte diese: „Wozu dieser Eifer und wozu diese Eile?
Wenn du aber den Tiberius Gracchus als Bräutigam für sie gefunden
hättest —.“ Es ist mir nicht unbekannt daß Einige dieß von Ti=
berius, dem Vater der Gracchen, und Scipio Africanus erzählen; die
Meisten jedoch erzählen die Sache wie wir sie berichten, und Polybius
sagt [ausdrücklich], nach dem Tode des Scipio Africanus hätten die
Anverwandten unter Allen den Tiberius als Gemahl der Cornelia
auserlesen, woraus denn folgt daß sie bei dem Tode ihres Vaters noch
nicht versprochen und verheiratet war. Doch lassen wir diese Sache
dahingestellt, so diente der jüngere Tiberius in Libyen unter dem zwei=
ten Scipio, welcher seine Schwester zur Frau hatte, und lebte hier in
der unmittelbaren Nähe des Feldherrn[1]): so lernte er bald dessen
Natur kennen, welche ihn vielfach und mächtig fortriß nach [gleicher]
Auszeichnung zu streben und ihm in Thaten nachzuahmen, und bald

---

1) In dessen Contubernium.

that er es allen jungen Leuten an Pünktlichkeit im Dienst und an
Tapferkeit zuvor. Unter Anderem erstieg er zuerst die feindliche
Mauer, wie Fannius[1]) erzählt, indem er hinzufügt, er selbst habe
sie zugleich mit Tiberius erstiegen und jene Ehre mit ihm getheilt.
So genoß er, so lange er sich im Lager befand, allgemeine Liebe und
ließ, als er aus demselben schied, sehnsuchtsvolles Verlangen nach
sich zurück.

5. Nach jenem Feldzuge wurde er zum Quästor erwählt. Das
Loos traf ihn den Consul Gajus Mancinus auf seinem Feldzuge gegen
die Numantiner zu begleiten, einen Mann welcher persönlich nicht
schlecht, aber als Feldherr der unglückseligste unter allen Römern war.
Um so mehr trat bei den unerwarteten Unfällen und dem Mißgeschick
nicht blos die Einsicht und der Mut des Tiberius glänzend hervor
sondern, ein seltener Fall, tiefe Ehrerbietung und Achtung vor seinem
Vorgesetzten, welcher unter der Last des Unglücks von sich selber nicht
mehr wußte ob er Feldherr sei. Nachdem er nämlich in großen
Schlachten besiegt war machte er zwar den Versuch sein Lager zu verlassen und bei Nacht zurückzugehen; indeß die Numantiner erhielten
davon Kenntniß, bemächtigten sich sogleich des Lagers, verfolgten dann
den fliehenden Feind, und suchten, während sie die Hintersten nieder-
machten, das ganze Heer zu umzingeln und dasselbe in unwegsame und
keinen Ausweg bietende Gegenden zu drängen. Mancinus gab nunmehr die Hoffnung auf sich durchschlagen zu können und sandte an die
Numantiner um Waffenstillstand und Frieden; diese aber erklärten,
sie hätten zu Niemand Vertrauen, außer allein zu Tiberius, und geboten ihm diesen zu ihnen zu senden. Zu dieser Ansicht waren sie
theils durch den jungen Mann selber bewogen, von dem im Heere am
Meisten die Rede war, theils durch die Erinnerung an seinen Vater
Tiberius, welcher, nachdem er mit den Iberern Krieg geführt und

---

1) G. Fannius, der Schwiegersohn des Laelius, Verfasser eines Ge-
schichtswerkes von mindestens acht Büchern, als dessen Vorzug Sallust die
Wahrheitsliebe rühmte.

Viele von ihnen unterworfen, mit den Numantinern Frieden ge=
schlossen und diesem stets die genaue und gerechte Beobachtung von
Seiten des römischen Volkes verschafft hatte. Es würde demnach
Tiberius zu ihnen geschickt. Er trat mit ihnen in Unterhandlung, be=
wog sie in diesen Punkten nachzugeben, gab ihnen in andern Stücken
nach, und brachte so einen Vertrag zu Stande durch welchen er ganz
unzweifelhaft zwanzigtausend römischen Bürgern das Leben rettete,
nicht gerechnet den Troß und was sonst dem Heere folgte ohne dazu
zu gehören.

6. Dagegen behielten die Numantiner Alles was sie in dem
Lager gefunden hatten und gaben es der Plünderung Preis. Hier=
unter befanden sich auch Schreibtafeln des Tiberius, welche Rechnungen
und Belege über seine Geschäftsführung als Quästor enthielten und
die er daher um jeden Preis zurückzuerhalten wünschte. Er kehrte da=
her, als das Heer bereits seinen Marsch angetreten hatte, mit einer
Begleitung von drei oder vier Freunden nach der Stadt zurück. Hier
ließ er die obrigkeitlichen Personen von Numantia herausrufen und
bat um die Rückgabe jener Tafeln, damit er seinen Feinden keine Ge=
legenheit zu Verdächtigungen gäbe, wenn er außer Standes wäre sich
über die Verwendung der ihm anvertrauten Gelder auszuweisen.
Die Numantiner, erfreut über den glücklichen Zufall der ihn zu
ihnen geführt hatte, luden ihn ein in die Stadt zu kommen, und
als er noch dastand und sich besann, traten sie zu ihm heran, er=
griffen seine Hände und ließen nicht nach mit Bitten, er möge sie nicht
mehr als Feinde betrachten, sondern mit ihnen als Freunden umgehen
und ihnen vertrauen. Tiberius entschloß sich daher dieß zu thun, da
es ihm einerseits um die Schreibtafeln zu thun war und er andrerseits
fürchtete die Numantiner aufzubringen, wenn sie sich mit Mißtrauen
betrachtet sähen. So trat er denn in die Stadt ein, wo sie ihm zu=
nächst ein Frühstück vorsetzten und mit Bitten in ihn drangen, er möge
sich niederlassen und mit ihnen gemeinschaftlich Etwas genießen; dann
gaben sie ihm die Schreibtafeln zurück und forderten ihn auf außerdem sich
von seinen Habseligkeiten zu nehmen was er wünsche. Er aber nahm

Nichts weiter als den Weihrauch den er zu den Opfern im öffentlichen
Dienste gebrauchte, und entfernte sich hierauf, nachdem er auf das
Herzlichste Abschied von den Männern genommen hatte.

7. Als er aber nach Rom zurückgekehrt war, so traf allerdings
das ganze Ereigniß, als eine Schmach und Schande für Rom, Tadel
und Anklage, die Angehörigen und Freunde der Soldaten aber, welche
einen großen Theil des Volkes ausmachten, eilten von allen Seiten
zu Tiberius, indem sie das Schimpfliche in dem Geschehenen dem Vor=
gesetzten zur Last legten, dagegen die Erhaltung so vieler Bürger ihm
zu verdanken erklärten. Diejenigen jedoch welche über das Vorgefal=
lene entrüstet waren forderten daß man dem Beispiele der Vorfahren
folge. Denn diese hatten die Feldherrn welche es zufrieden gewesen
waren von den Samniten ihr Leben geschenkt zu erhalten nicht blos
selber entkleidet den Feinden überliefert, sondern in gleicher Weise auch
diejenigen welche sich an dem Vertrage mit bethätigt und betheiligt
hatten, wie die Quästoren und die Kriegstribunen, ihren Händen über=
geben, um so die Schuld des Meineides und des Bruchs des abge=
schloßenen Vertrages auf diese fallen zu laßen. Bei dieser Gelegen=
heit nun gab das Volk erst recht seine Zuneigung und Theilnahme für
Tiberius zu erkennen. Denn während sie beschloßen den Consul ent=
kleidet und gefesselt den Numantinern zu übergeben, schonten sie alle
Andern um des Tiberius willen. Auch Scipio scheint hierzu mitge=
wirkt zu haben, welcher damals der mächtigste und einflußreichste
Mann zu Rom war. Nichts desto weniger trafen ihn Vorwürfe daß
er sich nicht des Mancinus angenommen und dahin gewirkt habe daß
den Numantinern der Vertrag bestätigt werde welcher durch Vermit=
telung des Tiberius, eines seiner Verwandten und Freunde, abgeschlos=
sen worden war. Hauptsächlich aber scheint der Bruch [mit Scipio]
durch die ehrgeizigen Bestrebungen der den Tiberius anstachelnden
Freunde und Sophisten herbeigeführt worden zu sein. Doch kam es
hierbei zu keinem unheilbaren Bruch noch zu einer Verletzung der per=
sönlichen Ehre. Ich glaube aber, Tiberius würde auf keinen Fall das
Schicksal gehabt haben welches er in der That hatte, wenn Scipio

Africanus während seiner politischen Thätigkeit [in Rom] anwesend gewesen wäre: so aber betrat er, während dieser vor Numantia stand und mit dem Kriege beschäftigt war, seine Laufbahn als Gesetzgeber. Die Veranlassung hierzu war folgende.

8. Die Römer pflegten früher was sie ihren Nachbarn im Kriege an Gebiet abgenommen hatten theils zu verkaufen theils zu Gemeinland zu machen und den besitzlosen armen Bürgern gegen eine geringe Abgabe an die Staatskasse zur Nutzung zu überlassen. Als hierauf die Reichen anfiengen höhere Gebote zu thun und hierdurch die Armen zu verdrängen suchten, so wurde ein Gesetz erlassen welches verbot mehr als fünfhundert Morgen Landes zu besitzen. In der That wurde durch diese Bestimmung der Habgier für kurze Zeit Einhalt gethan und den Armen Hülfe geleistet, welche nun ruhig auf ihren Pachtungen verbleiben und, Jeder das Stück Landes welches er von Anfang an gehabt hatte, benutzen konnten. Späterhin aber brachten die benachbarten Reichen durch Personen welche sie zu diesem Behufe vorschoben die Pachtungen doch an sich, bis sie endlich unverhohlen, nunmehr auf ihren eigenen Namen, die meisten Grundstücke in ihrem Besitz hatten. Die Armen, welche sich so ausgedrängt sahen, zeigten fortan eben so wenig Eifer für den Kriegsdienst als Neigung einen eigenen Hausstand zu gründen, so daß bald ganz Italien die Abnahme der freien Bevölkerung fühlte, dagegen von Banden ausländischer Sklaven angefüllt war, durch welche die Reichen die Grundstücke bestellen ließen aus denen sie die Bürger vertrieben hatten.

Zwar hatte Gajus Laelius, der Freund Scipio's, den Versuch gemacht dem Uebel abzuhelfen; da er aber bei den Großen auf Widerstand stieß, so stand er aus Furcht vor [der zu besorgenden] Unruhe hiervon ab und erhielt dafür den Beinamen des Weisen oder Verständigen; denn das Wort Sapiens kann das Eine wie das Andere bedeuten; Tiberius aber gieng, so wie er zum Volkstribunen ernannt war, sogleich frisch an's Werk. Wie die Meisten erzählen, waren es der Rhetor Diophanes und der Philosoph Blossius welche ihm hierzu

antrieben. Der Erſtere von dieſen, Diophanes, war aus Mytilene
gebürtig und aus ſeiner Vaterſtadt verbannt, der Zweite ſtammte aus
Italien ſelber, aus Kyme, und war in Rom mit Antipatros aus Tar-
ſos innig befreundet worden, der ihm zum Zeichen ſeiner Verehrung
mehrere philoſophiſche Schriften gewidmet hatte. Einige ſchieben auch
auf ſeine Mutter Cornelia einen Theil der Schuld, welche ihren Söhnen wiederholt Vorwürfe gemacht habe daß man ſie in Rom nur erſt
die Schwiegermutter des Scipio und noch nicht die Mutter der Gracchen nenne. Andere erzählen, ein gewiſſer Spurius Poſtumius ſei die
Veranlaſſung dazu geweſen. Er ſei ein Altersgenoſſe des Tiberius
geweſen und habe mit dieſem gewetteifert durch Reden vor Gericht zu
Anſehen zu gelangen. Als nun Tiberius aus dem Felde zurückkam
habe er gefunden daß Poſtumius ihm an Anſehen und Einfluß weit
zuvorgekommen ſei und bewundert werde. Da nun, heißt es, habe er
den Beſchluß gefaßt ihn dadurch zu überbieten daß er zu einer kühnen
und große Erwartungen in ſich ſchließenden politiſchen Maßregel
ſchritte. Sein Bruder Gajus dagegen hat in einer Schrift berichtet,
Tiberius ſei auf einer Reiſe nach Numantia durch Etrurien gekommen und habe hier die Verödung des Landes geſehen und wie Ackerbau und Viehzucht durch Fremde und barbariſche Sklaven betrieben
würden: da ſei ihm zuerſt der Gedanke gekommen die Verhältniſſe
des Staates welche zu ſo unermeßlichem Unheil den erſten Anlaß gegeben umzugeſtalten. Am Meiſten aber entzündete ſein Streben
und ſeinen Eifer das Volk ſelbſt, welches ihn durch Aufforderungen
welche man in Säulenhallen, an Wänden und öffentlichen Denkmälern
geſchrieben fand antrieb für die Armen das Gemeinland wieder zurück-
zufordern.

9. Indeſſen entwarf er das betreffende Geſetz nicht für ſich
allein, ſondern zog dabei diejenigen Bürger zu Rathe welche durch
Rechtlichkeit und Anſehen vor Allen hervorragten. Zu dieſen gehörte
der Pontifex maximus Craſſus, der Rechtsgelehrte Mucius Scaevola,
welcher in dieſem Jahre Conſul war, endlich Appius Claudius, der
Schwiegervater des Tiberius. Und in der That ſcheint es als ob

gegen eine so große Ungerechtigkeit und Habgier nie ein Gesetz mit größerer Milde und Schonung geschrieben worden wäre. Denn es forderte nur daß die welche für ihre Uebertretung hätten Strafe leiden und das von ihnen gesetzwidrig benutzte Laub mit einer Geldbuße hätten herausgeben müssen, gegen eine Geldentschädigung das von ihnen mit Unrecht besessene Land räumen und ihren hülfsbedürftigen Mitbürgern neben sich Platz machen sollten. Obwohl jedoch die Reform so schonend war, so begnügte sich das Volk zwar, ohne Ahndung des Geschehenen, für die Zukunft der Bedrückung enthoben zu sein, die Reichen und Besitzenden dagegen, welche aus Habgier gegen das Gesetz und aus Leidenschaft und Parteiwut gegen den Gesetzgeber voll Haß waren, versuchten das Volk dagegen einzunehmen, unter dem Vorgeben, Tiberius beabsichtige eine neue Vertheilung des Grund und Bodens um den Staat umzustürzen und gefährde alle bestehenden Verhältnisse. Allein sie richteten damit Nichts aus. Denn Tiberius, der für eine schöne und gerechte Sache mit einer Beredtsamkeit kämpfte die auch wohl eine schlechtere Sache zu heben vermocht hätte, war ihnen furchtbar und unbezwinglich, wenn er, das Volk um die Rednerbühne geschaart, da stand und von den Armen sprach: „die wilden Thiere welche in Italien zu Hause wären hätten ihre Gruben, und jedes von ihnen finde seine Lagerstätte und Schlupfwinkel; dagegen hätten diejenigen welche für Italien kämpften und bluteten Antheil an Luft und Licht, sonst aber an Nichts, vielmehr irrten sie obdach- und heimatlos mit Weib und Kind umher. Die Imperatoren lögen wenn sie die Soldaten in der Schlacht ermahnten für Gräber und Heiligthümer wider den Feind zu kämpfen: denn keiner von all den Römern habe einen Altar um den Göttern seines Hauses zu opfern, keiner einen Grabhügel in dem seine Vorfahren ruhten, sondern für fremden Luxus und fremden Reichthum kämpften und bluteten sie; welche Gebieter des Erdkreises hießen und nicht eine einzige eigene Erdscholle besäßen.“

10. Wenn so diese Worte aus einer edeln und tiefbewegten Seele auf das Volk herabströmten und dieses sich voll Begeisterung

mit ihm erhob, so hielt keiner der Gegner vor ihm Stand; diese gaben daher den ferneren Widerspruch auf und wandten sich an einen der Volkstribunen, Marcus Octavius, einen jungen Mann von fester und sittlicher Gesinnung, der mit Tiberius befreundet und vertraut war. Zuerst wollte er aus Rücksicht auf diesen sich nicht darauf einlassen; da ihn aber viele angesehene Personen baten und in ihn drangen, so trat er endlich, gleichsam der Gewalt weichend, als Gegner des Tiberius auf und suchte das Gesetz zu hintertreiben. Es gilt übrigens bei den Volkstribunen das Wort dessen welcher sein Veto einlegt, und der Wille der Mehrheit ist unwirksam, wenn nur Einer intercediert. In Folge dessen zog Tiberius erbittert das Gesetz in seiner ersten milden Fassung zurück, und beantragte ein Gesetz wie es der Menge erwünschter und gegen die welche sich im Unrecht befanden strenger war, indem er die sofortige Räumung des Landes gebot welches sie den alten Bestimmungen zuwider im Besitz hätten. Es fanden daher so ziemlich an jedem Tage zwischen ihm und Octavius Kämpfe auf der Rednerbühne statt, in denen sie, obwohl sie in höchstem Eifer und mit Hartnäckigkeit gegen einander stritten, doch in ihrer Erbitterung, wie es heißt, nichts Entehrendes von einander sagten, ja sich zu keinem unangemessenen Ausdruck Einer gegen den Andern fortreißen ließen. Denn nicht blos in bakchischen Festen, wie es heißt [1]), sondern auch in dem Eifer des Ehrgeizes und in Ausbrüchen der Leidenschaft wird die Seele in der sich eine edle Natur und zuchtvolle Erziehung vereinen gezügelt und in den Schranken des Wohlstandes gehalten. Als aber Tiberius sah daß Octavius durch das Gesetz bedroht werde, da er eine große Menge Gemeinland in seinem Besitz hatte, so erbot er sich ihn aus seinen eigenen Mitteln, obwohl dieselben nicht glänzend waren, zu entschädigen, wenn er längerem Widerstand entsagen wolle. Da Octavius dieß mit Unwillen zurückwies, so erließ Tiberius eine Bekanntmachung durch welche er die amtliche Thätigkeit aller übrigen obrigkeitlichen Personen sistierte, bis über das Gesetz die Abstimmung

---

1) Anspielung auf Eurip. Bacch. 317.

erfolgt sein würde, an den Tempel des Saturnus aber legte er seine
eigenen Siegel, damit die Quästoren keine Gelder aus demselben ent-
nehmen oder hineinbringen könnten; eben so kündigte er denjenigen
unter den Prätoren welche seinem Befehle nicht nachkommen würden
eine Geldbuße an, so daß Alle aus Furcht die Jedem zukommende
Thätigkeit einstellten. Hierauf wechselten die Besitzenden ihre Kleider
und giengen traurig und niedergeschlagen auf dem Markte umher, im
Stillen aber sannen sie auf Nachstellungen gegen Tiberius und suchten
Leute zu seiner Ermordung zusammenzubringen, daher denn dieser,
ohne daß Jemand davon wußte, unter dem Kleide einen Banditen-
dolch [1]) trug den man Dolon nennt.

11. Endlich war der Tag erschienen [an welchem über das Gesetz abgestimmt werden sollte], und Tiberius forderte das Volk auf
zur Abstimmung zu schreiten. Da wurden von den Reichen die Urnen
[für die Stimmen] auf die Seite geschafft, und Störung folgte auf
Störung. Da jedoch die Partei des Tiberius vermöge ihrer Ueber-
zahl mit Gewalt ihre Absichten durchsetzen konnte und sich zu diesem
Behufe zusammenschaarte, so stürzten zwei ehemalige Consuln, Manlius und Fulvius, auf Tiberius zu, erfaßten seine Hände und baten
ihn unter Thränen einzuhalten. Dieser ahnte wohl selbst schon die
baldigen schrecklichen Ereignisse der Zukunft und fragte daher zugleich
aus Achtung vor jenen Männern, was sie ihm denn zu thun riethen.
Sie seien, erwiderten sie, nicht ermächtigt in einer so wichtigen Sache
einen Rath zu ertheilen; er möge, baten sie, die Sache dem Senate
anvertrauen. Tiberius gab ihren Bitten nach, und der Senat trat
zusammen. Da aber dieser wegen der Reichen, welche in ihm das
Uebergewicht hatten, Nichts auszurichten vermochte, so entschloß sich
Tiberius zu einer nicht gesetzlichen und harten Maßregel, den Octavius
seines Amtes zu entsetzen, da er auf keine andere Weise sein Gesetz
zur Abstimmung bringen konnte. Er bat ihn jedoch zuvor in Gegenwart des Volkes, indem er freundliche Worte an ihn richtete und seine

---

1) Eine Art Stockdegen.

Hände ergriff, er möge nachgeben und dem Volke zu Willen sein, dessen Forderungen so gerecht seien und das für große Mühen und Gefahren doch nur einen geringen Lohn erhalten werde. Als Octavius diese Bitte zurückwies, erklärte Tiberius: es sei nicht möglich daß sie, wenn sie beide im Amte blieben, die Zeit ihres Amtes ohne Kampf sollten hinbringen können, da sie bei gleicher Berechtigung über wichtige Interessen uneins wären; er sehe, erklärte er, nur Ein Mittel zur Abhülfe: daß Einer von ihnen von seinem Amte zurücktrete. Er forderte daher den Octavius auf, dieser möge das Volk zuerst über ihn abstimmen lassen, er werde sogleich abtreten und in den Privatstand zurückkehren, wenn dieß der Wille seiner Mitbürger sei. Da Octavius dieß ablehnte, so erklärte er daß jener selber über diesen abstimmen lassen werde, falls er sich nicht anders besinne und seinen Entschluß ändere.

12. Dann entließ er, nachdem er Alles zu diesem Behufe angeordnet hatte, die Volksversammlung. Tags darauf aber trat er, als das Volk sich versammelt hatte, auf die Rednerbühne und versuchte noch einmal den Octavius durch gütliche Vorstellungen zu bewegen. Da dieser aber zu keinem andern Entschlusse zu bringen war, so beantragte er ein Gesetz welches ihm das Tribunat nahm, und forderte sofort die Bürger auf hierüber ihre Stimmen abzugeben. Die Zahl des Tribus betrug fünfunddreißig: siebzehn von diesen hatten bereits abgestimmt, und wenn nur noch eine einzige Tribus zu diesen hinzukam war Octavius seines Amtes entkleidet: da ließ Tiberius inne halten und bat den Octavius auf's Neue, umarmte ihn vor den Augen des Volkes auf das Herzlichste und bat und flehte, es möge ihm selber doch nicht gleichgültig sein seiner bürgerlichen Ehre verlustig zu gehen, er möge doch ihn nicht dem Vorwurfe einer so schweren und grausamen Maßregel aussetzen. Man erzählt, bei diesen Bitten sei Octavius nicht ganz ungerührt und unbewegt geblieben: seine Augen hätten sich mit Thränen gefüllt, und er habe lange Zeit hindurch geschwiegen. Als jedoch sein Blick auf die Reichen und Besitzenden fiel, welche bei einander standen, da, scheint es, ergriff ihn

Scheu und Furcht vor ihrer Verachtung: er beschloß auf eine nicht unedle Weise das Schlimmste über sich ergehen zu lassen und forderte den Tiberius auf zu thun was er wolle. Das Gesetz wurde hierauf bestätigt, und Tiberius befahl einem seiner Freigelassenen den Octavius mit Gewalt von der Rednerbühne hinunterzuführen — Tiberius nahm nämlich eigene Freigelassene zu Amtsdienern —. Der Anblick wurde dadurch doppelt schmerzlich daß Octavius so auf rohe Weise fortgebracht wurde. Das Volk drang dann auf ihn ein: da aber die Reichen herbeieilten und ihre Hände vorstreckten, so wurde Octavius zwar den Händen der Menge entrissen und in Sicherheit gebracht, so daß er, jedoch nur mit genauer Noth, mit dem Leben davonkam, ein treuer Sklave des Octavius aber, welcher vor ihn trat und seinen Herrn vertheidigte, verlor hier das Auge. Es geschah dieß wider den Willen des Tiberius, der, als er bemerkte was dort vorgieng, auf den Lärmen auf das Schnellste herbeigeeilt kam.

13. Hierauf erhielt auch das Ackergesetz seine Bestätigung, und es wurden drei Männer gewählt welche mit der Untersuchung und Vertheilung beauftragt wurden: Tiberius selbst, sein Schwiegervater Appius Claudius und sein Bruder Gajus Gracchus, welcher Letztere nicht zu Rom anwesend war, sondern unter Scipio gegen Numantia im Felde stand.

Nachdem Tiberius dieß in aller Ruhe, ohne weiteren Widerstand zu finden, durchgeführt und außerdem einen neuen Volkstribunen, nicht aus der Zahl der Angesehenen, sondern einen gewissen Mucius[1]), seinen Clienten, hatte erwählen lassen, so begegneten ihm die Vornehmen, welche über dieß Alles aufgebracht waren und überdieß ein weiteres Steigen seiner Macht fürchteten, im Senate auf eine ihn herabwürdigende Weise. Als er zum Beispiel, wie es gebräuchlich ist, ein Zelt aus Staatsmitteln sich erbat, um dasselbe bei der Vertheilung des Landes zu benutzen, so gaben sie ihm dasselbe nicht, obwohl Andere es oft bei geringeren Diensten bekommen hatten; so bewilligten sie ihm ferner zu seinem täglichen Unterhalte nur neun Obolen. Es war Publius

---

1) Nach Andern hieß er Mummius.

Nasica welcher derartige Beschlüsse veranlaßte, wie er denn seinen Haß gegen Tiberius rückhaltlos verfolgte. Denn er besaß sehr viel Gemeinland und war voll Erbitterung daß er gezwungen werden sollte dieß abzutreten.

Auf der andern Seite erhitzte sich das Volk immer mehr, und als ein Freund des Tiberius plötzlich starb und an der Leiche schlimme Zeichen zum Vorschein kamen, so schrieen sie, während sie zu seiner Bestattung zusammengelaufen kamen und die Bahre auf ihren Schultern hinaustrugen und nun am Scheiterhaufen standen, laut, der Mann sei durch Gift auf die Seite geschafft worden. Und diese Vermutung der Giftmischerei schien nicht unbegründet zu sein. Denn die Leiche zerbarst und strömte eine Menge übelriechender Feuchtigkeit aus, so daß die Flamme dadurch ausgelöscht wurde. Und als man neues Feuer holte wollte es abermals nicht brennen, bis die Leiche an eine andere Stelle gebracht war, wo endlich nach vieler angewandten Mühe das Feuer sie ergriff. Tiberius benutzte diese Vorfälle die Menge noch mehr aufzureizen: er legte Trauerkleider an, stellte seine Kinder dem Volke vor und bat dieses, als habe er selbst auf sein Leben verzichtet, für sie und für ihre Mutter Sorge zu tragen.

14. Inzwischen war Attalos Philometor gestorben, und Eudemos von Pergamon überbrachte ein Testament in welchem das römische Volk als Erbe des Königs eingesetzt war. Sogleich beantragte Tiberius, um das Volk zu gewinnen, ein Gesetz, das Vermögen des Königs solle herbeigeschafft und für diejenigen Bürger welche bei der Vertheilung Land bekämen zur häuslichen Einrichtung und zum Betrieb ihrer Landwirthschaft verwandt werden. Was ferner die Städte betreffe welche zum Reiche des Attalos gehört hätten, so stehe darüber dem Senate nicht die Berathung zu, sondern er selbst werde diese Sache dem Volke zur Entscheidung vorlegen. Besonders hierdurch verletzte er den Senat. Es trat Pompejus auf und theilte mit: er sei des Tiberius Nachbar und wisse daher daß der Pergamener Eudemos ihm [aus dem Nachlaß des Königs] Diadem und Purpur als zukünftigem Könige Roms gegeben habe. Quintus Metellus ferner machte

dem Tiberius den Vorwurf, während der Censur seines Vaters hätten
die Bürger, wenn dieser von einem Gastmahle nach Hause aufgebrochen sei, die Lichter ausgelöscht, damit sie nicht über das Maß hinaus
in Gesellschaften und Trinkgelagen zu verweilen schienen, ihm dagegen
leuchteten bei Nachtzeit die ruchlosesten und verworfensten Bürger nach
Hause. Titus Annius endlich, ein Mann von rohem Wesen und ohne
Bildung, aber im Sprechen schlagfertig zur Frage wie zur Antwort,
forderte den Tiberius zu einer sponsio (Wette) auf, er habe seinen
Amtsgenossen der Ehre beraubt, obwohl derselbe nach den Gesetzen
heilig und unantastbar gewesen sei. Da von vielen Seiten Beifall
erscholl, eilte Tiberius aus dem Senate, rief das Volk zusammen, und
nachdem er den Annius mit Gewalt hatte herbeiholen lassen beabsichtigte er bei dem Volke Anklage wider ihn zu erheben. Dieser, welcher
in förmlicher Rede und an Ansehen weit hinter ihm zurückstand, nahm
seine Zuflucht zu dem was seine eigene starke Seite war und bat den
Tiberius ihm vor weiterem Reden einige unbedeutende Fragen zu be-
antworten. Tiberius erlaubte ihm zu fragen; es entstand ein Stillschweigen, und Annius sagte: „wenn du mich meiner Ehre berauben
und in den Koth treten willst, und ich den Schutz eines deiner Amtsgenossen anrufe, er aber auftritt um mir Hülfe zu gewähren und du
darüber in Zorn geräthst, wirst du ihn etwa seines Amtes entsetzen?"
Auf diese Frage, heißt es, wurde Tiberius so verlegen daß er, dem es
sonst weniger als irgend einem Andern an Schlagfertigkeit der Rede
und rascher Entschlossenheit fehlte, verstummte.

15. Er mußte daher für diesen Tag die Volksversammlung
aufheben.

Er erfuhr hierauf daß von seinen politischen Maßregeln die gegen
Octavius nicht blos bei den Vornehmen sondern auch bei der Menge
Mißbilligung finde: mit der Würde eines Volkstribunen nämlich,
welche bis auf jenen Tag sorgfältig gewahrt worden sei, sei ein schönes
und werthvolles Kleinod vernichtet und entweiht worden. Er hielt
daher hierüber eine ausführliche Rede vor dem Volke, von der es nicht
unangemessen sein dürfte einige der Beweisgründe vorzulegen, damit

man von der Ueberredungsgabe und dem Gedankenreichthum des
Mannes eine Vorstellung bekomme.

Er sagte nämlich: „der Volkstribun sei nur darum heilig und
unverletzlich weil er sich dem Volke geweiht habe und der Vertreter
des Volkes sei. Wenn er aber eine andere Stellung einnimmt und
sich gegen das Volk vergeht und diesem seine Kraft mindert oder ent-
reißt, so hat er sich selbst seiner Würde verlustig erklärt, indem er das
wozu er sie bekommen hat nicht thut. Denn sonst wird man einen
Volkstribunen auch ruhig gewähren lassen müssen wenn er das Capitol niederreißen und die Schiffswerfte anzünden läßt. Und doch ist
er, wenn er dieß thut, nur ein schlechter Volkstribun; wenn er dagegen die Rechte des Volks untergräbt ist er überhaupt kein Volkstribun. Wie ist es also nicht entsetzlich wenn ein Volkstribun den
Consul ins Gefängniß führen lassen darf, und das Volk [selbst] nicht
befugt sein soll einem Volkstribunen sein Amt abzunehmen, sobald er
dieß zum Nachtheil dessen führt von dem er es empfangen hat? Consul
und Volkstribun werden ja auf gleiche Weise vom Volke gewählt.
Ferner das Königthum hat nicht blos alle bürgerliche Gewalt in sich
vereint, sondern ist auch durch die feierlichsten religiösen Handlungen
der Gottheit gegenüber geweiht. Dennoch hat das Volk den Tar-
quinius, als dieser sich vergieng, vertrieben, und um des Frevels eines
einzigen Mannes willen ist eine von den Vätern überkommene Gewalt, von der selbst Rom gegründet war, gestürzt worden. Was ist
ferner in Rom so heilig und ehrwürdig wie die Jungfrauen welche das
ewige Feuer besorgen und hüten? Gleichwohl wird diejenige unter
ihnen welche sich vergeht lebend begraben. Denn die Unverletzlichkeit
hört bei ihnen auf sobald sie sich gegen die Götter versündigen denen
sie jene Unverletzlichkeit zu verdanken haben. Daher ist auch kein
Volkstribun der an dem Volke Unrecht thut berechtigt die Unverletzlichkeit länger zu genießen die er um des Volkes willen hat; denn er
will ja die Macht vernichten auf welcher seine Macht ruht. Ferner
hat er seine Würde als Volkstribun auf rechtmäßige Weise dadurch bekommen daß ihn die Mehrzahl der Tribus gewählt hat: ist es nicht

noch in höherem Grade rechtmäßig daß er sie verliert wenn sie ihm
von allen Tribus abgesprochen wird?   Es gibt ferner nichts so Hei-
liges und Unantastbares wie es die Weihgeschenke der Götter sind;
dennoch hat es Niemand dem Volke verwehrt diese zu gebrauchen, zu
verwenden und an einen andern Ort zu bringen.   Daß endlich das
Amt nicht ein unantastbares und unentziehbares ist erhellt daraus daß
oftmals Inhaber desselben auf eigene Anregung durch einen Eid ihr
Unvermögen zur Führung desselben erklären und um Abnahme desselben bitten."

16.   Dieß waren die Hauptpunkte in der Rechtfertigung des
Tiberius.

Da aber die Freunde desselben die gegen ihn gerichteten Drohungen und die Verbindung seiner Gegner sahen, und glaubten er müsse
auch für die nächste Zeit das Tribunat zu erhalten suchen, so bemühte
er sich die Menge auf's Neue durch andere Gesetze an sich zu fesseln.
So wollte er die gesetzliche Dienstzeit verkürzen, so die Provocation
von den Richtern an das Volk erwirken, und den damaligen Richtern,
welche dem Senatorenstande zugehörten, eine gleiche Zahl aus dem
Ritterstande beigesellen, wie er denn überhaupt nunmehr auf jede
Weise der Macht des Senates Abbruch zu thun suchte und sich hierbei
mehr von Leidenschaft und Parteihaß als durch die Rücksicht auf das
Recht und den wahren Nutzen leiten ließ.

Als es aber zur Wahl der Tribunen kommen sollte, und sie sahen
daß ihre Gegner das Uebergewicht hätten — es war nämlich nicht
das gesammte Volk erschienen—, so nahmen sie zuerst zu Schmähungen
gegen ihre Amtsgenossen ihre Zuflucht und suchten so die Zeit hinzu-
ziehen, dann entließen sie die Volksversammlung, mit der Aufforderung
sich am nächsten Tage wieder einzufinden.   Tiberius aber begab sich
zuerst auf das Forum hinab und flehte hier die Leute niedergeschlagen
und unter Thränen um ihren Beistand an; dann äußerte er seine Besorgniß, seine Feinde möchten bei Nacht sein Haus stürmen und ihn
umbringen, und versetzte die Leute dadurch in eine solche Stimmung

daß sie in sehr großer Anzahl sich um sein Haus lagerten und zum
Schutze desselben hier übernachteten.

17. Mit Tagesanbruch erschien dann der Mann mit den Hühnern, deren man sich zum Weissagen bedient, und warf ihnen Futter
hin. Sie aber kamen, obwohl der Mensch den Behälter tüchtig hin-
und herschüttelte, nicht heraus, ein einziges ausgenommen, und auch
dieß rührte die Körner nicht an, sondern kehrte, nachdem es den linken
Flügel erhoben und das linke Bein ausgestreckt hatte, wieder in den
Behälter zurück. Hierdurch wurde dem Tiberius ein früheres Zeichen
wieder in Erinnerung gebracht. Er besaß nämlich einen glänzend
verzierten und ausgezeichnet schönen Helm, den er in der Schlacht zu
tragen pflegte: in diesen waren unbemerkt Schlangen geschlüpft,
hatten darin Eier gelegt und diese ausgebrütet. Daher wurde Tiberius durch den Vorfall mit den Hühnern noch mehr in Unruhe versetzt. Dennoch aber begab er sich auf den Weg, da er hörte daß das
Volk bereits oben auf dem Capitol versammelt sei. Bevor er aber
hinaustrat stieß er gegen die Schwelle, und der Stoß war so heftig
daß davon der Nagel des großen Zehen zersprang und das Blut durch
den Schuh hindurchdrang. Als er dann eine kurze Strecke gegangen
war sah man oben auf einem Dache zur linken Hand Raben welche
mit einander kämpften, und obwohl, wie natürlich, viele Leute vor-
übergiengen, traf es sich doch daß gerade als Tiberius kam von einem
der Raben ein Stein losgerissen wurde, der vor seine Füße nieder-
stürzte. Dieß machte auch die Unerschrockensten unter seinen Begleitern stutzig. Indeß Blossius von Kyme, welcher dabei zugegen war,
erklärte es sei schwere Schmach und Schande wenn Tiberius, der Sohn
des Gracchus, der Enkel des Scipio Africanus, der Führer des römischen Volkes, aus Furcht vor einem Raben dem Rufe der Bürger
nicht folgen wolle; diese Schande würden jedoch seine Feinde nicht aus-
beuten um ihn zu verspotten, sondern um ihn als einen Menschen zu ver-
schreien der bereits dem Volke gegenüber den hochmütigen Tyrannen
spiele. Zugleich kamen auch Viele im Auftrage seiner Freunde auf
dem Capitol mit der Aufforderung zu ihm, er möge eilen, Alles stehe

dort gut. Und allerdings hatte zuerst Alles für ihn ein günstiges
Ausseben: als er sich zeigte, begrüßte man ihn mit lautem Freuden=
geschrei; als er dann auf die Rednerbühne trat, empfieng man ihn
mit lebhafter Theilnahme und stellte sich um ihn, damit kein Unbe=
kannter zu ihm herankommen könne.

18. Hierauf begann Mucius abermals die Tribus zur Abgabe
ihrer Stimmen aufzurufen; allein am äußersten Ende entstand durch
die Gegner, welche mit Gewalt einzudringen und sich unter das Volk
zu mischen versuchten, ein Hinundherstoßen, wodurch der ruhige Gang
der Abstimmung gestört wurde. Inzwischen erschien Fulvius Flaccus,
ein Glied des Senates, auf einer höher gelegenen Stelle und gab, da
es nicht möglich war ihn mit der Stimme zu erreichen, dem Tiberius
durch Zeichen mit der Hand zu verstehen daß er ihm Etwas mitzu=
theilen wünschte. Auf sein Geheiß ließ ihn die Menge hindurch, und
so gelangte er mit Mühe zu ihm hinauf und meldete ihm, die Reichen
beabsichtigten, da sie in der Versammlung des Senates den Consul
nicht bewegen könnten, selbst für sich allein den Tiberius zu tödten,
und hätten zu diesem Zwecke eine große Zahl von Sklaven und Clien=
ten bewaffnet.

19. Tiberius theilte dieß denen die sich in seiner Nähe befanden
mit. Diese umgürteten sich sofort mit ihren Togen, zerbrachen die
Lanzen der Polizeisoldaten, mit denen dieselben das Volk in Ordnung
halten, und vertheilten die Stücke unter sich, um sich damit gegen den
Angriff zu vertheidigen. Da die Fernerstehenden sich über diese An=
stalten verwunderten und fragten, so berührte Tiberius mit der Hand
seinen Kopf, um durch dieß Zeichen die Gefahr anzudeuten, da sie seine
Stimme nicht vernehmen konnten. Die Gegner gewahrten dieß nicht
so bald als sie zum Senate eilten und meldeten, Tiberius fordere das
Diadem: es sei dieß daraus abzunehmen daß er seinen Kopf berühre.
Alle geriethen in Bewegung, Nasica aber forderte den Consul auf sich
des Staates anzunehmen und den Tyrannen zu stürzen. Da dieser
aber gelassen antwortete, er werde nicht den ersten Schritt thun Ge=
walt anzuwenden und keinen Bürger ohne richterlichen Spruch

Plutarch.   20

umbringen; wenn jedoch das Volk, von Tiberius überredet oder ge=
zwungen, etwas Ungesetzliches beschließe, werde er dieß nicht als gültig
anerkennen: so sprang Nasica auf und rief: „Da demnach der Consul
die Stadt preisgibt, so folge mir Jeder wer die Gesetze aufrechterhalten
will." Mit diesen Worten legte er den Saum seiner Toga über den
Kopf und schritt so auf das Capitol zu. Jeder von denen die ihm
folgten wand dagegen seine Toga um den [linken] Arm und drängte so
was im Wege stand zurück, indem Niemand aus Ehrerbietung vor so
angesehenen Männern Widerstand leistete, sondern Alle flohen und
einander mit Füßen traten. Ihre Begleiter nun hatten schon von
Hause Keulen und Prügel gebracht; sie selbst aber nahmen von den
Bänken welche das Volk bei der Flucht zerbrochen hatte die Bruch=
stücke und die Füße und stiegen so zu Tiberius hinauf, indem sie zu=
gleich auf diejenigen welche sich zu seinem Schutze aufgestellt hatten
einhieben. Bald waren diese zum Weichen gebracht, und das Blutbad
begann. Tiberius selbst wurde, da er fliehen wollte, von Jemand an
dem Oberkleide festgehalten. Er ließ die Toga fahren und floh in der
bloßen Tunica weiter, strauchelte aber und fiel über Mehrere die vor
ihm gefallen waren. Er wollte wieder aufstehen; da war es Publius
Saturejus, einer seiner Amtsgenossen, welcher ihn vor Aller Augen
und zuerst mit dem Fuße einer Bank auf den Kopf schlug; auf den
zweiten Schlag machte Lucius Rufus Anspruch, indem er sich dessen
als einer Heldenthat rühmte. Außer ihm waren über Dreihundert
geblieben. Alle waren mit Holz oder Steinen, Keiner durch Eisen
getödtet.

20. In der Geschichte Roms ist dieß der erste Parteikampf, seit
der Vertreibung der Könige, welcher durch Bürgerblut entschieden
wurde: alle früheren, so bedeutend sie an sich, so bedeutend die Dinge
waren um die es sich dabei handelte, waren durch gegenseitiges Nach=
geben beigelegt worden. Die Vornehmen hatten sich aus Furcht dem
Volke, das Volk aus Ehrerbietigkeit dem Senate gefügt. Auch jetzt
noch, schien es, würde Tiberius nachgegeben haben, wenn man ihm ein
freundliches Wort gegönnt hätte, und ruhig gewichen sein, wenn man

ohne Blut und Wunden wider ihn angerückt wäre; denn es waren
nicht mehr als 3000 Mann in seiner Umgebung. Aber es scheint,
die Feindseligkeit gegen ihn ist mehr aus dem Zorn und Haß der Rei=
chen hervorgegangen als wegen der Ursachen welche sie zum Vorwand
nahmen erfolgt. Hierfür dient die rohe und frevelhafte Weise wie
der Leichnam mißhandelt wurde zu einem sichern Belege. Denn als
sein Bruder bat die Leiche aufnehmen und bei Nacht bestatten zu dür=
fen, erlaubten sie dieß nicht, sondern warfen sie mit den übrigen Leichen
in den Fluß. Auch hiermit waren sie noch nicht am Ziele, sondern
auch von seinen Freunden wurden ohne Urteil und Recht die Einen ge=
ächtet, die Andern, wenn man ihrer habhaft wurde, getödtet. Zu der
Zahl der Letzteren gehörte auch der Rhetor Diophanes. Einen ge=
wissen Gajus Villius tödteten sie, indem sie ihn in einen engen Be=
hälter sperrten und Ottern und Schlangen zu ihm hineinwarfen.
Blossius aus Kyme wurde vor die Consuln geführt. Bei dem Ver=
hör wegen des Geschehenen gestand er Alles auf Geheiß des Tiberius
gethan zu haben. Als hierauf Nasica zu ihm sagte: „Wie nun, wenn
dir Tiberius befohlen hätte das Capitol anzuzünden?" so erwiderte
er Anfangs, Tiberius würde ihm dieß nicht befohlen haben; da die
Frage aber von vielen Seiten zu wiederholten Malen an ihn gerichtet
wurde, so rief er: „Nun, wenn er es mir aufgetragen hätte, so wäre
es auch für mich kein Unrecht gewesen es zu thun; denn Tiberius
würde es mir nicht aufgetragen haben, wenn es nicht vortheilhaft für
das Volk wäre." Dieser nun kam hier mit dem Leben davon; später
begab er sich zu Aristonikos nach Asien und tödtete sich dann selbst, als
dessen Sache verloren war.

21. Der Senat aber setzte, um das Volk, so gut es unter diesen
Verhältnissen möglich war, zu versöhnen, der Vertheilung des Landes
keinen weiteren Widerstand entgegen, ja er ließ von dem Volke an die
Stelle des Tiberius einen neuen Triumvir zur Ackervertheilung er=
wählen. In der dieserhalb veranstalteten Wahlversammlung ernannte
es den Publius Crassus, einen Verwandten des Gracchus: dessen
Tochter Licinia war nämlich mit Gajus Gracchus vermählt. Freilich

nach der Angabe des Cornelius Nepos hatte Gajus nicht die Tochter
des Crassus, sondern die jenes Brutus welcher über die Lusitanen
triumphiert hatte, zur Frau: die Meisten jedoch erzählen die Sache
wie wir sie angeben.   Da aber das Volk über den Tod des Tiberius
erbittert war und unverholen den Tag der Vergeltung erwartete, auch
bereits schon jetzt[1]) Nasica durch Prozesse bedroht wurde, so beschloß
der Senat aus Besorgniß um diesen Mann ihn, ohne daß dazu ein
Bedürfniß vorlag, nach Asien zu senden[2]).   Denn die Leute hatten
beim Begegnen ihrer Feindseligkeit gegen ihn kein Hehl, sondern sie
geriethen in Wut und verfolgten ihn mit Geschrei, wo sie ihn trafen,
indem sie ihn einen mit Blutschuld Beladenen, einen Tyrannen nann=
ten, einen Menschen der den heiligsten und ehrwürdigsten von allen
Tempeln in der Stadt mit dem Blute einer unverletzlichen und hei=
ligen Person besudelt habe.   So mußte denn Nasica in aller Stille
Italien verlassen, obwohl er durch die wichtigsten priesterlichen Func=
tionen dort gefesselt war; er war nämlich der oberste und erste Pon=
tifex.   In der Fremde trieb er sich unstät und heimatlos, der Verach=
tung preisgegeben, umher, bis er nach nicht langer Zeit in der Gegend
von Pergamon starb.   Es darf aber nicht befremden wenn das Volk
den Nasica so gehaßt hat: war doch Scipio Africanus, den die Römer
sicherlich, und zwar mit vollem Recht, vor Allen geliebt haben, nahe
daran die Gunst des Volkes zu verlieren und einzubüßen, weil er erst=
lich, als er bei Numantia den Tod des Tiberius erfuhr, den homeri=
schen Vers[3]) citiert hatte:
       „Möge verderben in nämlicher Art wer Solches verübet!"
und dann, als Gajus und Fulvius ihn in der Volksversammlung
fragten, was er von dem Tode des Tiberius denke? in der Antwort
über dessen politische Thätigkeit sein Mißfallen aussprach.   Hierauf
unterbrach das Volk ihn in der Rede mit tobendem Geschrei, was es
bis dahin noch nie [gegen ihn] gethan hatte, er selbst aber ließ sich

---

1) D. h. ehe noch die Zeit der eigentlichen Rache gekommen war.
2) Er gab ihm, das damals übliche Mittel, eine libera legatio.
3) Odyss. I, 47.

zu einer beleidigenden Aeußerung über das Volk[1]) fortreißen. Doch hierüber ist das Nähere im Leben des Scipio[2]) erzählt worden.

1. Gajus Gracchus aber hielt sich Anfangs, sei es aus Furcht vor seinen Feinden, sei es um dadurch Haß gegen sie zu erwecken, von dem Forum fern und lebte in Zurückgezogenheit ganz für sich allein, wie Jemand der sich nicht blos gegenwärtig gebeugt fühlt, sondern auch in Zukunft dem öffentlichen Leben fern zu bleiben gedenkt, so daß er selbst hier und da zu einem Gerede gegen sich Veranlassung gab, als sei er mit der Politik des Tiberius unzufrieden und habe dieselbe verabscheut. Er war übrigens auch noch äußerst jung, denn er war um neun Jahre jünger als sein Bruder, und dieser war noch nicht dreißig Jahre alt gewesen als er das Leben verlor. Im Verlauf der Zeit aber ließ er doch allmählich durchblicken daß sein Sinn nicht auf Unthätigkeit, Schlaffheit, Trinkgelage und Geldgeschäfte gerichtet sei, und aus dem Studium der Beredtsamkeit, deren Schwingen ihn zu seiner öffentlichen Wirksamkeit tragen sollten, gieng deutlich hervor daß er nicht ruhig zu bleiben gedenke, wie er denn bei der Verthei= theibigung des angeklagten Vettius, eines seiner Freunde, als das Volk von Freude mit fortgerissen wurde und sich voll Entzücken um ihn schaarte, den Beweis lieferte daß die andern Redner bloße Kinder seien. Da geriethen die Vornehmen denn auf's Neue in Furcht, und es war vielfach unter ihnen die Rede, man dürfe nicht zulassen daß Gajus zum Tribunat gelange.

Ganz von selber fügte es sich nun daß ihn das Loos traf den Consul [Lucius Aurelius] Orestes als Quästor nach Sardinien zu begleiten. Es war dieß für seine Feinde sehr erwünscht, dem Gajus selbst aber nicht unangenehm. Denn da er eine Neigung für den Krieg hatte und für den Dienst im Felde eben so wohl wie für die Thätigkeit vor Gericht wohl vorbereitet war, überdieß aber vor der

---

1) Scipio sagte, Gracchus sei mit Recht getödtet worden; daun: ta-ceant quibus Italia noverca est. Non efficietis ut solutos verear quos alligatos adduxi. Val. Max. 6, 2, 3.
2) Ist nicht auf uns gekommen.

politischen Laufbahn und der Rednerbühne ein Gräuen empfand und
doch dem Rufe des Volks und seiner Freunde nicht zu widerstehen ver=
mochte, so war er mit jener Entfernung aus dem Vaterlande durch=
aus zufrieden. Gleichwohl herrscht vielfach die Meinung, er sei ein
leidenschaftlicher Demagog und viel gieriger als Tiberius nach Ehre
bei dem Pöbel gewesen. In Wahrheit aber verhält es sich damit nicht
so; es scheint im Gegentheil daß er mehr durch eine Art Verhängniß
als durch eigenen Entschluß in jene Bahn geführt worden sei. So
erzählt auch der Redner Cicero, es sei dem Gajus, als er jedes Amt
zu meiden und in Zurückgezogenheit zu leben entschlossen war, sein
Bruder im Traume erschienen und habe ihn folgendermaßen angeredet:
„Was säumst du doch, Gajus? Du entgehst deinem Schicksale nicht.
Es ist uns Beiden vom Fatum ein Leben und ein Tod im Kampfe
für das Volk bestimmt."

2. Während seines Aufenthaltes in Sardinien nun gab Gajus in
jeder Hinsicht Beweise von seiner Trefflichkeit, und zeichnete sich eben
so sehr vor allen jungen Männern durch Tapferkeit gegen den Feind,
durch Gerechtigkeit gegen die Unterthanen, durch Ergebenheit und
Ehrerbietung gegen den Feldherrn aus wie er selbst die älteren Männer
durch Verständigkeit, Einfachheit und angestrengte Thätigkeit übertraf.
Als darauf ein strenger und zugleich ungesunder Winter in Sardinien
eingetreten war, und der Feldherr von den Städten Kleidung für die
Soldaten forderte, schickten diese nach Rom und beschwerten sich über
diese Forderung. Der Senat nahm ihre Beschwerde an und befahl
dem Feldherrn sich auf anderem Wege Kleidung für die Soldaten zu
verschaffen, so daß dieser in Verlegenheit kam und die Truppen Noth
litten. Hierauf begab sich Gajus in die Städte und bewirkte daß sie
selbst aus eigenem Antrieb Bekleidung sandten und der Noth der römi=
schen Truppen abhalfen. Als die Nachricht hievon nach Rom kam,
schien es ein Vorspiel seiner demagogischen Thätigkeit zu sein und ver=
setzte den Senat wieder in Unruhe. Sie warfen daher zuvörderst
Gesandte welche aus Libyen vom Könige Micipsa kamen und mit=
theilten, der König habe dem Gajus Gracchus zu Liebe dem Feldherrn

Korn nach Sardinien geschickt, voll Erbitterung aus dem Senate;
dann faßten sie den Beschluß die Soldaten durch andere Truppen ab=
zulösen, den Orestes dagegen in seiner Stellung zu belassen, in der
Voraussetzung daß dann auch Gajus um seines Vorgesetzten willen
dort bleiben werde. Allein als er hiervon Mittheilung erhielt verließ
er sofort die Insel voll Unwillen und erschien ganz wider Erwarten in
Rom, wo ihn nicht blos Vorwürfe von Seiten seiner Feinde empfien=
gen, sondern selbst die Menge Anstoß daran nahm daß er als Quästor
vor seinem Vorgesetzten die Provinz verlassen habe. Indeß als man
ihn vor den Censoren anklagte, bat er um das Wort und brachte in
dem Urteil derer die ihn hörten eine solche Aenderung hervor daß er,
als er sich entfernte, das größeste Unrecht erlitten zu haben schien. Er
habe, sagte er, zwölf Feldzüge mitgemacht, während die Uebrigen deren
nur zehn zu thun pflegten, und auch dieß nur wenn die dringendste
Noth sie dazu zwinge; als Quästor aber sei er zwei Jahre dem Feld=
herrn zur Seite geblieben, obwohl das Gesetz nach einem Jahre zurück=
zukehren erlaube; er allein von Allen die zu Felde giengen habe seinen
Geldbeutel voll mitgenommen und leer zurückgebracht, während die
Uebrigen, wenn sie den mitgenommenen Wein ausgetrunken hätten,
die Weinkrüge mit Gold und Silber angefüllt wieder mit nach Rom
brächten [1].

3. Hierauf erhoben sie eine neue Klage gegen ihn und zogen ihn
vor Gericht, daß er die Bundesgenossen zum Abfall reize und bei der
angezeigten Verschwörung von Fregellä betheiligt gewesen sei. Er
aber befreite sich von jedem Verdacht, so daß er völlig rein dastand.
Dann aber bewarb er sich sofort um das Volkstribunat, wobei sich die
Vornehmen alle insgesammt ohne Unterschied ihm entgegenstellten,
dagegen aus [ganz] Italien eine so große Menge nach der Stadt zu=
sammenströmte und seine Wahl unterstützte daß Viele kein Unter=

---

1) Cum Romam profectus sum zonas, quas plenas argenti ex-
tuli, eas ex provincia inanes rettuli. Alii vini amphoras, quas plenas
tulerant, eas argento repletas domum reportaverunt — Worte des
Gracchus bei Gellius.

kommen finden konnten und bei der Wahl der Plätz die Menge nicht
faßte, sondern Viele nur aus den oberen Stockwerken und von den
Dächern herab von allen Seiten her durch mündlichen Zuruf ihre Zu=
stimmung aussprechen konnten.　So viel jedoch setzten die Vornehmen
gegen das Volk durch und thaten der Erwartung des Gajus Eintrag
daß er nicht, wie er gehofft hatte, an erster, sondern nur an vierter
Stelle ausgerufen wurde.　Sobald er jedoch das Amt übernommen
hatte war er sofort der Erste von Allen, da er theils durch sein Redner=
talent gewaltig wirkte wie kein Anderer, theils der Schmerz seines
Innern ihm große Freimütigkeit verlieh, wenn er das Schicksal seines
Bruders immer auf's Neue beweinte.　Denn auf diesen Punkt wußte
er bei jeder Veranlassung das Volk zu lenken und erinnerte daun an
das was hier geschehen war und verglich damit die Zeit der Väter.
Diese hätten wegen der Beleidigung eines Volkstribunen, des Ge=
nucius, mit Falerii Krieg geführt, und den Gajus Veturius zum Tode
verurteilt, weil er allein einem Volkstribunen welcher über das Forum
gieng nicht aus dem Wege gegangen sei; „diese dagegen," sagte er,
„haben vor euren Augen den Tiberius mit Knütteln niedergehauen,
und sein Leichnam ist vom Capitole mitten durch die Stadt geschleift
worden um in den Fluß geworfen zu werden; von seinen Freunden
aber sind die deren sie habhaft wurden ohne Urteil und Recht getödtet
worden.　Und doch ist es altes Herkommen bei uns daß, wenn Jemand
auf Leben und Tod angeklagt ist und nicht vor Gericht erscheint, der
Trompeter früh Morgens an dessen Thüre kommt und ihm mit der
Trompete das Zeichen gibt zu kommen, und die Richter nicht vorher
über ihn abstimmen.　So vorsichtig und behutsam verfuhren sie in
gerichtlichen Dingen."

4.　Nachdem er durch solche Reden das Volk zunächst in Auf=
regung gesetzt hatte — und er besaß zugleich eine starke Stimme und
körperliche Kraft zum Reden — so brachte er denn zwei Gesetze ein.
Das erste derselben bestimmte, wenn Jemand vom Volke seines Amtes
entsetzt sei, solle demselben der Zugang zu einem zweiten Amte versagt
sein; das zweite übertrug dem Volke das Urteil über jeden Beamten

der einen Bürger ohne richterlichen Spruch geächtet hätte. Von diesen
Gesetzen war das eine direct gegen den Marcus Octavius gerichtet,
welcher durch Tiberius aus dem Tribunate gestoßen worden war, von
dem andern wurde Popillius betroffen, welcher als Prätor über die
Freunde des Tiberius die Aechtung ausgesprochen hatte. Popillius
wartete es nicht ab daß er vor das Gericht des Volks gestellt wurde,
sondern verließ Italien und gieng in die Verbannung: das erste Gesetz nahm dann Gajus selber wieder zurück, indem er erklärte, er wolle
seiner Mutter Cornelia zu Liebe, die für ihn gebeten, den Octavius
unangefochten lassen. Das Volk wußte dieß zu ehren und gab seine
Zustimmung, indem es die Cornelia nicht weniger wegen ihrer Söhne
als wegen ihres Vaters verehrte, wie es ihr denn auch später eine
eherne Bildsäule mit der Inschrift: „Cornelia, die Mutter der Gracchen" errichten ließ. So erzählt man sich viele Aeußerungen welche
Gajus für seine Mutter gegen einen seiner Feinde bald rednerisch bald in
gewöhnlichem Stile that: „Du willst die Cornelia schmähen, die einen
Tiberius geboren hat?" Und da der Angegriffene in dem Rufe der
Päderastie stand, sagte er: „Wie erkühnst du dich, dich mit der Cornelia zu vergleichen? Hast du Kinder geboren wie sie? Wissen
nicht alle Römer daß sie länger von einem Manne getrennt lebt als
du, der du ein Mann sein willst?" Eine solche Bitterkeit hatten seine
Reden, und man kann Vieles der Art in denen finden die wir geschrieben besitzen.

5. Unter den Gesetzen aber welche er einbrachte um sich dem
Volke gefällig zu erweisen und die Macht des Senates zu brechen, war
ein Ackergesetz, welches zugleich eine Vertheilung des Gemeinlandes
an die Armen enthielt; — ein zweites, das Kriegswesen betreffend,
welches verordnete daß die Bekleidung auf Kosten des Staates geliefert und hierfür kein Abzug am Solde der Dienenden gemacht, ingleichen Niemand unter 17 Jahren als Soldat ausgehoben werden
solle; — ein drittes, die Bundesgenossen betreffend, welches den Ita-
lern mit den Bürgern gleiches Stimmrecht gab; — ein viertes, ein
Korngesetz, welches den Armen Korn zu einem billigen Preise zu Kaufe

bot; — endlich ein fünftes, die Gerichte betreffend, wodurch er haupt=
sächlich der Macht des Senatorenstandes Abbruch that. Denn bis da=
hin waren die öffentlichen Gerichte allein mit Senatoren besetzt wor=
den, und sie waren daher dem Volk und den Rittern furchtbar gewesen;
Gajus dagegen fügte zu den 300 Senatoren noch 300 Personen aus
dem Ritterstande und übergab diesen Sechshundert die Gerichte ge=
meinschaftlich. Als er dieß Gesetz beantragte soll er überhaupt mehr
als sonst sich heftig bewiesen haben. Unter Anderem soll er, während
alle früheren Häupter der Volkspartei sich beim Sprechen nach dem
Senate und dem sogenannten Comitium hin wandten, bei dieser Ge=
legenheit zuerst auswärts nach dem Forum zu gekehrt gesprochen und
hierauf fortan stets so gethan haben. Es war nur eine kleine Wen=
dung seitwärts und eine unbedeutende Veränderung in der Stellung;
aber hiermit erfolgte eine große Bewegung, und der Schwerpunkt des
Staates wurde gewissermaßen aus der Aristokratie in die Demokratie
verlegt. Denn es lag darin ausgesprochen daß die Redenden die Menge,
nicht den Senat, ins Auge zu fassen hätten.

6. Da aber das Volk nicht blos dieß Gesetz annahm, sondern
ihm auch den Auftrag gab diejenigen auszuwählen welche aus dem
Ritterstande als Richter fungieren sollten, so war er mit einer Art
monarchischer Gewalt bekleidet, so daß selbst der Senat sich überwin=
den mußte auf seinen Rath zu hören. Bei dieser seiner Theilnahme
an den Berathungen des Senats stellte er stets Anträge welche der
Würde desselben dienten. So war der Beschluß über das Getreide welches
der Proprätor Fabius aus Hispanien geschickt hatte eben so rechtlich
wie ehrenvoll. Gajus nämlich bewog den Senat das Getreide zu ver=
kaufen und den Städten [welche das Korn geliefert hatten] das Geld
zu schicken, dem Fabius aber außerdem einen Verweis zu geben daß
er die Herrschaft [Roms] den Unterthanen drückend und unerträglich
mache. Hierfür wurde ihm in den Provinzen in hohem Maße Liebe
und Verehrung zu Theil.

. Eben so beantragte er auch die Aussendung von Colonieen, den
Bau von Straßen und die Anlage von Getreidemagazinen, indem er

fich zugleich bei der Ausführung aller dieser Unternehmungen die Auf=
ficht und Leitung übertragen ließ und bei keiner dieser so zahlreichen
und so bedeutenden Arbeiten sich erschöpft zeigte, sondern mit einer
außerordentlichen Raschheit und Energie jedes Einzelne ausführte, so
daß selbst die welche ihn durchaus haßten und fürchteten in Erstaunen
geriethen wie er Alles zu Stande brachte und glücklich vollendete. Die
Menge aber wurde durch sein bloßes Auftreten mit Bewunderung er=
füllt, wenn sie eine Masse von Handwerkern und Künstlern, Gesandten
und Generalen, Soldaten und Gelehrten in seinem Gefolge erblickte:
und indem er mit diesen Allen auf umgängliche Weise verkehrte und,
ohne in der Freundlichkeit seine Würde außer Acht zu lassen, Jedem
das ihm zukommende Theil von jener gewährte, zeigte er daß diejenigen
welche ihn als barsch, roh und gewaltthätig darstellten böse Verleum=
der seien. So war er ein Volksführer der im Umgang und in der
praktischen Thätigkeit noch gefährlicher war als in seinen Reden auf
der Rednerbühne.

7. Am Meisten aber widmete er dem Bau von Landstraßen seine
Thätigkeit, wobei er eben so sehr auf das Gefällige und Schöne wie
auf das Zweckmäßige Bedacht nahm. Es wurden schnurgerade
Straßen durch die Gegenden gezogen: die einen wurden mit glatt
behauenen Steinen bepflastert, die andern durch Aufschüttungen von
festgestampftem Kies fahrbar gemacht, Vertiefungen ausgefüllt, über
Risse welche von Waldbächen herrührten und über Felsschluchten
Brücken geschlagen, beide Seiten der Straßen in gleicher Höhe und
in gleicher Entfernung neben einander fortgeführt, so daß der ganze
Bau überall ein gleichmäßiges und schönes Ansehen darbot. Außer=
dem ließ er die ganze Straße nach Millien vermessen — eine Millie
ist um ein Geringes kleiner als acht Stadien — und zur Bezeich=
nung der Entfernung steinerne Säulen aufstellen. Noch andere
Steine ließ er in geringerer Entfernung von einander auf beiden
Seiten des Weges anbringen, damit diejenigen welche Pferde hätten
von ihnen aus leicht aufsteigen könnten, ohne dazu eines Reitknechtes
zu bedürfen.

8. Als nun das Volk ihn darüber hoch pries und bereit war
ihm jeden beliebigen Beweis des Wohlwollens zu geben, so äußerte er
einmal in einer Rede an das Volk, er werde sich selbst eine Gnade
ausbitten; wenn er diese empfange werde er Nichts weiter verlangen,
und wenn sie ihm abgeschlagen werde, werde er es ihnen durchaus
nicht nachtragen. Diese Aeußerung schien auf eine Bitte um das
Consulat zu gehen und rief die allgemeine Erwartung hervor daß er
sich um das Consulat und um das Volkstribunat zugleich bewerben
wolle. Als aber die Consularcomitien kamen und Alle in Spannung
waren, sah man ihn wie er den Gajus Fannius auf das Marsfeld ge-
leitete und nebst seinen Freunden dessen Wahl unterstützte. Diese
Unterstützung war für Fannius von großer Wichtigkeit. So wurde
dieser zum Consul, Gajus aber zum zweiten Male zum Tribunen
ernannt, aus eigener Bewegung des Volkes, ohne daß er selbst sich
gemeldet oder beworben hatte.

Da er aber sah daß der Senat ihm entschieden feind, Fannius
aber in seiner Freundschaft gegen ihn lau sei, so suchte er die Menge
abermals durch neue Gesetze an sich zu fesseln: er beantragte daher
die Aussendung von Colonieen nach Tarent und Capua und wollte
den Latinen Antheil am Bürgerrechte verleihen. Der Senat fürchtete,
Gajus möchte völlig unüberwindlich werden, und schlug daher einen
neuen und ungewöhnlichen Weg ein ihm die Gunst der Menge zu entziehen, indem er gleichfalls Demagogenkünste versuchte und dem wahren
Wohle des Staates zuwider sich um die Gunst der Menge bewarb.
Einer der Amtsgenossen des Gajus war nämlich Livius Drusus, ein
Mann der an Geburt und Bildung hinter keinem Römer zurückstand,
an Gesinnung aber so wie an Rednertalent und Reichthum sich mit
denen messen konnte die deßhalb am Meisten in Ansehen standen und
Einfluß besaßen. An diesen nun wandten sich die Häupter der Opti-
malen und forderten ihn auf den Gajus anzugreifen und sich mit ihnen
gegen den Mann zu verbinden. Es handele sich nicht darum Gewalt
zu gebrauchen oder dem Volke offen entgegenzutreten; vielmehr solle
er in seinem Amte den Wünschen desselben dienen und dem Volke das

als Geschenk darbringen um deſſen willen es eine Ehre ſein würde ſich
ſelbſt dem Haſſe auszuſetzen.

9. Indem nun Druſus zu dieſem Behufe ſein Tribunat dem
Dienſte des Senates weihte brachte er Geſetze ein die mit der Ehre
eben ſo wenig als mit den Vortheilen des Staates vereinbar waren:
er hatte vielmehr, wie in der Komödie [1]), nur dieß Eine im Auge und
zum Ziele ſeines Strebens, den Gajus durch Befriedigung und Kö=
derung des großen Haufen's zu überbieten. Hierdurch legte es auch
der Senat ſonnenklar an den Tag daß er nicht ſowohl mit den poli=
tiſchen Handlungen des Gajus unzufrieden war als dieſen perſönlich
aus dem Wege zu ſchaffen oder doch aller Geltung zu berauben
wünſchte. Denn dieſen beſchuldigten ſie, er verführe das Volk, ob=
wohl er nur zwei Colonieen beantragt hatte und nur die anſtändigſten
von den Bürgern dorthin führen wollte; den Livius dagegen unter=
ſtützten ſie, obwohl er zwölf Colonieen gründen und in jede derſelben
3000 Bürger aus der Zahl der Mittelloſen führen wollte; und gegen
jenen ereiferten ſie ſich, weil er das Laud an die Armen vertheilt hatte,
als buhle er um die Gunſt der Menge, obwohl er Jedem die Eutrich=
tung einer Abgabe an die Staatscaſſe auferlegt hatte, Livius dagegen
hatte ihre Billigung als er die neuen Grundeigenthümer auch von
dieſer Abgabe befreite. Ferner waren ſie unzufrieden als Gajus den
Latinen das gleiche Stimmrecht geben wollte, als dagegen Livius be=
antragte, es ſolle ſelbſt nicht im Felde die körperliche Züchtigung gegen
einen Latinen verſtattet ſein, unterſtützten ſie das Geſetz. Hierzu kam
noch daß Livius ſelbſt immer, wenn er zum Volke ſprach, erklärte, Alles
was er beantrage ſei dem Senate genehm, welcher für die Menge ſorge:
und dieß war in der That das einzige Gute was ſeine öffentliche Thä=
tigkeit zur Folge hatte. Denn das Volk wurde dadurch gegen den
Senat verſöhnlicher geſtimmt, und während es bis dahin die Opti=
maten mit Argwohn und Haß betrachtet hatte, beſeitigte und beſänf=

---

1) Anſpielung anf den Wettſtreit zwiſchen Agorakritos und Kleon in
den Rittern des Ariſtophanes.

tigte Livius die Nachsucht und Erbitterung desselben durch die Vorstellung daß er durch den Wunsch jener geleitet sei wenn er das Volk
zu gewinnen und sich ihm gefällig zu erweisen suche.

10. Am Meisten aber erweckte es Vertrauen zu dem Wohlwollen
des Drusus gegen das Volk und zu seiner rechtlichen Gesinnung daß
er offenbar Nichts für sich noch zu seinem Vortheil beantragte. Denn
er ließ andere Personen mit der Einrichtung der neuen Städte beauf-
auftragen und hielt sich von der Verwaltung der Gelder fern, während
Gajus die meisten und wichtigsten derartigen Geschäfte sich selbst hatte
übertragen lassen. Als aber Rubrius, einer seiner Amtsgenossen, die
Wiederherstellung des von Scipio zerstörten Karthago beantragt hatte
und Gajus, auf den das Loos gefallen war, Behufs der Einrichtung
der neuen Colonie nach Libyen abgegangen war, so benutzte Livius
seine Abwesenheit um noch mehr gegen ihn aufzutreten und das Volk im
Stillen zu gewinnen und an sich zu ziehen. Besonders dienten ihm
hierzu die Angriffe gegen Fulvius.

Dieser Fulvius war ein Freund des Gajus und durch die Wahl
des Volks sein Amtsgenosse bei der Ackervertheilung, ein unruhiger
Mensch, von dem Senate entschieden gehaßt, aber auch der Menge verdächtig, als Einer der Unruhe unter die Bundesgenossen bringe und
die Italer im Stillen zum Abfall reize. Allerdings konnte man diese
Behauptungen nicht begründen und den Beweis dafür liefern; Fulvius
selbst aber verschaffte ihnen durch sein verkehrtes und wühlerisches
Treiben Glauben. Dieß wirkte besonders zum Sturze des Gracchus
mit, da der Haß gegen Fulvius auch ihn mittraf. So war, als Scipio
ohne irgend eine sichtliche Ursache gestorben war und sich an seiner
Leiche hier und dort Zeichen von Schlägen und Gewalt gezeigt haben
sollten, wie in dem Leben des Scipio berichtet ist, allerdings der größte
Theil des Verdachtes auf Fulvius gefallen, da dieser dem Scipio persönlich feind war und noch an jenem Tage auf der Rednerbühne mit
Scipio einen Wortwechsel gehabt hatte, doch war auch Gajus von dem
Argwohn nicht unberührt geblieben. Und eine so entsetzliche That,
gegen den ersten und größten Mann Roms verübt, war nicht vor

Gericht gezogen, ja nicht einmal einer Untersuchung werth gehalten
worden. Denn die Menge hatte sich dem widersetzt und das richter=
liche Verfahren gehindert, aus Besorgniß um Gajus, er könnte, wenn
der Mord untersucht werde, bei der Schuld mitbetheiligt sein. Doch
diese Dinge hatten schon früher stattgefunden.

11. In Libyen aber waren bei dem Wiederaufbau Karthago's,
welches Gajus Junonia benannte, wie es heißt, viele Warnungen von
oben her erfolgt. So wurde die erste Standarte, da der Wind sie
faßte und der Träger sie mit aller Macht festhielt, zerrissen, ferner die
Opfer welche auf den Altären lagen durch einen Sturmwind ausein=
ander geworfen und über die Grenzen des entworfenen Stadtplanes
geschleudert, endlich die Grenzsteine selbst von Wölfen welche sich ein=
fanden herausgezogen und weit weggetragen. Gajus ließ sich durch
alle diese Zeichen in der Einrichtung und Anordnung der Stadt nicht
hindern, und kehrte dann nach einer Abwesenheit von überhaupt siebzig
Tagen nach Rom zurück, da er hörte daß Drusus dem Fulvius hart
zusetze und seine eigene Gegenwart dringend nöthig sei. Lucius Opi=
mius nämlich, ein Mann von der oligarchischen Partei und von Gel=
tung im Senate, war bei seiner ersten Bewerbung um das Consulat
durchgefallen, da Gajus den Fannius empfohlen und seine Wahl ver=
eitelt hatte; jetzt dagegen war bei der vielseitigen Unterstützung die er
fand zu erwarten daß er Consul werden und als Consul den Gajus
stürzen werde, dessen Macht bereits matt zu werden anfieng. Denn
das Volk war dieser politischen Agitationen satt und müde, da die Zahl
derer die sich um seine Gunst bemühten gestiegen war und der Senat
freiwillig nachgab.

12. Nach seiner Zurückkunft nun verlegte Gajus seine Woh=
nung vom Palatin unten auf das Forum, in eine populärere Gegend,
wo eben die meisten von den gemeinen und armen Leuten wohnten.
Dann promulgierte er die noch übrigen Gesetze, in der Absicht die=
selben zur Abstimmung zu bringen. Da nun von allen Seiten eine
Masse Menschen zusammenkam, so veranlaßte der Senat den Consul
Fannius alle Andern mit Ausnahme der Römer aus Rom auszu=

weisen. Es wurde die ungewohnte und befremdende Bekanntmachung erlassen, keiner von den Bundesgenossen und Freunden [des römischen Volkes] solle sich um jene Zeit in Rom blicken lassen. Gajus erließ dagegen seinerseits eine Proclamation in welcher er den Consul angriff und den Bundesgenossen, wenn sie blieben, seinen Beistand anbot. Jedoch leistete er in der That diesen Beistand nicht, sondern als er sah wie einer seiner Gastfreunde und Bekannten von den Lictoren des Consuls Fannius gewaltsam fortgeschleppt wurde gieng er vorüber ohne ihm beizustehen, sei es daß er einen Beweis von dem bereits geschehenen Sinken seiner Macht zu geben sich fürchtete, sei es daß er, wie er sagte, seinen Feinden nicht den von ihnen gewünschten Anlaß geben wollte den Kampf zu beginnen und handgemein zu werden.

Außerdem traf es sich daß er auch seine Amtsgenossen gegen sich erbitterte. Die Veranlassung dazu war folgende. Das Volk sollte auf dem Forum das Schauspiel von Gladiatoren haben, und von den obrigkeitlichen Personen hatten die meisten rings umher Gerüste aufschlagen lassen, welche sie vermiethen wollten. Gajus forderte sie auf diese abbrechen zu lassen, damit die Armen von dort aus, ohne Miethe zu zahlen, zusehen könnten. Da aber Niemand darauf hörte, so wartete er bis zu der Nacht vor jenem Schauspiel, nahm dann alle Handwerker welche er unter sich hatte zu sich und brach die Gerüste ab. So fand das Volk den Platz mit Tagesanbruch für sich frei. Hierdurch erschien er der Menge allerdings als ein [volksfreundlicher] Mann, seine Amtsgenossen aber sahen darin Unverschämtheit und Gewaltsamkeit und waren darüber erbittert. In Folge dessen, glaubte man, habe er das dritte Tribunat verloren. Denn er habe zwar die meisten Stimmen gehabt, seine Amtsgenossen aber seien bei der Zählung und Ausrufung der Stimmen ungerecht und böswillig verfahren. Hierüber waltete jedoch ein Zweifel ob. Jedenfalls ertrug er dieß Fehlschlagen nicht mit Ruhe und soll gegen seine ihn verhöhnenden Feinde auf eine über Gebühr herausfordernde Weise geäußert haben: ihr Lachen sei ein sardonisches

Lachen[1]), denn sie wüßten nicht was für eine Nacht, Dank seinem
Wirken, sich bereits um sie ergossen habe.

13. Als sie nun auch noch die Wahl des Opimius zum Consul
durchgesetzt hatten begannen sie viele seiner Gesetze aufzuheben und
unter Andern die Einrichtung Karthago's anzutasten. Ihre Absicht
war den Gajus zu reizen, um ihn, wenn er Anlaß zur Erbitterung
gebe, auf die Seite zu schaffen. Anfangs nun hielt er standhaft aus:
als aber seine Freunde, und besonders Fulvius, ihn aufreizten, beschloß
er dem Consul bewaffneten Widerstand entgegen zu setzen. Hier erzählt man daß auch seine Mutter bei seinen Planen betheiligt gewesen
sei, indem sie Leute von außen gedungen und, unter dem Vorgeben es
seien Leute zur Ernte, nach Rom geschickt habe: denn in ihren Brief-
chen an ihren Sohn finde sich das versteckt angedeutet. Andere dagegen behaupten, es sei dieß ganz und gar gegen den Willen der Cornelia geschehen.

Doch um dieß dahingestellt zu lassen, an dem Tage an welchem
Opimius mit seinem Anhange die Gesetze aufheben lassen wollte war
von beiden Seiten schon früh Morgens das Capitol besetzt worden:
der Consul hatte geopfert, und einer seiner Lictoren, Quintus Antyllius, sollte die Eingeweide nach der andern Seite hinübertragen. Er
sagte zu dem Anhange des Fulvius: „macht für rechtschaffene Leute
Platz, ihr schlechten Bürger." Einige fügen noch hinzu daß er diese
Worte noch mit einer verhöhnenden Bewegung seines entblößten
Armes begleitet habe. Antyllius wurde sofort mit großen [eisernen]
Griffeln getödtet, welche man, wie es hieß, eben zu diesem Behufe
hatte machen lassen. Das Volk gerieth hierüber in heftige Bewegung;
die Häupter der beiden Parteien aber waren dabei in entgegengesetzter
Stimmung. Gajus war unzufrieden und tadelte seine Anhänger
daß sie ihren Feinden einen Anlaß gegen sich gegeben hätten, nach
dem sie längst verlangt hätten; Opimius dagegen war voll Leben,

---

1) D. h. ein Lachen in einer Lage wo es Einem schlecht geht, ohne daß
man davon ein Bewußtsein hat.

als sei ihm das Signal zum Losschlagen gegeben, und stachelte das
Volk zur Rache.

14. Für heute jedoch nöthigte sie ein Regen auseinander zu
gehen. Gleich mit Anbruch des nächsten Tages aber versammelte der
Consul den Senat und berieth mit demselben drinnen; Andere aber
stellten die Leiche des Antyllius entkleidet auf einer Bahre zur Schau
aus und trugen sie dann unter Jammern und Weinen über den Markt,
mit Fleiß neben der Curie vorüber. Opimius wußte recht wohl was
geschah, that aber verwundert, so daß auch die Senatoren hinaus-
traten. Die Bahre hielt auf dem Platze, und die Einen waren außer
sich, als sei ein entsetzliches und großes Unglück geschehen, die Menge
dagegen wurde von Haß und Abscheu gegen die Optimaten ergriffen.
Sie hätten selber den Tiberius Gracchus, als Volkstribunen, auf dem
Capitole ermordet und überdieß seinen Leichnam unbestattet hinausgeworfen, der Lictor Antyllius aber, dem allerdings Unrecht widerfahren sei, der aber doch seinen Tod sich hauptsächlich durch eigene
Schuld zugezogen habe, stehe auf dem Forum aus — und der römische
Senat stehe unter Thränen um seine Leiche, um einem Menschen das
Geleit zu geben der in Lohn und Brod stehe, und das Alles um den-
jenigen auf die Seite zu schaffen der allein noch von den Vertretern
des Volkes übrig sei.

Hierauf kehrten sie wieder in die Curie zurück und ertheilten
dem Consul Opimius den Auftrag so gut er könne für die Rettung
des Vaterlandes zu sorgen und die Tyrannen zu stürzen. Dieser
forderte die Mitglieder des Senates auf zu den Waffen zu greifen,
und gab jedem von den Rittern die Weisung früh Morgens zwei bewaffnete Sklaven mitzubringen. Fulvius traf hierauf seine Gegen-
anstalten und rief das Volk zusammen; Gajus aber blieb, als er
vom Forum wegging, bei der Bildsäule seines Vaters stehen, blickte
dieselbe lange an, ohne zu sprechen, und entfernte sich dann weinend
und seufzend. Bei diesem Anblick wurden Viele von Mitleid für
Gajus ergriffen; sie machten sich selbst Vorwürfe daß sie den Mann
im Stiche ließen und seinen Feinden preis gäben, kamen vor sein

Haus und blieben die Nacht hindurch vor seiner Thüre. Wie ganz anders als diejenigen welche um Fulvius wachten! Während die Letztern unter Jubeln und Kriegsgeschrei die Nacht hindurch tranken und lärmten und Fulvius selbst, zuerst berauscht, allerlei seinem Alter Ungeziemendes und Gemeines sprach und that, brachten die von Gajus abwechselnd wachend und ruhend, wie bei einem gemeinsamen Unglück des Vaterlandes, die Nacht in Stille hin, indem sie sorgenvoll in die Zukunft blickten.

15. Mit Tagenbruch bewaffneten sie sich, nachdem sie mit Mühe den Fulvius, welcher nach dem Rausche schlief, aufgeweckt hatten, mit den erbeuteten Waffen in seinem Hause, welche er als Consul nach der Besiegung der Gallier empfangen hatte, und machten sich dann unter lauten Drohungen und Geschrei auf den Weg, um den Aventin zu besetzen. Gajus dagegen wollte sich nicht bewaffnen, sondern wollte, wie sonst auf das Forum, in der Toga ausgehen, nur mit einem keinen Dolche umgürtet. Er wollte eben zur Thür hinaustreten, als seine Gemahlin zu ihm heranstürzte und mit der einen Hand ihn, mit der andern das Kind umklammernd rief: „Du gehst von mir, Gajus, nicht zur Rednerbühne, wie sonst, als Tribun und Gesetzgeber, nicht zu einem rühmlichen Kriege, wo du mir, auch wenn dir begegnete was Allen begegnen kann, doch eine Trauer in Ehren lassen würdest: du gehst dich den Händen der Mörder des Tiberius auszuliefern! Es ist schön daß du ohne Waffen gehst, damit du vielmehr Böses leidest als thust, aber du wirst fallen ohne Nutzen für das Wohl Aller. Schon hat das Verbrechen bereits gesiegt: Gewalt und Eisen sind an die Stelle des Rechtes getreten. Wäre dein Bruder bei Numantia gefallen, so wäre uns seine Leiche zur Bestattung ausgeliefert worden; so aber werde vielleicht auch ich Fluß oder Meer anflehen müssen mir zu zeigen wo dein Körper verwahrt liegt. Denn wie können wir noch nach des Tiberius Tode auf Gesetze oder auf Götter vertrauen?" So jammerte Licinia. Gajus aber löste sich still aus ihren Armen und machte sich schweigend mit seinen Freunden auf den Weg. Sie suchte noch seine Toga zu erfassen,

stürzte aber auf den Boden nieder und lag hier lange Zeit sprachlos,
bis die Diener die Ohnmächtige aufhoben und sie zu ihrem Bruder
Crassus brachten.

16.   Fulvius aber ließ sich, als Alle beisammen waren, durch
Gajus bewegen den jüngeren seiner Söhne mit dem Heroldsstabe auf
das Forum zu senden.   Der Jüngling war sehr schön von Ansehen,
und jetzt stand er voll Anmut und verschämt, Thränen im Auge, da
und machte dem Consul und dem Senat Vorschläge zum Frieden.
Die Mehrzahl der Anwesenden war einer Versöhnung nicht abgeneigt,
Opimius aber erklärte, nicht durch Boten sollten sie mit dem Senate
verhandeln, sondern, als Bürger welche dem Gerichte verfallen wären,
herabkommen und sich ihren Richtern übergeben und dann erst um
Gnade bitten.   Dem jungen Manne aber erklärte er, er solle ent=
weder die unbedingte Unterwerfung bringen oder nicht wieder herab=
kommen.   Gajus nun wollte, wie man erzählt, sich auf den Weg
machen und den Senat durch Vorstellungen zu bewegen suchen; da
ihm aber Keiner von den Andern dieß gestatten wollte, so schickte Ful=
vius seinen Sohn noch einmal mit ähnlichen Aufträgen wie das erste
Mal.   Opimius aber, welcher den Anfang der Schlacht zu beschleu=
nigen wünschte, ließ den jungen Mann sogleich festnehmen und
in das Gefängniß werfen und rückte dann mit vielen Hopliten und
kretischen Bogenschützen gegen Fulvius zum Angriff vor.   Es waren
besonders die Letzteren welche durch ihre erfolgreichen Schüße Ver=
wirrung unter die Gegner brachten.   Als der Kampf entschieden war,
suchte Fulvius in einer unansehnlichen Badestube Zuflucht, wurde aber
hier bald entdeckt und mit seinem älteren Sohne umgebracht.   Den
Gajus hatte Niemand am Kampfe Theil nehmen sehen; verzweif=
lungsvoll über den Gang der Ereignisse hatte er sich in den Tempel
der Diana zurückgezogen.   Als er sich hier tödten wollte wurde er
durch seine treuesten Freunde, Pomponius und Licinius, daran ge=
hindert.   Diese, welche ihm zur Seite blieben, entrissen ihm das
Schwert und ermutigten ihn, er solle noch einmal versuchen sich durch
die Flucht zu retten. - Da nun, heißt es, sei er auf seine Kniee nieder=

gefunken, habe die Hände zu der Göttin emporgestreckt und gebetet, zum Lohn für diesen Undank und Verrath möge das römische Volk nie aufhören in Knechtschaft zu leben. Denn offenkundig waren die Meisten zu dem Feinde übergegangen, als ihnen durch Heroldsruf Amnestie angeboten wurde.

17. Gajus wurde auf seiner Flucht von den Feinden verfolgt und bei der Pfahlbrücke von ihnen eingeholt. Da baten ihn jene beiden Freunde weiter zu fliehen, stellten sich selbst den Verfolgenden entgegen und ließen, indem sie vor der Brücke kämpften, Niemand heran, als bis sie gefallen waren. Den Gajus begleitete einer seiner Sklaven, Namens Philokrates. Alle trieben ihn, wie bei einem Wettlauf, zur Eile, Niemand aber leistete ihm Beistand oder wollte ihm auf seine Bitte ein Pferd geben. Denn die Verfolgenden waren ihm auf der Ferse. Noch erreichte er kurz vor ihnen den Hain der Erinyen und fiel hier durch die Hand des Philokrates, welcher sich dann auf der Leiche seines Herrn tödtete. Nach einer andern Erzählung wurden Beide lebend von den Feinden eingeholt; da aber der Diener seinen Herrn umschlungen hielt, konnte Niemand diesen treffen, bevor jener durch viele Wunden getödtet war. Den Kopf des Gajus, erzählt man, habe ein Anderer abgeschnitten und überbringen wollen, er sei demselben aber von einem Freunde des Opimius, Septimulejus, abgenommen worden. Es war nämlich zu Anfang der Schlacht bekannt gemacht worden, der Kopf des Gajus und der des Fulvius solle den Ueberbringern mit Gold aufgewogen werden. So wurde er denn von Septimulejus auf einer Lanzenspitze dem Opimius überbracht. Es wurde eine Wagschaale gebracht und der Kopf hineingelegt. Er wog 17½ Pfund, da Septimulejus auch hierbei schmutzig und betrügerisch gehandelt hatte. Er hatte nämlich das Gehirn herausgenommen und dafür Blei hineingegossen. Diejenigen welche den Kopf des Fulvius brachten waren weniger angesehene Leute und bekamen Nichts. Die Körper Beider wurden, so wie die der Uebrigen, in den Fluß geworfen — die Zahl der Gebliebenen war breitausend —, ihre Güter eingezogen und verkauft.

Den Wittwen wurde verboten zu trauern, die Gemahlin des Gajus, Licinia, auch ihrer Mitgift beraubt. Die grausamste That aber welche sich noch außerdem verübten war daß sie den jüngeren Sohn des Fulvius, der keine Hand gegen sie erhoben hatte, ja nicht einmal unter den Kämpfenden gewesen, sondern mit Friedensanträgen zu ihnen gekommen und vor der Schlacht von ihnen gefangen genommen war, nach der Schlacht umbringen ließen. Mehr jedoch als dieß und alles Andere erbitterte das Volk der von Opimius gebaute Tempel der Eintracht; denn er schien auf das Blut so vieler Bürger stolz zu sein und sich damit groß zu wissen und gewissermaßen darüber einen Triumph zu feiern. Daher faud man bei Nachtzeit unter die Inschrift des Tempels von unbekannten Häuden folgenden Vers [1] geschrieben:

„Das Werk der Niedertracht, die der Eintracht Tempel baut."

18. Dieser Mann jedoch, der zuerst als Consul dictatorische Gewalt geübt und ohne Urteil und Recht außer breitausend andern Bürgern den Gajus Gracchus und Fulvius Flaccus getödtet hatte, von denen der Eine Consul gewesen war und einen Triumph gefeiert hatte, der Andere unter allen Zeitgenossen durch seine ganze Persönlichkeit und durch sein Ansehen den ersten Platz eingenommen hatte, enthielt sich nicht der gemeinen Gewinnsucht, sondern ließ sich, da er als Gesandter zu Jugurtha von Numidien geschickt war, von diesem bestechen. Er wurde mit Schimpf und Schanden verurteilt und erreichte daun ein hohes Alter, mit dem Hasse und der Verachtung des Volkes beladen, welches unmittelbar nach jenen Ereignissen allerdings gebeugt und gebrochen war, bald nachher aber offen kundthat wie groß seine Sehnsucht und sein Verlangen nach den Gracchen sei. So weihten sie ihnen Bildsäulen und stellten diese an öffentlichen Orten auf. Außerdem erklärten sie die Orte an denen sie ermordet worden waren für heilig und opferten hier die Erstlinge von Allem was die verschiedenen Jahreszeiten bringen. Viele opferten ihnen

---

1) Lateinisch etwa: Templum Concordiae dicat Vecordia.

selbst täglich und warfen sich vor ihnen nieder, als ob sie Heiligthümer
von Göttern besuchten.

19. Was endlich Cornelia betrifft, so soll sie überhaupt ihr
Unglück auf eine edle und großherzige Weise ertragen und so unter
Anderem in Bezug auf die heiligen Orte an denen sie getödtet waren
geäußert haben, ihre Todten hätten würdige Gräber gefunden. Sie
selbst wohnte in der Nähe von Misenum, ohne an ihrer gewohnten
Lebensweise Etwas zu ändern. Sie besaß viele Freunde, und ihre
Tafel war wegen ihrer Gastlichkeit selten ohne Gäste, da stets Grie=
chen und Gelehrte in ihrer Nähe waren und alle Könige von ihr
Geschenke empfiengen und ihr Geschenke sandten. Der größeste Ge=
nuß nun war es wenn sie selbst denen welche kamen und bei ihr
waren von den Thaten und dem Leben ihres Vaters Africanus er=
zählte, am Bewunderungswürdigsten aber erschien sie wenn sie ohne
Trauer und ohne Thränen ihrer Söhne gedachte und den Fragenden
die Schicksale und Thaten derselben erzählte als hätten sie in alten
Zeiten gelebt. Manchen schien es dann wohl als habe ihr Geist
durch das Alter oder durch die Größe des Unglücks gelitten und die
Empfindung für ihre Leiden verloren. Aber diese hatten selbst keine
Empfindung dafür was in einer edlen Natur, verbunden mit edler
Abkunft und trefflicher Erziehung, dem Menschen für eine Macht liegt
die Trauer zu überwinden, und daß das Schicksal allerdings oftmals
über eine edle Seele obsiegt, wenn diese sich des Unglücks erwehren
will, dagegen ihr, wenn sie erlegen ist, ruhige Ergebung nicht zu
nehmen vermag.

1. Nachdem so auch dieser Theil unserer Erzählung beendet
ist, so bleibt uns noch die Aufgabe das Leben dieser Männer ein=
ander gegenüberzustellen und damit unsere Betrachtung zu
schließen.

Von den Gracchen nun haben selbst die welche so oft nur schlecht
von ihnen sprachen und sie haßten nicht zu sagen gewagt daß sie nicht
vor allen Römern von Natur zu persönlicher Auszeichnung befähigt
gewesen und einer vorzüglichen Erziehung und Bildung theilhaftig

geworden seien; die Natur des Agis und des Kleomenes aber scheint die der Gracchen insofern noch an Tüchtigkeit zu übertreffen als sie, obwohl sie keine richtige Erziehung genossen hatten, ja in einer Sitte und Lebensweise aufgewachsen waren durch welche die Vorfahren vor langen Jahren verderbt worden waren, dennoch sich als Führer zu Einfachheit und strenger Zucht hinstellten.

Sodann lebten die Gracchen zu einer Zeit wo Rom das glänzendste und größeste Ansehen und Streben nach ruhmvollen Thaten besaß, und sie schämten sich dieß Vermächtniß edler Väter und Ahnen verloren gehen zu lassen; jene dagegen stammten von Vätern welche die entgegengesetzte Gesinnung in sich trugen und hatten das Vaterland in elendem und kraukem Zustande überkommen, ließen sich aber dadurch in ihrem Streben nach dem Rechten nicht wankend machen.

Ferner ist bei den Gracchen dieß der höchste Beweis für ihre Uneigennützigkeit und Verachtung des Geldes daß sie sich in ihren Aemtern und in ihrer politischen Thätigkeit rein von ungerechtem Gewinne hielten; Agis dagegen würde selbst gezürnt haben wenn man ihn wegen seiner Enthaltsamkeit von fremdem Gute hätte loben wollen, ihn der sein eigenes Vermögen seinen Mitbürgern zum Opfer brachte, welches, ohne die übrigen Besitzungen, allein in baarem Gelde sechshundert Talente betrug. Für wie groß wird also ungerechten Gewinn der gehalten haben der es schon für eine Uebervortheilung hielt wenn man rechtlicher Weise mehr als ein Anderer hatte?

2. Eben so faud in ihren Absichten und Planen hinsichtlich der Größe ihrer Unternehmungen ein bedeutender Unterschied Statt. Denn das Ziel ihrer Thätigkeit war bei den Gracchen der Bau von Straßen und die Anlage von Städten, und das Gewagteste von Allem war bei Tiberius das Gemeinland wieder in den Besitz des Staates zu bringen, und bei Gajus durch Beifügung von dreihundert Rittern die Gerichtshöfe gemischt zu besetzen; die Umwälzung des Agis und Kleomenes dagegen gieng davon aus, im Kleinen und vereinzelt die Uebelstände heilen und abstellen heiße, mit Platon[1]) zu sprechen, die

---

[1]) Rep. IV. p. 426 E. Vgl. Zenob. VI, 26.

Köpfe einer Hydra abschneiden, und versuchte daher eine Umgestaltung des Staates welche alle Uebel zugleich entfernen und beseitigen könnte. Vielleicht mit noch größerem Recht läßt sich sagen daß sie, indem sie die Verderbniß aus der all jenes Unglück stammte wegschaffen wollten, zugleich den Staat zu seinem ursprünglichen Charakter zurückzuführen und diesen wiederherzustellen suchten. Denn man kann auch dieß behaupten daß die vornehmsten Männer Roms der Thätigkeit der Gracchen entgegentraten, dagegen bei dem was Agis begann und Kleomenes durchführte das schönste und großartigste Vorbild vor Augen schwebte, nämlich die alten Rhetren über Zucht und Gleichheit, für welche hier Lykurg, dort der pythische Gott als Bürge diente. Was aber das Wichtigste ist, so hat Rom durch die Thätigkeit jener in keiner Beziehung eine größere Bedeutung gewonnen; dagegen durch die Thaten des Kleomenes hat Griechenland Sparta als Gebieterin der Peloponnes gesehen, gesehen wie es mit denen die damals am Mächtigsten waren einen Kampf um die Hegemonie kämpfte und in Folge dessen Griechenland, von illyrischen und galatischen Truppen befreit, wieder unter der Leitung der Herakleiden stand.

3. Ich glaube aber auch daß in dem Ausgang jener Männer sich ein Unterschied in der Mannhaftigkeit kundthue. Denn die Gracchen fanden nach einem Kampfe gegen ihre Mitbürger auf der Flucht ihren Tod, von diesen dagegen fiel Agis beinahe freiwillig, um keinen seinen Mitbürger zu tödten, Kleomenes aber hatte, nachdem er beschimpft war und Unrecht erlitten hatte, allerdings die Absicht sich zu rächen; da die Umstände es aber nicht gestatteten, tödtete er sich selbst auf mutige Weise.

Wenn man sie dagegen von einer andern Seite betrachtet, so hat Agis sich durch keine That als Feldherr erwiesen, den zahlreichen und schönen Siegen des Kleomenes aber kann man bei Tiberius die Einnahme der Mauer Karthago's, eine nicht unbedeutende That, so wie den Vertrag vor Numantia zur Seite stellen, durch den er zwanzigtausend römischen Soldaten die sonst verloren waren das Leben rettete, und eben so ließ Gajus sowohl daheim als auf Sar-

dinien große Bravheit erkennen, so daß sie, wenn sie nicht vorher ge=
fallen wären, den ausgezeichnetsten Feldherren Roms würden gleich ge=
kommen sein.

4. In seiner öffentlichen Thätigkeit aber scheint sich Agis nicht
kräftig benommen zu haben, da er sich durch Agesilaos von dem rech=
ten Wege abbringen ließ und seine Mitbürger um die Vertheilung
des Landes betrog, wie er denn überhaupt, in Folge seiner Jugend,
aus Mangel an Entschlossenheit seine Absichten und Versprechungen
unerfüllt ließ; Kleomenes aber griff im Gegentheil den Umsturz der
Verfassung allzukühn und gewaltsam an, indem er die Ephoren wider=
gesetzlich tödtete, welche er als Sieger ohne Mühe entweder auf seine
Seite bringen oder aus dem Vaterlande entfernen konnte, wie er ja
Andere in nicht geringer Zahl aus demselben entfernt hat.   Denn
ohne die äußerste Noth das Eisen zu gebrauchen paßt weder für den
Arzt noch für den Staatsmann, sondern es ist bei Beiden ein Zeichen
von Unerfahrenheit, nur daß bei dem Staatsmann sich mit der Rechts=
verletzung deren er sich schuldig macht auch noch Grausamkeit verbindet.
Von den Gracchen hingegen hat keiner den Anfang gemacht Bürgerblut
zu vergießen.   Gajus aber soll, selbst als er angegriffen wurde, nicht
an Abwehr gedacht haben, sondern er, der im Kriege sich so glänzend
gezeigt hatte, bei dem inneren Kampfe ganz unthätig geblieben sein.
Denn er gieng ohne Waffen aus dem Hause, zog sich während des
Kampfes zurück, und war offenbar mehr bedacht Nichts zu thun als
Nichts zu leiden.   Daher darf man auch ihre Flucht nicht als ein
Zeichen von Mutlosigkeit, sondern nur als einen Beweis von allzu=
großer Behutsamkeit betrachten.   Denn sie hätten entweder beim
Heranrücken der Gegner sogleich zurückweichen oder aber, wenn sie
einmal Stand halten wollten, sich vor dem Untergange durch thätigen
Widerstand schützen sollen.

5. Unter den Anklagen gegen Tiberius nun ist die größeste die
daß er seinen Amtsgenossen im Tribunate seines Amtes entsetzte und
sich selbst zum zweiten Male um das Tribunat bewarb; dem Gajus
aber suchte man, jedoch nicht mit Recht und Wahrheit, den Tod des

Antyllius beizumessen; denn dieser kam wider seinen Willen und zu seinem großen Mißfallen um. Kleomenes dagegen befreite zwar, um die Ermordung der Ephoren ruhen zu lassen, die Sklaven, herrschte aber in der That allein. Denn seinen Bruder Eukleidas, welcher aus einem Hause mit ihm war, hatte er nur dem Namen nach sich beigesellt, den Archidamos aber, welcher aus dem andern Hause stammte und wirklich zur Mitregierung berechtigt war, hatte er zwar bewogen aus Messene in die Heimat zurückzukehren, gab aber dadurch daß er seinen Tod nicht verfolgte dem Verdachte Glauben daß die Ermordung desselben von ihm ausgegangen sei. Wie ganz anders Lykurg, den er als sein Vorbild zu betrachten versicherte! Dieser gab freiwillig den Thron an seines Bruders Sohn Charillos zurück, und da er fürchtete, es könnte, wenn der junge Mann auch auf andere Weise sterbe, doch auf ihn ein Vorwurf fallen, so lebte er lange Zeit hier und dort außer Landes und kehrte nicht eher zurück als bis dem Charillos in einem Sohne ein Erbe des Thrones geboren war. Mit Lykurg freilich ist auch keiner von den andern Griechen zu vergleichen. Daß also in dem politischen Wirken des Kleomenes größere Neuerungen und Gewaltthätigkeiten als in dem der Gracchen waren ist hiermit erwiesen.

Ferner erheben diejenigen welche den Charakter dieser Männer tadeln die Anklage daß in Agis und Kleomenes zwar von Anfang an eine Neigung zur Gewaltherrschaft und Krieg gewohnt habe, in der Natur der Gracchen aber nur ein übergroßes Verlangen sich auszuzeichnen, und weiter fanden ihre Feinde Nichts gegen sie vorzubringen; sie mußten eingestehen daß sie, durch den Kampf wider ihre Gegner und durch Leidenschaft wider ihre Natur fortgerissen, endlich sich in ihrer Bahn Wind und Wellen hätten preisgeben müssen. Denn was wäre schöner oder gerechter gewesen als ihr erster Plan, hätten nicht die Reichen mit Gewalt und Aufbietung aller Kräfte ihrer Partei, um das Gesetz zu hintertreiben, beide Brüder in Kämpfe verwickelt, den Einen indem er für sich selbst fürchtete, den Andern um seinen Bruder zu rächen, welcher ohne Recht und ohne förmlichen

Beschluß, selbst nicht einmal durch eine obrigkeitliche Person, getödtet worden war?

Du ersiehst nun aus dem Gesagten selbst den Unterschied zwischen jenen Männern; wenn ich ihn aber noch einmal in Betreff jedes Einzelnen unter ihnen aussprechen soll, so ist meine Ansicht die daß Tiberius hinsichtlich der Tugend alle Andern übertroffen, der jugendliche Agis am Wenigsten sich vergangen, in That und Entschlossenheit aber Gajus dem Kleomenes nicht wenig nachgestanden habe.

Inhalt.

S. 3—225 haben J. G. Klaiber, S. 226—332 J. F. C. Campe zum Verfasser.

Druck der J. B. Metzler'schen Buchdruckerei in Stuttgart.

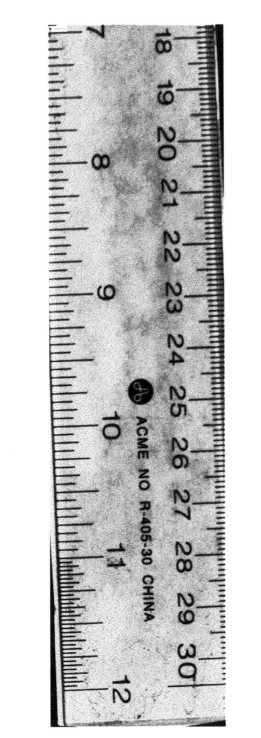

ACME NO R-405-30 CHINA